IN GOLD GESCHRIEBEN

ZEUGNISSE FRÜHMITTELALTERLICHER SCHRIFTKULTUR IN MAINZ

WINFRIED WILHELMY UND TINO LICHT (HG.)

IN GOLD GESCHRIEBEN

ZEUGNISSE FRÜHMITTELALTERLICHER SCHRIFTKULTUR IN MAINZ

Festgabe für Domdekan Heinz Heckwolf zum 75. Geburtstag

Publikationen des Bischöflichen Dom- und Diözesanmuseums Mainz, Bd. 9

IMPRESSUM

Diese Publikation erscheint anlässlich der Ausstellung „In Gold geschrieben. Zeugnisse frühmittelalterlicher Schriftkultur in Mainz" im Bischöflichen Dom- und Diözesanmuseum Mainz vom 24. März bis zum 18. Juni 2017

AUSSTELLUNG

Idee: Dr. Winfried Wilhelmy
Konzeption und Objektauswahl: PD Dr. Tino Licht, Dr. Winfried Wilhelmy
Leihverkehr und Organisation: Dr. des. Anja Lempges, Dr. Winfried Wilhelmy
Ausstellungsaufbau und restauratorische Betreuung: Paul Engelmann
Museumspädagogik und Rahmenprogramm: Birgit Kita M.A.
Kommunikation und Werbung: Esther Klippel M.A.
Sekretariat: Mechthild Reinelt-Weber
Graphische Gestaltung in der Ausstellung: Druckerei Ess (Bad Kreuznach), gutegründe GbR (Frankfurt a. M.)
Homepage: gutegründe GbR (Frankfurt a. M.)

KATALOG

Herausgeber: Dr. Winfried Wilhelmy und PD Dr. Tino Licht
Katalogredaktion: Birgit Kita M.A., Dr. des. Anja Lempges, Dr. Winfried Wilhelmy
Objektangaben und Literaturverzeichnis: Dr. Winfried Wilhelmy
Bildredaktion: Dipl.-Ök. Anja Coffeng M.A., Dr. des. Anja Lempges
Fotoarbeiten: Marcel Schawe (Frankfurt a. M.)
Layout, Graphik und Satz: gutegründe GbR (Frankfurt a. M.)
Repro: OMK Kreativ Dienst, Olaf Müller-Knapp (Frankfurt a. M.)
Druck und Bindung: Grafisches Centrum Cuno GmbH & Co. KG, Calbe
Gedruckt in ultraHDprint®

Bibliografische Information der Deutschen Nationalbibliothek
Die Deutsche Nationalbibliothek verzeichnet diese Publikation in der Deutschen Nationalbibliografie; detaillierte bibliografische Daten sind im Internet über http://dnb.dnb.de abrufbar.

1. Auflage 2017
Der Katalog erscheint im Verlag Schnell & Steiner, Regensburg

Verlag Schnell & Steiner GmbH, Leibnizstraße 13, 93005 Regensburg
ISBN 978-3-7954-3223-2

Einband vorne/hinten:
Initiale D [eu] s, in: Sakramentar, Mainz, um 1000, Mainz, Bischöfliches Dom- und Diözesanmuseum/Domschatz, Inv. Nr. B 00325, fol. 85v (Kat. 31)

AUTOREN DER AUFSÄTZE

Prof. Dr. Klaus Gereon Beuckers, Christian-Albrechts-Universität zu Kiel
PD Dr. Tino Licht, Ruprecht-Karls-Universität Heidelberg
Dr. Winfried Wilhelmy, Bischöfliches Dom- und Diözesanmuseum Mainz

AUTOREN DER KATALOGNUMMERN

AC Agnes Cibura M.A.
AH Anke Hermann M.A.
AL Dr. des. Anja Lempges
AO Dr. Annelen Ottermann
CW Dr. Christoph Winterer
EF Eva Ferro M.A.
KW Kirsten Wallenwein M.A.
ME Prof. Dr. Michael Embach
TL PD Dr. Tino Licht
WB Prof. Dr. Dr. h.c. Walter Berschin
WW Dr. Winfried Wilhelmy

WIR DANKEN UNSEREN LEIHGEBERN

Mainz, Bibliotheken der Stadt Mainz, Wissenschaftliche Stadtbibliothek
Dr. Annelen Ottermann

Mainz, Landesmuseum Mainz – GDKE
Dipl.-Ing. Thomas Metz, Dr. Birgit Heide

Mainz, Martinus-Bibliothek
Dr. Helmut Hinkel

Trier, Stadtbibliothek
Prof. Dr. Michael Embach

Trier, Hohe Domkirche – Domschatz
Weihbischof Jörg Michael Peters, Markus Groß-Morgen M.A., Museum am Dom

Stiftsbibliothek und Stiftsarchiv Zeitz/Domstiftsbibliothek und Domstiftsarchiv Naumburg
Dr. Holger Kunde, Dipl.-Bib. Cordula Strehl, Matthias Ludwig M.A.

IN BESONDERER WEISE HABEN ZUM GELINGEN DER AUSSTELLUNG BEIGETRAGEN

Stefanie Bartholomäus, Regensburg
Dr. Eva Brachert, Mainz
Dr. Hermann-Josef Braun, Mainz
Prisca Brülisauer, St. Gallen
Agnes Cibura, Mainz
Prof. Dr. Wolfgang Dobras, Mainz
Prof. Dr. Michael Embach, Trier
Paul Engelmann, Alzey
Sandra Ess, Bad Kreuznach
Dr. Stephan Fliedner, Mainz
Diözesanadministrator Dietmar Giebelmann, Mainz
David Glombik, Mainz
Markus Groß-Morgen, Trier
Daniela Güthner, München
Helge-Horst Hagen, Schlüchtern
Domdekan Heinz Heckwolf, Mainz
Dr. Birgit Heide
Anke Hermann, Mainz
Rita Heyen, Trier
Dr. Helmut Hinkel, Mainz
Cornelia Hopf, Gotha
Thomas Hutsch, Frankfurt
Clemens Körber, Frankfurt
Johannes Krämer, Mainz
Dr. Holger Kunde, Naumburg
Markus Leicht, Mainz
Brigitte Lempges, Alsdorf
Barbara Lenski-Leihbecher, Gotha
Matthias Ludwig, Naumburg
Gisela Manstein, Mainz
Damian Emanuel Moisa, Mainz
Olaf Müller-Knapp, Frankfurt
Catherina Müller-Scheessel, Frankfurt
Dr. Annelen Ottermann, Mainz
Dejan Pantic, Frankfurt
Martina Pauly, Mainz
Elisabet Petersen, Regensburg
Mechthild Reinelt-Weber, Mainz
Ursula Rudischer, Mainz
Marcel Schawe, Frankfurt
Reinhold Scheer, Mainz
Michael Schmitt, Mainz
Sophie Schrader, München
Martina Schröder, Gotha
Barbara Tribelhorn, Schaffhausen
Jörg Walter, Mainz
Dr. Albrecht Weiland, Regensburg
Dr. Christoph Winterer, Frankfurt

Ihnen gilt mein großer Dank.
Dr. Winfried Wilhelmy

INHALTSVERZEICHNIS

VORWORT ZUR AUSSTELLUNG

„Den 28ten Juny Nachts. Fortgesetztes Bombardement gegen den Dom; Thurm und Dach brennen ab und viele Häuser umher. [...] Es war die sternenhellste Nacht, die Bomben schienen mit den Himmelslichtern zu wetteifern [...] und die aufsteigende Lohe verkündigte bald, daß sie ihr Ziel zu erreichen gewußt".[1] Eines dieser Ziele, so schildert kein Geringerer als Johann Wolfgang von Goethe, der im Sommer 1793 die Belagerung des von den Franzosen besetzten Mainz durch die österreichisch-preußischen Alliierten verfolgt, war auch der neben dem Dom gelegene gotische Kreuzgang. In dessen Obergeschoss befand sich damals die als eines der sieben „nationalen (Welt-)Wunder" gerühmte Dombibliothek. Gleich der Schlussszene in der Verfilmung von Umberto Ecos *Name der Rose* dürften die hier untergebrachten Bücherschränke im Nu in Flammen gestanden haben, goldene Buchdeckel bis zur Unkenntlichkeit geschmolzen und aus den riesigen geborstenen Fenstern verkohlte Reste von Pergament und Papier gewirbelt sein. So ging in einer einzigen Nacht mit dem Verlust von mehreren tausend Büchern aus Mittelalter und früher Neuzeit eine jahrhundertealte Bibliothek unwiederbringlich zugrunde. Nur drei Codices – darunter **Kat. 7 und 23** – überstehen, da andernorts untergebracht, das Inferno.

Unser Bild der Mainzer Schriftkultur und Buchmalerei sähe sicherlich ganz anders aus, wäre diese grandiose Bibliothek noch erhalten. Heute sind in Mainz entstandene Handschriften über die großen Bibliotheken Europas zerstreut: So findet man in der Pariser Bibliothèque nationale oder in der Biblioteca Apostolica Vaticana in Rom – als schwedische Kriegsbeute von Königin Christina von Schweden dorthin verbracht (**s. Abb. S. 12**) – mehr karolingische oder ottonische Handschriften als in Mainz selbst. Das besondere Anliegen der Ausstellung „In Gold geschrieben" ist daher, einmal das wenige an frühmittelalterlichen Schriftzeugnissen zusammenzutragen, was heute noch vor Ort erhalten ist. Bei den Kolleginnen und Kollegen der Mainzer Bibliotheken, Archive und Museen stieß dieses Projekt auf großes Interesse, und so sind in der Domschatzkammer für kurze Zeit sämtliche auf Pergament niedergelegten Schriftzeugnisse des 7.–10. Jahrhunderts versammelt, die die Wirren der vergangenen kriegerischen Epochen in Mainz selbst überstanden haben. Mein erster Dank gilt daher Dr. Hermann-Josef Braun vom Dom- und Diözesanarchiv, Dr. Helmut Hinkel von der Martinus-Bibliothek und Dr. Annelen Ottermann von der Wissenschaftlichen Stadtbibliothek Mainz, die sich für drei Monate von ihren Schätzen getrennt haben. Die Qualität und die verschwenderische Ausstattung des Erhaltenen überrascht: „In Gold geschrieben" ist nicht nur das Sakramentar aus St. Alban (**Kat. 23**), das 1793 den oben geschilderten Brand überstand; auch zwei ottonische Handschriften, ehemals in der Mainzer Stiftskirche St. Stephan beheimatet, schwelgen ebenso in goldener Schrift auf purpurnem Untergrund (**Kat. 25, 27**).

Angesichts der Fragilität und der Kostbarkeit der über 1000 Jahre alten Objekte verbot sich – so reizvoll dies auch gewesen wäre – ein großflächiger und damit auch kostspieliger Leihverkehr, der den ganzen Glanz der karolingischen und ottonischen Mainzer Buchkunst hätte erstrahlen lassen. Dennoch können mit den Leihgaben aus Trier und Zeitz wichtige Lücken in der Präsentation geschlossen werden – den Kollegen Prof. Dr. Michael

Zoomorphe Initiale I, in: Festagsevangelistar, Mainz, um 990, Mainz, Domschatz/Bischöfliches Dom- und Diözesanmuseum, Inv. Nr. B 00258, fol. 23r (Kat. 27)

Embach von der Stadtbibliothek Trier, Markus Groß-Morgen vom dortigen Museum am Dom sowie Dr. Holger Kunde von den Vereinigten Domstiften zu Merseburg und Naumburg und des Kollegiatsstifts Zeitz sei an dieser Stelle herzlich gedankt.

Den Grundstein zu dieser Sonderausstellung legte mein Mitherausgeber, PD Dr. Tino Licht aus Heidelberg, der anlässlich der Tagung Reliquienauthentiken – Kulturdenkmäler des Frühmittelalters im Erbacher Hof um eine kurze Präsentation der Reliquienauthentiken des Alten Domes **(Kat. 4, 5)** in der Schatzkammer bat. Ausgehend von diesen frühesten Mainzer Schriftzeugnissen und ergänzt um Grabsteine der Epoche, für deren Leihe ich mich herzlich beim Landesmuseum Mainz – Generaldirektion Kulturelles Erbe, namentlich Herrn Thomas Metz und Dr. Birgit Heide, bedanke – ließen sich zwanglos auch die Mainzer Bestände aus karolingisch-ottonischer Zeit anschließen. Hierzu gehören neben Objekten mit Mainzer Schriftheimat auch herausragende Erzeugnisse anderer Standorte, seien sie aus westfränkischer oder rheinischer Produktion oder, beispielsweise, aus einem Skriptorium der Insel Reichenau. Sie alle beeinflussten wiederum die hiesigen Schreiber und sind daher als wichtiger Teil des – ohnehin nur fragmentarisch rekonstruierbaren – Gesamtbildes mit in die Präsentation einzubeziehen. Zum einen war man in jenen Jahrhunderten durchaus nicht provinziell, sondern überregional orientiert. Zum anderen war die Herstellung einer Handschrift ein überaus aufwendiger, von Arbeitsteilung geprägter Prozess, an dem die unterschiedlichsten Hände beteiligt waren. So wurde beispielsweise der Hauptschreiber des heute in der Königlichen Bibliothek zu Den Haag aufbewahrten Evangeliars **(vgl. Beitrag Beuckers, S. 191–205)**, das aus Mainzer Produktion stammt, in Fulda ausgebildet und zog seinerseits neben vier Mainzer Kopisten auch zwei Schreiber aus Corvey für diese Arbeit heran. Das hierdurch entstandene Gemeinschaftsprodukt bildete wiederum die Grundlage für den Text und die Gestaltung des Domschatz-Evangeliars **(Kat. 29)**, an dem wieder (dieselben?) Mönche aus Corvey oder andere, niedersächsisch geschulte Hände beteiligt waren **(vgl. Beitrag Beuckers, S. 197)**. Der altehrwürdige Metropolitansitz am Rhein zog ganz offensichtlich aus den wichtigsten Schreibschulen der Epoche die unterschiedlichsten Kräfte an, die hier für einige Zeit tätig waren und nach Abschluss der Arbeiten zwar in ihre Heimat zurückkehrten, aber mit ihrem Werk vor Ort dennoch stilbildend blieben. Von daher stellt Prof. Dr. Beuckers in seinem Artikel **(S. 200)** zu Recht die Frage „Was macht einen Mainzer Maler zu einem Mainzer Maler? Seine Ausbildung in Mainz, seine Tätigkeit hier, sein Auftrag aus Mainz oder nur seine Anpassung an den derzeit gepflegten Stil?“ Vielleicht auch deshalb wurde die Mainzer Buchproduktion der Epoche im Vergleich etwa zu den Skriptorien in Trier oder Köln, wenn man von den Arbeiten von Rolf Lauer absieht, in der Forschung bisher eher stiefmütterlich behandelt. Verwundern kann dies jedoch nicht, werden doch zum Beispiel die vier ottonischen Handschriften des Mainzer Domschatzes in diesem Katalog das allererste Mal überhaupt umfassend in Farbe abgebildet; gleiches gilt übrigens für die Mehrzahl der hier gezeigten Handschriften.

Die herausragende Qualität dieser Neuaufnahmen ist, soweit es die Mainzer Bestände betrifft, Herrn Marcel

VM ESSET DESPON
sata mater ihu maria io
seph · antequā conueni
rent · inuenta est in ute
ro habens · de spū sc̄o
Joseph autem uir eius
cum esset iustus & nollet
eam traducere · uoluit
occulte dimittere eam ·
Haec autem eo cogitan
te · ecce angelus dn̄i

in somnis aparuit ei
dicens · Joseph fili dauid ·
noli timere accipere
mariam coniugem tuā ·
Quod enim in ea natū
est · de spū sc̄o est ·
Pariet autem filium ·
& uocabis nomen eius
ihm̄ · Ipse enim saluum
faciet populum suum
a peccatis eorum

AD SC̄AM MARIAM ·
DE NOCTE ·
SEQ̄ SC̄I EVNGL ·
SC̄DM LVCAM ·

Evangelistar, Mainz, um 990,
Rom, Biblioteca Apostolica Vaticana,
Cod. Reg. lat. 15, fol. 1r:
Prunkhandschrift mit Mainzer Schriftheimat,
während des Dreißigjährigen Krieges
nach Schweden verschleppt und von dort
durch Königin Christina nach Rom verbracht

Schawe (Frankfurt) zu verdanken, der vor allem den Reiz des teils verschwenderisch eingesetzten Goldes im wahrsten Sinne des Wortes ins ‚rechte Licht' rückt. Bildbearbeitung und Katalogredaktion lagen in den bewährten Händen des Graphikbüros gutegründe (Frankfurt), dem an dieser Stelle herzlich gedankt sei, vor allem, neben Herrn Thomas Hutsch, Frau Catherina Müller-Scheessel für ihre unerschöpfliche Geduld an manch langem Redaktionstag. Ein besonderer Dank gebührt auch Herrn Dr. Albrecht Weiland für die Aufnahme dieses Kataloges in das Verlagsprogramm von Schnell & Steiner (Regensburg). Eine seit mehreren Jahren bewährte und fruchtbare Zusammenarbeit setzt sich mit „In Gold geschrieben" aufs Angenehmste weiter fort. Auch der Lektorin des Verlages, Frau Elisabet Petersen M.A., sei für die begleitende Betreuung des Buches herzlich gedankt. Gleiches gilt für alle Autorinnen und Autoren des Kataloges, namentlich meinem Mitherausgeber, Herrn PD Dr. Tino Licht aus Heidelberg, sowie Herrn Prof. Dr. Klaus Gereon Beuckers aus Kiel. Sein Aufsatz, für dessen Abfassung ihm die Herausgeber beschämend wenig Zeit eingeräumt haben, bietet einen umfassenden Überblick über die Mainzer Buchmalerei der ottonischen Zeit und kann darüber hinaus mit ganz neuen Forschungsergebnissen aufwarten, so zum Beispiel zur Datierung und Schenkungsintention des Gebetbuches von Otto III. (vgl. S. 188–190). Die redaktionelle Bearbeitung des Kataloges lag, unter Mitwirkung von Frau Birgit Kita M.A., weitgehend in den bewährten Händen von Frau Dr. des. Anja Lempges. Beiden sei für ihr Engagement in ein zunächst eher ungeliebtes Projekt herzlich gedankt, zumal dadurch die nach der kräftezehrenden Sonderausstellung „Schrei nach Gerechtigkeit" 2015/16 eigentlich fest versprochene ‚ruhigere Phase' der Museumsarbeit sofort wieder hinfällig wurde. Doch im größten Stress wirkte die Schönheit so mancher Buchseite wie elektrisierend und versöhnte nach und nach bis hin zur Begeisterung alle, die an Katalog und Ausstellung beteiligt waren. Letztere wurde wiederum von Paul Engelmann unermüdlich und zuverlässig aufgebaut. Auch ihm gebührt hierfür sowie für die hervorragende konservatorische Betreuung der sensiblen Objekte, mein herzlicher Dank.

Die vier ottonischen Handschriften (Kat. 25, 27, 29, 31) gehören zum schönsten, was die Schatzkammer des Hohen Doms zu Mainz zu bieten hat. Deren Hausherr, Domdekan Heinz Heckwolf, wird wenige Tage, bevor er die Ausstellung „In Gold geschrieben" eröffnet, 75 Jahre alt. Mit diesem Projekt und mit Dank für seine Unterstützung in den vergangenen Jahren gratulieren ihm hierzu ganz herzlich

Dr. Winfried Wilhelmy
und das Team des Dommuseums.

---

1 Zit. n. AK „Goethe. Die Belagerung von Mainz 1793. Ursachen und Auswirkungen", Ausstellungskatalog Landesmuseum Mainz, Mainz 1993, S. 21.

I. *HIC SUNT RELIQUIES*
FRÜHE MAINZER SCHRIFTKULTUR

Die frühesten Zeugnisse der Mainzer Schriftkultur des Mittelalters haben sich in den gemeißelten Inschriften merowingischer Grabsteine erhalten. Laien und Kleriker der frühchristlichen Gemeinde ließen sich bei den Kirchen und Klöstern vor den Toren der Stadt bestatten **(vgl. Karte S. 28)**. Vor allem bei der Benediktinerabtei St. Alban im Süden von Mainz konnten bei archäologischen Grabungen zahlreiche Grabsteine aus spätantiker und frühmittelalterlicher Zeit geborgen werden, deren besondere Formulare auf eine hochstehende und stadtspezifische Schriftkultur schließen lassen.

Die ersten geschriebenen Schriftstücke der Stadt hingegen sind zumeist ‚Importe' aus dem westfränkischen Reich: unscheinbare Reliquienauthentiken, die einst in einer Kirche der Stadt, vermutlich im Alten Dom zur Beschriftung jener hochheiligen Gebeine gedient haben.

Das frühmittelalterliche Mainz besaß eine Fülle von Heiligengräbern, teils aus der Spätantike (u. a. Theonest, Ferrutius, Alban), teils aber auch aus karolingischer oder ottonischer Zeit (u. a. Bilhildis, Bonifatius, Willigis). Zum Gedenken an diese Heiligen wurden nicht nur herausragende, mit Inschriften geschmückte Denkmäler errichtet, ihre Namen wurden außerdem, wie es ihrer Heiligkeit gebührte, am Ende des Frühmittelalters in Gold in die liturgischen Bücher eingetragen.

Darüber hinaus bargen die Kirchen der Stadt auch mehrere besonders verehrungswürdige Herrenreliquien, darunter vermutlich Partikel vom Wahren Kreuz und, gesichert überliefert, einen Stein vom Grabe Christi **(vgl. Kat. 5)**. Von herausragender Bedeutung für den Ruhm der *Moguntia sacra* war aber das Schweißtuch Christi **(Kat. 8)** aus dem Besitz der heiligen Bilhildis, das in dem von ihr im 8. Jahrhundert gegründeten Altmünsterkloster aufbewahrt wurde **(vgl. Beitrag Wilhelmy)**.

Hic sunt reliquies.
de suppulcro dni.
sci geronimi pbri.
sci deonisi
sci mercurii
sci aurei
sci germani
sci ledigeri.
sci seueri
sci benedicti
sci bonifatii.
sci sinforiani

Inventarauthentik, Mainz, 2. Hälfte 8. Jh. oder um 800: Hic sunt reliquies: De suppulcro Domini, Sancti Geronimi presbyteri, Sancti Deonisi, Sancti Mascenti, Sancti Auiti, Sancti Germani, Sancti Ledigari, Sancti Seueri, Sancti Benedicti, Sancti Bonitti, Sancti Sinforiani (Kat. 5)

TINO LICHT

FRÜHE AUTHENTIKEN UND DIE MAINZER SCHRIFTKULTUR IM 7. UND 8. JAHRHUNDERT

Vier weitgehend unbekannt gebliebene Zeugnisse aus der Frühgeschichte der Mainzer Kathedrale repräsentieren zugleich die ältesten erhaltenen Mainzer handschriftlichen Dokumente überhaupt. Es handelt sich um eine Spezialform von Urkunden, um Zertifikate. Wie wenig beachtet sie geblieben sind, ist schon allein daran ersichtlich, dass sie in dem maßgeblichen, auf Vollständigkeit angelegten Sammelwerk des lateinischen Alltagsschrifttums vor dem Jahr 800, den Chartae Latinae Antiquiores, nicht auftauchen.[1] *Sie bleiben auch im Handbuch der Mainzer Kirchengeschichte unausgewertet; ein Satz mit bibliographischem Verweis ist alles, was darin zu finden ist.*[2] *Dabei hätte man eine rege wissenschaftliche Auseinandersetzung erwarten können, denn bereits 1904 sind sie von dem Mainzer Kirchenhistoriker und Diözesanarchivar Franz Falk besprochen und abgebildet worden; danach breitete sich erneut der Schleier des Vergessens über sie.*[3]

▲ *Abb. 1*
Reliquienauthentik, 8. Jh.: De Sancto Gregorio (Kat. 4)

▲ *Abb. 2*
Reliquienauthentik, 1. oder 2. Drittel 8. Jh.: Reliquias Sancti Sulpicii confessori (Kat. 4)

▲ *Abb. 3*
Reliquienauthentik, 2. oder 3. Drittel 8. Jh.: Reliquias Sancti Austregisili (Kat. 4)

Die vier Mainzer Schriftstücke **(Abb. S. 16 u. Abb. 1–3, Kat. 4, 5)** sind Beschriftungen von Reliquien. Solche Reliquienetiketten heißen Authentiken. Sie sollen in diesem Überblicksartikel neu bewertet und kontextualisiert, dabei Beobachtungen zu folgenden Punkten angestellt werden: 1. Formales, 2. Sprachliches, 3. Paläographisches, 4. Realien, 5. Literaturgeschichtliches. Aus alledem sollen sich Aussagen zum Zeugniswert der vier Authentiken und ein vollständigeres Bild der vorkarolingischen Mainzer Schriftkultur ergeben.

1. Formales. Bei den vier erhaltenen alten Mainzer Authentiken handelt es sich um drei Einzelauthentiken und eine Authentik mit einer Reliquienliste, die als Inventarauthentik anzusprechen ist. Die Einzelauthentiken zertifizieren jeweils separate Stücke, wohl in kleinen Säckchen verwahrte Berührungsreliquien (Körperreliquien sind in dieser Zeit noch selten); die Inventarauthentik listet ein ganzes Arrangement von Reliquien auf. Wie eine Kombination von Inventarauthentik und Einzelauthentik aussieht, kann man leicht anhand eines Reliquienkästchens aus Köln, St. Ursula demonstrieren **(Abb. 4)**. Das Reliquiar aus Elfenbein gilt als vorkarolingisch, die Authentiken sind karolingisch. Und es findet sich eine Inventarauthentik, die den Gesamtinhalt des Reliquiars angibt und mit den Einzelauthentiken an den Reliquiensäckchen korrespondiert. Die Mainzer Authentiken werden heute unter der Signatur U 1 Nr. 15a im dortigen Dom- und Diözesanarchiv aufbewahrt **(vgl. Abb. S. 16 u. Abb. 1–3 und Kat. 4, 5 mit Transkription)**.

Es fällt zunächst auf, dass keine der drei Einzelauthentiken mit der Inventarauthentik korrespondiert, das heißt keine Reliquie zweimal genannt wird. Das in der Inventarauthentik **(Abb. S. 16)** verzeichnete Reliquienarrangement war demnach nicht vollständig, oder die Einzelauthentiken lagen in einem anderen Reliquiar. Dass der erste Fall – die Inventarauthentik ist nicht mehr vollständig – eine gewisse Wahrscheinlichkeit besitzt, erkennt man an den Schriftspuren des Pergamentstücks recht gut: Am unteren Rand sind Schriftreste einer nächsten Zeile zu erkennen. Die ursprüngliche Inventarauthentik war also umfangreicher und so auch das ursprüngliche Reliquienarrangement; mit einiger Wahrscheinlichkeit wurde das Arrangement mitsamt der Inventarauthentik geteilt. Nur Vermutungen kann man über die Zusatzzeichen anstellen, die neben mehreren Einträgen auftauchen. Sie markieren vielleicht Reliquien, die bei einer Examination gefunden worden sind, oder es sind Spuren einer Entnahme. Jedenfalls wurden vor der Teilung der Inventarauthentik diese Markierungen angebracht, denn eine der Markierungen ist durchschnitten.

2. Sprachliches. Hier sind die nötigen Ergebnisse schnell erzielt, wobei dafür geworben sei, den Sprachzustand in den Authentiken als zeitgebunden wahrzunehmen und nicht, wie das der ansonsten sehr seriöse Erstherausgeber Falk getan hat, als „barbarisches Latein“ abzutun.[4] Die vermeintlichen Fehler spiegeln die vorkarolingische Sprachwirklichkeit und zwar in ganz unterschiedlichen Graden: *Reliquias Sancti Sulpicii confessori*. Die Pluralbildung *reliquias* statt *reliquiae* ist in den Authentiken so häufig und verbreitet, dass man sogar die Erklärung ‚Akkusativ als Universalkasus im volkstümlichen Latein' fallen lassen kann.[5] Vielmehr ist eine als regulär empfundene Pluralform anzusetzen, „denn es läßt sich nachweisen, dass auch deutsche Autoren diese Form als Subjektscasus verwendet haben";[6] Hrotsvit von Gandersheim gehört dazu.[7] Schon mehr in den Bereich der Unsicherheiten im Deklinationssystem führt der Genitiv *confessori* statt *confessoris*. Sprachhistoriker fassen das unter der Rubrik Deklinationstausch.[8] Bei der Inventarauthentik fällt die große orthographische Varianz auf. Die Spanne reicht von standardgerechter Orthographie und Formenlehre *(Sancti Benedicti),* über leichte Abweichung *(Sancti Deonisi)* bis hin zu starken lautlichen Varianten bei richtiger Formenbildung *De suppulcro Domini* und erheblicher Lautverschiebung (*Sancti Ledigari* [statt *Leodegarii*]). Diese Varianz erklärt sich vielleicht aus der Übertragung des Wortlautes der Einzelauthentik in die Inventarauthentik und wäre dann Ausdruck von Vorlagentreue. Die zahlreichen Beschriftungen von Heilig-Grab-Reliquien aus vorkarolingischer Zeit lassen es zu, die Mainzer lautlich-orthographische ‚Entstellung' als Normalerscheinung zu erkennen: *De sepulcrus Domini* (Rom), *De sepclus Domini* (Rom), *De spulcha Domini* (Sens) – alles Zitate von frühen Heilig-Grab-Reliquien.[9] Auch die einleitende Phrase *Hic sunt reliquies*, die man zunächst als sprachliche Zumutung empfinden mag, kann man bei gedämpfter Erwartung durchaus halten: *Hic* ist im Sinne von ‚hier' zu verstehen, *sunt* die denkbar einfachste lateinische Verbform in einer Randbedeutung ‚befinden sich', *reliquies* ein sonst nicht belegter Versuch, eine neue Form für eine Spezialbedeutung zu gewinnen. Begriffe mussten erarbeitet und etabliert werden, und so auch der Begriff für Reliquien: *memoria* (Metonymie),[10] *patrocinia* (Metonymie),[11] *redubiae/reduviae* (Neubildung)[12] oder *lipsana* (Graecolatinum)[13] waren Versuche, einen Weg zum *verbum proprium* für ‚heilige Hinterlassenschaft' zu finden. Hier also wurde ein neuartiges Wort mit einem Deklinationswechsel zur e-Deklination verwendet und dabei sogar ein korrekter Plural erzeugt: *reliquies*.

3. Paläographisches. Alle vier Authentiken stehen in Minuskelschriften, die dem 8. Jahrhundert zuzuordnen sind. Die drei Einzelauthentiken sind wohl nicht in Mainz beschrieben worden, die Inventarauthentik hat wahrscheinlich Mainzer Schriftheimat. Im Einzelnen: Einen markant ausgebildeten Schreiber zeigt die Gregoriusauthentik. Der Schreiber demonstriert eine der diplomatischen Kursive nahestehende Schrift, wie sie für das ganze 8. Jahrhundert charakteristisch ist **(Abb. 1)**. Vergleichbar ist das deltaförmige *o*, welches die Regionalstile von Chelles, Corbie, Luxeuil und Laon aufweisen.[14] Eine zeitliche Einengung ist schwierig: wohl Nordfrankreich, 8. Jahrhundert. Sicher französischer Herkunft ist die Authentik zu Sulpicius **(Abb. 2)**. Die Buchstaben fallen durch ihre knotigen Ansätze auf, die für Schriften aus Burgund charakteristisch sind. Den Zeitrahmen kann man auch hier kaum verengen, nur das ausgehende 8. Jahrhundert erscheint unwahrscheinlich: mittleres Frankreich, 8. Jahrhundert, vor dem letzten Drittel. Die Austregiselauthentik ist durch ihre Buchstabenmischung charakteristisch **(Abb. 3)**.

▾ *Abb. 4*
Reliquienkästchen aus Köln, St. Ursula (Foto: © Rheinisches Bildarchiv Köln, 1980/1991, rba_c003854).

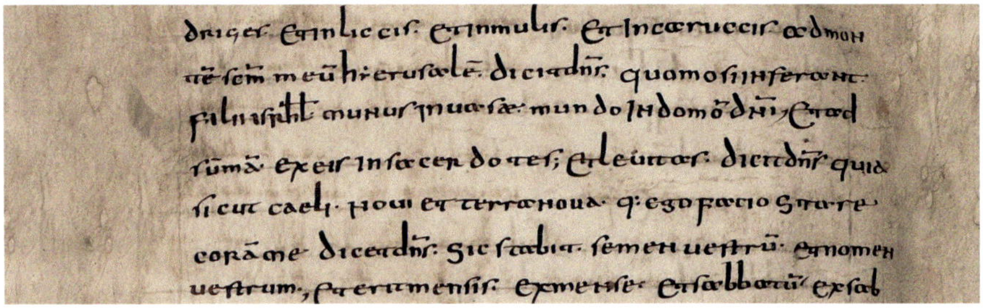

▲ *Abb. 5*
Autun, Bibliothèque Municipale, 2 (S 1), fol.18v (Ausschnitt): Die Schriftmerkmale der Austregiselauthentik stimmen mit den Merkmalen dieser im ausgehenden 8. Jh. im Raum Autun entstandenen Handschrift in der sporadischen Verwendung des Majuskel-R und des oc-a mit versetztem Ausläufer überein (Z. 4 sacerdotes).

Das in der Schrift verwendete Majuskel-*R* und ein sogenanntes *oc-a* mit versetztem Ausläufer beobachten wir ganz analog bei einer Handschrift in Autun, die im ausgehenden 8. Jahrhundert wohl in der Nähe ihres Aufbewahrungsortes entstanden ist (Abb.5).[15]
Bei der Inventarauthentik (Abb. S. 16) haben wir – weil frühe Überlieferung aus Mainz fehlt – nur die Möglichkeit, benachbarte Skriptorien zum Vergleich heranzuziehen. Gewisse Anknüpfungspunkte bildet dabei die am Oberrhein und im Donauraum verbreitete alemannische Minuskel, die in Spuren auch in Lorsch auftaucht. Gemessen am Entwicklungsstand dieser Minuskel ist die Mainzer Inventarauthentik der zweiten Hälfte des 8. Jahrhunderts zuzuordnen, sogar die Zeit um 800 scheint möglich, denn es findet sich neben dem traditionellen *cc-a* schon das dann in der karolingischen Minuskel sich durchsetzende unziale *a*.[16]
4. Inhaltliches: Jenseits der paläographischen Beobachtungen stellt sich die Frage nach der Herkunft der Reliquien, das heißt die Frage nach der Identität der Heiligen und dem Zentrum ihres Kultes. Dabei kann man teilweise ganz spezifische Angaben machen, manchmal gibt die Aktualität ihrer Verehrung sogar Datierungshinweise, in anderen Fällen sind die Aussagen unsicher oder unspezifisch. Ich beginne mit den unsicheren oder unspezifischen Nennungen.[17] Ohne Aussagewert bleibt leider die Gregorsreliquie. Die Zahl der möglichen Kandidaten erhöht sich in unerwünschter Weise dadurch, dass die verbreitete Metathese Gregorius/Georgius mitberücksichtigt werden muss. Wollte man bei der strikteren Lesung bleiben, würden – neben ein paar unwahrscheinlichen Gregorii (etwa Gregor von Nazianz) – Papst Gregor der Große und der Bischof Gregor von Langres konkurrieren.[18] Letzterer wird bei Gregor von Tours im Buch über das Leben der gallischen Heiligen erwähnt und wurde in Dijon bestattet und verehrt;[19] Papst Gregor der Große ist ebenfalls denkbar, denn etwa in Sens gibt es Reliquienauthentiken aus der Zeit um 700, die explizit *Sancti Gregorii papae* vermerken.[20] Für die Authentik in Mainz gilt deshalb *non liquet*. Der in Dijon verehrte frühere Bischof hat aufgrund des paläographischen Befunds eine gewisse Wahrscheinlichkeit, mehr aber nicht. In der Inventarauthentik bleiben die beiden Heiligland-Reliquien vom Grab des Herrn und aus der Geburtskirche in Bethlehem unspezifisch. Zahlreich sind auch die gallischen Heiligen mit Namen Avitus, von denen es Bischöfe in Clermont und Vienne und einen Abt von St. Mesmin gibt.[21] Das gleiche Bild ergibt sich bei den *Germani*, bei denen Germanus, der Bischof von Paris, und Germanus, der Bischof von Auxerre, ansonsten aber noch andere verehrt wurden.[22] Hinter Severus kann man eine ganze Gruppe von gallischen, spanischen und italienischen Heiligen ausmachen.[23] Nicht allzu hoch ist auch der Informationswert bei Symphorian zu veranschlagen, einem frühchristlichen Märtyrer aus Autun, der in vielen gallischen Städten verehrt wurde.[24]
Zu den spezifischeren Heiligennamen: Der Name des Dionysius führt nach St. Denis bei Paris. Die Dionysiusverehrung ist im frühmittelalterlichen Frankenreich verbreitet, Paris bleibt aber Kultzentrum. Maxentius ist der Abt eines Klosters bei Poitiers, der im 6. Jahrhundert gelebt hat;[25] Name und Verehrung sind nicht häufig, und dass Mainz eine Maxentiusauthentik besitzt, scheint ohne Beispiel. Leodegar von Autun ist Bischof und Märtyrer des 7. Jahrhunderts;[26] von ihm finden sich Reliquien in vielen erhaltenen Reliquiensammlungen des Frühmittelalters.[27] Benedikt könnte man zu den unsicheren Kandidaten zählen, denn der Name ist verbreitet. Da aber die Überführung der Gebeine des Mönchsvaters nach Fleury in der zweiten Hälfte des 7. Jahrhunderts viel Aufsehen erregt hat, scheint die Tendenz Richtung Benedikt von Nursia zu gehen; Herkunft der Reliquie wäre dann Fleury.[28] Der Name *Bonittus* ist der spezifischste Heiligenname auf der Inventarauthentik, denn es handelt sich gewissermaßen um einen aktuellen

Heiligen: Bonitus war Bischof von Clermont und ist bald nach 705 in Lyon gestorben; sein Leichnam wurde im Jahr 711 nach Manglieu bei Clermont überführt; er gilt als Heiliger von Clermont-Ferrand in der Auvergne.[29] Für die Inventarauthentik ergibt sich ein *terminus post quem* in der Überführung des Bonitus (711); dieser bleibt allerdings durch die gute paläographische Datierbarkeit für die zeitliche Einordnung der Authentik ohne größeres Gewicht.

Die beiden übriggebliebenen Einzelauthentiken führen beide nach Bourges. Mit Sulpicius ist wohl der zweite Erzbischof dieses Namens aus Bourges gemeint, der im Jahr 647 gestorben ist.[30] Sulpicius ist ganz ähnlich wie Leodegar ein Heiliger, der in den Authentiken des Frühmittelalters gut vertreten ist.[31] Bei Austregisel ist das anders. Austregisel war Erzbischof von Bourges zu Beginn des 7. Jahrhunderts.[32] Seine frühmittelalterliche Reliquienverehrung dürfte sich – wenn sie überhaupt fassbar ist – auf die Umgebung von Bourges konzentrieren; Mainz erscheint also auch hier in einer gewissen Weise exklusiv.

Aus den Identifikationen der Heiligen resultiert – dies sei als Zwischenergebnis formuliert – ein überraschender Befund: Die Lokalisierungen, Bourges, Clermont, Poitiers, Autun und Paris ergeben zusammen mit den weniger sicheren, Dijon und Fleury, eine Konzentration im Zentrum des Westfrankenreichs (**Abb. 6**). Der Reliquienbesitz der Mainzer Kathedrale, so wie er sich aus den erhaltenen Authentiken präsentiert, bezeugt einen westfränkischen Kultschwerpunkt.

5. Literarisches: Doch nicht nur das, die Namen lesen sich zum Teil wie ein Index der merowingischen Hagiographie. Maxentius von Poitiers hat in der Mitte des 6. Jahrhunderts eine Vita von einem Mönch des eigenen Klosters erhalten, über deren Authentizität wir durch Gregor von Tours informiert sind. Dieser bietet im zweiten Buch der *Historiae Francorum* ein Biogramm von Maxentius und schließt ab mit den Worten: „Er wirkte zahlreiche weitere Wunder, die – sollte jemand genauer nachfragen – er beim Lesen des Buchs über sein Leben alle auffinden wird".[33] Und wir besitzen den Text einer Maxentiusvita.[34] In ihr wird neben Maxentius auch sein geistiger Ziehvater und Vorgängerabt Severus erwähnt;[35] das könnte der Severus der Inventarauthentik sein. Aufs engste mit Maxentius verknüpft ist die Verehrung des Leodegar von Autun, denn er bekleidete in *monasterio sancti Maxentii* mehr als hundert Jahre nach Maxentius den Abbatiat, und nach dem Mord an Leodegar sind dessen Gebeine in dieses Kloster überführt worden:[36] St. Maixent ist also der Kultort für Leodegar, und lesen wir das Ensemble richtig, dann hat die Gruppe der Maxentius-, Severus- und Leodegarreliquien ihren Ursprung in diesem Kloster bei Poitiers. Bonitus ist ebenfalls durch eine – für das 8. Jahrhundert kann man sagen aktuelle – Biographie ausgezeichnet worden. Er wurde, wie erwähnt, nach Manglieu bei Clermont überführt. Von einem Mönch aus Manglieu stammt seine Vita.[37] In ihr wird der Bruder des Bonitus mehrfach genannt und gewürdigt, denn er war dessen Vorgänger auf dem Bischofsstuhl von Clermont. Sein Name lautet Avitus, vielleicht der Avitus auf der Inventarauthentik.[38] Auch die beiden in Einzelreliquien vertretenen heiligen Erzbischöfe von Bourges sind Gegenstand erhaltener Biographien geworden: Sulpicius wurde eine Vita gewidmet, die der maßgebliche Herausgeber Bruno Krusch für zeitgenössisch hält, geschrieben zwischen 647 und 671.[39]

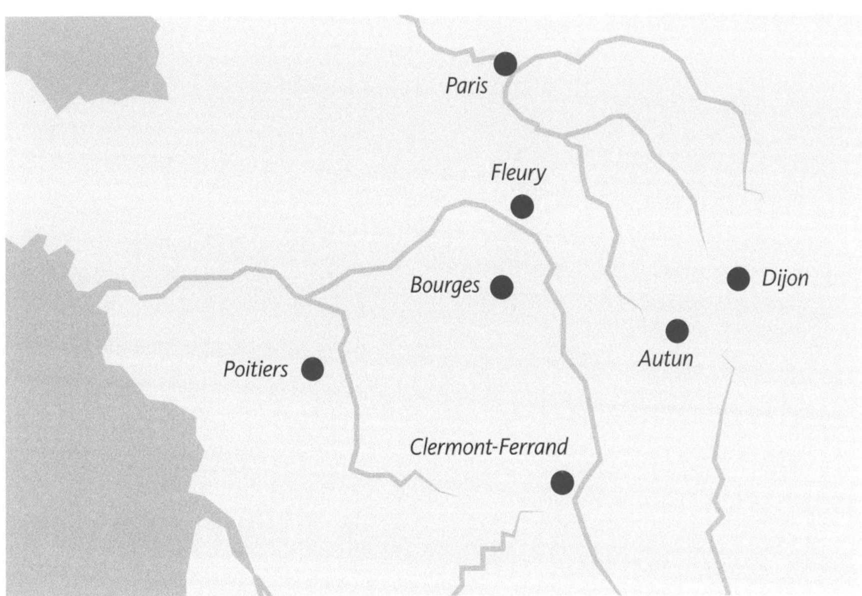

▾ *Abb. 6*
Hauptkultorte der in den erhaltenen Authentiken der Mainzer Kathedrale genannten, signifikanten Heiligen

Die Lebensbeschreibung des Vorgängers, die *Vita Austrigisili*, ist uns wohl nur noch als karolingische Bearbeitung der merowingischen Vorlage überliefert.[40] Die Beobachtung allerdings bleibt: Auch Austregisel gehört zu den mit prominenten Einzelbiographien gewürdigten Heiligen. Zieht man aus diesem Komplex ein Fazit, so liegt ein Schwerpunkt der Mainzer Sammlung bei merowingischen Bischöfen, die in Bourges, Clermont und Poitiers verehrt worden sind.

Was kann uns das sagen? Es ist vielleicht deutlich geworden, wie sehr die Mainzer Kathedrale durch den ältesten recherchierbaren Reliquienschatz im gallofränkischen Kernland, im Westfrankenreich, verankert ist. Die Sammlung ist episkopal, und sie ist traditionell. Wenn man so will, spiegelt sich darin das merowingische Mainz, obwohl einige Reliquien frühestens in der Zeit der karolingischen Hausmeier dorthin gelangt sein können. Für uns ist die Mainzer Geschichte des 8. Jahrhunderts bestimmt von der Aufwertung des Bistums unter Bonifatius (gest. 754) und einer daraus resultierenden angelsächsischen Prägung, von der Transformation zum Metropolitansitz unter dem Nachfolger Lul (gest. 786), bestimmt auch vom Wirken des am karolingischen Hof herangebildeten Gelehrten und Erzbischofs Richulf (gest. 813). Angelsächsisches oder Karolingisches ist aber in den Authentiken nicht wiederzuerkennen, weder paläographisch, noch inhaltlich, noch literaturgeschichtlich. Die Datierung kann dabei kein Hindernis sein, denn sie führt zumindest bei der Inventarauthentik in die zweite Hälfte des 8. Jahrhunderts, vielleicht sogar in die Zeit um 800. Es fehlt jedoch eine Bonifatiusreliquie, es fehlen alle weiteren insularen Heiligen, es fehlt auch die durch das Angelsächsische vorgeprägte, im Karolingischen weiter entwickelte römische Orientierung: Peter, Paul, Katakombenmärtyrer, all das sucht man vergeblich. Das sind *argumenta e silentio*, doch sichtbar bleibt, dass wir statt der Innovation eines jungen Erzbistums die Tradition eines alten fränkischen Bistums präsentiert bekommen. Nicht Rom, sondern Bourges, Poitiers, Clermont geben Orientierung. Die Mainzer Kirchenhistoriker, die Erforscher der Kathedralgeschichte wird es interessieren, dass die Theomastüberlieferung, wonach ein Mainzer Bischof um 500 in Poitiers begraben wurde, durch die Verbindung der Maxentius-, Severus- und Leodegarreliquien flankiert wird;[41] es wird sie interessieren, dass das Dionysiuspatrozinium der von Bischof Rigibert zwischen 711 und 716 geweihten Kirche bei Aschaffenburg in den Authentiken dokumentiert ist;[42] es wird sie interessieren, dass weder ein Martinspatrozinium noch ein Johannespatrozinium in den Authentiken auftaucht.[43]

Die ältesten erhaltenen Mainzer handschriftlichen Zeugnisse sind, wie das oft geschieht, wenn sonstige Überlieferung durch die Ungunst der Zeiten zerstört worden ist, Reliquienauthentiken. Sie sind im Dom- und Diözesanarchiv wohlbehalten verwahrt und dokumentieren die frühen Kultverbände der Mainzer Kathedrale. Dass sie bisher fast ganz übersehen worden sind, liegt daran, dass das Bewusstsein für den Wert von Authentiken nicht gut entwickelt ist. Dabei haben sie eine zweite Chance verdient. Die tiefe Verwurzelung im gallo-fränkischen Kernland, die sich an ihnen ablesen lässt, ergänzt nämlich aufs Willkommenste das noch immer vage Bild, das wir uns von Mainz im ausgehenden 6. bis 8. Jahrhundert machen können: Die mittelrheinische Metropole ist ein Stützpunkt merowingischer Kultur. Als sich der italienische Dichter Venantius Fortunatus (gest. ca. 600) im Jahr 565 auf eine zunächst wohl als Kurzaufenthalt geplante Reise ins Frankenreich begab, nahm er eine frühe Station in Mainz.[44] Es empfing ihn ein Bischof mit einem für den altrömischen Senatorenstand der Rhônegegend und der Auvergne charakteristischen Namen: Sidonius. Venantius pries Mainz alsbald in Versen, lobte den neuen Bau des Baptisteriums, das einige Jahre vorher von der merowingischen Prinzessin Berthoara gestiftet und von Sidonius vollendet worden war,[45] bewundert die Georgsbasilika in Mainz-Kastel, die Sidonius hatte erbauen lassen.[46] Und er stellt heraus, wie wunderbar die Tatkraft des Bischofs das versehrte Mainz in neuem Glanz hat erstrahlen lassen, rühmt die Maßnahmen, die der Mainzer Oberhirte zum Hochwasserschutz ergriffen hat, und lässt nicht unerwähnt, dass seine Freigebigkeit auch in Lösegeldzahlungen Ausdruck gefunden hat.[47] Mainz hat Mitte des 6. Jahrhunderts offenbar neuen Schwung nehmen können; es war, sagt Venantius im ersten Wort seines Gedichts an Sidonius, wiedererstanden *(reddita)*. Im Jahr 589 feierte dann, so berichtet es Gregor von Tours (gest. 594), auf Einladung des Bischofs Sigismund, der König des östlichen Teilreiches Austrasien, der Merowinger Childebert II. (amt. 575–596), das Osterfest in Mainz.[48] Wenige Jahre später spielt eine Episode aus dem Leben des irischen Missionars Columban (gest. 615) im merowingischen Mainz. Sein Biograph Jonas von Bobbio (gest. ca. 660) erzählt, wie auf der Reise nach Bregenz im Jahr 610 Columbans Schiffsleute ihn überredet hätten, bei Freunden in Mainz Proviant aufzunehmen.[49] Als sie nichts erreichen konnten, ging Columban an Land, denn auch er hatte in Mainz einen Freund: den Herrn. Columban betete im Dom, der Bischof eilte herbei und half dem Missionar mit allem Notwendigen. Wir erfahren aus einer anderen Quelle, der Chronik des Pseudo-Fredegar, den Namen des Mainzer Hirten der Zeit: Lesio.[50]

Venantius Fortunatus, Gregor von Tours, Jonas von Bobbio, Pseudo-Fredegar – Mainz ist bei den Hauptvertretern der merowingischen Literatur um 600 immer mindestens präsent, vorzugsweise in seinen Bischöfen. Die Chronik des Pseudo-Fredegar weiß ferner von einer strategischen Qualität der Stadt zu berichten: Mainz diente – ob die Mainbrücke noch intakt war, bleibe dahingestellt – als Rheinübergang.[51] Seit der Zeit um 600 hat Mainz auch Anteil an einer Innovation im merowingischen Münzwesen. Das beim Königshaus privilegierte Schlagen der merowingischen Goldmünzen, vor allem der Trienten, ging in die Hände von lokalen Münzmeistern (Monetaren) über. Diese prägten ihre Namen und den Namen ihres Ortes auf die kleinen Goldstücke, so dass wir zwölf annähernd zu sichernde Mainzer Münzmeister kennen: Agilinus, Aldobertus, Airoenus, Bodegiselus, Diliucius, Garoaldus, Gogo, Gonderacus, Ividrenus, Lopus, Martinus (Abb. 7), Nantaharius.[52] Der Datierungsrahmen für diese Mainzer Münzprägung ist relativ eng, denn das Auftreten der Monetare im Merowingerreich beginnt um 600, läuft ab 670 mit dem Übergang zur Silberwährung aus und endet um 700; „sein Höhepunkt fällt in die erste Hälfte des 7. Jahrhunderts".[53]

◂ **Abb. 7**
Triens des Münzmeisters Martinus (Vorder- und Rückseite), in Mainz geprägt (MOGVNCIACO FITUR bzw. MARTINVS MONETARIVS), Gold, 1,26 cm, 1,33 g, Stadtarchiv Mainz, MK 162 B 2

Wir müssten nach diesen hellen, meist literarischen Schlaglichtern ein langes Dunkel, eine Phase von Unsicherheit, Sekundärnachrichten und schwieriger Urkunden- überlieferung gewärtigen, hätte sich in Mainz nicht eine dichte und aussagekräftige vorkarolingische Inschriftenkultur erhalten.[54] Diese Inschriftenkultur ist eine Begräbniskultur, die einen traditionell römischen Grundzug hat, den Gebrauch der lateinischen Sprache. Es gibt sogar ein bevorzugtes ‚Mainzer Protokoll', bei dem das Wort für Aufschrift, *titulus*, das Wort für Grab, *tumulus*, ersetzt, so dass der Tote, wollte man wörtlich übersetzen, „in diesem Grabstein" und nicht „in diesem Grabhügel" ruht.[55] Auffällig ist, dass dieses Verständnis von *titulus* noch in einem weiteren Gebiet des Merowingerreiches anzutreffen ist, nämlich auf Grabinschriften im Rhônetal, jener Landschaft also, die im Frühmittelalter den Namen Burgund trug.[56] Auch paläographisch lassen sich ‚burgundische' Verbindungen beobachten. Das auf dem Mainzer Grabstein der Munetrudis verwendete Zungen-Q, das wie ein C mit einer Tilde gebaut ist, „kommt in keiner anderen mittelrheinischen Inschrift vor",[57] gilt als Ausnahmeerscheinung und findet ein Beispiel in einem auf das Jahr 683 datierten Epitaph aus Guilherand bei Valence an der Rhône.[58] Ein Hauptmerkmal, das die vorkarolingische, noch in spätantiker Tradition stehende Kultur der Grabinschriften von der karolingischen trennt, ist die Teilhabe der Laien und Frauen. Diese waren ebenso ‚inschriftenfähig' wie Personen geistlichen Standes. In Mainz sind deshalb erheblich mehr Grabsteine des 7. und 8. Jahrhunderts erhalten als solche des 9. und 10. Jahrhunderts, und es werden viele Frauen genannt: Bertisindis, Leoncia, Munetrudis, Radelindis, Roteldis.[59] Voraussetzung für die Partizipation von Laien (mit meist germanischen Namensformen) an der Inschriftenkultur ist Leseverständnis. Es gilt also: Auch wenn die Sprachqualität nicht den Anforderungen unserer Schulgrammatik genügt, sind die dem volkstümlichen Sprachgebrauch angenäherten, vulgärlateinischen Epitaphien Ausweis eines erstaunlichen Phänomens, nämlich der Alphabe- tisierung von Laien auf lateinischer Sprachbasis. Diese Laien demonstrierten in Ausnahmefällen sogar einen gewachsenen Anspruch an ihr Grabmonument und ließen den Inschriftentext in gebundener Rede ausführen. Auch hier muss man einräumen, dass die Grabdichtung nur selten den strengsten Maßstäben der traditionellen römischen Prosodie und Metrik genügt, aber immerhin genug Sprachbeherrschung vorhanden war, nachvollziehbare daktylische Hexameter zu dichten. Das Mainzer Epitaphium, das um 700 die Eltern ihrem verstorbenen Sohn Druсtacharius setzten, ist ein Beispiel für solch ein höherwertiges *Carmen epigraphicum* (Kat. 2).

Man könnte einwenden, dass die lateinische Inschriftenkultur rein epigonal interpretiert werden kann, die Laien also gar kein Verständnis für Schrift und Inhalt mitbringen mussten, um sich an dieser urban-römischen Sitte zu beteiligen. Ein Gegenargument ist, dass die Verwendung der höherwertigen Dichtung auf Grabepitaphien dann nicht zu erklären wäre. Aber es gibt noch einen anderen Hinweis, nämlich existierende Ausdrucksformen einer epigonalen, nicht auf Schriftverständnis und Lesefähigkeit basierenden Grabkultur. Diese bediente sich ornamentaler Schriftzeichen, d. h. die Buchstabenelemente wurden nur als Schmuck und ohne sinntragende Kombination in den Grabstein geschlagen. Aus Mainz ist ein solcher Stein erhalten und gibt einen Eindruck davon, wie eine ‚Inschrift ohne Text' aussehen konnte (Abb. 8).[60] Der oder die Bestattete und die Nachkommen nahmen ‚ästhetischen Anteil' an der schriftbasierten Grabkultur ohne über die Voraussetzung der Alphabetisierung zu verfügen.

▸ *Abb. 8*
Inschriftenstein mit ornamentalen, unter Runeneinfluss stehenden Schriftzeichen (Umzeichnung); Mainz, 6.–8. Jahrhundert, Landesmuseum Mainz – GDKE

Im Übergang zur Karolingerzeit scheint die Tradition der Laienepitaphien auf den Gräberfeldern auszulaufen. Die jüngsten Mainzer Epitaphien, die noch im alten Protokoll und mit den runenbeeinflussten, ,merowingischen' Buchstabenformen ausgeführt worden sind, betreffen eine Frau, die den Namen Radelindis trägt,[61] und zwei Personen geistlichen Standes, den Priester Badegisel (**Kat. 1**) und den Abt Pertram (**Kat. 3**). Sie reichen in ihrer Datierung bereits in die erste Hälfte des 8. Jahrhunderts und somit in jene Zeit, in der wir durch den Briefwechsel des Bonifatius und die Bonifatiusviten das ,angelsächsische Mainz' heraufziehen sehen. Schriftzeugnisse angelsächsischer Prägung sind dann erst aus dem ausgehenden 8. Jahrhundert erhalten. Es dauerte also noch bis in die Zeit Karls des Großen, bis das Insulare sichtbaren Einzug in die Mainzer Schriftkultur hielt.

---

1 Chartae Latinae Antiquiores 1954–1998; künftig ChLA; diese 49 Bde. umfassende ältere Serie erfasst das Alltagsschrifttum bis zum Jahr 800; die Folgebände gelten dem 9. Jahrhundert. **2** Jürgensmeier 2000, S. 932. **3** Falk 1904 **4** Falk 1904, S. 474. **5** Vgl. Leumann/ Hofmann/Szantyr 1965, S. 30f. **6** Fickermann 1957, S. 24. **7** Ebd., S. 25. **8** Ebd., S. 54–61. **9** In dieser Reihenfolge: ChLA 22, Nr. 728, II+IV; ChLA 19, Nr. 682, XI. **10** Zum Beispiel Buschhausen 1971, S. 316 u. Taf. 17: *Hic memoria Sancti Felicis*; Authentik auf einer Tonscherbe aus Nicivibus (heute Henchir El Akrib, Algerien), ausgehendes 6. Jahrhundert. **11** Zum Beispiel ChLA 18, Nr. 665, II: *Patrocinia sancto Albino*; Pergamentauthentik aus Baume-les-Messieurs, 7. Jahrhundert. **12** Du-Cange 1886, S. 74. **13** Vgl. Thesaurus Linguae Latinae 1956–1979, Sp. 1474, 40. **14** Zu vergleichen wäre etwa der Schriftstand der Handschrift St. Gallen, Stiftsbibliothek 214 aus Corbie, Mitte des 8. Jahrhunderts; vgl. Becker/Licht 2016, Taf. 3. **15** Autun, Bibliothèque Municipale, 2 (S 1); die Handschrift ist besprochen von Lowe [/Bischoff] 1953, Nr. 715; die genannten Schriftmerkmale finden sich beisammen zum Beispiel auf fol.18v bei *sacerdotes*; abgebildet bei Maître 2004, CD-Beilage. **16** Material zum Schriftvergleich mit Lorscher Codices, in denen sich Spuren alemannischer Minuskel finden, bietet der Abschnitt ,Beobachtungen zum Skriptorium in Lorsch' bei Maag 2014, S. 159–167. **17** Statt der Einzelnachweise zu den Heiligen seien für die Personenidentifikation und Editionsangabe die Einträge der Bibliotheca Hagiographica Latina 1898–1901 u. 1986 angeführt (künftig BHL + Nummer). **18** BHL 3636–3651 u. 3665f. **19** Gregor von Tours, *Liber vitae patrum* 7; Ausgabe Krusch 1885, S. 236–24. **20** ChLA 19, Nr. 682, XXXVII u. XXXVIII. **21** Letzterer wurde am häufigsten biographisch gewürdigt; vgl. BHL 879–883. **22** BHL 3452–3483. **23** BHL7665–7692. **24** BHL7967–7970. **25** BHL5804–5808. **26** BHL 4850–4856. **27** Z.B. ChLA 1, Nr. 135 (St. Maurice), ChLA 2, Nr. 177 (Sitten), ChLA 19, Nr. 682, IX, XIL, L, LV (Sens) etc. **28** Von dort gibt es den frühen Translationsbericht *Adventus et exceptio Sanctorum Benedicti et Scholasticae in agrum Floriacensem*; BHL 1117. **29** BHL 1418–1420. **30** BHL 7927–7932. **31** ChLA 1, Nr. 14 (St. Maurice), ChLA 2, Nr. 177 (Sitten), ChLA 11, Nr. 509 (Säckingen) etc. **32** BHL 839–843. **33** Ausgabe Krusch/Levison 1951, S. 87: *Multasque alias virtutes operatus est, quas, si quis diligenter inquiret, librum vitae illius legens cuncta repperiet* (Gregorius Turonensis *Historiae Francorum* II, 37). **34** BHL 5804. **35** Ausgabe Mabillon 1668, S. 578: *[...] qui cum ad intelligibilem pervenisset aetatem, S. Severo abbati in monasterio traditur imbuendus.* **36** Der Autor der zweiten Vita des Leodegar, Ursinus, „schreibt am Begräbnisort des Heiligen, in Poitiers"; Berschin 1988, S. 71. **37** Ebd., S. 64f. **38** Ausgabe Krusch/Levison 1913, S. 121: *Per idem vero tempus germanus eius Avitus pontifex vir exterioribus studiis eruditus sacrisque litteris omnibusque officiis divinis praepotens ter quinis fere amplius annis magna cum alacritate Arvernam sibi commissam rexit ecclesiam.* **39** Ausgabe Krusch 1902, S. 368: *Vita igitur post sancti mortem et ante Barcelaicum abbatem, i. e. inter a. 647 et 671, conscripta inter antiquas fideque dignas enumeranda est [...]* **4** Vgl. die Bewertungen in der Vorrede zur Vita ebd., S. 188f. **41** Jürgensmeier 2000, S. 45f. **42** Ebd, S. 43f. **43** Ergänzend sei ein Hinweis zur Provenienz der Authentiken gegeben. Ich verdanke diesen Frau Gisela Manstein M.A. vom Dom- und Diözesanarchiv Mainz (E-Mail vom 14. April 2015): Die Authentiken stammen aus dem Nachlass von Franz Falk (Signatur Best.: 46, 12 NL Franz Falk); aufgefunden wurden sie in dem in Aschaffenburg ausgelagerten Teilen des Mainzer Domschatzes, unter denen sich ein Reliquiar befand: „Ein Reliquiar in Form eines Häusleins von Holz, dessen hochstrebendes Dach mit Goldplatten belegt war, dessen Inneres hohl und mit Reliquien versehen ist. Am Fuße schiebt man ein Holzstück zurück." Falk 1880, S. 194. **44** Fels 2006, S. XVIIf. und Buchspiegel erkennt in Mainz den fränkischen Ankunftsort des Venantius Fortunatus im Jahr 565/66; ältere Forschung sieht Fortunats Aufenthalt in Mainz im Kontext seiner Mosel- und Rheinfahrten 566/67 (z. B. Jürgensmeier 2000, S. 41). **45** Venantius Fortunatus *Carmina* II, 11; Leo 1881, S. 40f.; Fels 2006, S. 42. **46** Venantius Fortunatus *Carmina* II, 12; Leo 1881, S. 41; Fels 2006, S. 43. **47** Venantius Fortunatus *Carmina* IX, 9; Leo 1881, S. 215f.; Fels 2006, S. 231f. **48** Gregor von Tours *Historiae* IX, 29; Krusch/Levison 1951, S. 447. **49** Jonas von Bobbio *Vita Columbani* I, 27; Krusch 1905, S. 212f. **50** Ps.-Fredegar *Chronica* IV, 38; Krusch 1888, S. 139; Lesio entspricht dem in den späteren Bischofslisten überlieferten Namen Leudegasius (ebd.). **51** Ps.-Fredegar *Chronica* II, 60 u. IV, 74; Krusch 1888, S. 84 u. 158. **52** Belfort 1892, S. 374–391; zur Umschrift des Triens des Martinus ebd S. 347f. **53** Kluge 2013, S. 39f. **54** Gut dokumentiert bei Bauer 1926, S. 12–20 und Boppert 1971, S. 15–95. **55** Boppert 1971, S. 22f. **56** Z. B. Descombes 1985, S. 457–459, Nr. 119 (Epitaph des Valiaricus und der Licinia aus Vienne) oder Jörg 1977, S. 55–57 (Epitaph des Mönches Rusticus in St. Maurice). **57** Boppert 1971, S. 69. **58** Descombes 1985, S. 237–241, Nr. 21. **59** Boppert 1971, S. 27, 51, 68, 78, 80. **60** Bauer 1926, S. 13. **61** Boppert 1971, S. 78–80.

PETRVS VIDIT SVDARIVM QVOD FVERAT SVPER

Schweißtuch Christi in einem Reliquiar aus dem Jahre 1875 (Vorderseite) (Kat. 8)

WINFRIED WILHELMY

MOGUNTIA SACRA – RELIQUIEN IM FRÜHMITTEL-ALTERLICHEN MAINZ

Meiner Mutter zum 90. Geburtstag

In der quellen- und vor allem schriftarmen Zeit des Frühmittelalters gebührt selbst so unscheinbaren Objekten wie den nur zentimetergroßen Authentiken von Reliquien eine besondere Aufmerksamkeit. Denn sie sind nicht nur aussagefähige Zeugnisse zur Schriftkultur der Epoche, sondern Informationsträger ersten Ranges, zum Beispiel zu geo-religiösen Verbindungen innerhalb des Frankenreiches. Häufig sind aber weder die Authentiken noch die Reliquien selbst erhalten – der von Licht vorgestellte Fund ist daher ein seltener und besonderer Glücksfall für Mainz, das sich bereits in frühmittelalterlicher Zeit eines Bestandes an Reliquien rühmen durfte, der in Qualität und Quantität den Rang des Metropolitansitzes hervorhob.

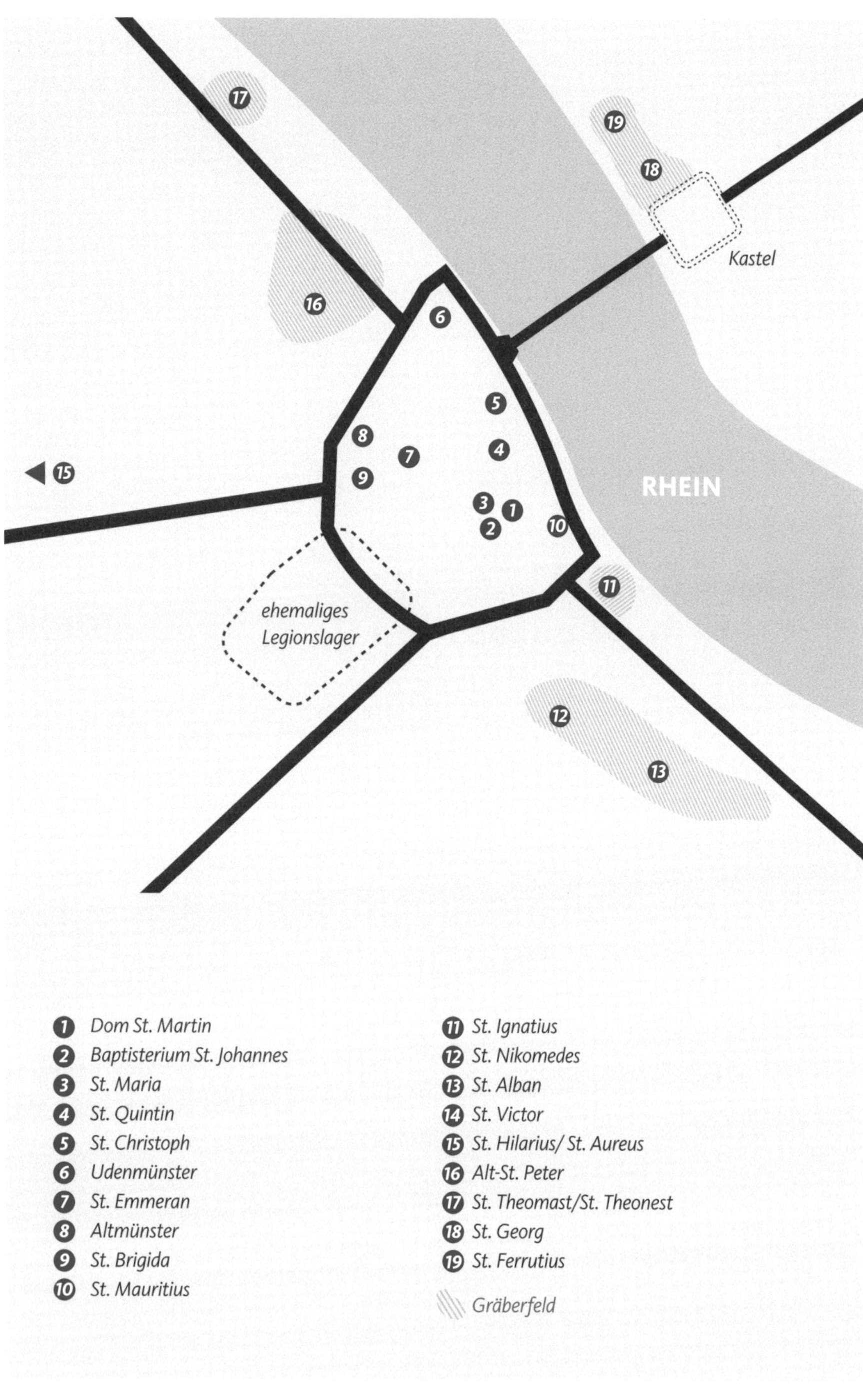

▲ *Abb. 1*
Kirchen und Klöster im frühmittelalterlichen Mainz (Auswahl)

Doch gerade in Mainz hat die Ungunst der Zeiten auf diesem Gebiet zu größten Verlusten geführt: Erinnert sei nur an die Zerstörung der *extra muros* gelegenen Kirchen und Klöster **(Abb. 1)**, allen voran die hochbedeutende Benediktinerabtei St. Alban, die in frühmittelalterlicher Zeit *das* kulturelle Zentrum von Mainz bildete **(Abb. 2)**.[1] Verloren ist St. Hilarius im sogenannten Heiligen Tal von Zahlbach und die dortige Grablege der frühen, als heilig verehrten Mainzer Bischöfe; verloren sind Alt-St. Peter, St. Theonest, St. Nikomedes, St. Viktor und viele andere Kirchen und damit auch die dort verehrten heiligen Leiber. Der Reliquienschatz, den der Mainzer Erzbischof Kardinal Albrecht von Brandenburg (amt. 1514–1545) während seines Episkopates zusammentrug und der sich unter anderem aus Reliquienabgaben jener Kirchen speiste **(Abb. 3)**, ging während des Dreißigjährigen Krieges ebenso unter wie der zahllose Reliquien beherbergende Domschatz und die in ihm bewahrten heiligen Gebeine zur Zeit der Säkularisation.

Dennoch lässt sich aus einer Vielzahl von Quellen die *Moguntia sacra* des ersten Jahrtausends skizzieren, in manchen Fällen nur schemenhaft und punktuell, aber doch in aussagekräftigen Farben. Es zeigt sich dabei das Bild einer Stadt, deren Kirchenlandschaft geprägt war von einer Vielzahl von hochheiligen Märtyrern, Bischöfen oder Klosterfrauen, deren Heiltum, zusammen mit den in der Stadt gehüteten Herrenreliquien, höchsten An- sprüchen gerecht werden konnte. Ein solcher Reliquienschatz bedingte aber nicht nur einen hohen Grad der öffentlich vorgetragenen Schriftlichkeit – Reliquien waren durch Authentiken ausgewiesen, Schreine besaßen eingravierte oder aufgemalte Hymnen, heilige Gräber waren mit eingemeißelten panegyrischen Inschriften versehen.[2] Sie generierten darüber hinaus auch Wohlstand, der in die Kirchen und Klöster, die das Heiltum beherbergten, rückfloss in Form von Bauten, Ausstattung oder liturgisches Gerät, darunter natürlich auch Evangeliare, Sakramentare und andere liturgische Bücher. Überspitzt gesagt: Ein solch heiliger und wirtschaftlich prosperierender Ort wie das frühmittelalterliche Mainz, das darüber hinaus als eine der politischen Schaltzentralen des Reiches fungierte, muss zum

Lobpreis seiner orts- ansässigen Heiligen zwingend ein oder mehrere Skriptorien besessen haben, seien sie in St. Alban, am Dom oder, am Ende der Epoche, vielleicht in der Stiftskirche St. Stephan angesiedelt.[3]

Doch welche Reliquien waren im ersten Jahrtausend in und um Mainz präsent? Die Quellen listen zwar zahllose Heiltümer auf, doch in der Regel sind diese Zeugnisse erst (weit) nach dem Jahr 1000 verfasst, und es ist nicht vermerkt, *wann* die darin aufgeführten Gebeine der Heiligen des ersten Jahrtausends zur Verehrung gelangten.[4]

Beginnen wir mit dem Reliquienbestand des Alten Domes – der heutigen Johanniskirche –, den Jürgensmeier 1986 in einem ausführlichen Artikel grundlegend gewürdigt hat. Unter Bischof Gewilib (amt. 743–745) ist erstmals das – vermutlich auf den ersten fränkischen Bischof Sidonius (Mitte 6. Jahrhundert) zurückgehende – Martinus-Patrozinium des Domes belegt.[5] Es ist zwingend davon auszugehen, dass die fränkischen Eroberer mit der Installierung dieses neuen (und ein älteres überlagerndes?) Patroziniums auch Reliquien ihres Hausheiligen zur Verfügung stellten, sei es eine Körperreliquie, sei es ein Stück des in ihrer Obhut aufbewahrten Mantels, der *cappa*. Tatsächlich verzeichnen die spätmittelalterlichen Inventare des Domes mehrere Martinus-Reliquien, darunter einen Finger, der in einem kostbaren Reliquiar am Hochfest des Heiligen zur Verehrung ausgesetzt wurde. Der Eingang dieser Reliquien in den Bestand des Domes lässt sich allerdings zeitlich nicht näher präzisieren.[6]

Auch der heilige Hilarius (gest. um 397), Bischof von Poitiers, war mit einer Reliquie im Dom vertreten.[7] Auch sie könnte bereits im ersten Jahrtausend dort verehrt worden sein und zusammen mit den bei Licht genannten weiteren westfränkischen Heiligen (**vgl. Beitrag Licht, Authentiken, S. 20–24**), deren Reliquien für den Alten Dom gesichert sind, Hilarius' Stellung als einen der wichtigsten fränkischen Hausheiligen dokumentiert haben. Die ehemalige Provinzhauptstadt der römischen *Germania superior,* seit dem 5. Jahrhundert fest in fränkischer Hand, war ganz in den Schutz der mächtigen westfränkischen Heiligen überführt worden und dokumentierte nicht zuletzt dadurch den Herrschaftsanspruch der merowingischen Könige auf die Mainzer Lande. Gleiches gilt für die 1239 bei der Domweihe genannten Gebeine des heiligen Ägidius, der im frühen 8. Jahrhundert Abt von St. Gilles im westfränkischen Reich war; auch sie

▲ *Abb. 2*
Wenzel Hollar, Stadtansicht von Mainz (Detail): St. Alban (links)

▼ *Abb. 3*
Sogenanntes „Halle´sches Heilthumsbuch", 1515: Reliquiar mit Gebeinen des hl. Hrabanus Maurus

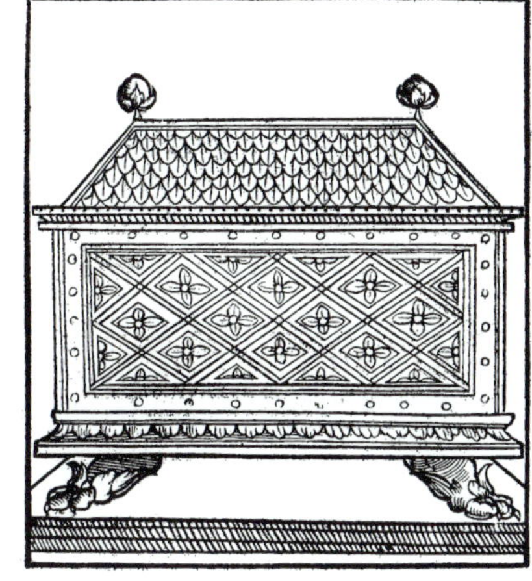

Jtem.xxix. Ein vbersilberter sarch mit eym C. gezeichent Dorynne ist der cörper vñ haubt des heiligen bischoffs Mari ni/der die Homelien gemacht hat. Das haubt vnd der cörper des heiligen Rabani.

Summa.iiij.partikel.

SCA
CRVX NOS
SALVA

könnten Teil des von Licht in diesem Band skizzierten Reliquienimportes von West nach Ost gewesen sein, auch wenn sich keine datierbare Authentik oder sonstige Quelle erhalten hat, die eine genaue Zeitbestimmung dieser Translation gestatten würde.[8]

Diese fränkische Dominanz im Reliquienbestand wird erstmals durch den angelsächsischen Missionar Bonifatius unterbrochen, der *ad personam* die erzbischöfliche Würde nach Mainz gebracht hatte. Er erlitt im Jahre 754 im friesischen Dokkum das Martyrium; sein später in Fulda begrabener Leib wurde an seinen Mainzer Bischofssitz überführt und gewaschen; anschließend wurde das mit dem Blut des Märtyrers vermischte Wasser in der Leutkirche St. Maria beigesetzt, während die dem Körper entnommenen Eingeweide im Alten Dom begraben wurden.[9] Damit besaß Mainz gleich zwei hochrangige Reliquien dieses wohl wichtigsten Märtyrers der frühkarolingischen Zeit. Die Blutreliquie wurde über Jahrhunderte hindurch verehrt und im 9. Jahrhundert durch eine heute noch im Unterbau erhaltene steinerne Stele ausgezeichnet (**Abb. 4, 5, 6**).[10] Ähnliches gilt für die Eingeweidereliquie im Alten Dom, die Erzbischof Gerlach von Nassau 1357 mit einer ebenfalls noch erhaltenen Grabplatte bedecken ließ.[11]

Im 9. Jahrhundert werden unter Erzbischof Otgar (amt. 826–847) erste transalpine Heilige aus Italien und aus Rom selbst importiert, so 836 die heiligen Vincentia und Innocentia nach St. Alban und Reliquien des heiligen Severus (Gatte und Vater dieser beiden weiblichen Heiligen) in den Alten Dom. Es folgten Gebeine des heiligen Sergius, die Otgar ebenfalls in den Dom transferieren ließ.[12] In der Konsekrationsurkunde der Weihe des (Neuen) Domes von 1239 werden zahlreiche Reliquien genannt, die in den Hochaltar eingelassen waren. Die dort genannte Markus-Reliquie dürfte spätestens unter Erzbischof Hatto I. (amt. 891–913) über das Münster in Mittelzell auf der Reichenau in den Alten Dom gekommen sein, vielleicht auch schon unter Erzbischof Liutbert (amt. 863–889), der gleich Hatto von der Insel im Bodensee stammte.[13] Die im Dom gleichfalls bezeugten Reliquien des heiligen Hippolyt waren im späten 8. Jahrhundert unter Abt Fulrad von Rom in das Kloster St. Denis vor den Toren von Paris gebracht worden. Sie könnten von dort bereits vor dem Jahr 1000 nach Mainz gegeben worden sein – die Beziehungen waren traditionell eng.[14]

Auf die Ostverbindungen der Mutterkirche des Erzbistums verweist der Altar des heiligen Kilian, der 689 in Würzburg das Martyrium erlitten hatte. Für diesen zunächst im südlichen Domquerhaus errichteten und später in den Ostchor des (Neuen) Domes versetzten Altar stiftete das bereits im 9. Jahrhundert aufstrebende, von Einhard gegründete Benediktinerkloster Seligenstadt eine Vikarie. Eine Reliquie des Märtyrers dürfte spätestens seit dieser Zeit im Dom gewesen sein, denn die Verbindungen zwischen der Metropolitankirche und dem 741 von Bonifatius gegründeten Suffraganbistum Würzburg waren stets freundschaftlich.[15]

Wie oben kurz skizziert, befand sich im Alten Dom zwar eine Fülle von Reliquien, doch handelte es sich dabei zumeist um ‚importierte' westfränkische oder gar römische Gebeine. Daneben hatte die Stadt am Rhein aber eine Vielzahl genuin Mainzer Heiliger aufzuweisen, die hier in der Frühzeit des Christentums das Martyrium erlitten hatten und seither eine besondere Verehrung erfuhren. Dabei konzentrierten sich die hochheiligen Stätten vor allem um die großen ehemaligen römischen Friedhöfe vor den südlichen und nördlichen Stadtmauern (**vgl. Abb. 1**) sowie in Kastel jenseits des Rheins; hinzu kam im Westen das bereits erwähnte ‚Heilige Tal' am Zahlbach, wo bei St. Hilarius zehn als heilig verehrte Bischöfe der Frühzeit begraben lagen. Ihre Gebeine wurden im Jahr 935 von Erzbischof Hildebert (amt. 927–937) geborgen und nach St. Alban überführt, wo sie in einem Sammelgrab beigesetzt wurden.[16] Hier befand sich auch das Grab des hochverehrten namensgebenden Märtyrers, der im frühen (?) 5. Jahrhundert im Norden der Stadt enthauptet worden und dann, mit dem Kopf unter dem Arm, zu jener Stelle im Süden gegangen sein soll, über der in den folgenden Jahrhunderten die Benediktinerabtei St. Alban errichtet wurde. Hier empfing traditionell der Mainzer Erzbischof sein Pallium, das zuvor eine Nacht lang auf dem Grab des Märtyrers gelegen hatte.[17] Bereits früh fanden die Festformulare für den

◂ ***Abb. 4***
Bonifatius-Stein, um 854: Vorderseite mit Darstellung des hl. Bonifatius, Mainz, Bischöfliches Dom- und Diözesanmuseum, Inv. Nr. PS 00146

◂ ***Abb. 5***
Bonifatius-Stein, um 854: Rückseite mit Darstellung des hl. Kreuzes, Mainz, Bischöfliches Dom- und Diözesanmuseum, Inv. Nr. PS 00146

▾ ***Abb. 6***
Rekonstruktion der Bonifatius-Gedenkstele (nach Mechthild Schulze-Dörrlamm 2004)

XII · K · IUL · UIGILIA SCI ALBANI · MAR ·

DA NOBIS QS OMNIPOTENS DS GLORIOSA

natalicia beati albani martyris tui digne praeuenire · et eius patrocinio ab omni aduersitate mentis & corporis liberari · per dnm nostrum · SUPER OBLATA ·

Hostias tibi dne humilitatis nostrae offerimus · quas meritis beati albani martyris tui · ad absolutionem omnium delictorum · nobis prouenire concede · per dnm nostrum · AD COMPLEND ·

Sumpsimus dne caelestia sacramenta sci tui martyris albani natalicia praeuenientes · quae mortalitati nostrae quesumus perpetuae redemptionis munus operentur · per dnm nostrum ·

XI · K · IUL · NAT SCI ALBANI · MARTYRIS ·

Todestag des heiligen Alban Eingang in die in Mainz verwendeten Sakramentare **(Abb. 7)**, was nicht überrascht, wurde er doch als *primum lumen et apostolus Moguntiae* („das erste Licht und Apostel von Mainz") gefeiert.[18] Doch auch überregional fand Alban spätestens seit etwa 800 Verehrung, vor allem in jenen Klöstern, die in engem Austausch mit St. Alban standen, wie etwa Lorsch oder die Reichenau. Seine Wertschätzung im 9. Jahrhundert war so groß, dass er auf eine Stufe mit dem heiligen Martin gestellt und das Erzbistum als *ecclesia sancti Martini sanctique Albani martyris Christi* bezeichnet wurde.[19] Einer der Gefährten des heiligen Alban soll der heilige Theomastus – später zu Theonest umgedeutet – gewesen sein, legendärer Bischof von Mainz und von Tours, der als Bekenner in Poitiers verstarb und dort seine letzte Ruhestätte fand. Eine ihm geweihte Kirche an einem römischen Gräberfeld am sogenannten Dimesserort im Norden der Stadt dürfte Reliquien dieses heiligen Mainzer Bischofs beherbergt haben.[20] Weitere Mainzer Bischöfe sollten in den kommenden Jahrhunderten des Frühmittelalters in den Ruch der Heiligkeit gelangen: Neben dem bereits oben erwähnten Märtyrer Bonifatius wäre hier auch der gelehrte Erzbischof Hrabanus Maurus (amt. 847–856) zu nennen, auch wenn dessen Verehrung wohl nie sehr ausgeprägt gewesen zu sein scheint, sondern im frühen 16. Jahrhundert unter Albrecht von Brandenburg mühsam ‚wiederbelebt' werden musste.[21] Gleich der Mehrzahl seiner Amtsvorgänger fand auch er seine letzte Ruhe in St. Alban. Die Verehrung des heiligen Lullus hingegen spielte in Mainz keine Rolle, ließ sich dieser Schüler des heiligen Bonifatius und Mainzer Erzbischof (amt. 754–786) doch nicht in seiner Bischofsstadt, sondern in dem von ihm gegründeten Kloster Hersfeld im Osthessischen begraben.[22] Am Ende der hier zu betrachtenden Epoche steht Erzbischof Willigis, dessen Domneubau per se zu einem semi-sakralen Status seiner Person führte.[23] Die unmittelbar nach seinem Tod erschienene Panegyrik fügte zusätzlich eine besondere Frömmigkeit, Demut und Mildtätigkeit hinzu.[24] Das Grab des 1011 verstorbenen und in St. Stephan beigesetzten Erzbischofs wurde zwar erst im 14. Jahrhundert wiederentdeckt, seine jedoch auch heute noch gut erhaltenen Messgewänder lassen auf eine bereits unmittelbar nach seinem Tod einsetzende besondere Pietät gegenüber diesen Sekundärreliquien schließen **(Kat. 9)**. Mit einem weiteren römischen Gräberfeld, diesmal jenseits des Rheins in Kastel gelegen, verbindet sich der für das Frühmittelalter gesicherte Kult des heiligen Ferrutius, eines römischen Soldaten, der in spätantiker Zeit das Martyrium erlitten haben soll. Wann genau seine Verehrung einsetzte – ob schon im 6. Jahrhundert oder erst in karolingischer Zeit – ist ebenso umstritten wie die Beziehung seines Kultes zu der wohl von Bischof Sidonius gegründeten Kasteler Kirche St. Georg. Belegt ist jedoch, dass Erzbischof Lul in der zweiten Hälfte des 8. Jahrhunderts Gebeine des Heiligen nach Bleidenstadt transferierte, wo dessen Kult ebenfalls erblühte.[25]

Spätestens für das 10. Jahrhundert gesichert ist der Kult um die heilige Bilhildis (um 670–734), Gründerin des Mainzer Altmünsterklosters. Bilhildis wurde nicht nur in ihrem Kloster, sondern spätestens ab dem 10. Jahrhundert auch im Dom und in Liebfrauen verehrt, wie ein Eintrag im Sakramentar des Domschatzes **(Kat. 31)** belegt **(Abb. 8)**.[26]

Neben den Reliquien externer sowie stadtmainzischer Heiliger beherbergte Mainz bereits im Frühmittelalter mehrere der kostbarsten Reliquien, die die Christenheit kannte: Herrenreliquien, die als sekundäre Objekte

◂ *Abb. 7*
Festformular zum Todestag des hl. Alban am 21. Juni, in: Sakramentar aus St. Alban, um 1000, Mainz, Martinus-Bibliothek, Hs 1, fol. 130r (Kat. 23)

▾ *Abb. 8*
Eintrag der hl. Bilhildis in den Heiligenkalender zum 27. November, in: Sakramentar aus St. Stephan, um 1000, Mainz, Domschatz/Bischöfliches Dom- und Diözesanmuseum, Inv. Nr. B 00325, fol. 21v (Kat. 31)

▸ *Abb. 9*
Schweißtuch Christi, Detail aus Abb. S. 60

unmittelbar mit Christus selbst in Berührung gekommen waren. Hierzu ist zunächst jener Stein vom Heiligen Grab zu zählen, den bereits die frühkarolingische Inven-tarauthentik (**Kat. 5**) zu nennen weiß. Seltener und damit auch kostbarer waren aber vor allem Partikel vom sogenannten Wahren Kreuz, das der Legende nach im frühen 4. Jahrhundert in Jerusalem von der Kaiserin Helena aufgefunden worden war. Seit der Eroberung der Stadt durch die Araber im Jahre 638 wurden große Teile dieses Kreuzes in Konstantinopel aufbewahrt.[27] Im Abendland wurden zunächst nur die höchsten Würdenträger, darunter vor allem die Päpste, mit Schenkungen von Kreuzpartikeln bedacht, doch bereits im 6. Jahrhundert lassen sich in Gallien Kreuzreliquien nachweisen. So ist das Martinskloster in Tours schon vor 565 im Besitz einer Kreuzpartikel und auch das Kloster St. Croix in Poitiers erhielt auf Bitten der Königin Radegunde (um 520–587) seine namensgebende Reliquie. In der Folgezeit können sich weitere Klöster des westfränkischen Reiches mit Kreuzpartikeln schmücken, darunter Corbie, Aniane oder St. Riquier. Auch Karl der Große hütete in Aachen eine solche Reliquie, doch am Rhein scheint Mainz *das* Zentrum gewesen zu sein, das bereits vor 800 einen größeren Bestand an Kreuzreliquien, vielleicht westfränkischer, vermutlich aber römischer Herkunft besaß. Hieraus wurden in karolingischer Zeit verschiedene der Erzdiözese verbundene Kirchen mit Schenkungen von Kreuzpartikeln bedacht: so unter Erzbischof Lul St. Justinus in Höchst oder unter Hrabanus Maurus Holzkirchen in Unterfranken. Für die Klosterkirche in Fulda lässt sich um 818 ebenfalls eine Kreuzreliquie belegen, die vielleicht im Zusammenhang mit der Kirchweihe durch den Mainzer Erzbischof Haistulf (amt. 813–825) übergeben worden war.[28]

Vor allem aber wurde in Mainz das Tuch bewahrt, von dem der Evangelist Johannes berichtet, dass es im Grabe das Haupt des Herrn verhüllt habe (**Kat. 8**). Jenes *Sudarium* (**Abb. 9**), das sogenannte Schweißtuch, das aber nicht mit dem ungleich bekannteren der heiligen Veronika verwechselt werden darf, soll bereits seit dem 8. Jahrhundert im Besitz der heiligen Bilhildis gewesen sein.[29] Mit dieser unvergleichlich seltenen und damit außerordentlich kostbaren Herrenreliquie stand Mainz in einer Reihe mit Aachen und Kornelimünster, wo neben einem weiteren, wohl im 9. Jahrhundert abgeschnittenen Stück des Mainzer Sudariums (**Abb. S. 63**) ähnliche textile Heiltümer, darunter die Tunika Mariens oder die Windel Christi aufbewahrt wurden.[30] Nicht zuletzt mit diesem – durchaus auch materiell zu verstehenden – Reichtum an Reliquien in frühmittelalterlicher Zeit legte Mainz den Grundstock zu jener Blüte, die sich im Hochmittelalter in voller Pracht entfalten sollte.

---

1 Vgl. Dobras 1999. **2** Vgl. Rabani Mauri Martyrologium 1979. **3** Hoffmann 1986, S. 230–273 gibt allein für über 80 heute noch erhaltene ottonisch-frühsalische Handschriften, die mittlerweile über die Bibliotheken Europas verstreut sind, Mainz als Schriftheimat an und schließt zumindest für das 10.Jahrhundert daraus zu Recht: „Mainz war also eines der großen Zentren der Buchproduktion in ottonischer Zeit [...]". **4** Viele Reliquien frühmittelalterlicher Heiliger sind erst in hochmittelalterlicher oder noch späterer Zeit in den Dom oder in die Heiltumschätze anderer stadtmainzischer Kirchen integriert worden, so z. B. unter Albrecht von Brandenburg oder nach der Zerstörung von St. Alban im 16. Jahrhundert, vgl. AK „Rabanus Maurus" 2006, S. 18. **5** Jürgensmeier 1986, S. 35. **6** Jürgensmeier 1986, S. 35. **7** Jürgensmeier 1986, S. 35. **8** Jürgensmeier 1986, S. 41. **9** Schulze- Dörrlamm 2013, S. 100. **10** Schulze-Dörrlamm 2004. **11** Arens 1958, S. 43f., Nr. 41. **12** Jürgensmeier 1986, S. 36. **13** Jürgensmeier 1986, S. 38, Anm. 27. **14** Jürgensmeier 1986, S. 38, Anm. 28. **15** Jürgensmeier 1986, S. 45. **16** Nopper 2001, S. 55–65. **17** Dobras 2016a, S. 103f. **18** Dobras 2016a, S. 111. **19** Dobras 2016a, S. 98. **20** Baumeister 2016, S. 122f. **21** Haarländer 2006, S. 58f. **22** Struve 1993. **23** Jürgens- meier 1975. **24** Arens 1958, Nr. 805 auf S. 421–423, hier S. 423. **25** Baumeister 2016a, S. 91–94. Ebenfalls in spätantiker Zeit, vermutlich um 400, erlitt ein weiterer Mainzer Bischof, der heilige Aureus, in Mainz das Martyrium, zusammen mit seinem Diakon Justinus, nach späterer Lesart mit seiner Schwester Justina. Ursprünglich wohl im Heiligen Tal bei St. Hilarius begraben, vielleicht aber auch auf dem Gräberfeld bei St. Alban, werden deren Gebeine aber erst 1137 ‚wiedergefunden' und scheiden von daher in der Betrachtung der frühmittelalterlichen Reliquien aus; vgl. Baumeister 2016b, S. 130 sowie Nopper 2001, S. 81–85. **26** Schmit 2016, S. 157–160. **27** Klein 2004, S. 19–92. **28** Vgl. AK „Rabanus Maurus" 2006, S. 29f. **29** Schmit 2016, S. 165 sowie Brodehl 2009, S. 109f. **30** Glaubensstoff 2013, S. 7.3f.

DIT SVDARIVM. QVOD FVERAT SVPER CAP

EXPONATE

KATALOG-NR. 1

GRABSTEIN DES PRIESTERS BADEGISEL

Ehemals Mainz, Benediktinerkloster St. Alban
Mainz, um 700
Kalkstein, H. 45 cm, B. 42 cm, T. 9 cm
Mainz, Landesmuseum Mainz – GDKE, Inv. Nr. S 3005

▲ *Abb. 1*
Grabstein des Priesters Badegisel (Umzeichnung)

Der Grabstein des Badegisel führt in die Epoche um 700, aus der nur in Ausnahmefällen originale Schriftzeugnisse erhalten sind. Mainz ist in dieser Hinsicht privilegiert, denn es haben sich durch mehrere Funde von Grabinschriften die Reste einer markanten vorkarolingischen Inschriftenkultur bewahrt. Gefunden wurde das Epitaphium am 8. November 1907 im Mauerwerk der karolingischen Kirche (geweiht 805) von St. Alban (vor den Stadtmauern; heute ‚Am Rosengarten'). Seine Datierung fußt auf paläographischen Beobachtungen, in die sich die sprachlichen Besonderheiten einfügen. Zunächst zur Paläographie: Der Badegiselstein ist Vertreter einer Inschriftenkultur, die als ‚germanisiert' beschrieben werden kann. Grundalphabet ist zwar die römische Capitalis (nur das Q ist der Unziale entnommen), aber es zeigen sich ästhetische Einflüsse von Runenzeichen auf das lateinische Alphabet.[1] Runen sind ein Schriftsystem, dessen Formen mit Rücksicht auf den Beschreibstoff Holz ausgebildet worden sind, das heißt die Kerbung des Holzes nach den Zwängen von Format und Maserung bildet ihr Formprinzip. Auf lateinische Buchstaben wirkt sich das so aus, dass Rundungen stärker gemieden, senkrechte Buchstabenbestandteile (Schäfte) betont und verlängert, waagerechte Buchstabenbestandteile (Balken) reduziert oder abgewinkelt werden: Das *O* wird z. B. aus vier überlappenden Schrägen gebildet und erhält eine Rautenform, das *E* besitzt drei kurze, auf Kerben reduzierte Balken und einen Schaft, der oben und unten den Buchstaben überragt (*BENE MEMORIVS*),[2] das *L* besteht aus einem Schaft und nach unten abgewinkeltem, überlappendem Fußbalken

(Abb. S. 38 u. Abb. 1). Zur zeitlichen Einordnung darf das rautenförmige O herangezogen werden, das auf einer sicher datierten Inschrift erstmals 628/29 nachgewiesen ist;[3] um 700 war es so verbreitet, dass es in der Form mit den überlappenden Schrägen auch die Auszeichnungsschrift der Handschriften von Luxeuil erfasst hat.[4] Der Schmuck des Steins entspricht dem Runeneinfluss auf das Alphabet: Unter dem Schriftfeld hat der Steinmetz ein Muster aus nebeneinandergelegten Pfeilrunen geschlagen. Ein weiteres, auf Runensteinen gut zu beobachtendes Schmuckelement bildet die kräftige Umrandung der Zeilen. Die Schrift ist zwischen diesen Zeilen schwebend eingehauen (‚*inter lineas*').

Runenschmuck und Runeneinfluss,[5] also ‚germanische' Elemente, sind mit Traditionen der römischen Inschriftenkultur kombiniert, das heißt mit lateinischer Sprache und Formular: „*IN HVNC TITVLVM REQVIISCIT BENE MEMORIVS BADEGISELVS PRESBITER, QVI VIXIT IN PACI ANNVS XXXXX. FELICITER*"[6] – „In diesem Grab ruht der Priester Badegisel seligen Angedenkens, der 50 Jahre lang in Frieden gelebt hat. Amen". Das ist ein Latein, das sich in Wortlaut und Formenlehre dem Romanischen angenähert hat: Bei den Vokalen wirkt sich der ‚vulgärlateinische' Tausch von *e/i* (*REQVIISCIT*) und *o/u* (*ANNVS* statt *ANNOS*) aus; in Analogie zur traditionellen Formel *bonae memoriae* wird eine durch *BENE* verstärkte Adjektivgrundform *MEMORIVS* verwendet (die in Bedeutung und Deklination von *memor* geschieden ist); in der Syntax vertritt der Akkusativ die Stelle des Ablativs (*IN HVNC TITVLVM*). Auch in der Wortbedeutung manifestiert sich die Sprachverschiebung: Die Inschrift (*titulus*) steht im übertragenen Sinn (‚pars pro toto') für das Grab (also statt *tumulus* etc.), das abschließende *FELICITER* ist eine feierliche, aus Briefen und Handschriften vertraute Schlussformel, die oben versuchsweise mit ‚Amen' wiedergegeben ist (sicher nicht: ‚glücklich lebte'). Beide Wendungen sind (teils kombiniert) in sieben Mainzer Grabsteinen der Jahrzehnte um 700 mit ähnlichem paläographischen Befund – Audolendis-, Badegisel-, Bertisindis-/Randoald-, Panto-, Radelindis-, Roteldis- und Ursusstein – vertreten, so dass sich in ihnen ein ‚Mainzer Protokoll', vielleicht sogar eine Mainzer Werkstatt manifestiert. Die Grabsteine wurden in Mainz selbst und vor allem um St. Alban gefunden, aber auch in der weiteren Umgebung entdeckt, weil sie als Spolien dorthin verbracht worden sind.[7] Oft sind sie ihrerseits schon Zeugen einer Neuverwendung: Beim Badegiselstein ist die kreisrunde Kerbung wohl Spur eines Gebrauchs vor dem Einschlagen der Grabinbschrift. Bedenkt man den hohen Bedarf an Baumaterial und die Auffindung des Badegiselsteins in einem karolingischen Mauerwerk, ahnt man die hohen Verlustraten, denen diese Mainzer vorkarolingische Inschriftenkultur um 700 ausgesetzt gewesen muss.

TL

---

1 Das ist überzeugend herausgearbeitet von Bauer 1926, S. 12–20; er spricht ebenda, S. 18 für die Mainzer Inschriften von „rein fränkischem Typus", aus dem Boppert 1971, S. 22 einen „rheinfränkischen Schrifttyp" missverstanden hat. **2** M. E. wegen des verstärkenden *bene* besser getrennt zu transkribieren (wie Augustinus *In Iohannis evangelium tractatus* 7,3: [...] *bene autem arbitror meminisse caritatem vestram* [...]). **3** Boppert 1971, S. 17. **4** Lowe 1953. **5** Düwel 1994, S. 233 möchte den „Formeinfluß von Runen auf die fränkische Schrift überhaupt in Frage stellen"; dem wird von Koch 2007, S. 57 widersprochen: Man werde „[...] nicht fehlgehen, zusätzlich an den Einfluss der Runen zu denken". **6** Das erste *E* von FELICITER ist ein korrigiertes *I*. **7** Das gilt wohl auch für den später in Bingen vermauerten Bertichildisstein, vgl. Boppert 1971, S. 108–118.

LITERATUR

Bauer 1926, S. 18 – Boppert 1971, S. 24–26

KATALOG-NR. 2

GRABSTEIN DES DRUCTACHARIUS

Ehemals Mainz, Alt-St. Peter
Mainz, um 700
Kalkstein, H. 60 cm, B. 50 cm, T. 12 cm
Mainz, Landesmuseum Mainz – GDKE, Inv. Nr. S 3008

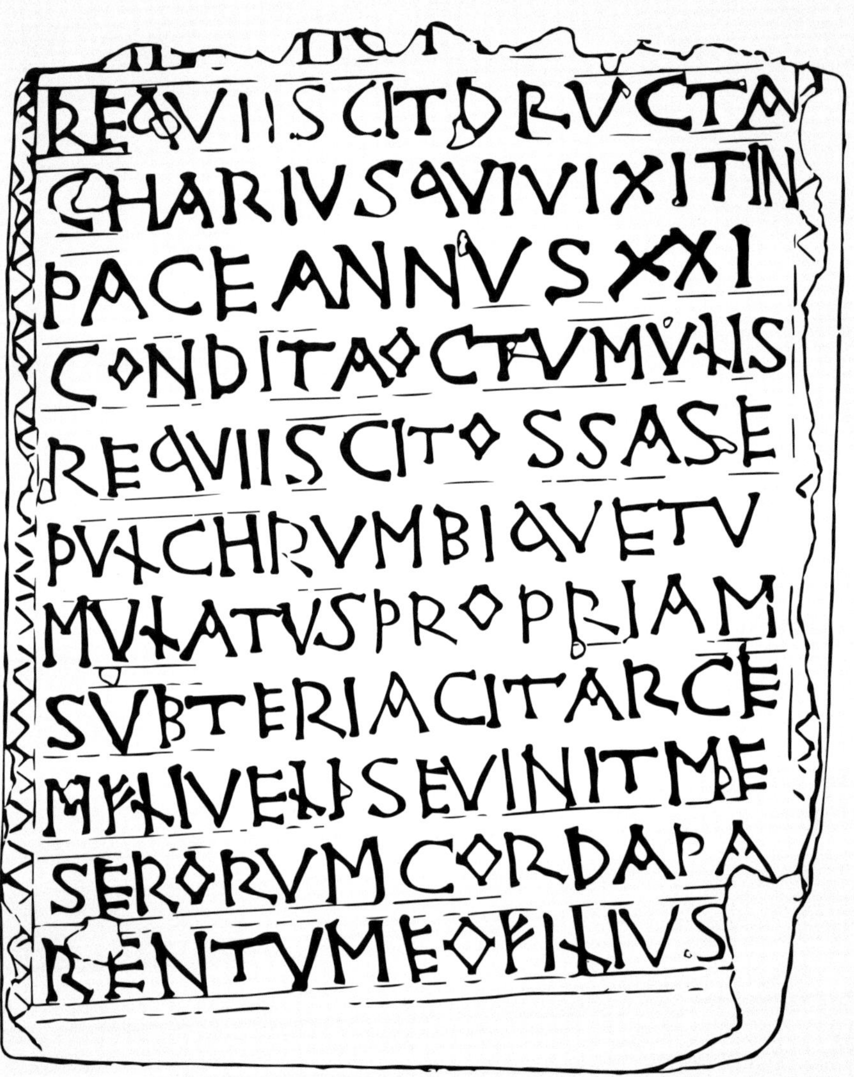

► ***Abb. 1***
Grabstein des Dructacharius (Umzeichnung)

Der Grabstein des Druktacharius (**Abb. S. 42 u. Abb. 1**) wurde 1882 in den Grundmauern der ehemaligen Peterskirche (jetzt Mainz, Kaiserstraße 39) gefunden. Formen und Entwicklungsstand der Schrift entsprechen (wie auch die Datierung) ungefähr denen des Badegiselsteins (**Kat. 1**). Unterschiede ergeben sich beim *C* (hier rund), beim *F*, das stärker dem Runen-*F* folgt, und beim *Q* mit dem linksschrägen Schaft (insgesamt scheint die Schrift ein wenig ‚altertümlicher'). Erhöhte Anforderungen an das Sprachverständnis stellt der Wortlaut der Inschrift: *[...] REQVIISCIT DRVCTACHARIVS QVI VIXIT IN PACE ANNVS XXI. CONDITA OC TVMVLIS REQVIISCIT OSSA SEPVLCHRVM BIQVE TVMVLATVS PROPRIAM SVBTERIACIT ARCEM FLIVELIS EVINIT MESERORVM CORDA PARENTVM. EO FILIVS.* Die Schwierigkeiten erklären sich daraus, dass nicht nur die üblichen Vokalvertauschungen (*e/i* und *o/u*), der Wegfall des *h* und Betazismus (*b/v*-Vertauschung bei *flivelis* und *bique*) die Wörter verändern, sondern auch zahlreiche Inkongruenzen zu beachten sind. Um nicht jede Einzelerscheinung besprechen zu müssen, sei zur Erläuterung ein ‚normalisierter' Wortlaut beigegeben: *[...] requiescit Dructacharius, qui vixit in pace annos XXI. Condita hoc tumulo requiescunt ossa sepulchro vique tumulatus propria subteriacit arce, flebilis evenit miserorum corda parentum. Heu fili!*[1]. („[In diesem Grab] ruht in Frieden Dructacharius, der 21 Jahre lebte. Unter diesem Grabhügel ruhen Gebeine, und der durch [des Todes] Gewalt Bestattete liegt im eigenen Grab, beweint schied er von seinen im Herzen trauernden Eltern. Weh [unser] Sohn!").[2] Hauptkennzeichen der Inschrift ist Fülle (Redundanz). Das gängige Protokoll in Prosa wird von drei Versen und einem abschließenden Klageruf begleitet. In den Versen wird der gleiche Inhalt mehrfach variiert: Die Gebeine ruhen in Grabhügel (*tumulus*) und Grab (*sepulchrum*); Dructacharius ist in seiner eigenen letzten Heimstatt (*propria arx*), dem Grab, verschlossen;[3] beklagenswert (*flebilis*) erscheint der Tote in den Gefühlen der Eltern, die bedauernswert (*miseri*) sind und in Klagen (*heu*) ausbrechen. Spielraum lässt die Angabe *BIQVE* (= *vique*) *TVMVLATVS*, die auf die Gewalt des Todes – dies sei vorgeschlagen – oder gewaltsame Todesumstände gedeutet werden kann. Im dritten Vers ist *CORDA* Ausweis des vulgärlateinischen ‚Universalcasus' Akkusativ; ‚korrekte' Syntax hätte *cordibus* verlangt (wörtlich: „ging als Beklagenswerter aus den Herzen der Eltern hervor").

Eine formale Aufwertung erfuhr die Inschrift durch die Verwendung von drei Versen (*CONDITA [...] PARENTVM*). Die Verse sind trotz der Lautverschiebungen und Inkongruenzen annähernd nach den prosodischen Vorgaben, das heißt der vorgeschriebenen Folge von langen und kurzen Silben, und den Bauvorschriften (richtige Zäsuren, keine Diäresen) des traditionellen daktylischen Hexameters gedichtet; nur die zweite Silbe bei *TVMVLATVS* ist falsch gemessen. Damit ist der Dructachariusstein Zeuge des Auf- und Weiterlebens der höherwertigen Grabdichtung in mittelrheinischen Epitaphien des 7. bis 8. Jahrhunderts und der Fähigkeit, solche *carmina epigraphica* (annähernd) korrekt zu dichten. Ein weiteres, etwas älteres, anspruchsloseres (und prosodisch fehleranfälligeres) Mainzer Beispiel für Grabdichtung ist der Leutegundstein.[4] Die Verse auf dem Nomidiastein in Boppard übertreffen gedanklich und sprachlich (nicht prosodisch) jene des Dructachariussteins; der Nomidiastein allerdings ist schwierig zu datieren.[5] Insgesamt ist der Dructachariusstein auch durch die inserierte Dichtung ein herausragendes Zeugnis der merowingischen Mainzer Grabkultur. Seine Redundanzen kann man bei wohlwollender Deutung als einen Versuch würdigen, durch insistierende Nennung der tiefen Trauer um den Tod des jung verstorbenen Sohnes Ausdruck zu verleihen.

TL

---

1 Das herkömmlicher Syntax nicht entsprechende *corda* wurde wegen des Versbaus beibehalten. **2** Trotz der Position im Relativsatz sollte *IN PACE* m. E. auf das Ruhen in Frieden bezogen werden. **3** Die Deutung der *propria arx* auf das Grab bei Boppert 1971, S. 38 ist sicher richtig. **4** Boppert 1971, S. 56–60. **5** Boppert entscheidet sich für das 8. Jahrhundert; ebd., S. 134–137.

LITERATUR

Boppert 1971, S. 34–39

KATALOG-NR. 3

GRABSTEIN DES ABTES PERTRAM

Ehemals Mainz, Benediktinerkloster St. Alban
Mainz, um oder nach 700
Kalkstein, H. 75 cm, B. 30 cm, T. 14 cm
Mainz, Landesmuseum Mainz – GDKE, Inv. Nr. S 3022

▸ ***Abb. 1***
Grabstein des Abtes Pertram (Umzeichnung)

Der Grabstein des Abtes Pertram (**Abb. S. 46 u. Abb. 1**) wurde bei den Ausgrabungen von St. Alban am 8. Juli 1908 gefunden. Wie der Stein des Priesters Badegisel (**Kat. 1**) war er in die Mauern der karolingischen Klosterkirche eingelassen. Beide Grabsteine dürften aus unmittelbarer Nähe der neu fundamentierten Kirche stammen und als ‚naheliegendes' Baumaterial verwendet worden sein; der Weihegrad (Priester Badegisel) und das Amt (Abt Pertram) bezeugen die Existenz einer vorkarolingischen geistlichen Gemeinschaft von St. Alban. Der Wortlaut des Pertramsteins dokumentiert die üblichen Vertauschungen im Vokalsystem (e/i und o/u), ist ansonsten aber plan und bietet keine Verständnisschwierigkeiten: *HIC REQVIISCIT BENE MEMORIVS PERTRAMMVS ABA QVI VIXSIT IN PACE ANNVS XXXIIIIII.* („Hier ruht Abt Pertram seligen Angedenkens in Frieden, der 36 Jahre gelebt hat.") Wie beim Dructachariusstein (**Kat. 2**) ist das logisch auf das Ruhen zu beziehende „in Frieden" in den Relativsatz (*QVI VIXSIT IN PACE*) verschoben. ‚Ungeplant' wirkt die Angabe der Lebensjahre durch abschließende fünf Schäfte und verkleinerten sechsten Schaft (statt korrekt gebildeter VI) in einer ansonsten gut proportionierten Inschrift. Dünn und wie in einem zweiten Bearbeitungsschritt eingeschlagen erscheint das Wort *VIXSIT*. Zur besseren Sichtbarkeit waren die Buchstaben und Linien rot eingefärbt. Bei der Buchstabenausführung gibt es wenige Unterschiede zum Badegiselstein. Auffälligster Buchstabe und starkes Indiz für die späte Datierung ist das offene Q.[1] Die betonte Liniierung dient als Schmuckelement, wobei die Buchstaben dazwischen ‚schwebend' eingehauen sind (‚*inter lineas*'). Im Schmuckfeld oberhalb der Inschrift ist der Giebel einer Ädikula mit sechsblättriger Rosette angedeutet, wie sie alte römische Grabsteine zeigen; Beispiele dafür waren in Mainz vorhanden.[2]

Mit dem Pertramstein läuft die Reihe der im Original erhaltenen Epitaphien des frühmittelalterlichen Mainz aus. Wir kennen zwar durch Kopialüberlieferung den Wortlaut der Bischofsgräber in St. Alban und wissen um die Existenz einer Inschrift für die 794 verstorbene Gattin Karls des Großen Fastrada daselbst, aber die verhältnismäßig dichte Originalüberlieferung der vorkarolingischen Epitaphien lässt doch eine Lücke ab der Karolingerzeit sichtbar werden.[3] Ein Faktor dafür dürfte die Änderung der Grabsitte sein: Weil die Bestattung nahe dem Heiligengrab die frühmittelalterlichen Kirchen überladen hatte, sah man sich in karolingischer Zeit zur Einschränkung der Kirchenbestattung gezwungen. Die Beisetzung in Altarnähe und somit im Kirchenraum wurde zum Ausnahmefall erhoben.

TL

---

1 Ältestes datierbares Beispiel (zw. 680 und 691) für den Gebrauch von offenem Q in der Auszeichnungsschrift (also außerhalb der Minuskel!) scheint das „Antiphonar von Bangor" in Mailand, Biblioteca Ambrosiana, C. 5 inf. zu sein (im Faksimile von Warren 1893 z. B. fol. 5ᵛ). **2** Beim Munetrudisstein (Boppert 1971, S. 68–71) ist der anspruchsvolle Schmuck der Ädikula m. E. nicht gleichzeitig mit der merowingischen Inschrift; vielmehr wurde der Grabstein zweitverwendet. **3** Das nächste original erhaltene Grabmal ist der Gedenkstein des Propstes Wignand aus dem Jahr 1048 in St. Stephan (Arens 1958, S. 350, Nr. 655); zu den kopialüberlieferten Epitaphien von St. Alban vgl. ebd., S. 343–345.

LITERATUR

Körber 1909, S. 27 – Boppert 1971, S. 75–77

KATALOG-NR. 4

GREGORAUTHENTIK

Nordfrankreich, 8. Jahrhundert.
Pergament, H. 0,9 cm, B. 3,0 cm
Mainz, Dom- und Diözesanarchiv, U 1 Nr. 15a

Eine offenbar zum vorkarolingischen Mainzer Bestand gehörende Reliquie wurde mit dieser Einzelbeschriftung (Authentik) zertifiziert. Der Wortlaut *De Sancto Gregorio* ist nicht aussagekräftig genug, um den Heiligen sicher identifizieren zu können. Die Schrift entspricht bekannten, der Urkundenschrift nahestehenden, halbkursiven Formen des 8. Jahrhunderts aus Nordfrankreich; zu beachten ist das deltaförmige *o*. Mit einer gewissen Wahrscheinlichkeit ist die zugehörige Reliquie am Entnahmeort beschriftet und nach Mainz verbracht worden.

SULPICIUSAUTHENTIK

Frankreich, 1. oder 2. Drittel 8. Jahrhundert
Pergament, H. 0,8 cm, B. 6,4 cm
Mainz, Dom- und Diözesanarchiv, U 1 Nr. 15a

Die Einzelauthentik stammt aus wahrscheinlich vorkarolingischem Mainzer Reliquienbestand. Der Wortlaut *Reliquias Sancti Sulpicii confessori* weicht in zwei Erscheinungen vom lateinischen Sprachstandard ab: Die Pluralbildung auf *-as* (statt *reliquiae*) ist eine verbreitete, fast als regulär geltende Alternative, deren Gebrauch auch nach der karolingischen *Correctio* nicht ganz abebbt; eher Ausweis vorkarolingischen Sprachstands ist der Deklinationstausch, der sich im Genitiv *confessori* (statt *confessoris*) äußert. Die Schrift ist durch knotige Ansätze im oberen Mittelband gekennzeichnet, wie sie für ‚burgundische' Minuskelformen des 8. Jahrhunderts charakteristisch sind. Bei Sulpicius handelt es sich wahrscheinlich um den 647 verstorbenen Erzbischof von Bourges. Da seine Verehrung in merowingischer Zeit verbreitet war, ist Bourges ein möglicher, aber kein sicherer Ort der Entnahme und Beschriftung der zugehörigen Reliquie.

AUSTREGISEL-AUTHENTIK

Mittleres Frankreich, 2. oder 3. Drittel 8. Jahrhundert
Pergament, H. 1,6 cm, B. 10,1 cm
Mainz, Dom- und Diözesanarchiv, U 1 Nr. 15a

Es handelt sich um eine Einzelauthentik zu einer Reliquie, die wohl im 2. oder 3. Drittel des 8. Jahrhunderts am Entnahmeort beschriftet und nach Mainz überführt worden ist. Im Wortlaut *Reliquias Sancti Austregisili* findet sich statt des regulären Plurals auf *-ae* die verbreitete Alternative auf *-as (reliquias)*. Die Schrift ist markant und durch die Verwendung von *oc-a* mit versetztem Ausläufer und Majuskel-*R* gekennzeichnet; beide Erscheinungen finden sich auch in Handschriften aus dem mittleren Frankreich (etwa Autun, Bibliothèque Municipale, 2 (S 1); entstanden in oder um Autun im ausgehenden 8. Jahrhundert, **Abb. S. 20**). Austregisel war Bischof von Bourges zu Beginn des 7. Jahrhunderts. Seine Verehrung scheint im engeren Rahmen von Bourges geblieben zu sein, weshalb Bourges wohl Entnahme- und Beschriftungsort der Reliquie war. Zum Aussagewert und der Auffindungssituation der drei Authentiken **vgl. Beitrag Licht, Authentiken**.

TL

LITERATUR
Falk 1880 – Falk 1904

Hic sunt reliquies.

de suppulcro dni.

sci geronimi pbri.

sci deonisi

sci mercurii

sci auiti

sci germani

sci ledigarii.

sci seueri

sci benedicti

sci boniti.

sci sinforiani

INVENTARAUTHENTIK

Westdeutschland (Mainz); 2. Hälfte 8. Jahrhundert oder um 800
Pergament, H. 7,4 cm, B. 6,0 cm
Mainz, Dom- und Diözesanarchiv, U 1 Nr. 15a.

Auf der Inventarauthentik ist ein Ensemble frühmittelalterlicher Mainzer Reliquien verzeichnet: *Hic sunt reliquies: De suppulcro Domini, Sancti Geronimi presbyteri, Sancti Deonisi, Sancti Mascenti, Sancti Auiti, Sancti Germani, Sancti Ledigari, Sancti Seueri, Sancti Benedicti, Sancti Bonitti, Sancti Sinforiani*. Die ‚Qualität' des Wortlautes schwankt und reicht von korrekten Formen (*Sancti Benedicti*) bis zu erheblichen lautlich-orthographischen Abweichungen (*De suppulcro Domini, Sancti Ledigari*), was sich vielleicht durch genaue Abschrift der korrespondierenden Einzelauthentiken erklärt. *Hic sunt reliquies* heißt ‚hier befinden sich die Reliquien': Die Form *reliquies* (nach der e-Deklination) ist wohl als Versuch zu verstehen, eine eigenständige Bildung (*verbum proprium*) für ‚heilige Hinterlassenschaft' zu gebrauchen. Die Schrift steht durch die *r*-Ligaturen, 3-förmige *g* und ihren Duktus den im südwestdeutschen Raum anzutreffenden Minuskelformen (zumal der alemannischen Minuskel) nahe. Neben dem gewohnten *cc-a* taucht unziales *a* auf (*Auiti*), was eine Datierung in die zweite Hälfte des 8. Jahrhunderts oder in die Zeit um 800 nahelegt. Das (hierarchisch geordnete?) Inventar war ursprünglich umfangreicher (Schriftrest und Teilungsspuren unter *Sancti Sinforiani*); wahrscheinlich wurde die Inventarauthentik bei einer Trennung des Reliquienensembles durchschnitten. Die Zusatzzeichen hinter *De suppulcro Domini, Sancti Auiti, Sancti Germani, Sancti Benedicti, Sancti Sinforiani* sind kaum zu deuten; die Tinte scheint von der ursprünglichen nicht unterschieden; jedenfalls waren die Zeichen vor der Teilung der Authentik eingetragen worden. Die ‚markantesten' Heiligen im Bestand sind Maxentius (*Sancti Mascenti*) von Poitiers (Mitte des 6. Jahrhunderts) und Bonitus (*Sancti Bonitti*) von Clermont (gest. bald nach 705). Zum weiteren Aussagewert und der Auffindungssituation **vgl. Beitrag Licht, Authentiken.**

TL

LITERATUR

Falk 1880 – Falk 1904

Katalog-Nr. 6
Reliquien mit cedulae aus dem Hochaltar von Maria Einsiedel

KATALOG-NR. 6

BLEIKÄSTCHEN ALS RELIQUIENGRAB (SEPULCRUM)

Herkunft unbekannt
Mittelalterlich
Blei (Materialstärke: 2 mm)
H. 8 cm, B. 16,5 cm, T. 6,8 cm
Mainz, Bischöfliches Dom- und Diözesanmuseum, Inv. Nr. L 14658

RELIQUIEN MIT DREI PERGAMENTZETTELN (CEDULAE)

Ehemals Gernsheim, Kirche Maria Einsiedel (aus dem Sepulcrum des Hochaltars)
Spätmittelalterlich
Pergament, Stoff
H. 1,2 cm, B. 4,5 cm; H. 1,2 cm, B. 4,2 cm; H. 1,0 cm, B. 3,1 cm
Mainz, Bischöfliches Dom- und Diözesanmuseum, Inv. Nr. L 14659

KOPFRELIQUIE DES HEILIGEN ANTONINUS VON ROM

Schädel: wohl 4. Jahrhundert
Umhüllung: um 1864, rote Seide (ehemaliges Kelchvelum mit Palla)
Klosterarbeit aus Golddraht und Perlen
H. 16 cm, B. 14 cm, T. 17 cm
Mainz, Hohe Domkirche St. Martin, Gotthardkapelle

▸ *Abb. 2*
Bleikästchen als Reliquien-sepulcrum, mittelalterlich

Das aus zwei gewalzten Bleiplatten – für Korpus und Deckel – nur grob zurechtgebogene Kästchen (Abb. 1) wurde nicht für eine Zurschaustellung, sondern als *sepulcrum,* also Reliquiengrab, zum Einsetzen in einen Altar gefertigt, wovon auch anhaftende Mörtelreste zeugen. Das kostengünstige und leicht formbare Material Blei wurde auch deshalb verwendet, weil es organische Substanzen gut konserviert. Die äußerst schlichte und zierlose Form des Bleikästchens ermöglicht nur eine vage Datierung in mittelalterliche Zeit. Ebenso ist seine Herkunft unbekannt, es dürfte jedoch, da es zum „alten Museumsbestand" gehört, aus einer Kirche des (Erz-)Bistums Mainz stammen und steht stellvertretend für zahlreiche ähnliche Bleikästchen der Sammlung. Solche Behälter zum Bergen von Reliquien in einem Altar sind seit dem frühen Mittelalter nachweisbar.

Der Brauch, Gebeine unter oder in einen christlichen Altar zu legen, entwickelt sich im 4. Jahrhundert aus dem Märtyrerkult und wird im Frühmittelalter allgemein üblich, ohne jedoch zwingend vorgeschrieben zu sein. Als theologische Grundlage dafür dient Offb 6,9: „Als das Lamm das fünfte Siegel öffnete, sah ich unter dem Altar die Seelen aller, die hingeschlachtet worden waren wegen des Wortes Gottes und wegen des Zeugnisses, das sie abgelegt hatten". Insbesondere die Auslegung dieses Verses durch den lateinischen Kirchenvater Ambrosius (gest. 397), der eine Vielzahl von Kirchen über Märtyrergräbern errichten ließ, trug zur Verquickung von Grab und Altar bei. Zunächst werden Altäre und Kirchen über Gräbern errichtet, die zuweilen in einer darunterliegenden Krypta zugänglich waren. In der Karolingerzeit erreicht der Reliquienkult mit der Errichtung vieler Pfarrkirchen dann weite Verbreitung. Neben Märtyrerreliquien werden nun zunehmend auch Bekennerreliquien verwendet. Spätestens seit dem 9. Jahrhundert wird es üblich, Gebeine aus Gräbern zu entnehmen und als kleine Reliquien, mit entsprechender Etikettierung und in eigenen Reliquiaren, an diversen Orten zu verwenden. In der Zeit zuvor bleiben die Gebeine weitgehend unangetastet, um sowohl die Grabesruhe als auch den irdischen Leib, der dem Glauben nach in den Auferstehungsleib übergehen werde, zu bewahren (vgl. Ps 16,10; 34,21). Lediglich durch das Martyrium abgetrennte Körperteile werden bereits früh von den übrigen Gebeinen getrennt verehrt. So wie beispielsweise die Kopfreliquie des römischen Märtyrers Antoninus (Abb. 2), der der Legende nach in frühchristlicher Zeit enthauptetet und seit dem Spätmittelalter in Mainz verehrt wurde.

Der Vorstellung nach war in jedem Teil des Leichnams der ‚ganze Heilige' präsent, der nicht nur wegen seiner Person, also wegen seines heiligmäßigen Lebens und seiner Glaubensstärke verehrt wurde, sondern auch – so die Glaubensüberzeugung – durch Heilige und durch sie gewirkte Wunder in besonderer Weise die Christusnähe und Gnade Gottes sichtbar wird, sie also als Medien zwischen Jenseits und Diesseits wirken.

Zu solchen ‚Medien' konnten ebenfalls Gegenstände werden, die mit Heiligen zu deren Lebzeiten oder nach ihrem Tod in Berührung gekommen waren **(vgl. Kat. 9)**. Um solche Berührungsreliquien handelt es sich auch bei den drei kleinen Stoffreliquien mit stark verbräunten *cedulae,* die ehemals im Hochaltar der Kirche Maria Einsiedel in Gernsheim lagen und sich seit 1945 im Bischöflichen Dom- und Diözesanmuseum Mainz befinden **(Abb S. 54)**. Eine Stoffreliquie – ein schimmerndes Seidengewebe (?) – stammt laut Reliquienzettel *de sancte valentino,* also vom heiligen Bischof und Märtyrer Valentin (gest. 269). Die Beschriftung ist sicher aus spätmittelalterlicher Zeit, als Gernsheim schon nicht mehr im Besitz des Klosters Lorsch war, sondern bereits zum Erzstift Mainz gehörte und sich zu einem beliebten Wallfahrtsort entwickelt hatte. Dennoch dürfte sich die Verbindung von *cedula* und Reliquie nur wenig von der in frühmittelalterlicher Zeit unterscheiden. Neben Pergament wurden in jener Zeit zuweilen auch Plättchen aus Blei oder Edelmetall verwendet.

Die drei Reliquien stehen stellvertretend für zahlreiche Reliquien, die ohne intaktes Reliquiar oder Siegel in Sakristeischränken im Hohen Dom St. Martin verwahrt werden. Häufig ist deren Authentizität nicht mehr sicher nachweisbar, wodurch sie liturgisch unbrauchbar sind.

Mit der verbrieften Authentizität von Reliquien gingen seit frühmittelalterlicher Zeit auch handfeste politische Ambitionen einher, denn wer sie hütete, insbesondere Apostel- oder gar Herrenreliquien, wie zum Beispiel das Schweißtuch Christi **(vgl. Kat. 8)**, konnte damit seine Christusnähe ‚beweisen'. Direkt davon abgeleitet unterstrichen Bischöfe und nicht minder weltliche Herrscher ihren Herrschaftsanspruch von Gottes Gnaden und ihre legitime apostolische Sukzession. Gegen Ende des 10. Jahrhunderts zeigen sich die genannten Facetten der Reliquienverehrung auf höchster politischer Ebene in der Öffnung des Aachener Karls-Grabes durch Otto III., der nicht nur ein Halskreuz und Teile der Gewänder Karls an sich nahm, sondern auch – so die Berichte – vom unverwesten Leib Karls Fingernägel und einen Zahn. In Analogie dazu kann man die Verehrung des Erzbischofs Willigis **(vgl. Kat. 9, 10)** durch seine Nachfolger auf dem erzbischöflichen Stuhl von Mainz sehen.

AL

◂ ***Abb. 2***
Kopfreliquie des hl. Antoninus, 4. Jh. in Umhüllung des 19. Jh.

LITERATUR

Zum Antoninuskopf: AK „Schrei nach Gerechtigkeit" 2015, S. 436, Nr. 195 (Winfried Wilhelmy)

WEITERFÜHRENDE LITERATUR

Braun 1924, S. 525–662 – Neuhaus 1941 – Angenendt 2000, S. 676–694 – Angenendt 2010 – Ferrari 2011 – Kalinowski 2011, S. 1–47 – Röckelein 2011 – Lutterbach 2013

¶ Item unus Smaragdus estimatus ad XL fl
¶ Item unus lapis qui vulgariter dicitur pressem ad XL fl
Item unus alius lapis etiam vulgariter pressem
Summa iiij particule

ITEM CAPUT SANCTE MARGARETHE PONDERAT IN AURO xviij marck et iiij lotg auri preter Coronam. Corona vero ponderat ij marck. Lapides preciosi tam in Capite quam in corona ipsius capitis sancte Margarethe sunt estimati ad CXXXij fl. Continet maximam particulam de Capite sancte Margarethe filie regis Ungarie et sororis sancte Elisabeth: que fuit sanctimonialis laudabilis vite et conversationis sancte: fide et virtutibus pollens: celestis beatitudinis consors facta est
Summa j particula

adest

CAPUT SANCTI MERCURII MILITIS ET MARTIRIS qui de Armenia patre Gordiano genitus: post miraculosam victoriam: lancea e celo sibi missa contra Barbaros habitam: ex angeli admonitione militari exercitio renuncians: Deo vero (contempta deorum gentilium cultura) adherebat. Quapropter a Decio Tyranno fidei cristiane acerrimo hoste et impugnatore. sub terram altitudine: et brachiis et pedibus ad quatuor palos suspensus ac fustibus cedi iussus est. Deinde cultris acutissimis latera eius ignea [illegible]. Cui multitudine effluentis sanguinis extincta est: [illegible] retrusus in carcerem divinitus sanatus est. Quod Decius [illegible] [illegible] ad [illegible] iussit illum extensum [illegible] ferro [illegible] per longum [illegible]: ac subulis [illegible] latera et dorsum eius terebrari: tandem flagellatus et iussu Decii capite plexus. ponderat enim in Argento xxiiij marck preter lapides preciosos. Item lapides preciosi [illegible] dicti Capitis sunt estimati ad XL fl
Summa j particula

Adest

CAPUT SANCTE CECILIE VIRGINIS ET MARTIRIS nobilis Romane: que foris auro et margaritis tecta induta erat: pectus ad [illegible] cilicio Evangelium Cristi semper in suo pectore portabat: ab oratione et colloquiis divinis nunquam cessabat. Valerianum suum sponsum cum fratre Tiburcio ad

fidem convertit: ac visionem angelorum demonstravit. Tandem per Almachium iudicem capite plecti iussa animam suam cum palma martirii gloriose deo obtulit. Ponderat in Argento cum Corona xvij marck ij lott
Summa j particula

CAPUT SANCTE AFFRE MARTIRIS QUE CUM PRIUS in Civitate Augusta carnis turpitudini inserviret: ad predicationem beati Narcissi conversa: tandem Cristiana Gaio iudici presentata. nec minis nec terroribus nec blandimentis a fide declinans: corpus suum igni cremandum obtulit ut sic ab antiquis purgata sordibus: candidum deo redderet spiritum. Ponderat in Argento xvij marck
Summa j particula

adest

BRACHIUM SANCTI BONIFACII MARTIRIS ET PRIMI Archiepiscopi Maguntini huius provintie: imo totius Germanie apostoli. qui postquam totam illam provintiam Bavariam: Franconiam: Hassiam: Thuringiam: Saxoniam: et Frisiam ad veritatis Cristiane agnitione deduxisset vita doctrina et miraculis clarus: tandem in Frisia cum suis commilitonibus martirii palmam adeptus est. Brachium sancti Bonifacii argenteum deauratum ponderat cum Reliquiis suis xv marck iij lott
Summa j particula

adest

BRACHIUM DEAURATUM BEATI NAZARII MARTIRIS CUIUS PATER AFRICANUS iudeus incola urbis Rome et mater Perpetua Cristiana a sancto Petro baptisata. Ipse vero a sancto Lino papa baptisma consecutus: quem cum pater iudeus a proposito conaretur avertere a Roma exiens Italiam et Galliam peragrans multas divitias pauperibus erogavit. In Treveri predicavit unde vinctus est reductus in urbem. Mediolanum [illegible] iussus est capite plecti Mediolani. Ponderat enim cum Reliquiis suis xv marck ij lott
Summa j particula

Verzeichnis der im Neuen Mainzer Dom aufbewarten heiligen Häupter und Gebeine

KATALOG-NR. 7

RELIQUIENVERZEICHNIS DES MAINZER DOMES

In: Liber ordinarius der Mainzer Domkirche
Mainz, 1. Hälfte 16. Jahrhundert
Handschrift auf Papier, 279 Bl.
H. 31,4 cm, B. 18,5 cm
Mainz, Martinus-Bibliothek, Hs 92

Im ersten Jahrtausend ragte unter allen Mainzer Kirchen der Alte Dom in der Fülle seines Bestandes an Reliquien weit hervor. Lediglich St. Alban, das im Jahr 935 auf Anweisung von Erzbischof Hildebert (amt. 927–937) in einer feierlichen Translation aus St. Hilarius die sterblichen Überreste der ersten zehn Bischöfe von Mainz übernahm, von denen zahlreiche als heilig verehrt wurden,[1] konnte in dieser frühmittelalterlichen Zeit – noch – mithalten. Der hier gezeigte *Liber ordinarius* enthält einen Bestandskatalog der im Neuen Mainzer Dom aufbewahrten Reliquien. Die Reihenfolge richtet sich nach der Form der Reliquiare und den darin enthaltenen Reliquien. Zuerst werden ganze heilige Leiber angeführt, von denen der Dom eine stattliche Anzahl besaß. Inwieweit diese bereits im Alten Dom und damit in frühmittelalterlicher Zeit präsent waren, lässt sich im Einzelnen leider nicht erschließen **(vgl. Beitrag Wilhelmy)**; ihre Präsentation in einem *sarch* (einem großen Reliquienschrein in Sarg- oder Hausform) lässt zumindest auf eine hochmittelalterliche Existenz schließen. Ähnliches gilt für die daran anschließenden ‚redenden' Reliquiare in Form einzelner Gliedmaße, die etwa den Arm oder das Haupt eines Heiligen beherbergten. Die ‚Wertigkeit' der in den Gefäßen enthaltenen Reliquien spielt hingegen bei der Reihenfolge keine Rolle. Dabei besaß der Dom von Alters her eine Fülle von Herren- und Marienreliquien wie zum Beispiel Partikel vom Wahren Kreuz, Reliquien mehrerer Apostel und Evangelisten, Gebeine der beiden Dompatrone Martinus und Stephanus sowie, wie in der Abbildung links auf der rechten Seite in der Mitte zu sehen, eine Armreliquie des Märtyrers und Erzbischofs Bonifatius *(brachium Sancti Bonifacii)*, der für das Selbstverständnis der Mainzer Kirche so zentral war.

WW

---

1 Nopper 2001, S. 62, Anm. 217.

LITERATUR

Jürgensmeier 1986 – Weinert 2008 (Edition)

ANNO DOMINI MDCCCLXXIV. CIVES MOGUNTINI.

Katalog-Nr. 8
Schweißtuch Christi
in einem Reliquiar aus
dem Jahre 1875 (Rückseite)

KATALOG-NR. 8

SCHWEIßTUCH CHRISTI (SUDARIUM DOMINI)

Sudarium:
Antikes Leinengewebe
(sogenannter Byssos)
Maße unbekannt

Bursa:
12. Jahrhundert
Leinen (?)
H. 39,5 cm, B. 48 cm

Reliquiar:
Köln, Werkstatt August Witte, 1875
Gelbguss, Email, Glas, Schmucksteine (Achat)
H. 98 cm, B. 69 cm, T. 23 cm
Mainz, Hohe Domkirche, Ostkrypta

Unter jenen Reliquien, die das frühmittelalterliche Mainz beherbergte, war das sogenannte Schweißtuch Christi *(Sudarium Domini)* in ideeller wie materieller Hinsicht sicherlich die kostbarste. Der Legende nach soll es ein Geschenk der fränkischen Königin Imnechildis, der Gattin des merowingischen Königs Sigebert, an die heilige Bilhildis geswesen sein. Bilhildis bewahrte den größeren Teil des Tuches in dem von ihr gegründeten Mainzer Altmünsterkloster auf, wo auch die dem Konvent beigetretene Imnechildis an der Seite der Heiligen begraben worden sein soll. Einen kleineren Teil des Tuches soll sie, so die Erzählung, ihrem Onkel Rigibert,[1] Bischof von Mainz (amt. um 700) geschenkt haben.[2] Historisch belegen lässt sich die Legende nicht. So lassen sich zum Beispiel die Lebensdaten des Königs, bei dem es sich um Sigebert III. (gest. 656) handeln dürfte, nicht mit jenen von Bilhildis' Onkel Rigibert sowie von Bilhildis selbst (um 670–734) in Einklang bringen. Dessen ungeachtet sind Bilhildis und die Gründung ihres Klosters im frühen 8. Jahrhundert in ihren Grundzügen noch greifbar.[3] Vor allem aber die seltene und außerordentlich kostbare Materialität des Schweißtuchs und das daraus ablesbare hohe Alter des Tuchs lassen zumindest den Kern der Legende als durchaus historisch korrekt erscheinen.

Zuletzt untersucht wurde das Tuch im Auftrag von Bischof Wilhelm Emanuel von Ketteler im Jahre 1869 durch den Kölner Kanonikus Dr. Franz Bock (1823–1899), den wohl besten Kenner historischer Textilien seiner Zeit.[4] Danach wurde es in den heute noch existierenden Schrein eingefügt. Dieser besitzt im Inneren eine Querstange, über den zunächst ein goldbortengesäumter samtener Untergrund gehängt ist. Darüber befindet sich eine wohl im 12. Jahrhundert gearbeitete, mit Streifen und Rauten verzierte Bursa, in der das eigentliche Schweißtuch über Jahrhunderte hinweg so lange aufbewahrt worden war, dass die Gläubigen, denen man das *Sudarium* ausschließlich in dieser schützenden Stoffhülle präsentierte, den Stoff dieser gemusterten Schutztasche für das eigentliche Schweißtuch hielten. 1869 daraus entnommen, hängt das hauchdünne Gewebe des *Sudariums* nun in der obersten Ebene dieser Konstruktion. Gezeigt wird in der Ausstellung die Rückseite des Reliquiars, da dort die hier beschriebene Schichtung der verschiedenen Textilien sehr viel deutlicher ablesbar ist als auf der Vorderseite (vgl. **Abb. S. 60 u. Abb. S. 26**). Da der Schrein seit fast 150 Jahren nicht mehr geöffnet wurde, sind wir für eine genauere Bestimmung des Textils auf die Aussage des Kölner Kanonikus angewiesen. Demnach handelt es sich bei dem Tuch aus dem Altmünsterkloster um sogenannten ‚alexandrinischen Byssos', ein durchsichtiges, ungefärbtes Gewebe von feinster Textur.[5] Die Fäden des alexandrinischen Byssos gewann man in der Antike aus den allerzartesten Fasern des im Nildelta angebauten Gemeinen Leins *(linum usitatissimum)*. Die Struktur des Gewebes und sein Glanz ließen sowohl antike als auch viele neuzeitliche Autoren oft annehmen, es handele sich dabei um Seide. Tatsächlich aber besteht das Textil aus extrem fein verarbeiteten Leinfasern. Aufgrund seiner äußersten Zartheit und Durchsichtigkeit nannte man den Stoff in der Antike auch ‚Nebelleinen' *(linea nebulum)* und verglich ihn mit einem Spinnwebgespinst *(opus araneum)*. Jene Durchsichtigkeit des Stoffes war es auch, die ihn zu einem wichtigen Ausstattungsstück im Grabe hochstehender Persönlichkeiten werden ließ: Hier wurde das Gewebe der antiken Sitte nach aus Pietätsgründen um die Häupter der Verstorbenen gewickelt, ohne dass die Erkennbarkeit der Gesichtszüge dadurch beeinträchtigt worden wäre. Auch für den Leichnam Christi wurde eine solche Art der Bestattung gewählt. In Joh 20,3–7 heißt es ausdrücklich: „Da gingen Petrus und der andere Jünger hinaus und kamen zum Grab; sie liefen beide zusammen dorthin, aber weil der andere Jünger schneller war als Petrus, kam er als erster ans Grab. Er beugte sich vor und sah die Leinenbinden liegen, ging aber nicht hinein. Da kam auch Simon Petrus, der ihm gefolgt war, und ging in das Grab hinein. Er sah die Leinenbinden liegen und das Schweißtuch, das auf dem Kopf Jesu gelegen hatte; es lag aber nicht bei den Leinenbinden, sondern zusammengebunden daneben an einer besonderen Stelle".

Bevor diese herausragende Herrenreliquie ihren heutigen Aufbewahrungsort in der Ostkrypta des Mainzer

◂ *Abb. 1*
Sudarium Christi (Teilstück), Kornelimünster

Domes fand, wurde sie seit der Säkularisation von einer eigens gegründeten Schweißtuchbruderschaft gehütet. Das Schweißtuch fand im 19. und frühen 20. Jahrhundert Aufnahme in verschiedenen Mainzer Kirchen (St. Emmeran, St. Peter), doch davor wurde es über tausend Jahre von den Nonnen des Altmünsterklosters gehütet, wo sich seit dem späten Mittelalter eine rege Wallfahrt zu diesem Textil entfaltete. Gleiches gilt für jenes *Sudarium*, das als Geschenk von Kaiser Ludwig dem Frommen an Abt Benedikt von Aniane (gest. 821) gegeben wurde und seit der Mitte des 9. Jahrhunderts in Kornelimünster aufbewahrt wird **(Abb. 1)**. Folgt man den Untersuchungsergebnissen von Franz Bock, der die einmalige Gelegenheit hatte, 1869 auch jenes Textil untersuchen zu dürfen, so handelt es sich bei den Textilien aus Kornelimünster und Mainz um zwei Teilstücke desselben Gewebes. Beide Textilien, so Bock, seien nicht nur in Feinheit und Struktur des Stoffes identisch, sondern besäßen auch dieselbe Breitenausdehnung.[6] Sollten beide tatsächlich Teil eines einzigen Gewebes sein, so lässt die vergleichsweise gesicherte und bis in die Karolingerzeit zurück zu verfolgende Provenienz des *Sudariums* aus Kornelimünster auch die Existenz des Schweißtuchs im frühmittelalterlichen Altmünsterkloster als wahrscheinlich erscheinen.

WW

---

1 Zu diesem Bischof und seiner Verwandtschaft mit Bilhildis Nopper 2001, S. 113–116. **2** Zu Bildhildis und ihrer Legende Schmit 2016. **3** Schmit 2009, S. 56–60. **4** Zu seiner Person Borkopp-Restle 2008. **5** Jaques 1954, hier Sp. 300 mit Erwähnung des Mainzer Sudariums. **6** Bock 1895, S. 11. Nach Glaubensstoff 2013 misst das Sudarium aus Kornelimünster 352 x 615 cm.

LITERATUR

Bock 1895, S. 11–15 – Jung 1934, S. 10–19 – AK „1300 Jahre Altmünsterkloster“ 1993, S. 174, Nr. 49 – Brodehl 2009

KATALOG-NR. 9

WILLIGISKASEL

Ehemals Mainz, Stiftskirche St. Stephan
Byzantinisch, um 1000
Goldgelbes Seidengewebe (einfarbig gemusterter Samit),
Seidenfutter neuzeitlich ergänzt
H. 165 cm, Saumumfang 520 cm
Mainz, Bischöfliches Dom- und Diözesanmuseum,
Inv. Nr. T 00005

Eine Kasel (von lat. *casula* = Häuschen) ist das liturgische Obergewand eines Geistlichen bei der Messfeier. Im Falle der hier gezeigten Glockenkasel handelt es sich um einen halbkreisförmig zugeschnittenen und an der Vorderseite zusammengenähten Seidenstoff mit einer mittigen Öffnung für den Kopf. Diese für das Früh- und Hochmittelalter typische Gewandform erfordert vom Liturgen, den Stoff seitlich über den Armen zu raffen, wenn die Hände zum Einsatz kommen sollen. Der sechsfädig gewebte, glänzend-goldgelbe Seidensamit zeigt eine flächige Ornamentik, die in ihrer Form auf eine Herkunft aus dem islamisch-vorderasiatischen Bereich verweist und in die 2. Hälfte des 10. Jahrhunderts datiert werden kann. Hervorgerufen werden die wie geritzt wirkenden Musterlinien, denen diese Stoffe den Beinamen ‚Ritzseiden' verdanken, durch einen komplizierten Wechsel zwischen Ober- und Unterschussfäden. Fast alle noch erhaltenen Ritzseiden des Abendlandes lassen sich mit dem Herrscherhaus der Ottonen in Verbindung bringen, das mit Byzanz – der Hauptstadt des damaligen oströmischen Kaiserreichs – in engem Austausch stand.

Die hier gezeigte Glockenkasel (**Abb. S. 64**) wurde einst von dem Mainzer Erzbischof Willigis (amt. 975–1011) getragen, dem Metropolit des größten Erzbistums im Abendland, dem bis zu 14 Bistümer als Suffragane zugeordnet waren und dem darüber hinaus das von Papst Benedikt VII. zugesprochene Vikariatsprivileg weitreichende Vollmachten innerhalb der Reichskirche verlieh. Er führte damit den Vorsitz auf Synoden, und nur er durfte den neuen König salben und krönen. Dass ein derart hohes Amt an einen Mann verliehen wurde, der nicht dem Adel entstammte, war für die damalige Zeit höchst ungewöhnlich. Es wird vermutet, dass sich der Kaselstoff im Brautschatz der byzantinischen Prinzessin Theophanu befunden habe, die 972 mit Otto II. vermählt wurde und nach dessen Tod 983 als Kaiserin des ostfränkisch-deutschen Reiches herrschte. Willigis, der bereits zu Zeiten Ottos I. Kanzler der Hofkapelle gewesen war, stand der Witwe Theophanu und deren noch minderjährigem Sohn und zukünftigem Kaiser Otto III. beratend zur Seite. Es wäre daher denkbar, dass ihm die Kaiserin aus Dank für seine treuen Dienste mehrere Bahnen des überaus kostbaren Stoffes übereignet hat, aus dem die hier gezeigte Glockenkasel sowie eine weitere Kasel aus ähnlich geritzter Seide gefertigt wurde (heute München, Bayerisches Nationalmuseum, Inv. Nr. 11/170),[1] die sich einst in dem südöstlich vor Mainz gelegenen Stift St. Viktor befunden hat, das um 994 von Willigis gegründet worden war.

Der Überlieferung nach soll das Gewand dem 1011 verstorbenen Erzbischof mit ins Grab gegeben und bei dessen Öffnung spätestens um 1300 wieder aufgefunden worden sein. Dies überliefert eine wohl aus dem 14. Jahrhundert stammende Inschrift aus der Stiftskirche: „Eine Kasel ist, ganz unbeschädigt, aus dem Grabe erhoben worden. Mit welcher der Priester geziert wird, wenn die Messe vorbereitet wird" *(Casula de tumba relevata fuit bene munda. Presbyter ornatur qua, quando missa paratur)*.[2] Auch wenn Willigis erst 1663 unter Kurfürst Johann Philipp von Schönborn Eingang in den Mainzer Heiligenkalender fand, so wurde er doch, wie das *Officium et Miracula Sancti Willigisi* von 1147 belegt,[3] spätestens seit der Mitte des 12. Jahrhunderts als Heiliger verehrt. Daher wurde auch seine Kasel zu einer sogenannten Berührungs- oder Sekundärreliquie, die darüber hinaus, dem Gedanken des ‚unverweslichen Leibes' *(corpus incorruptum)* der Heiligen folgend, als ‚Beweis' für die Heiligkeit des Erbauers des Neuen Domes herangezogen werden konnte. Dass die Kasel im Laufe der Jahrhunderte als Reliquie verehrt wurde, belegen zahlreiche Beschreibungen von Gläubigen und Wissenschaftlern, die sich das in einem eigens errichteten Schrank in St. Stephan aufbewahrte Gewand vorlegen ließen. So berichten die Jesuitenpatres Daniel Papebroch und Gotfried Hensken, die im Rahmen ihres *Acta Sanctorum*-Projektes 1660 auch St. Stephan aufsuchten: „Ferner gibt es da eine Kasel und eine (heute verlorene) Albe, die unversehrt waren, als man nach 300 Jahren in ihnen die Reliquien des Ehrwürdigen Willigis auffand. [...] Die Kasel ging aber überall bis zum Boden herab, doch sie konnte mit zwei Fibeln an die Schultern hochgezogen werden, damit man die Arme frei hatte, wenn man sie bei der Meßfeier benutzte. Sie war aus Seide und

◂ *Abb. 1*
Willigiskasel, Zeichnung in Franz Joseph Bodmanns Handexemplar von Georg Christian Joannis, Volumen primum rerum Moguntiacarum, Frankfurt 1727, S. 458, Mainz, Stadtarchiv, HBA I 25, Bd. 1

von gelber Farbe. Beide Gewänder legte Pater Gotfried an und bot so ganz das Aussehen, das Zelebranten auf alten Abbildungen haben".[4] Georg Christian Joannis beschrieb sie in seinem *Volumen primum rerum Moguntiacarum*, in das wiederum der Mainzer Historiker Franz Joseph Bodmann unter der Überschrift *Casula Willigisi, in armario ecclesiae S. Stephani Mog.* („Die Kasel des Willigis, in einem Schrank in der Mainzer Kirche St. Stephan") eine Darstellung des Messgewandes hineinzeichnete **(Abb. 1)**. Und so wurde auch die Willigiskasel zu seinem Festtag (23.2.) noch bis 1945 in St. Stephan vom Zelebranten getragen. Nur die Gebeine des heiligen Erzbischofs genossen über die Jahrhunderte hinweg eine noch größere Verehrung **(Kat. 10)**.

AH

1 Schorta 2001, S. 271, Nr. 138. **2** Arens 1958, S. 421–423, Nr. 805. **3** Vgl. Staab 1990, S. 41. **4** Zit. n. Kindermann 2002, S. 82.

LITERATUR

Strate/Völker 1975 – Jung 1990 – Schorta 2001 (grundlegend)

S. Willigis Ep.

KATALOG-NR. 10

RELIQUIE DES HEILIGEN WILLIGIS

Ehemals Mainz, Stiftskirche St. Stephan
1011, aufbewahrt in einem Ostensorium des 15. Jahrhunderts
Knochen, H. 1,4 cm, B. 3,5 cm
Mainz, Bischöfliches Dom- und Diözesanmuseum,
Inv. Nr. L 04906

▲ *Abb. 1*
Die Willigis-Reliquie in einem Ostensorium des 15. Jh.

Bei dem Knochenfragment des Mainzer Diözesanheiligen Willigis **(Abb. S. 68 u. Abb. 1)** handelt es sich – im Gegensatz zu Berührungs- oder Sekundärreliquien, die mit Heiligen ‚lediglich' in Berührung gekommen sind **(vgl. Kat. 9)** – um eine sogenannte Reliquie erster Klasse (Primärreliquie). Während in der frühchristlichen Zeit die Leiber der Heiligen ungeteilt blieben und nach Möglichkeit über deren Grab ein Altar beziehungsweise eine Kirche errichtet wurde, ging man in den folgenden Jahrhunderten daran, die heiligen Gebeine auch einzeln an Bistümer oder Klöster abzugeben. Zu groß war gerade im fränkischen Reich der Bedarf an Reliquien, der von Rom oder gar von Byzanz aus gestillt wurde. Die heilswirksame Kraft der Heiligen ist in diesen Partikeln ungemindert, da sie als Stellvertreter für den Heiligen dienen, durch dessen Fürbitte bei Gott man sich eine bestimmte Heilswirkung und Segensmacht erhoffte.

Nachdem Erzbischof Willigis am 23. Februar 1011 im Alter von über 70 Jahren verstorben war, beerdigte man ihn vor dem Hochaltar der von ihm neugegründeten Stiftskirche St. Stephan. Sicherlich hatte Willigis geplant, in dem von ihm errichteten Neubau des Domes beigesetzt zu werden, doch dieser Begräbnisplatz stand ihm nicht mehr zur Verfügung, nachdem die Kathedralkirche am Vorabend ihrer Weihe im Jahr 1009 abgebrannt war. Eine Inschrift wohl des 14. Jahrhunderts aus St. Stephan erzählt von der – vermutlich längere Zeit zurückliegenden – Erhebung seiner Gebeine: „Im Jahre Christi 1011 ist dieser Bischof gestorben, am Matthiastage (= 24. Februar) ist er begraben worden. Daran denke. Mit den wahren Heiligen lebt er [jetzt] ständig in Freuden zusammen, zweifellos nicht hochmütig, sondern demütig. Hier neben dem Altar ist der Selige begraben. Und in der Stephanskirche ruht er. Jetzt sind seine Gebeine in sehr würdiger Weise ausgegraben worden".[1]

Die Jesuiten Daniel Papebroch und Gotfried Hensken **(vgl. Kat. 9)** berichten, wie sie 1660 bei einem Besuch in St. Stephan „herrliche Reliquien" sahen, darunter auch „das Haupt des Ehrwürdigen Willigis, dazu viele Gebeine von ihm, der als erster Kurfürst von Mainz sich bei seinen Zeitgenossen den Ruf der Heiligkeit erwarb. Deshalb wurden auch seine Gebeine feierlich erhoben und an einen Ehrenplatz in der Kirchenwand oberhalb des Hochaltars feierlich transferiert".[2] Noch heute existiert in St. Stephan jene von den Kirchenpatronen Stephanus und Maria Magdalena flankierte Reliquiennische. Nur wenige Jahre später, wohl ab 1688/89, wurden die Gebeine während des Pfälzischen Erbfolgekrieges für zehn Jahre nach St. Emmeram in Regensburg in Sicherheit gebracht. Laut einer in diesem Zusammenhang entstandenen Inventarliste befanden sie sich zu diesem Zeitpunkt in

einem grün bemalten Reliquienschrein. Willigis' Totenruhe wurde ein weiteres Mal gestört, als 1857 die Pulverturmexplosion in Mainz auch St. Stephan stark in Mitleidenschaft zog. 1899 schuf der Kölner Goldschmied Gabriel Hermeling zur Aufbewahrung der Gebeine des Heiligen das heute noch bestehende Büstenreliquiar **(Abb. 2)**, das 1960 zum letzten Mal geöffnet wurde. Bei dieser Gelegenheit erfolgte eine anthropologische Untersuchung der Knochen. Festgestellt wurde, dass es sich um die Überreste eines etwa 1,80 m großen, alten Mannes handelt, der vor etwa 1000 Jahren starb. All dies trifft nach der Quellenüberlieferung auf Willigis zu.
In der langen Reihe der vielen Mainzer Heiligen des Frühmittelalters, die von Alban und Bilhildis über Bonifatius bis hin zu Lul reicht, steht der heilige Willigis, dessen Verehrung spätestens im 12. Jahrhundert einsetzt **(vgl. S. 66)**, am Ende. Seine Verehrung ist insofern pikant, als sich gerade Willigis gegen die Einführung neuer Heiliger in seiner Diözese stets gewehrt hatte und trotz Bitten von Kaiserin Theophanu weder den heiligen Albanus von Verulam in den Mainzer Heiligenkalender aufnahm noch den 993 von Papst Johannes XV. heiliggesprochenen Ulrich von Augsburg, das immerhin zu seinen Suffraganen gehörte. Wie Staab so trefflich herausgearbeitet hat, war der liturgische Kalender von Mainz spätestens seit dem 10. Jahrhundert grundsätzlich geschlossen und der Aufnahme neuer Heiliger nicht mehr geneigt.[3] Die *Moguntia sacra* hatte bis dahin aus sich heraus offensichtlich genügend Heilige hervorgebracht **(vgl. Beitrag Wilhelmy)**.

AH

▲ *Abb. 2*
Willigis-Reliquienbüste, Gabriel Hermeling, 1899, Mainz, St. Stephan

---

1 Zit. n. Arens 1958, S. 421–423, Nr. 805, dort heißt es im lateinischen Original: *M. X. I. CHRISTE, decessit Episcopus iste. MATTHIAE festo tumulatus erat. Memor esto. Veris constanter cum Sanctis vivit ovanter, non arroganter, sed humiliter indubitanter. Hic est tumbatus, penes altare ille beatus. Stephanico templo requiescat et ipse, memento. Nunc sunt effossa sua dignanter satis ossa.* **2** Zit. n. Kindermann 2002, S. 81. **3** Staab 1990, S. 38f.

LITERATUR

Unveröffentlicht. Zu den Gebeinen des heiligen Willigis grundsätzlich: Klenke 1961/62

II. *VON EINEM DIEB GESTOHLEN* MAINZER SCHRIFTZEUGNISSE DER KAROLINGERZEIT UND IHR SCHICKSAL

Die Mainzer Schriftkultur der Karolingerzeit ist schwer zu greifen. Vieles, allzu vieles wurde zerstört oder verschleppt und damit einer gesicherten Provenienz entzogen. Bereits im 10. Jahrhundert vermerkt der Oberaufseher der Dombibliothek, dass „dieses und dieses und dieses (Buch) von einem Dieb aus Fulda gestohlen" worden sei **(vgl. Beitrag Licht, Handschriften, S. 81)**. Deshalb dominieren am Beginn dieses Katalogteils zunächst die Importe. Bedingt durch Bonifatius und andere angelsächsische Missionare muss es einst einen reichen Bestand an insular geprägten Manuskripten in der Stadt gegeben haben. Vor Ort hat sich davon nichts erhalten. Hingegen bewahren die Mainzer Bibliotheken noch Fragmente karolingischer Codices aus dem westfränkischen Reich, vor allem aus Tours. Hier entfaltete sich in der ersten Hälfte des 9. Jahrhunderts eine florierende Bibelproduktion, deren Werke in ganz Europa gesucht waren **(Kat. 21)**. Noch unter Erzbischof Hatto I. (amt. 891–913) greift man zur Herstellung von Prunkhandschriften weiterhin auf auswärtige Skriptorien wie jenes der Reichenau zurück **(Kat. 23)**. Typisch für die Mainzer Schriftkultur der frühen Karolingerzeit ist die Mischung verschiedener, teils insular, teils west- oder ostfränkisch geprägter Schreibstile. Parallel entwickelt sich die typische Mainzer Minuskel, die geprägt ist von einem kantigen und rechtwinkligen Stil in „aufrechter" Schreibweise sowie den typischen „Skalpellschäften" und den Initialen in Blattform mit Dorn **(vgl. Abb. S. 79)**. Der Schwerpunkt der karolingischen Mainzer Handschriftenproduktion liegt auf Werken des kirchlichen und weltlichen Rechts, teils bereits in althochdeutscher Sprache **(Kat. 17)**. Erst unter Erzbischof Willigis (amt. 975–1011) wird sich der ganze Glanz der frühmittelalterlichen Buchkunst in einer Vielzahl von „in Gold geschriebenen" Prunkhandschriften entfalten.

SC̄ORUM · QUIBUS CAPERE UALEA
MUS SALUTARIS MYSTERII PORTI
ONEM · PEUNDEM · VI · K · IAN̄ · NAT
SC̄I IOHANNIS EUANGELISTAE ·

ECCLESIĀ
TUAM DNĒ BE
NIGNUS ILLUS
TRA · UT BEATI IO
HANNIS EUANGE
LISTAE ILLUMI
NATA DOCTRINIS
AD DONA PERUE
NIAT SEMPI
TERNA · PER
DNM̄ · SECR̄ ·

Zierseite mit Initiale E, in: Sakramentar aus St. Alban, Reichenau, um 900, Mainz, Martinus-Bibliothek, Hs 1, fol. 17ʳ

TINO LICHT

HANDSCHRIFTEN IM KAROLINGISCHEN MAINZ

Die Überlieferung hat es mit dem mittelalterlichen Mainz nicht gut gemeint. Das gilt auch für die Mainzer Handschriftenproduktion und Bibliotheksbestände aus karolingischer Zeit, also für den Zeitraum von der zweiten Hälfte des 8. Jahrhunderts bis in die Jahre um 900. Man könnte provozierend formulieren, dass man nach karolingischen Mainzer Handschriften am besten nicht in Mainz sucht. Und auch wenn diese Ausstellung zeigen möchte und zeigen kann, dass manches nach Mainz zurückgekehrt, in Mainz aufgespürt oder heimisch geworden ist, findet man das Gros der karolingischen Manuskripte doch über die Welt verstreut, in Berlin, Bern, Cambridge, Gent, Gotha, München, Oxford, Paris, Rom, St. Gallen, Wien, Würzburg und an vielen weiteren Orten. So eine Verteilung hat auch andere getroffen, etwa die alte Klosterbibliothek von Lorsch, aber angesichts der vielen Mainzer Konvente und der Existenz einer Kathedralbibliothek kann man solche Vergleiche nicht ziehen; es hätte doch zumindest eine geistliche Institution einen Teil ihres mittelalterlichen Bücherschatzes am Ort über die Zeiten bringen können.

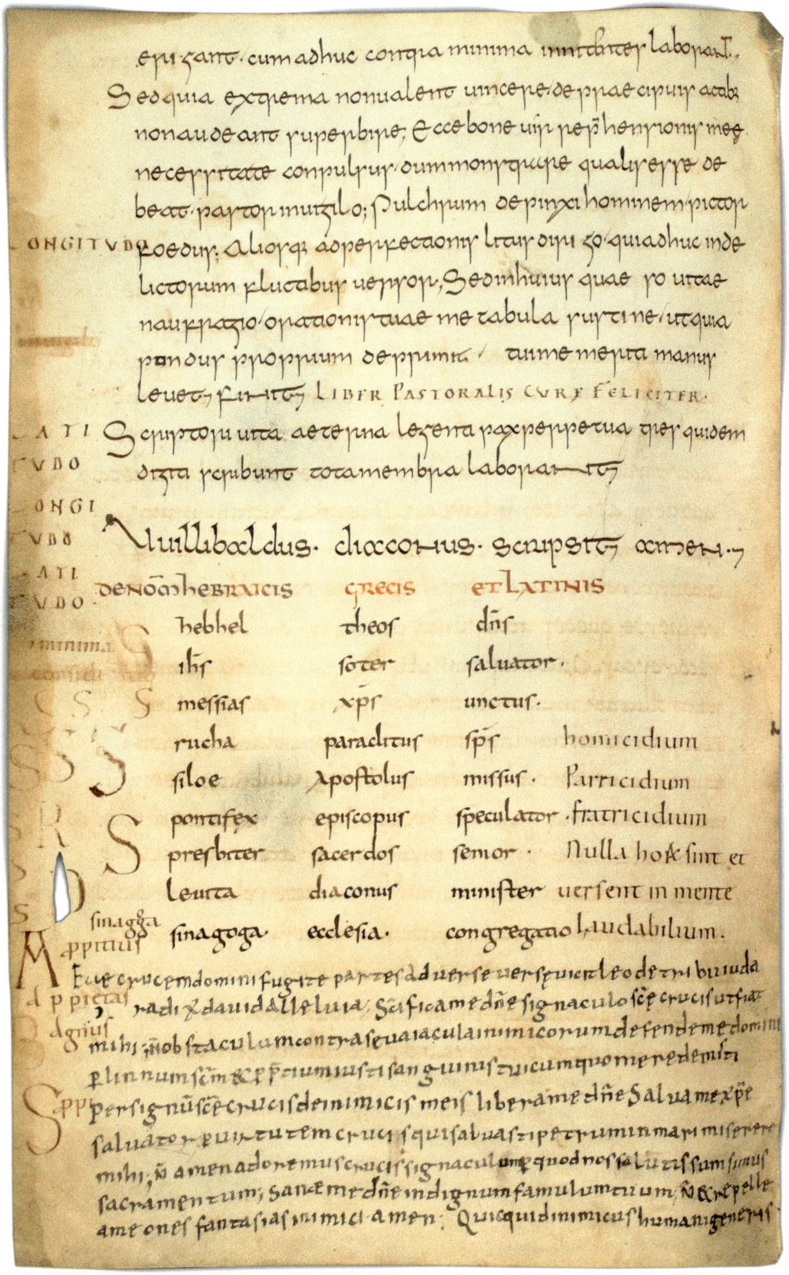

▲ *Abb. 1*
Oxford, Bodleian Library, Laud. misc. 263, fol. 65ᵛ, Mainz, ausgehendes 8. Jh.:
Am Ende des Haupttextes (erstes Drittel der Seite bis laborant) in insularer Minuskel nennt sich in insularer Majuskel der Schreiber VVillibaldus diaconus scripsit. Amen. In der ergänzten Tabelle ist die charakteristische Mainzer karolingische Minuskel mit den Skalpellschäften zu sehen.

Man braucht nur zur Konkurrenz zu schauen, um zu sehen, dass man es glücklicher treffen kann: In Köln ist die Dombibliothek erhalten, längst nicht vollständig, aber doch mit einem Bestand, der in die karolingischen Ursprünge der Sammlung zurückreicht. Darunter sind zum Beispiel die ‚Nonnenhandschriften', das heißt drei Bände von einem ursprünglich umfangreicheren Satz mit den *Enarrationes in psalmos* des Augustinus, die im Nonnenkloster Chelles bei Paris in einer frühen karolingischen Minuskel geschrieben worden sind.[1] Sie sind vom Kölner Erzbischof Hildebald (gest. 818) für seine Kathedrale erworben und mit dem Besitzeintrag des Domes, der schon zu dieser Zeit ein Petersdom war, versehen worden: *Codex Sancti Petri sub pio patre Hildebaldo scriptus*. Und sie tragen noch heute die Signaturen des Domes (Köln, Erzbischöfliche Diözesan- und Dombibliothek, 63, 65 und 67).[2] Auch in Trier hat man einen Teil seiner karolingischen Bibliotheken auf teils abenteuerlichen Wegen über die unruhigen Zeiten retten können. Karolingische Handschriften der Klosterbibliothek von St. Maximin sind in die Bestände der Stadtbibliothek übergegangen, darunter das im ausgehenden 8. Jahrhundert an der karolingischen Hofschule hergestellte Evangeliar in Goldschrift *(Chrysograph)*, das eine *Ada ancilla Dei* in Auftrag gegeben und nach ihrem Tod dem Kloster St. Maximin geschenkt hat.[3] Dieser ‚Ada-Codex' trägt heute die Signatur Trier, Stadtbibliothek, Ms. 22.[4] Auch ein Codex, der in Trier für die Dombibliothek am Ort hergestellt worden ist, hat sich erhalten: Erzbischof Hetti von Trier gab während seines Episkopats (814–847) eine ‚typisch' karolingische Textsammlung mit Erläuterungen des Glaubensbekenntnisses in Auftrag. Sie war mit 80 Blättern nicht sehr umfangreich und ist Teil einer patristischen Sammelhandschrift (fol. 313–392) geworden, die über die Klosterbibliothek von St. Eucharius – St. Matthias überliefert wurde und heute die Signatur Trier, Stadtbibliothek, Ms. 118/106 4° trägt.[5]

In Mainz ist die bedauerliche Lage natürlich Zufall. Die allgemeine Entfremdung und Zerstörung der Bestände in der Neuzeit durch Kriege, Plünderungen, Diebstähle, Auslagerungen und Säkularisationen haben hier einfach besonders stark zugeschlagen. Die Dombibliothek zum Beispiel ist nach der Eroberung von Mainz am 13. Dezember 1631 Kriegsbeute der Schweden geworden. An der Verteilung der Beute war auch Herzog Ernst I. von Sachsen-Gotha (gest. 1675) beteiligt, und er hat mindestens 71 Mainzer Manuskripte erhalten,[6] die den Grundstock des so bedeutenden Gothaer Handschriftenbestandes bilden und zu denen etwa eine Beda-Handschrift aus dem karolingischen Mainz gehört (Gotha, Forschungsbibliothek, Memb. I 45).[7] Beim Verschachern der Dombibliothek ist 1637 ein nicht mehr ganz vollständiger Codex von unschätzbarem Wert in die Sammlung des Erzbischofs von Canterbury, William Laud (gest. 1645), gelangt und 1639 von ihm an die Bodleian Library geschenkt worden: Oxford, Bodleian Library, Laud. misc. 263.[8] Die Bedeutung der Handschrift liegt nicht so sehr in der Ausstattung oder dem Inhalt (Gregor der Große, *Regula pastoralis*), sondern ihrer Position in der Mainzer Schriftgeschichte: Es ist das älteste erhaltene Manuskript mit (höchstwahrscheinlich) Mainzer Schriftheimat, geschrieben in insularer Minuskel im ausgehenden 8. Jahrhundert. Doch nicht nur das, es hält auch eine suggestive ‚literarische Spur' bereit: Auf ihm hat sich in insularer Schrift ein Schreiber namens Willibald mit dem Eintrag *VVillibaldus diaconus scripsit* verewigt, und auch wenn die Namensgleichheit kein Beweis ist, ist ein Gedanke an den Verfasser der ersten Bonifatiusvita Willibald von Mainz erlaubt (**Abb. 1**). Was nach dem Dreißigjährigen Krieg noch in der Dombibliothek verblieben war oder neu versammelt wurde, ging 1824 über Aschaffenburg nach Würzburg.[9] Darunter waren Blätter, die sich schon vor der Plünderung des Dreißigjährigen Krieges aus der ältesten Mainzer Handschrift gelöst hatten und in andere Handschriften eingebunden worden waren. Man muss den ältesten Mainzer Codex deshalb heute auf zwei Bibliotheksstandorte und vier Handschriften verteilt zusammensuchen.[10]

Auch an den neuen Handschriftenstandorten sind die Mainzer Verluste weitergegangen und reichen bis in die jüngere Zeit. Zu den letzten Opfern zählt eine Mainzer Augustinushandschrift aus dem ersten Drittel des 9. Jahrhunderts in Dresden, Sächsische Landesbibliothek, Ms. A 120a, die beim Bombardement vom 13.–15. Februar 1945 verbrannt ist.[11] Das gleiche Schicksal ereilte eine karolingische Mainzer Handschrift aus der ersten Hälfte des 9. Jahrhunderts mit Isidors *Etymologien* in Wiesbaden, Landesbibliothek, Ms. 242, die in das vermeintlich sichere Dresden ausgelagert worden war.[12]

Es ist der Handschriftenforschung zu verdanken, wenn solche Verluste hin und wieder durch Entdeckungen und Neufunde ausgeglichen werden können.[13] Manchmal gelingt solch ein Fund bei der Überprüfung historischer Bucheinbände, in die man mit Vorliebe altes Handschriftenpergament zur Stabilisierung und Verkleidung eingeklebt hat. In Darmstadt hat man zum Beispiel ein Fragment in karolingischer Minuskel vom Mainzer Typ ausgelöst und dabei die Bonifatiusvita des Willibald von Mainz gefunden: Ein Textstück des ersten Mainzer Schriftstellers in einer Mainzer Schrift aus der Zeit um 820 liegt also heute in Darmstadt, Universitäts- und Landesbibliothek, Ms. 4271.[14] Auch in Mainz selbst gelingen Entdeckungen. Ein Bedafragment mit Mainzer Schriftheimat in Mainz, Wissenschaftliche Stadtbibliothek, Hs frag 1 ist erst seit 1998 bekannt (**Kat. 16**);[15] noch jünger ist der Fund eines Mainzer Fragments aus der Karolingerzeit mit dem Matthäuskommentar des Hieronymus in Mainz, Wissenschaftliche Stadtbibliothek, Hs frag 20 (**Kat. 13**).[16] Ganz unbekannt war bisher ein Doppelblatt, das im Mainzer Diözesanarchiv aus einem Aktendeckel ausgelöst worden ist. Der zugehörige Aktenband gehörte einst dem Liebfrauenstift *(Sancta Maria ad gradus)* in Mainz. Das Doppelblatt stammt aus einer Vollbibel aus St. Martin bei Tours. Dort hatte man unter Abt Alkuin (gest. 804) begonnen, Bibelpandekten, das heißt die Heilige Schrift in einem Band, serienmäßig herzustellen und damit über Jahrzehnte einen ‚Verkaufsschlager' erzielt. Die Pandekten aus Tours waren auch deshalb so begehrt, weil sie einen philologisch geprüften Bibeltext gemäß der ‚moderneren' Version des Hieronymus, der *Vulgata*, enthielten. Nach Mainz könnte also solch ein turonischer Bibelpandekt gelangt und in der frühen Neuzeit zu Aktendeckeln makuliert worden sein. Es handelt sich übrigens um einen der späten und seltenen Pandekten, die nach der Mitte des 9. Jahrhunderts und somit nach der tiefen Zäsur des Normannenüberfalls

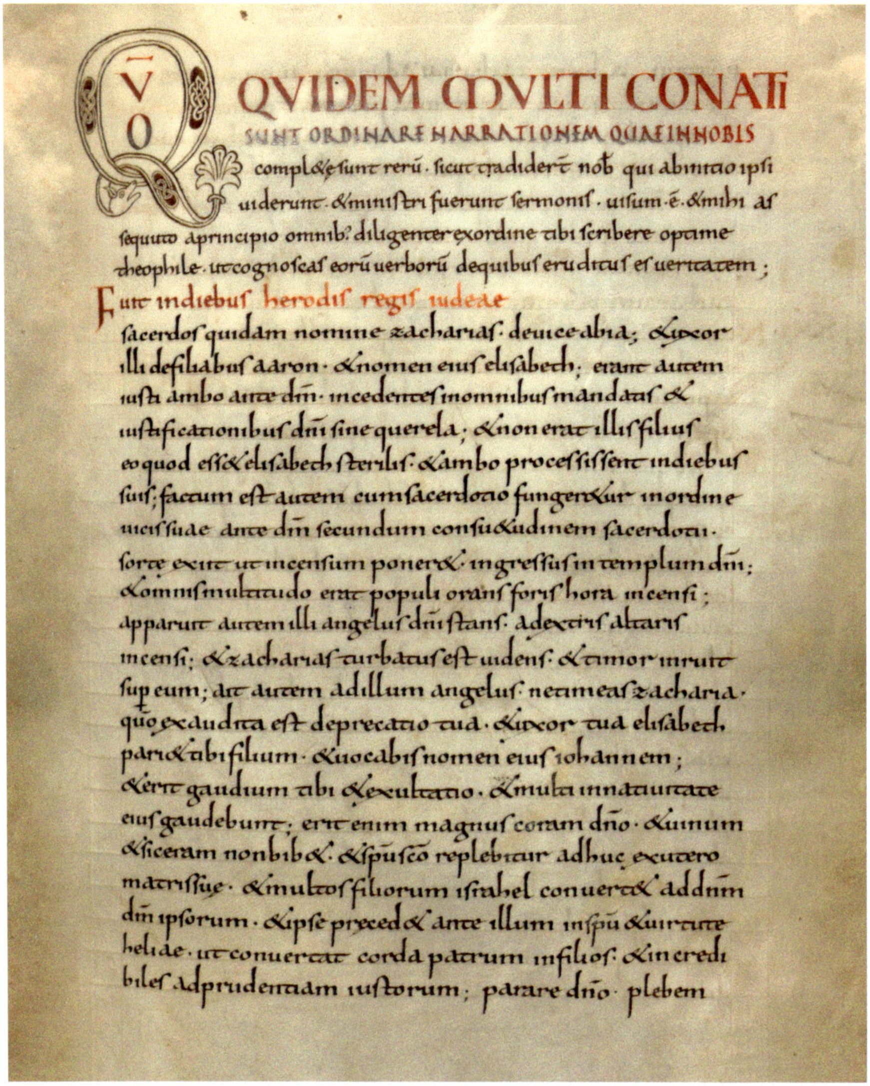

▲ *Abb. 2*
Zeitz, Stiftsbibliothek, 2° Ms. perg. lat. 5, fol. 69ʳ, Mainz, 2. Viertel 9. Jh.: Im Tierkopfmotiv der Initiale dieser in Mainz hergestellten Evangelienhandschrift manifestiert sich insulare Tradition. Im Skriptorium wird arbeitsteilig gearbeitet: Ein Vorschreiber hat die Auszeichnungszeilen bis zur Rubrik Fuit in diebus [...] vorgeschrieben, danach setzt der Hauptschreiber ein, der mustergültig die Mainzer Skalpellschäfte zeigt.

auf die Abtei in Tours hergestellt worden sind **(Kat. 21)**. Leider fehlt uns häufig der letzte Beweis, dass ein Fragment etwas mit den mittelalterlichen Mainzer Beständen zu tun hat. Handschriften und ihre Fragmente gehen oft weite Wege, wie das in Mainz, Martinus-Bibliothek, D 378 ausgelöste Doppelblatt von *De rerum naturis* des Hrabanus Maurus **(Kat. 20)**, das noch zu Lebzeiten des Autors geschrieben worden sein könnte, das spätkarolingische Fragment eines illustrierten Apokalypsekommentars aus der Gegend um Cambrai oder Arras in Mainz, Wissenschaftliche Stadtbibliothek, Hs frag 18 **(Kat. 22)**, oder die palimpsestierten, also abgeriebenen und neu beschriebenen Blätter eines karolingischen Sakramentars in Goldschrift, die sich in Mainz, Martinus-Bibliothek, Hs 42 **(Kat. 14)** erhalten haben. Einer der erfreulichsten Neufunde gelang jüngst in der Stiftsbibliothek Zeitz, in der ein bisher unbekanntes Mainzer Evangeliar aus der ersten Hälfte des 9. Jahrhunderts aufgetaucht ist. Bisher haben sich die Publikationen auf die darin nachgetragene althochdeutsche Beichte konzentriert.[17] Jetzt ist die Handschrift erstmals in einer Ausstellung am Entstehungsort zu sehen **(Kat. 18)**. Sie ist in Mainz im zweiten Viertel des 9. Jahrhunderts geschrieben worden **(Abb. 2)**. An ihr lässt sich hervorragend die starre, gerade Mainzer Schrift der Karolingerzeit illustrieren. Denn als die Mainzer Skriptorien in den ersten Jahrzehnten des 9. Jahrhunderts zur karolingischen Minuskel übergingen, nahm die Schrift einen kantigen, spitzen und rechtwinkligen Stil an. Sie zeigt „aufrechte Schreibweise", „knickt scharf ab".[18] Zu ihrem Hauptmerkmal wurde es, „die verbreiterten Oberlängen spitz nach rechts auszuziehen",[19] oder mit anderen Worten „die verstärkten Oberlängen schräg abzuschneiden".[20] Bei Schreibern, die den Mainzer Stil mit sicherer Hand mustergültig zu schreiben verstehen, wirken die Schäfte wie aufgerichtete Skalpelle. Die Schriftheimat eines karolingischen Fragments in Mainz, Martinus-Bibliothek, Inc 334 (F) **(Kat. 15)**, das den Text der Augustinusexzerpte des Eugippius enthält, ist auch deshalb so gut zu bestimmen, weil es die Mainzer Skalpellschäfte zeigt. Auch die Kunsthistoriker wissen ein charakteristisches Mainzer Merkmal der Karolingerzeit zu benennen, nämlich Initialen mit einer Blattform, die zum Mainzer Leitmotiv erklärt worden ist: Kennzeichen ist die „dornartige Bildung am Blattansatz".[21] Beides gemeinsam – die Mainzer Skalpellschäfte und die Initialen mit der dornartigen Bildung am Ansatz – demonstrieren die Fragmente eines Mainzer Sakramentars aus der ersten Hälfte des 9. Jahrhunderts, die in Fribourg, Bibliothek des Franziskanerklosters, Cod. 70, lagern. Die Seiten lassen trotz des fragmentarischen Charakters eine solche Qualität erkennen, dass man die Fribourger Fragmente als

Spitzenprodukt und Referenzobjekt der karolingischen Handschriften mit Mainzer Schriftheimat ansprechen darf **(Abb. 3)**.[22] Leider stehen diese Merkmale nicht allein. Wir haben zahlreiche Mainzer Handschriften von ausgesprochenem Mischcharakter: In die karolingische Minuskel im charakteristischen Mainzer Stil mischen sich (wie bei Mainz, Wissenschaftliche Stadtbibliothek, Hs frag 20; **Kat. 13**) immer wieder Hände, die in anderen Schreibschulen ausgebildet worden sind oder den kantigen Mainzer Stil nicht voll adaptieren. Ein Codex mit einem Kommentar des Augustinus *De Genesi ad litteram* in Mainz, Wissenschaftliche Stadtbibliothek, Hs II 12 **(Kat. 12)** ist die einzige, fast unversehrte karolingische Handschrift im Besitz einer heutigen Mainzer Bibliothek. Wenn ihre Mainzer Entstehung gesichert werden könnte, wäre sie das ersehnte Mainzer Schriftzeugnis der Karolingerzeit, das sich am Ort erhalten hat. Leider zeigt sie ein solches Gemisch der Hände und dabei kein sicheres Mainzer Symptom, dass Mainzer Schriftheimat ganz unwahrscheinlich erscheint **(Abb. 4)**.

Bisher können wir auch nicht sicher sagen, wo sich in Mainz karolingische Skriptorien befunden haben. Monastische Konvente, allen voran St. Alban, kommen in Betracht, auch eine Mainzer Domschule kann man sich gut vorstellen. Mit Wahrscheinlichkeit nach St. Alban ist der nicht sehr umfangreiche komputistische Codex Rom, Biblioteca Apostolica Vaticana, Pal. lat. 1447 zu lokalisieren, in dem bei der Anlage des Kalendars prominent die *DEDICATIO BASILICAE SANCTI ALBANI MARTYRIS* (fol. 17^{v}; 1. Dezember) eingetragen worden ist, und zwar in der für Mainz charakteristischen Auszeichnungsschrift Unziale mit dem engen, im Strich auslaufenden Auge von *A*. Der Codex ist jenseits der Lokalisierung für die Mainzer Schriftgeschichte von herausragender Bedeutung, weil sich auf fol. 19^{r} ein im Eindruck der Ereignisse vorgenommener Nachtrag zum Wechsel von Richulf zu Haistulf auf dem Mainzer Erzbischofsstuhl findet.[23] Für das Manuskript ergibt sich daraus ein *terminus ante quem* im Jahr des Bischofswechsels 813. Aus St. Alban also könnte das älteste erhaltene, datierbare Mainzer Manuskript in karolingischer Minuskel stammen.

▲ *Abb. 3*
Fribourg, Bibliothek des Franziskanerklosters, Cod. 70, fol. B^{r} *(= hinterer Deckspiegel recto), Mainz, 1. Hälfte 9. Jh.: Mainzer Stil der karolingischen Minuskel mit den charakteristischen Skalpellschäften. Die D-Initiale zeigt die Mainzer Form des Blattschmucks mit der dornartigen Bildung am Ansatz. Dieses Sakramentarfragment ist Musterbeispiel der Mainzer Schriftkultur in karolingischer Zeit.*

Einen zweiten Fixpunkt unter den Mainzer Skriptorien bildet ein Gelehrten- und Schülerkreis um den Iren Probus, der ein intellektuelles Mainzer Schwergewicht in der ersten Hälfte des 9. Jahrhunderts gewesen zu sein scheint. Bei seinem Tod am 25. Juni 859 erging ein hymnischer Nachruf: „Wie bescheiden und klug, geduldig und keusch er gewesen / können die Buchstaben nicht, kann keine Zunge erzähln".[24] Zwei Handschriften aus seinem Umkreis sind erhalten; die Zuordnung ist nur vermutungsweise, doch hinreichend plausibel vorgenommen

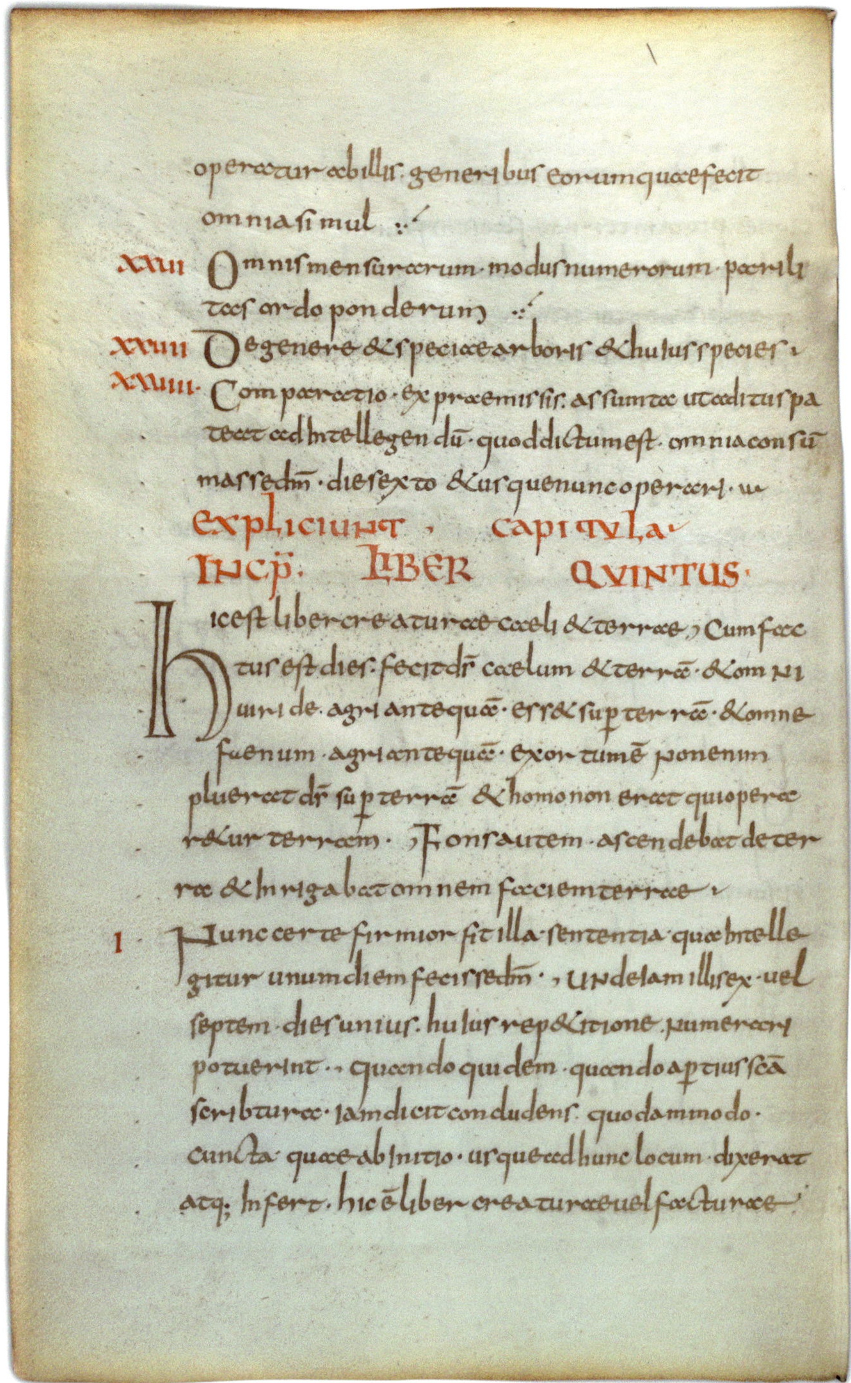

◂ *Abb. 4*
Augustinus, De Genesi ad litteram, Nordostfrankreich (?), um 800, Mainz, Wissenschaftliche Stadtbibliothek, Hs II 12, fol. 75v (Kat. 12)

worden, weil in den Handschriften irische Glossen auftauchen.[25] Das Manuskript Berlin, Staatsbibliothek Preußischer Kulturbesitz, Ms. theol. lat. quart. 690 ist dabei so inhomogen, vereint Mainzer, französische und insulare Hände, dass man es sich am besten „in einer von Schülern sehr verschiedener Herkunft besuchten Schule vorstellt, die sich in Mainz befand".[26]

Aus Mainz ist ferner ein Augustinuscodex (heute München, Bayerische Staatsbibliothek, Clm 8107) erhalten, aus dem sich eine Anekdote der frühen Mainzer Bestandsgeschichte erhellt. Er ist seiner Paläographie nach in Mainz im zweiten Viertel des 9. Jahrhunderts entstanden und gehört gleichfalls zu den Handschriften, für die Mainzer Schriftheimat gesichert ist, obwohl nur ein Teil der Hände die typischen Mainzer Skalpellschäfte erkennen lässt.[27] Das Manuskript hat die *Retractationes* des Augustinus zum Inhalt, jenes Opus also, in dem der Kirchenvater am Ende seines Lebens die Werke aus eigener Feder verzeichnet und kritisch rezensiert hat. Das vorangestellte Inhaltsverzeichnis mit der Werkliste des Augustinus ist von Händen des 9. und 10. Jahrhunderts durchgearbeitet worden, wobei alle in der Bibliothek vorhandenen Augustinusschriften mit einem *h (habemus)* markiert worden sind **(Abb. 5)**.

In drei Fällen waren die verzeichneten Werke später nicht mehr in der Bibliothek aufzufinden, weil sie jemand entwendet hatte.[28] Neben den Titeln (auf fol. 1r) hat ein Bibliothekar (wohl des 10. Jahrhunderts) mit einem Fingerzeig auf die Herkunft des Gauners eingetragen: *iste /*

h XXIIII Contra felicem mani
h XXV De natura boni
h XXVI Contra secundinum man
h XXVII Contra hilarium ·

▸ *Abb. 5/6*
München, Bayerische Staatsbibliothek, Clm 8107, fol. 1ᵛ, Mainz, 2. Viertel 9. Jh.: Teil des Werkverzeichnisses (=Inhaltsverzeichnis) vor dem Text der Retractationes des Augustinus. Verschiedene Hände haben durch ein h (=habemus) das Vorhandensein der Werke in der Bibliothek quittiert. Eine Hand wohl des 10. Jh. hat den Diebstahl einiger Augustinuscodices aus der Bibliothek durch einen Dieb aus Fulda mit den Worten iste / et iste / et iste sublati sunt a Fuldensi latrone vermerkt (s. Detail unten, links am Rand).

et iste / et iste sublati sunt a Fuldensi latrone (Dieses und dieses und dieses [Buch] sind von einem Dieb aus Fulda gestohlen worden). **(Abb. 6)** An welcher Bibliothek hat sich der Dieb aus Fulda bedient? Wahrscheinlich an der Dombibliothek, denn der Codex befand sich laut Eintrag von 1479 zumindest im späten Mittelalter daselbst.
Sehr gut in den Kontext eines Skriptoriums an der Domschule könnte auch ein ‚Mainzer Original' passen, von dem wir den karolingischen Besitzer kennen, den Mainzer Chorbischof Thiotmar.[29] Das Amt des Chorbischofs hatte in der Westkirche seinen Höhepunkt in der Karolingerzeit. Ihm waren Befugnisse übertragen, die sonst nur der Bischof innehatte, und seine Kernaufgabe bestand in der Entlastung des Bischofs gerade bei den zahlreichen Weihehandlungen. Der Chorepiskopat war eine umstrittene Institution, weshalb der Mainzer Erzbischof Hrabanus Maurus (amt. 847–856) eigens einen offenen Brief zur Rechtfertigung der Chorbischöfe verfasste und zwischen 830 und 842 an Bischof Drogo von Metz (gest. 855) sandte.[30] Auf lange Sicht hatte dieses Rechtfertigungsschreiben keinen Erfolg; die Chorbischöfe verschwinden am Ende des Frühmittelalters fast ganz aus den westlichen Kathedralen.[31] Chorbischof Thiotmar von Mainz war Mitte des 9. Jahrhunderts an der Mainzer Kathedrale der Amtsgehilfe des Hrabanus Maurus. Aus Thiotmars Besitz ist der Codex Paris, Bibliothèque nationale de France, lat. 2443 erhalten, der in der typischen karolingischen Minuskel im Mainzer Stil steht und nur 29 Blätter umfasst.[32] Sein Inhalt sind zwei Briefe des Hrabanus Maurus, zuerst der

▸ ***Abb. 7***

Paris, Bibliothèque nationale de France, lat. 2443, fol. 13ᵛ, Mainz, 2. Drittel 9. Jh. (vor 858): Dieses ‚Mainzer Original' hat sich der Amtsgehilfe des Hrabanus Maurus, der Mainzer Chorbischof Thiotmar anfertigen und dabei zwei Lehrbriefe seines Erzbischofs abschreiben lassen, von denen der zweite an Kaiser Ludwig über den rechten Umgang mit seinen Söhnen auf dieser Seite beginnt.

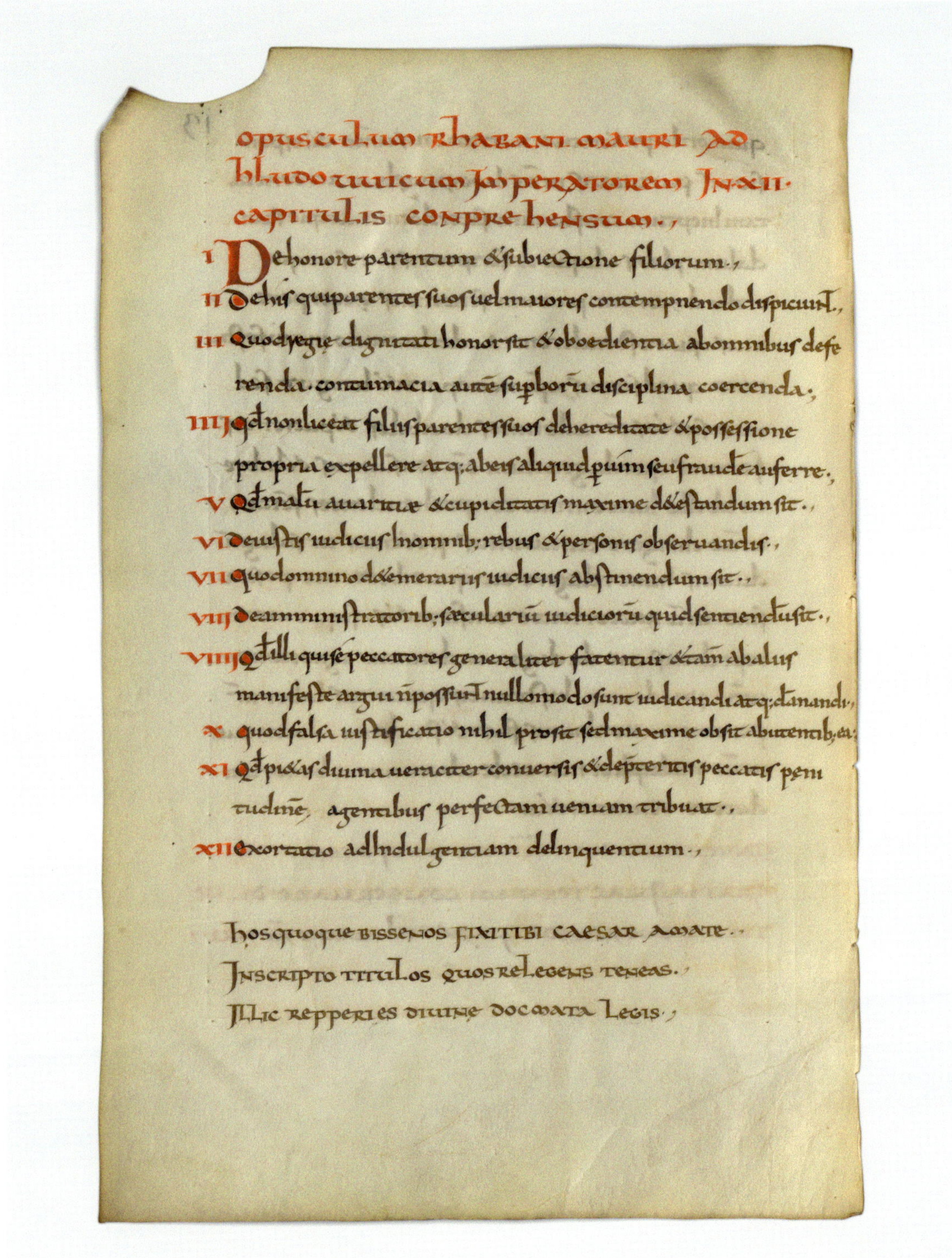

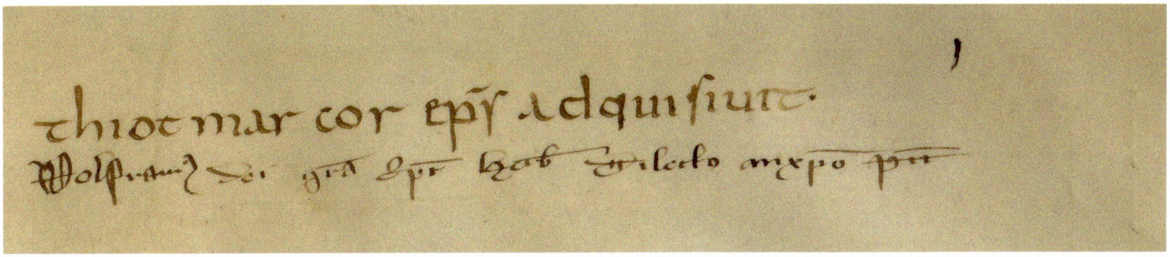

◂ **Abb. 8**
Paris, Bibliothèque nationale de France, lat. 2443, fol. 1r (Ausschnitt), Mainz, 2. Drittel 9. Jh. (vor 858): Besitzeintrag des Mainzer Chorbischofs Thiotmar: Thiotmar corepiscopus adquisivit. Der Codex war später laut darunter stehendem Eintrag im Besitz des Würzburger Bischofs Wolfram von Grumbach (amt. 1322-1333): Wolframus Dei gratia episcopus Herbipolensis dilectus in Christo [pater?].

offene Brief zur Verteidigung des Chorepiskopats, danach ein brisantes Mahnschreiben an Kaiser Ludwig den Frommen (gest. 840) über den rechten Umgang mit den Söhnen **(Abb. 7)**.[33]

Der wohl autographe Besitzeintrag Thiotmars auf fol. 1r lautet: *Thiotmar corepiscopus adquisivit* (Chorbischof Thiotmar hat [den Codex] erworben) **(Abb. 8)**. Am ehesten wird er ein solches ‚episkopales Manuskript' am Skriptorium der Domschule in Auftrag gegeben haben. Gesichert ist für die Handschrift die Entstehung vor dem oder allenfalls im Jahr 857, dem Todesjahr des Thiotmar, und in diese Datierung in die Mitte des 9. Jahrhunderts fügt sich gut, dass darin die *ur*-Kürzung sicher verwendet wird.

Im Zusammenhang mit Hrabanus Maurus sei noch auf die Nähe der Mainzer Überlieferung und einiger Mainzer Manuskripte zur Handschriftenproduktion in Fulda hingewiesen. Herausragendes Zeugnis dieser Nähe ist die als Meilenstein deutscher Sprach- und Literaturgeschichte bekannte, lateinisch-althochdeutsche Evangelienharmonie, die heute in St. Gallen, Stiftsbibliothek, Cod. Sang. 56 aufbewahrt wird. Dieser ‚Lateinisch-althochdeutsche Tatian' steht bis p. 24 in der Schrift von Mainz, danach in der Schrift von Fulda und hat damit wohl zwei Orte zur Schriftheimat.[34]

Will man versuchen, anhand des Erhaltenen ein Mainzer Überlieferungspanorama zu entwerfen, dann mahnen die vielen Verluste natürlich zur Vorsicht. Unter den karolingischen Codices finden sich die erwartet zahlreichen Kirchenväterhandschriften, es fällt ein bisschen auf, dass wir sehr wenig pagane oder christliche Dichtung überliefert finden,[35] und es wird auch nicht überraschen, dass Werke des Hrabanus Maurus überproportional vertreten sind. Eine Mainzer Besonderheit aber scheint in Umrissen erkennbar, es gibt erstaunlich viele karolingische Rechtshandschriften: Aachener Konzilsbeschlüsse von 816, eine Kanonessammlung, eine Sammlung von drei Volksrechten, die Beschlüsse der Mainzer Synode von 813, eine Dekretalenhandschrift, Aachener Konzilsbeschlüsse von 835;[36] das ist bei dieser Überlieferungslage mehr als man erwartet und passt ins Bild der Kirchen- und Verwaltungsmetropole. Der Befund erfährt noch einmal eine Aufwertung durch die Mainzer Herkunft eines absoluten Einzelfalls: Ein Fragment einer althochdeutschen Übersetzung des ansonsten nur lateinisch überlieferten Volksrechts der Salfranken, der *Lex salica*, wird heute in Trier, Stadtbibliothek, Mappe X, Fragm. 1 **(Kat. 17)** aufbewahrt; seine Schriftheimat und Datierung führen nach Mainz in das zweite Viertel des 9. Jahrhunderts. Aus Mainz also stammt eine winzige aber wertvolle Spur der karolingischen Rechtspflege im Volksrecht, das in der Volkssprache kodifiziert war **(Abb. 9)**. Da fast alle Mainzer Handschriften ins erste oder zweite Drittel des 9. Jahrhunderts datieren, wird eine gewisse Lücke in der Handschriftenproduktion von Mainz ab den 870er Jahren erkennbar. Diese Beobachtung ist beileibe keine Mainzer Spezialität. Wir sehen ein Auslaufen der karolingischen Produktivität auch in anderen Zusammenhängen, bei Mainz allerdings fällt auf, dass diese Phase abrupt und namhaft endet, nämlich mit dem von der Reichenau kommenden und dort als Abt erprobten Erzbischof Hatto I. (amt. 891–913). Um 900 finden wir mit einem Mal zwei Ausnahmestücke, Zimelien der spätkarolingischen Schriftkultur, über Mainz

▸ ***Abb. 9***
Fragment einer althochdeutschen Lex salica-Übersetzung, Mainz, 2. Viertel 9. Jahrhundert, Trier, Stadtbibliothek, Fragment Mappe X Nr. 1, fol 2ᵛ/1ʳ (Kat. 17)

▸ ***Abb. 10***
Hatto-Fenster, um 900 (Kat. 24)

überliefert. Eins davon ist gar nicht in Mainz entstanden, sondern von Hatto mitgebracht worden, nämlich das Sakramentar von St. Alban, das auf der Reichenau – man muss vermuten in seinem Auftrag – hergestellt worden ist **(Kat. 23)**. Das andere aber ist, soviel wir wissen, mainzisch und von einer exzeptionellen Qualität, nämlich das sogenannte Hatto-Fenster. Seine Inschrift ist in diesem Katalog zum ersten Mal metrisch richtig rekonstruiert **(Abb. 10 u. Kat. 24)**.

---

1 Becker/Licht 2016, Taf. 10. **2** Vgl. Lowe[/Bischoff] 1959, Nr. 1152 (=CLA VIII, 1152) mit Hinweisen auf weitere Fragmente. **3** Lowe[/Bischoff] 1959a, Nr. 1366 (=CLA IX, 1366); zum Auftragsgedicht im Codex und zur Person vgl. Dümmler 1881, S. 287. **4** Zur dramatischen Geschichte der Rettung und Rückführung des ‚Ada-Codex' vgl. Embach 2010, S. 28–33. **5** Bischoff 2014, S. 374 (=KFH III, 6172). **6** Hopf 1994, S. 9. **7** Bischoff 2004, S. 10 (=KFH II, 1420 [Nachtrag]); die Datierung verschiebt sich ins 1. Drittel des 9. Jh. (vgl. Licht/Ottermann 2017 mit Abb. 4). **8** Hunt 1953, S. 132f. **9** Dünninger 1997, S. 93. **10** Lowe[/Bischoff] 1959a, Nr. 1400 (=CLA IX, 1400). **11** Bischoff 1998, S. 224 (=KFH I, 1039). **12** Bischoff 2014, S. 498 (=KFH III, 7275). **13** Den ersten Versuch einer paläographischen Studie zu den Skriptorien im karolingischen Mainz unternahmen Lindsay/Lehmann 1925; eine aktuellere Liste von karolingischen Handschriften aus Mainz publizierte Hanselmann 1987, S. 86f.; den schmalen und steinigen Pfad der volkssprachlichen Überlieferung sind Hedtke/Winterer 2013 nachgegangen; alle Vorarbeiten werden inzwischen überholt durch die drei Bände des Katalogs der festländischen Handschriften (=KFH) von Bischoff 1998, Bischoff 2004 und Bischoff 2014. **14** Staub 1978, S. 164. **15** Ottermann 1998. **16** Licht/Ottermann 2017. **17** Bulitta 2006. **18** Ottermann 1998, S. 302. **19** Bischoff 1998, S. 185 (=KFH I, 842). **20** Ebd., S. 367 (=KFH I, 1754). **21** Bierbrauer 1997, S. 563; die Beobachtung fußt auf Weiner 1992. **22** Bischoff 1998, S. 274 (=KFH I, 1306) spricht von einem „hervorragenden Beispiel des Mainzer Minuskeltyps"; zu den Fragmenten gibt es einen eigenen Artikel von Ladner 1979. **23** Bischoff 1981, S. 104f. **24** Kurze 1891, S. 54: *Quam prudens, humilis, patiens castusque fuisset, / littera vel lingua nulla referre potest*. **25** Bischoff 1981, S. 42f. **26** Ebd., S. 43. **27** Bischoff 2004, S. 244 (=KFH II, 3096). **28** Lindsay/Lehmann 1925, S. 28. **29** Vgl. zu ihm Gottlob 1928, S. 32f. **30** Vgl. dazu die Ausgabe von Dümmler 1899, S. 431–439. **31** Gottlob 1928, S. 135–145. **32** Bischoff 2014, S. 75 (=KFH III, 4194). **33** Ausgabe Dümmler 1899, S. 403–415. **34** Bischoff 1981, S. 78f. **35** Zu nennen sind zwei Manuskripte aus dem Bestand von St. Alban: ein Codex mit Aldhelms *De virginitate* und weiteren Schultexten in Wien, Österreichische Nationalbibliothek, lat. 969 (Bischoff 2014, S. 486 [=KFH III, 7187]) und eine weitere Aldhelmhandschrift in Wolfenbüttel, Herzog August Bibliothek, Helmst. 365 (ebd., S. 503 [=KFH III, 7330]). **36** In dieser Reihenfolge: Bischoff 1998, S. 207 (=KFH I, 958); ebd, S. 267 (=KFH I, 1257); Bischoff 2014, S. 297 (=KFH III, 5490); ebd., S. 322 (=KFH III, 5727); ebd., S. 415 (=KFH III, 6546); ebd., S. 504 (=KFH III, 7331).

MICH
GABR

DEXTRA
MICH

EXPONATE

Thomas-Evangeliar ▸ **Kat. 11**
Augustinus – De Genesi ad litteram ▸ **Kat. 12**
Matthäuskommentar des Hieronymus ▸ **Kat. 13**
Leben des Augustinus ▸ **Kat. 14**
Eugippius-Fragment ▸ **Kat. 15**
Historia Ecclesiastica Gentis Anglorum des Beda Venerabilis ▸ **Kat. 16**
Fragment einer althochdeutschen Lex salica-Übersetzung ▸ **Kat. 17**
Evangeliar mit Mainzer Schriftheimat ▸ **Kat. 18**
Evangeliar ▸ **Kat. 19**
De rerum naturis des Hrabanus Maurus ▸ **Kat. 20**
Fragment eines turonischen Pandekten ▸ **Kat. 21**
Expositio Apocalypseos des Beda Venerabilis ▸ **Kat. 22**
Sakramentar ▸ **Kat. 23**
Hatto-Fenster ▸ **Kat. 24**

ho
mo
leo
uitulus
aqui
la

Katalog-Nr. 11
Thomas-Evangeliar, fol. 1v:
Brustbild Christi, umgeben von
den Evangelistensymbolen
Mensch (homo) für Matthäus,
Löwe (leo) für Markus,
Stier (vitulus; eigentlich: Kalb) für Lukas
und Adler (aquila) für Johannes

KATALOG-NR. 11

THOMAS-EVANGELIAR

Trier oder Echternach (?), 2. Viertel 8. Jahrhundert
Pergament, 208 Bl.
H 30 cm, B 24,5 cm
Trier, Domschatz, Nr. 61 (ehem. Trier, Dombibliothek Ms. 134)

Mat
the
us.
Mar
cus.
Lu
cas.
Ioh
an
nis.
Thomas scribsit

◂ **Abb. 1**
Thomas-Evangeliar, fol. 5v: Tetramorph

Eine der Wurzeln der Mainzer Schriftkultur der Karolingerzeit liegt in iro-schottisch/angelsächsischen Handschriften. Sie dürften spätesten mit dem in Wessex geborenen Bonifatius in Mainz Einzug gehalten haben, der vor seiner *peregrinatio* auf den Kontinent in verschiedenen süd-englischen Klöstern lebte. Auch jenes Mainzer Kloster in der Nähe von Altmünster, das der irischen Heiligen Brigid geweiht war, deren Kult auf dem Festland eine schnelle Aufnahme fand, könnte eine Gründung iro-schottischer Wandermönche gewesen sein, so dass es auch dort durchaus prototypische Manuskripte im insularen Stil gegeben haben dürfte. Es hat sich durch die Ungunst der Überlieferung für Mainz nichts Vergleichbares erhalten. Daher bleibt dies im Bereich des Spekulativen, obwohl manches Werk der hiesigen Schriftkultur ohne insulare Vorlage in seiner Form nicht denkbar wäre (vgl. Kat. 18).

Anders als in Mainz hat sich im benachbarten Metropolitansitz zu Trier mit dem sogenannten Thomas-Evangeliar eine Handschrift angelsächsischer Prägung erhalten, die in Schriftbild und Stil in großen Teilen typisch ist für die kontinentale Überformung insularer Vorbilder. Von dem einst reichen Bildschmuck sticht zunächst – in vermutlich nicht mehr originaler Reihung – auf fol. 1v eine Seite mit einem Clipeus mit Brustbild Christi heraus, der von vier Feldern mit den Evangelistensymbolen umgeben ist (Abb. S. 88). Auf fol. 5v ist ein Tetramorph dargestellt (Abb. 1), also die in einer menschlichen Figur vereinigten Evangelistensymbole, gefolgt auf fol. 10r von zwei Engeln, die eine Tafel mit dem Incipit des Matthäusevangliums halten. Zwei der ehemals zwölf Kanontafeln, die sich auf fol. 11r bis fol. 15v finden (Abb. 2, 3), sind ebenso verloren wie das ganzseitige Bild des Evangelisten Johannes, während sich Darstellungen von Matthäus (fol. 19v), Markus (fol. 82v) und Lukas (fol. 127v) am Beginn des jeweiligen Evangeliums erhalten haben (Abb. 4, 5). Fünf große und zahlreiche kleine Initialen ergänzen die prunkvolle Ausstattung der Handschrift, deren Seiten mehrheitlich in einer merowingischen Unziale geschrieben sind. Fol. 6r–8r, 19r–20r, 141r–144v sind hingegen in einer insularen Halbunziale verfasst und stammen vermutlich von der Hand jenes Thomas, der auf fol. 1r um Gottes Gnade und das Gebet des Lesers bittet: *Scribtori vita eterna legenti pax perpetua. videnti felicitas perennis habenti possesio cu[m] salute amen. d[e]o gratias. Ora pro me deus [dominus?] tecum* (exakt der gleiche Eintrag findet sich in der ins 9. Jahrhundert zu datierenden Hs 9382 der Pariser Bibliothèque nationale auf fol. 91v, die in Echternach entstanden ist). Auch auf fol. 5v, der Seite mit dem Tetramorph, ‚signierte' Thomas mit den Worten *Thomas scribsit*, desgleichen bei einer der Kanontafeln sowie in der Lukasdarstellung auf fol. 127v. Diese Mehrfachnennung eines ausführenden *artifex* ist im Mittelalter außergewöhnlich und zeugt, bei aller Gottesfurcht und Demut, von dem – modern gesprochen – besonderen Stolz des Künstlers auf sein Werk. Dieser Stolz ist insofern berechtigt, als Thomas offensichtlich die schwierige Aufgabe zu bewältigen hatte, für die Ausstattung seines Evangeliars zwei völlig unterschiedliche Vorlagen zu einer organischen Einheit zu verschmelzen. Die eine muss nach Art des Willibrord-Evangeliars (Paris, Bibliothèque nationale de France, Ms. lat. 9389, um 700) insular geprägt gewesen sein, die andere hingegen italo-byzantinisch. Hieraus ergab sich eine Stilmischung von

▸ ***Abb. 2***
Thomas-Evangeliar, fol. 11r: Kanonbogen mit Brustbild des Apostels Petrus

◂ ***Abb. 3***
Thomas-Evangeliar, fol. 12r: Kanonbogen mit Brustbild des Apostels Thomas

► *Abb. 4*
Thomas-Evangeliar, fol. 82ᵛ:
Evangelist Markus

◄ ***Abb. 5***
Thomas-Evangeliar, fol. 127v: Evangelist Lukas

▲ *Abb. 6*
Thomas-Evangeliar, fol. 10^{r}: Zwei Engel, die eine Tafel mit dem Incipit des Matthäusevangeliums halten

einem ganz eigenen Reiz. So zeigt beispielsweise fol. 10^{r} zwei *all´antica* gekleidete Engel, die nach byzantinischem Vorbild eine Inschriftentafel halten, deren tragende Säule ein Kapitell mit irischem Flechtbandornament besitzt, während die Basis abgetreppt und damit fern jeder antiken Gliederung ist **(Abb. 6)**. Die nach iro-schottischer Art verknoteten Ecken der Rahmung des Bildes stehen dabei in einem reizvollen stilistischen Kontrast zu der wellenbewegten und weißgehöhten Himmelszone, wie sie in der Mainzer Buchmalerei der ottonischen Epoche zum Beispiel in der Pfingstdarstellung des Domschatz-Sakramentares wieder aufgegriffen wird **(Kat. 31, Abb. S. 202)**.

Während die ältere Literatur eher Trier als Entstehungsort der Handschrift präferierte, wird in jüngerer Zeit das Skriptorium des Klosters Echternach als Entstehungsort des Thomas-Evangeliars in Betracht gezogen.[1] Man vermutet, dass sich im Gefolge des angelsächsischen Mönches Willibrord insular geschulte Schreiber befanden, denen sich nach der Gründung des Klosters um das Jahr 700 weitere Mönche, die auf dem Kontinent ihre Ausbildung erhalten hatten, anschlossen.[2] Auch unter den Gefährten des heiligen Bonifatius müssen insular geschulte Kräfte gewesen sein, die an seinem Bischofssitz in Mainz in Schrift und Bild die Wurzeln des insular geprägten Zweiges der hiesigen Schriftkultur gelegt haben dürften. Ein schwacher Abglanz hiervon findet sich etwa im Evangeliar aus der Stiftsbibliothek in Zeitz, 2° Ms. perg. lat. 5, dessen fol. 69^{r} **(Abb. 78)**, eine Initiale zeigt, deren Flechtbandfüllung und Tierdekor ähnlich der Eckrahmenzier des Tetramorphs **(Abb. 1)** gestaltet ist – auf allerdings ungleich niedrigerem Qualitätsniveau. Gleich dem Thomas-Evangeliar, dessen Seiten zahlreiche kunstvoll gestaltete Initialen zeigen **(Abb. 7, 8)**, weist auch die am Ende des 8. Jahrhunderts entstandene Handschrift Oxford, Bodleian Library, Laud. misc. 263, für die die Schriftheimat Mainz gesichert ist, eine Mischung der Schriftarten auf: fol. 65^{v} dieser Handschrift vereint beispielsweise die insulare Minuskel auf einer einzigen Seite mit der typischen Mainzer karolingischen Minuskel, die in der beigefügten Tabelle verwendet wird **(vgl. Beitrag Licht, Handschriften, S. 76, Abb. 1)**. Der Namen des angelsächsischen Schreibers dieser Handschrift ist bekannt: Als *Willibaldus diaconus* hat er sich am Ende des Haupttextes von fol. 65^{v} in insularer Majuskel verewigt. Mit dem Iren Probus ist ein weiterer Gelehrter aus Hibernia für Mainz gesichert, der hier in der ersten Hälfte des 9. Jahrhunderts einen bedeutenden Schülerkreis um sich versammelte **(vgl. Beitrag Licht, Handschriften, S. 79)**. Eine in Ausstattung und künstlerischer Qualität dem Thomas-Evangeliar vergleichbare Handschrift Mainzer Ursprungs, zum Beispiel aus dem Umkreis dieses iro-schottischen Gelehrtenzirkels, liegt also durchaus im Bereich des historisch Möglichen. Doch die Zerstörung der Benediktinerabtei St. Alban im 16. Jahrhundert auf

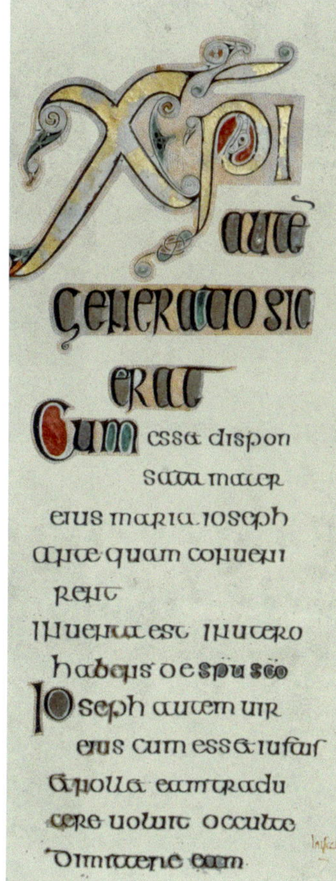

der einen Seite, wie auch der Brand der hochberühmten Dombibliothek auf der anderen, die beide Handschriften dieser Art beherbergt haben dürften, hat jede Spur möglicher Schriftzeugnisse Mainzer Ursprungs in dieser insularen Qualität unwiederbringlich ausgelöscht.

WW

▲ *Abb. 7*
Thomas-Evangeliar, fol. 20r: Beginn des Matthäusevangeliums

▲ *Abb. 8*
Thomas-Evangeliar, fol. 21r: Fortsetzung des Matthäus-Evangeliums mit Xpi-Initiale

---

1 Netzer 1994, S. 16 bzw. 25. **2** Nordenfalk 1977, S. 88.

LITERATUR

Nordenfalk 1977, S. 88–93 – Netzer 1994 – Johannsen 2007 – http://www.hss-census-rlp.ub.uni-mainz.de/trier-ds-nr-61

dignatur. Et ideo non eum in quolibet opere suo sed in sua requie benedixit et sanctificauit. Unde nullam ulterius creaturam constituens, sed eaq; omnia simul fecit. Amministratorio actu gubernans et mouens sine cessatione operatur simul et requiescens et operans sicut iam iste tractatus. Quorum operum uelut quaeusq; nunc operatur per uolumina temporum explicandorum, uelut exordium narrandi sumens, Ait scriptura, fons autem ascendebat de terra et inrigabat omnem faciem terrae. De quo fonte quia diximus quod dicendum putauimus. Ea que requiruntur ab alio consideremus exordio.

EXPLICIT LIB. QUINTUS.

INCIPIUNT CAPITULA LIB. SEXTI.

I. DE FABRICA HOMINIS.

II Hinc incipit subinquisitione ostendere hominem non inter eaq; fecit omnia simul primordialiter sed inter eaq; nunc operatur fuisse factum a deo.

III Quod hic[ter] et cetera omnia animalia simile adiutorium non fuerit inuentum adae.

IIII Questio de lignis in paradiso creatis.

V. Inter ea omnia quae potencialiter siue causaliter

Katalog-Nr. 12
Hs II 12, fol. 96r:
Ende des fünften Buches und Beginn der Kapitelübersicht zu Buch VI mit Initiale H

KATALOG-NR. 12

AUGUSTINUS
DE GENESI AD LITTERAM

(Incipit: ulla sui commutatione, Explicit: in fide catholica tractasse)

Nordostfrankreich (unter Mitwirkung eines Schreibers aus St. Amand)?, um 800
Pergament, H. 26 cm, B. 17 cm
Mainz, Wissenschaftliche Stadtbibliothek, Hs II 12

▸ *Abb. 1*
Hs II 12, fol. 97v, 98r: Ende der Kapitelübersicht sowie Anfang des sechsten Buches

Augustinus (gest. 430) verfasste insgesamt drei Kommentare zur Genesis. Seine Schrift *De Genesi ad litteram* („Über den Wortlaut der Genesis") zu den ersten drei Kapiteln der Genesis hat er als letztes dieser Werke beendet. Trotz seiner Länge (*libri duodecim* – „zwölf Bücher") scheint der Kommentar weite Verbreitung gefunden zu haben; mehr als 190 Handschriften und Fragmente legen darüber Zeugnis ab.[1] Auch im frühmittelalterlichen Mainz, wo man sich um die Sammlung der augustinischen Werke ganz besonders bemühte, war er wohl verfügbar: In der Mainzer Augustinushandschrift München, Bayerische Staatsbibliothek, Clm 8107 wurden im Kapitelverzeichnis der *Retractationes* (fol. 1r–3v) verschiedene Genesiskommentare als vorhanden markiert, indem sie mit einem *h* am Rand gekennzeichnet worden sind, das für *hic* oder *habemus* steht **(vgl. Beitrag, Licht, Handschriften, S. 80f.)**.[2] Ob es sich bei einem davon um die frühmittelalterliche Abschrift handelt, die heute zum größten Teil in der Wissenschaftlichen Stadtbibliothek in Mainz liegt – Anfang und Ende sind unvollständig, außerdem finden sich zwei Blätter zu Beginn von London, British Library, Add. 32247, die zwischen fol. 15 und 16 gehören –, lässt sich nicht mit Sicherheit behaupten. Der Codex wird um 800 datiert und gehört damit zu den ältesten Zeugnissen von *De Genesi ad litteram*. An seiner Entstehung waren mehrere Schreiber beteiligt: Bischoff identifiziert fünf verschiedene Hände und vermutet darunter eine aus St. Amand (II: fol. 10v–16v etc.). In Verbindung mit dem nordfranzösischen Kloster, dem Arn (gest. 821)als Abt vorstand, bevor er Bischof und dann Erzbischof von Salzburg wurde, steht eine weitere Handschrift, die nicht nur den Kommentar vollständig, sondern auch Kapitelverzeichnisse zu allen zwölf Büchern sowie vorangestellt eine *Epitome* des Werkes enthält (Paris, Bibliothèque nationale de France, lat. 2112).[3]

Auch in der Hs II 12 der Mainzer Stadtbibliothek finden sich Inhaltsverzeichnisse zu den ersten Büchern von *De Genesi ad litteram*. Sie sind jeweils den einzelnen Büchern II bis VI vorangestellt. Das Fehlen zu Buch I erklärt sich durch den Blattverlust zu Beginn der Handschrift. Die aufgeschlagene Doppelseite **(Abb. 1)** zeigt das Ende der Kapitelübersicht (*EXPLICIUNT CAPITULA FELICITER*) und den Anfang des sechsten Buches (*INCIPIT LIBER SEXTUS*), das mit *Et fincxit deus hominem pulverem de terra […]* („Und Gott formte den Staub der Erde zum Menschen […]") einsetzt. Der Beginn der einzelnen *Capitula* ist rubriziert, Auszeichnungszeilen, die Lagensignatur (ein unziales *E*), Kapitelnummerierung und -anfangswörter werden ebenso mit Rot kenntlich gemacht **(Abb. 1)**. Rot findet sich auch in der vierzeiligen Initiale, die die größte und einzig kolorierte der insgesamt drei Initialen der Handschrift ist (vgl. die beiden *H*-Initialen auf fol. 75v und 96r, **Abb. S. 80 sowie Abb. S. 98**). Die Schrift der Hand, die Bischoff als „die beweglichste der Hände" bezeichnet, ist eine frühe karolingische Minuskel: Die Kennbuchstaben – unziales *a*, geschlossenes *g* und Minuskel-*n* – sind allesamt vorhanden (vgl. *ergo* und *recapitulationem* zu Beginn des zweiten Kapitels), aber auch die Doppelformen *cc-a* (*de terra*, rechts Z. 1), rundes *d* (*quod*, links gleich dreimal Z. 16, 18, 19), *i*-longa und Majuskel-*N* kommen vor; Letztere finden nicht nur am Wortbeginn (*insufflavit*, rechts Z. 2 und *naturae*, rechts Z. 10) oder in Ligatur (*sunt*, rechts letzte Zeile) Verwendung, sondern auch in der Wortmitte (*eius*, rechts Z. 2 und *bene*, rechts Z. 13). Der frühe karolingische Entwicklungsstand zeigt sich ebenfalls an der Auszeichnungsschrift. Dominierend ist die Unziale, der Capitalis- und Minuskelelemente beigemischt werden (Capitalis-*V*, links letzte Zeile in *SEXTUS*, Minuskel-*s*, rechts Beginn des zweiten Kapitels in *PRIUs*).

KW

---

1 Gorman 1980b, S. 7–11, wieder abgedruckt im 2001 erschienenen Sammelband. **2** Lindsay/Lehmann 1925, S. 37f. führen auf: *IX De Genesi adversus Manicheos, XVII De Genesi ad litteram* und *L De Genesi ad litteram*. **3** Gorman 1980a, S. 89–94 publizierte erstmals das Kapitelverzeichnis zu Buch I nach dieser Handschrift sowie Lesarten zu den *Capitula* der anderen Bücher. Zur Herkunft der Handschrift aus Salzburg vgl. Bischoff 1980, S. 110f. und 2014, S. 61. Zu ihrer *Epitome* Gorman 1983, S. 137–144.

LITERATUR

Zum Werk: Gorman 2001 – Zur Handschrift: Kurz 1976, S. 123 – Kurz 1979, S. 277 – Bischoff 1980, S. 102f. – Bischoff 2004, S. 169

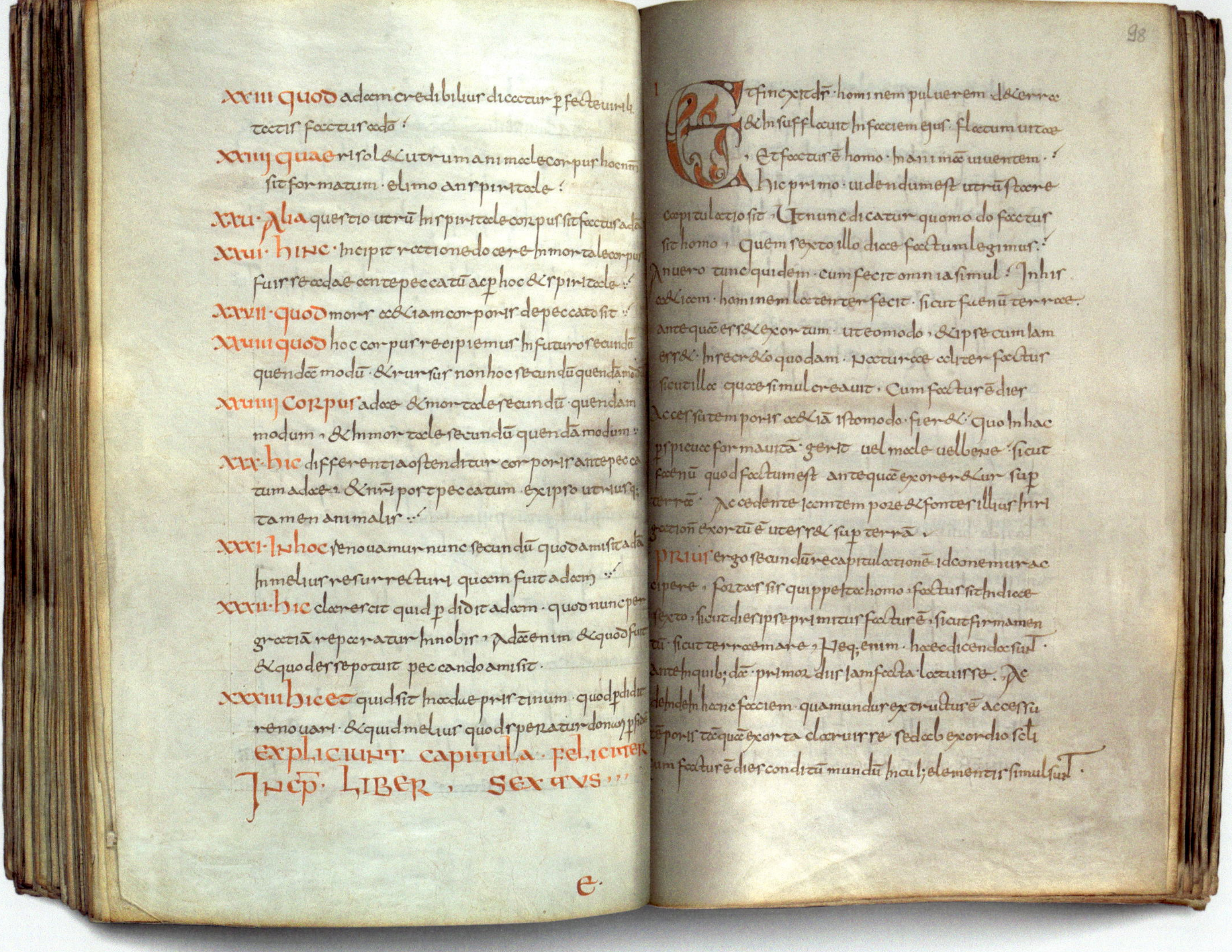
98
EXPLICIUNT CAPITULA FELICITER
INCP. LIBER SEXTUS

uestimenta autem eius facta sunt alba sicut nix; Ubi splendor
faciei ostenditur. & candor describitur uestitum. Non sub
stantia tollitur. sed gloria commutatur; Resplenduit faci
es eius sicut sol. certe transformatus est dns in eam gloriam.
qua uenturus est postea in regno suo; transformatio splen
dorem addidit faciem non subtraxit; Esto corpus spi
ritale fuerit; Numquid & uestimenta mutata sunt. quae
in tantum fuere candida ut alius euangelista dixerit. qualia
fullo super terram non potest facere corporale est
& tactui subiacet. non spiritale et aerium. quod inludat
oculis. & tantum in fantasmate conspiciatur;

Et ecce apparuit illi moyses & helias cum loquentes;
Scribis & pharisaeis temptantibus se. & de caelo signa pos
centibus dare noluit; Sed prauam postulationem. con
futauit responsione prudenti; quid opus sit indicari, hic
uero ut apostolorum augeat fidem. dat signum de caelo.
helia inde descendente. quo conscenderat. & moysen ab
inferis resurgentem; quod & achaz per esaiam prae
cipitur. ut petat sibi signum de excelso. aut de in[illegible]

Nam quod dictum est. apparuit illis moyses & helias cum
eo loquentes. & in alio refertur euangelio. nuntiasse ei quae
hierosolymis passurus esset, lex ostenditur & prophetae.
qui & passionem dni & resurrectionem crebris uocibus
nuntiarunt; Respondens autem petrus dixit ad ihm
dne bonum est nos hic ee; Qui ad montana conscenderet.
Non uult ad terrena descendere. sed semper in sublimibus per
seuerare; Si uis faciamus hic tria tabernacula. tibi unum

Katalog-Nr. 13
Hs frag 20, fol. 2v

KATALOG-NR. 13

MATTHÄUSKOMMENTAR DES HIERONYMUS

Mainz, 1. Drittel 9. Jahrhundert
Pergament, H. 14,5 cm, B. 21,5 cm (Einzelblatt)
Mainz, Wissenschaftliche Stadtbibliothek, Hs frag 20

1v

decimo loco fili. cananaea [illegible]; Miserere mei dñe fili d[illegible]

filia mea male a daemonio uexatur. Inde nouit uocare filium

dauid quia egressa iam fuerat de finibus suis et errorem tyri et [illegible]

ac sidoniorum loci ac fidei commutatione dimiserat. filia m[illegible]

male a demonio uexatur; ego filiam ecclesiae. Puto animas [illegible]

credentium. quae male daemonio uexabantur. ignorantes [illegible]

et adorantes lapidem. qui non respondit ei uerbum; N[illegible]

bia farisaica nec de scribarum supercilio. Sed ne ipse senten[illegible]

uideretur contrarius per quam iusserat; In uiam gentium ne ier[illegible]

et in ciuitates samaritanorum ne introieritis. Nolebat enim [illegible]

calumniatoribus dare perfectamque salutem gentium passionis et re

rectionis tempori reseruabat;. ET accedentes discipuli eius [illegible]

bant eum dicentes dimitte eam quia clamat post nos. Discipuli [illegible]

adhuc tempore misteria dñi nescientes uel misericordia commo[illegible]

rogabant pro chananaea muliere. quam alter euangelista syrofo

nissam appellat. uel inportunitate eius carere cupientes [illegible]

non ut clementem. sed ut durum medicum crebrius increpa[illegible]

Non sum missus nisi ad oues perditas domus israhel; Non quod [illegible]

gentes non missus sit. Sed quod primum ad israhel missus [illegible]

non recipientibus euangelium iusta fieret ad gentes transmig[illegible]

et significanter dixit ad oues p̄ditas domus israhel. ut ex hoc lo[illegible]

et iam unam erroneam ouem de alia parabola intellegamus.

At illa uenit et adorauit eum dicens; Mira sub persona mulier[illegible]

chananitidis ecclesiae p̄dicatur. fides patientia humilitas. fides

qua credidit sanari posse filiam suam. patientia qua[illegible]

[illegible] in praecibus perseuerat. [illegible]

Sed catulis comparat; Canes autem et hnici propt̄ idolatriã dicuntur

Das Doppelblatt Hs frag 20 **(Abb. S. 102 u. Abb. 1)** wurde aus dem Einband von Jean Viguiers *Institutiones ad Christianam theologiam* herausgelöst, die 1563 in Venedig gedruckt worden waren. Das Werk befand sich 1627 im Besitz des Speyerer Klerikers Andreas Maijer, gelangte dann in die Mainzer Karmelitenbibliothek und von dort in die Stadtbibliothek. Inhalt des Fragments ist der beliebte und verbreitete Matthäuskommentar des Hieronymus (gest. 419/20), der als ‚Basisliteratur' zum wichtigsten und ausführlichsten Evangelium galt. Hieronymus hatte sich bei der Abfassung auf die historische Interpretation konzentriert, das heißt er gab vorzugsweise sachliche Erläuterungen zu Matthäus und versuchte sich nur selten an der Erklärung eines übertragenen, mystischen Sinnes. In den geistlichen Institutionen des Frühmittelalters gehörte der Kommentar zum Ersterwerb. Handschriften mit jenem Text führen nicht selten in die Frühzeit der Skriptorien wie die Handschrift Rom, Biblioteca Apostolica Vaticana, Pal. lat. 177 in insularer Majuskel aus der frühen Produktion in Lorsch **(Abb. 2)**,[1] oder stammen aus dem Grundbestand der Bibliotheken wie der Codex Karlsruhe, Badische Landesbibliothek, Aug. CCLIII aus dem Kloster Reichenau, der dort aber nicht geschrieben worden ist.[2] Der Bedarf nach einem umfassenderen, ausführlicheren Matthäuskommentar muss im 9. Jahrhundert groß gewesen sein, und es gehörte deshalb zu den ersten ‚wissenschaftlichen Großprojekten' des Hrabanus Maurus (gest. 856), diesen Bedarf zu decken. Der Mangel an einem guten Kommentar wurde von ihm explizit angesprochen; angeblich hatten ihn die Brüder zur Arbeit gedrängt.[3] Im Jahr 821/22 war der Matthäuskommentar aus dem Material des Hieronymus, Exzerpten aus anderen Kirchenvätern und Hrabans eigenen Auslegungen dann fertig und wurde dem Mainzer Erzbischof Haistulf (amt. 813–825) gewidmet.

Das Doppelblatt Hs frag 20 passt also gut in die Jahrzehnte vor Hrabans Matthäuskommentar, und die paläographischen Beobachtungen fügen sich nahtlos ein. Es zeigt sich das Nebeneinander zweier Hände, die eine karolingische Minuskel schreiben. Hand 1, die auf fol. 1r zu sehen ist **(Abb. 1)**, demonstriert die Mainzer Schriftmerkmale zurückhaltend. Es fehlen die typischen Skalpellschäfte, das unten eckig gebrochene *t* und die untergestellten Doppel-*s*. Insgesamt wirkt die Schrift gedrungener als die der konventionellen Mainzer Hände. Dafür passen die zur Interpunktion und Gliederung verwendeten Auszeichnungsbuchstaben gut ins Bild der Mainzer Überlieferung, etwa das leicht ‚zurückgelehnte' unziale *E*. Hand 2 auf fol. 2v **(vgl. Abb. S. 102)** vereint alle Schriftmerkmale der karolingischen Minuskel von Mainz: Skalpellschäfte, untergestelltes Doppel-*s*, eckig gebrochenes *t* und weit nach unten gezogene Rechtsschräge des *x*. Wollte man ein individuelles Charakteristikum benennen, käme das unpunktierte *y* in Betracht, dessen Rechtsschräge fast aufgerichtet ist. Neben dem im Ganzen gefestigten Entwicklungsstand der karolingischen Minuskel (bis auf ein Majuskel-*N* in der Wortmitte fehlen die Doppelformen), der auf die Zeit nach 800 verweist, ist an dem Fragment auffällig, dass die *ur*-Kürzung noch immer mit dem traditionellen *us*-Haken ausgeführt wird, was Mitte des 9. Jahrhunderts in Mainz kaum noch anzutreffen ist.

TL

---

1 Becker/Licht 2016, Taf. 15. 2 Lowe[/Bischoff] 1959, Nr. 1099. 3 MGH. Epistolae V 1899, S. 389.

LITERATUR

Licht/Ottermann 2017

◂ ***Abb. 1***
Hs frag 20, fol. 1r: Hand 1

▾ ***Abb. 2***
Hieronymus, Commentarii in evangelium Matthaei, Lorsch, letztes Drittel 8. Jh., Rom, Biblioteca Apostolica Vaticana, Pal. lat. 177, fol. 65v: Die Lorscher Schriftheimat dieses Codex' in insularer Majuskel erkennt man an der abschließenden roten Auszeichnungsschrift, der stäbchenförmigen Capitalis rustica.

fieri voluisse. ut necessario ministerio sine quo
vivere nequeunt. deserentur greges quos suo san-
guine comparavit? Numquid hoc fecit ipse christus cum eum
portantibus parentibus in egyptum parvulus fugit? nondum
ecclesias congregaverat. quas ab eo deser-
tas fuisse dicamus? Numquid quando apostolus paulus
ne illum comprehenderet inimicus per fenestram
in sporta submissus est. et effugit manus eius.
deserta est quae ibi erat ecclesia necessario ministerio. et non ab aliis fratribus ibidem constitutis
quod oportebat impletum est? Eis quoque volentibus
hoc apostolus fecerat. ut seipsum servaret ecclesie quem
proprie persecutor ille querebat. Faciant ergo
servi christi ministri verbi et sacramenti eius quod
precepit sive permisit. fugiant omnino
de civitate in civitatem. quando eorum quisque
specialiter a persecutoribus queritur. ut ab
aliis qui non ita requiruntur. non desera-
tur ecclesia. sed prebeant cibaria conservis
suis quos aliter vivere non posse noverint.

Katalog-Nr. 14
Hs 42, S. 93:
Auszug aus dem Hochgebet (Canon missae): scm sacrificium […] latam hostiam […].

KATALOG-NR. 14

LEBEN DES AUGUSTINUS

Palimpsest-Sakramentar, Rheinland (?), 1. Hälfte 9. Jahrhundert,
abgeschabt und neu beschrieben als
Briefsammlung u. a. aus Arnstein a. d. Lahn, um 1200
Pergament, 179 Bl. + 52 Bl.
H. 12,5 cm, B. 16,5 / H. ursprünglich 32 cm, B. ursprünglich 20 cm
Mainz, Martinus-Bibliothek, Hs 42

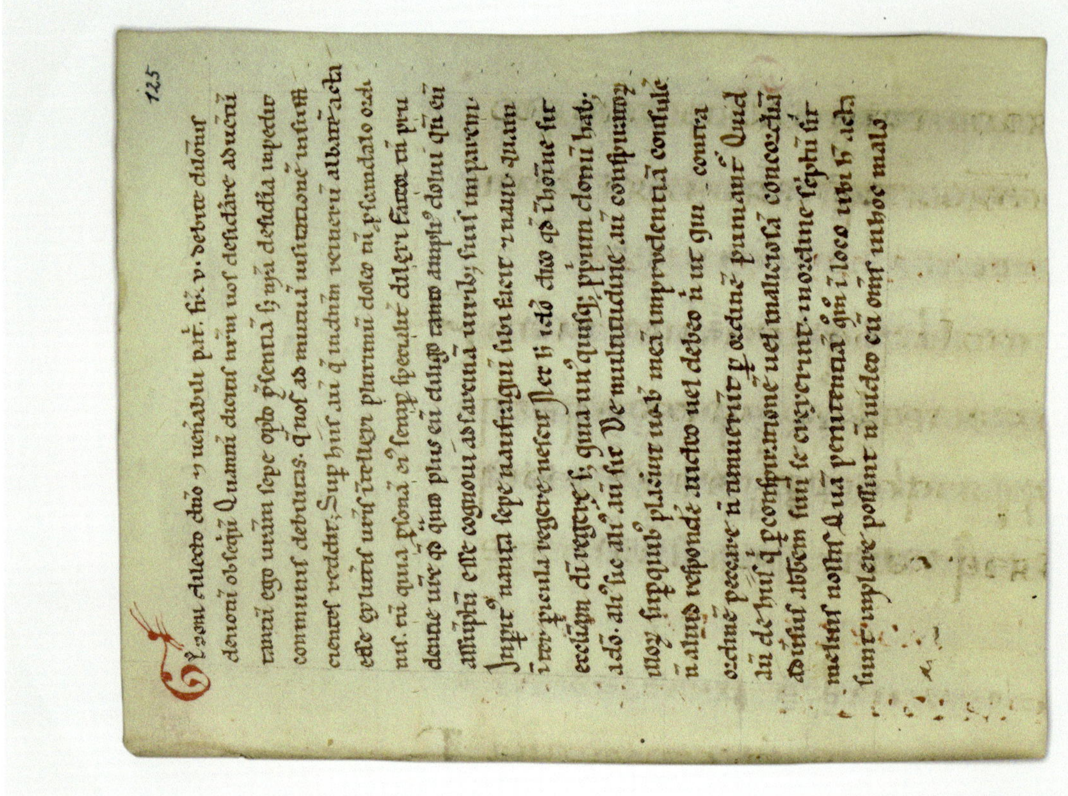

▸ *Abb. 1*
Hs 42, S. 125:
Auszug aus der Messe, die am dritten Freitag der Fastenzeit in der Kirche San Lorenzo in Lucina gefeiert wurde: Feria VI ad scm [...] in Lucinae Ieiunia [...] favore prosequere [...]

Das Objekt ist ein vergleichsweise kleiner Pergamentcodex, der aus 179 in verschiedenen Faszikeln zusammengebundenen Blättern besteht. Er wurde im Laufe des 13. Jahrhunderts in Kloster Arnstein an der Lahn mit Texten beschriftet, die für ein Prämonstratenserstift von Bedeutung sind, zum Beispiel einer Vita des Augustinus, an dessen Regel sich der Orden orientierte, und einer Sammlung von Briefen des Propstes eines weiteren bedeutenden Prämonstratenserstiftes.[1]

Die Handschrift versteckt allerdings ein älteres Buch, dessen Anwesenheit lediglich in Form von blass durchschimmernden Schriftresten wahrzunehmen ist (s. **Abb 1**, am rechten Rand gut erkennbar). Unter der Beschriftung des 13. Jahrhunderts sind senkrecht laufende Zeilen zu erkennen, die in einer Unzialschrift des beginnenden 9. Jahrhunderts auf das Pergament geschrieben wurden (um der besseren Lesbarkeit willen wurde das Blatt in **Abb. S. 106 u. Abb. 1** um 90 Grad gedreht, so dass die „ausradierten" Zeilen hier waagerecht zu sehen sind). Es wird ersichtlich, dass der erste Teil des ersten Faszikels der Handschrift (zwischen S. 39 und 164) aus 26 beschnittenen und gefalteten Pergamentblättern eines frühmittelalterlichen liturgischen Codex besteht, die abgeschabt und neu beschrieben worden sind. Eine derart wiederverwendete Handschrift bezeichnet man als *Palimpsest*. Die ursprüngliche Handschrift war sehr hochwertig: Angesichts des Formats der übriggebliebenen Blätter muss angenommen werden, dass sie wesentlich größer war als das heutige Objekt. Nach den Berechnungen soll ein Blatt etwa 32 cm hoch und 20 cm breit gewesen sein – etwas größer als ein A4-Blatt –, nur 17 Textzeilen pro Blatt getragen und über reichlich leer gelassene Ränder verfügt haben. Darüber hinaus war sie, abgesehen von den Überschriften, welche mit *Minium* aufgetragen wurden, durchgehend mit Goldtinte geschrieben: Es handelte sich also um einen sogenannten *Chrysographen*, ein

◂ **Abb. 2**
Lorscher Evangeliar, Hofschule Karls des Großen, Anfang 9. Jh. (vor 814), Bukarest, Rumänische Nationalbibliothek, Ms R II 1, p. 7 und 146: Unziale Goldschrift, vergleichbar jener, die vor dem Abschaben in Hs 42 zu sehen war

‚goldenes Buch'. All diese Umstände – die Verwendung eines so kostbaren Materials für die Tinte, das Format und der großzügige Umgang mit dem Pergament – sprechen für eine Ausstattung, die im 9. Jahrhundert in nur wenigen Schreibzentren umgesetzt werden konnte. Eines davon war die Hofschule Karls des Großen. Auch die verwendete Schrift könnte unsere Handschrift mit einer Gruppe von Handschriften vom Hofe Karls verbinden, nämlich mit den prächtigen Evangelienhandschriften, bei denen wie bei unserem *Palimpsest* die goldene Unzialschrift nicht als Auszeichnungsschrift, sondern für den Haupttext benutzt wurde (Abb. 2).[2]

Auch hinsichtlich seines Inhalts ist das wiederentdeckte *Palimpsest* von Bedeutung. Es handelt sich um ein Sakramentar, welches die vom Priester in der Messe gesprochenen Gebete enthielt. Genauer gesagt handelt es sich um ein *Sacramentarium Gregorianum*.[3] Dieser Terminus bezeichnet das römische liturgische Buch für die Messe, das gegen Ende des 8. Jahrhunderts von den karolingischen Herrschern eingeführt wurde, um eine einheitliche, auf dem Vorbild von Rom basierende Liturgie im fränkischen Reich zu verbreiten. Das *Palimpsest* geht auch auf diese Vorlage zurück; es kann mit seinen einst vergoldeten Buchstaben nicht nur die frühmittelalterliche Schriftkultur und die hochmittelalterliche Umnutzungspraxis visualisieren, sondern auch die Textgeschichte eines der einflussreichsten Bücher des christlichen Westens erhellen.

EF

---

1 Roth 1896, S. 558. **2** Köhler 1958, S. 9–17 und 88–100. **3** S. dazu die grundlegende Studie und Textedition von Deshusses 1971/82.

LITERATUR

Dold 1919 – Gamber 1958, S. 135–137 – Gamber 1968, S. 340 – Bischoff 2004, S. 168

mentiri non potest. credamus ergo quod potest non credendo quod non
potest. non utique credentes quod mentiri possit. credant esse facturum quod
se facturum esse promisit. et si credant sicut id credidit mundus quem
crediturum esse praedixit quem crediturum esse laudavit. quem credi
turum esse promisit. quem credidisse iam ostendit; hoc autem malum
unde esse demonstrant. non erit illic ulla corruptio quod est corporis malum;
de ordine elementorum iam disputavimus. de aliis hominum con
iecturis satis diximus. quanta sit futura in corpore incorruptibili
facilitas motus de praesentis bonae valitudinis temperamento.
quae utique nullo modo illi conparanda est inmortalitati in libro
tertio decimo satis ut opinor ostendimus. legant superiora operis
huius qui vel non legerunt vel volunt recolere quod legerunt.

QUOMODO PORPHYRII DEFINITIO IPSIUS PLATONIS SENTEN
TIA DISTRUXITUR EX EODE LIBRO XXII ET XXVI

Sed porfyrius [illegible] ut beata sit anima corpus esse omne fugien
dum [illegible] futurum corpus.

[illegible] dixit in [illegible] bus tamen dis
[illegible] possent [illegible] immortalitatem id est in eiusdem
corporibus aeternam permansionem. non eorum natura id habente sed suo
consilio praevalente promisit. ubi etiam illud evertit quod dicunt quia est
impossibilis. ideo resurrectionem carnis non esse credendam apertissime
quippe iuxta eundem philosophum ubi diis a se factis promisit deus non fac
tus immortalitatem quod impossibile est sed dixit esse facturum. si enim eum
locutum narrat plato quoniam estis orti inquit immortales esse et indissolu
biles non potestis non tamen dissolvemini neque vos ulla mortis fata perimentur
nec erunt valentiora quam consilium meum quod maius est vinculum
ad perpetuitatem vestram quam illa quibus estis conligati. si non solum

Katalog-Nr. 15
Inc 334 (F), fol.1v und 2v

KATALOG-NR. 15

EUGIPPIUS-FRAGMENT

Excerpta ex operibus sancti Augustini

Mainz, 1. Hälfte 9. Jahrhundert
Pergament, H. 43 cm, B. 30,5 cm (ursprünglich)
Mainz, Martinus-Bibliothek, Inc 334 (F)

▸ *Abb. 1*
Inc 334 (F), fol. 1r und 2r

Nam omnia illius habere vel invenire quis possit? – „Denn wer könnte all seine Werke besitzen oder finden?“ Diese rhetorische Frage stellte Eugippius, Autor der Severinsvita und Abt des bei Neapel gelegenen Klosters Castellum Lucullanum in dem Widmungsbrief, mit dem er der Jungfrau Proba einen Codex mit Auszügen aus dem umfangreichen Werk des Augustinus (gest. 430) übersandte.[1] Später wird Isidor behaupten, dass der Kirchenvater so viel geschrieben habe, dass Tage und Nächte nicht ausreichen würden, um seine Werke abzuschreiben oder zu lesen.[2] So verwundert es nicht, dass sich die *Excerpta* des Eugippius das ganze Mittelalter hindurch großer Beliebtheit erfreuten und bereits Cassiodor (gest. 583) eine Lektüreempfehlung für das *Florilegium* ausgesprochen hat.[3]

Das Fragment, das heute in der Martinus-Bibliothek in Mainz liegt, bewahrt – wenn auch unvollständig – zwei der *Excerpta* mit Kapitelüberschriften.[4] Es hatte zeitweise als Buchumschlag gedient und ist für diesen Zweck beschnitten worden. Von der Zweitverwendung rührt der Zeilenverlust in der Mitte des Pergamentblattes her.[5] Der Gymnasialdirektor Johann Baptist Steinmetz (1797–1851) hinterließ es gemeinsam mit dem Druck, dem es als Einband diente, unter vielen anderen Büchern der Bibliothek des Bischöflichen Priesterseminars. Die Initialenligatur *CB* auf der Rückseite des Fragments **(Abb. 1, 2)** könnte aber auf einen anderen Vorbesitzer hindeuten. Im Innern des Buches sind nämlich zwei weitere Besitzeinträge zu lesen: Auf der Rückseite des ersten Blattes steht *Caspar Bergman Salfeldensis*, auf der ersten Seite des Kommentars zu Juvenals Satiren erkennt man zum einen das Exlibris von *Christannus Baioarius Lanckheymensis*, zum anderen einen Schenkungseintrag, mit dem dessen Sohn den Band an *Bonaventura Diterich* in Wittenberg übergibt. Ob einer oder wer von den dreien – Caspar Bergman, Christian Beyer (gest. 1535) oder Christian Beyer der Jüngere (gest. 1561)[6] – die Kennzeichnung des Buchumschlags mit *CB* vornahm oder für wen sie gedacht war, lässt sich nicht mit Sicherheit bestimmen, da Vergleichsbeispiele fehlen. Imitiert haben dürfte der Schreiber den etwas über zweizeiligen Initialbuchstaben *V*, der das Excerptum *DE PERVICACIA QUORUNDAM [...]* – „Über die Starrköpfigkeit mancher [...]" einleitet. Es setzt mit *Verum* ein und ist im Mainzer Fragment mit der rubrizierten Kapitelzahl CLXVIIII versehen.[7] Die Kapitelüberschrift in Unziale wurde ebenfalls mit roter Tinte geschrieben; einige Wörter sind über der jeweiligen Zeile – wohl wegen der Lesbarkeit – von einer Hand des 13. Jahrhunderts transkribiert worden. Bis auf die Auszeichnungszeilen und -buchstaben steht das Fragment in einer karolingischen Minuskel im Mainzer Stil: Die aufgerichtete Schrift und die Oberlängen von *b, d, h* und *l* mit ihren linksgeneigten Dreiecksformen erzeugen das typische Erscheinungsbild der Mainzer Minuskel im 9. Jahrhundert. Die Skalpellschäfte **(vgl. Beitrag Licht, Handschriften S. 78)** kann man gut sehen in *incredibilia* und *habent* (unten vorletzte und letzte Z.); mit der am Wortbeginn anzutreffenden *I*-longa (z. B. dreimal *ipse* unten Z. 7) zeigt sich ein weiteres Charakteristikum, das für Mainz reklamiert wurde; auch sie hat einen Schaft, der wie ein Skalpell aufgerichtet ist.[8] Erwähnung verdienen außerdem *g* und *a*: Der untere Bogen des *g* wird bisweilen unter der Zeile eng nach rechts geführt (unten letzte Z. *ego*); *a* ist ausschließlich unzial und geht in der Regel mit vorangehendem *f, g, r* oder *t* eine Verbindung ein (z. B. *tanta facit* unten vorletzte Z.). Generell werden Buchstaben gerne weitergeführt oder suchen Anschluss an ihren Vorgänger (vgl. z. B. *sed credentes* oben Z. 9f.), wodurch das Mittelband betont wird. An Ligaturen im engeren Sinne kommen nur *ae, et, rt* und *st* vor.

KW

▲ *Abb. 2*
Inc 334 (F), fol. 1r (Ausschnitt): Initialenligatur CB

1 Eugippius, *Epistula ad Probam virginem* (Knöll 1885), S. 2. **2** Isidor von Sevilla, *Etymologiae* VI 7, 3 (Lindsay 1911, Bd. 1, o. S.): *Nam tanta scripsit ut diebus ac noctibus non solum scribere libros eius quisquam, sed nec legere quidem occurrat.* **3** Vgl. Cassiodor, *Institutiones* I 23, 1, (Mynors 1961, S. 61f.). Zur handschriftlichen Überlieferung der *Excerpta* Gorman 1982, S. 7–32 und 229–265, der allerdings u.a. dem ältesten Überlieferungszeugen Rom, Biblioteca Apostolica Vaticana, Vat. lat. 3375 seinen Wert abzusprechen versucht. **4** Eines, das in der Ausgabe von Knöll 1885, S. 534 als das CLIII. nummeriert ist, geht den beiden ohne Überschrift voran, davor steht noch der Schluss des vorangehenden Auszuges. Mit Oxford, Bodleian Library, Laud. misc. 584 hat sich eine weitere Mainzer Handschrift aus dem 9. Jh. erhalten, die *Excerpta ex operibus sancti Augustini* beinhaltet; vgl. Bischoff 2004, S. 382, der die beiden Teile der Handschrift „ca. Mitte und ca. 4. Viertel" datiert. **5** Es ist aus dem Trägerband Inc 334 ausgelöst worden. Dieser wurde 1501 in Lyon gedruckt und enthält *Iuvenalis familiare commentum cum Antonii Mancinelli viri eruditissimi explanatione*. Für andere Exemplare dieses frühen Druckes vgl. Universal Short Title Catalogue (USTC), Nr. 130167. **6** Zu Christian Beyer, dem sächsischen Kanzler, der mit Erasmus, Luther und Melanchthon im Briefwechsel stand vgl. Schlechte 1955, S. 204. Zu ihm und seinem Sohn vgl. auch Scheible 2003, S. 153f. Der Name Bonaventura Diterich taucht auch in der Abschrift des Stammbuches von Joachim Strupp auf (Rom, Biblioteca Apostolica Vaticana, Pal. lat. 1884, fol. 8r). **7** Zur Kapitelanzahl in verschiedenen Handschriften Siniscalco 1964, S. 331–342. **8** Die Beobachtung zur *I*-longa bei Lindsay/Lehmann 1925, S. 17–20, 28–31. Vgl. auch bei Ladner 1979, S. 103. Zu weiteren Kennzeichen der Mainzer Schreibschule: Bischoff/Hofmann 1952, S. 14 und 16 sowie Hanselmann 1987, S. 78–87. Zu Mainz als Schreibort im Allgemeinen Hedtke/Winterer 2013, S. 347–372.

LITERATUR:

Blänsdorf 2012, S. 75–79 – Grieser 2012, S. 69–86

scripturarum diuinarum simul & preceptorum celestium
tium obseruantia ac maxime elimosynarum operati
one insignis ita ut iuxta legem omnibus annis decimam
non solum quadrupedum uerum &iam frugum omniū
atque pomorum necnon & uestimentorū partem
pauperibus dar&.

Volens aut latius demonstrare diuina dispen
satio quanta in gloria uir dni cudberecht post
mortem uiuer& cuius ante mortem uita subli
mis [illegible] crebris &iam miraculorum patebat
indiciis transactis sepulturae eius annis xi inmisit
in animo fratrum ut tollerent ossa illius quae mo
re mortuorum [illegible]
redacto corpore reliquo sicca inuenienda putabant
atque in nouo recondita loculo in eodem quidem
loco sed supra pauimentum dignae uenerationis
gratia locarent. Quod dum sibi placuisse eadberecht
antistisuo referrent adnuit consilio eorum
iussitque ut die depositionis eius hoc facere memi
nissent. Fecerunt aut ita & aperientes sepulchrum
inuenerunt corpus totum quasi adhuc uiuer& in
tegrū & flexilibus artuū conpagibus multo dor
mienti quam mortuo similius [illegible] uestimenta
omnia quibus indutum erat non solum intemerata

Katalog-Nr. 16
Hs. frag 1 (recto-Seite)

KATALOG-NR. 16

HISTORIA ECCLESIASTICA GENTIS ANGLORUM DES BEDA VENERABILIS [AUSSCHNITT]

Mainz, 2. Viertel 9. Jahrhundert
Pergament und Tinte
H. 25,3 cm, B. 17,5 cm, 1 Bl., Langzeilen
Mainz, Wissenschaftliche Stadtbibliothek, Hs frag 1

▸ ***Abb. 1***
Hs frag 1 (verso-Seite)

Das Fragment überliefert einen Abschnitt der *Vita Cuthberti* aus der *Kirchengeschichte des englischen Volkes*,[1] die der Benediktiner Beda, mit dem Beinamen *Venerabilis* („der Ehrwürdige") geehrt, 731 vollendete. Es hatte als Einbandmakulatur für ein 1642 in Löwen gedrucktes Emblembuch[2] des Jesuitenpredigers Baudouin Cabilliau aus dem flämischen Ypern gedient. Das Exemplar dieses Druckwerks in der Stadtbibliothek stammt aus dem Vorbesitz des Mainzer Jesuitenkollegs, wie der handschriftliche Vermerk *Coll. Societ. Jesu Moguntiae* auf dem Zwischentitel ausweist. Im letzten Viertel des 20. Jahrhunderts wurde die Makulatur von ihrem oktavformatigen Trägerband abgelöst.

Das Pergament weist keinerlei Löcher auf und befindet sich in einem sehr guten Zustand. Die *recto*-Seite des Fragments (**Abb. S. 114**), die durch die Verwendung als Einbandmaterial über Jahrhunderte Licht und mechanischer Beanspruchung ausgesetzt war, ist stärker verbräunt und vor allem im Bereich des Einbandrückens abgenutzt. Fehlstellen am Rand in Höhe der Einschlagkanten[3] wurden durch Schadinsekten verursacht. Die Punktierungen für die 24 Langzeilen pro Seite sowie die doppelten senkrechten Begrenzungslinien sind von der *recto*-Seite aus blind eingedrückt.

Die Zuordnung des Fragments zum Mainzer Skriptorium des 9. Jahrhunderts basiert auf den für diese Schriftheimat und die Entstehungszeit charakteristischen Buchstabenformen: Es gehören dazu die keilförmig verdickten, stark ausgeprägten Oberlängen bei *b, d, i* und *l;* auch die Unterlängen – etwa bei dem Buchstaben *f*[4] – sind entsprechend deutlich.

Das *a* in der ausschließlich unzialen Form hat einen geschlossenen Bauch und einen linksgeneigten Rücken. Ausnahmslos halbunzial erscheint das *d;* charakteristisch für den Buchstaben *e* am Wortende ist die nach rechts gezogene Zunge. Der scharf abknickende Schaft und die weit ausholende, unten offene Schlinge des *g* fallen auf. Für das *i* findet sich neben der Normalform am Wortanfang auch das *i-longa*. Charakteristisch ist der Schulterstrich des *r*. Das *s* wurde vom Schreiber deutlicher als das *i* unter die Linie geführt; es erscheint hier ausschließlich die Langform; der Buchstabenansatz ist verdickt. Zu den Buchstabenformen mit Wiedererkennungswert ist das *t* mit seinem in die Länge gezogenen Querstrich zu zählen. Ebenso markant wirkt die Ausprägung des *z* mit dem von rechts oben nach links unten geführten, weit unter die Linie reichenden, ausholenden Schweif. Die besonders ausgeprägte, schwungvolle &-Ligatur findet sich sowohl für die Konjunktion *et* als auch für die entsprechende Buchstabenkombination innerhalb eines Wortes im gesamten Schriftstück.

Das Schriftbild wirkt kantig und ist vor allem durch die keilförmigen, überproportionalen Oberlängen geprägt. Durchgängig ist eine deutliche Tendenz zur Linksneigung der aufrechten Buchstabenformen feststellbar. Gesamtduktus und Prägungen einzelner Buchstaben entsprechen vollkommen dem Stil des Mainzer Skriptoriums im 9. Jahrhundert.[5]

AO

---

1 Spitzbart 1997, IV 29,16–IV 30,17. **2** Trägerband: Baudouin Cabilliau: Phosphorus sive Ioannes Baptista ... Löwen: Cornelis Coenesteyn, 1642. Sign.: I g 316 ®. Landwehr 1962, Nr. 39. Obgleich der Autor in seinem Text immer wieder auf *emblemata* oder *imagines* verweist, wurden dem Druck keine Graphiken beigefügt. Er kann dessen ungeachtet als Beitrag zur neulateinischen Emblematik bezeichnet werden. In dieser Einschätzung bekräftigte mich Professor Dirk Sacré, Löwen, wofür ich ihm zu Dank verpflichtet bin. **3** Für die Nutzung als Einbandmaterial wurde das Blatt an den vier Ecken und einer Längsseite beschnitten. Letzteres führte zu geringem Textverlust am rechten Rand der *verso*-Seite. Auch die *V*-Initiale am linken Rand der *recto*-Seite ist leicht angeschnitten, aber gut erkennbar. **4** Der Schaft des *f* ist unter die Zeile gezogen. **5** Zum Mainzer Skriptorium sei hier neben der inzwischen überholten Untersuchung von Lindsay/Lehmann 1925 genannt: Bischoff/Hofmann 1952, S. 16, Homburger 1962, S. 85f., Ladner 1979, Bischoff 1981, S. 78f., Hanselmann 1987, Schouwink 1997, Hedtke/Winterer 2013, S. 353. Bernhard Bischoff bewertete den Fund in einer brieflichen Mitteilung vom 14.5.1991 an die Autorin wie folgt: „Da er nicht nur datierbar ist (wie die meisten anderen), sondern auch an seiner Mainzer Entstehung kein Zweifel möglich ist (m. E. im 2. Viertel des IX. Jhs.), ist er ein willkommener neuer Kandidat für den von mir bearbeiteten ‚Paläographischen Katalog der lateinischen Hss. des IX. Jhs.'" Hs frag 1 wurde in der Folge bei Bischoff 2004 unter Nr. 2674 aufgeführt. Das bei Bischoff 1998 unter Nr. 995 beschriebene Bonifatiusfragment Ms 4271 der Universitäts- und Landesbibliothek Darmstadt weist im Schriftbild starke Parallelitäten zum Mainzer Bedafragment auf. Trotz seines weniger geschlossenen und dichten Gesamteindrucks könnte es vom selben Schreiber stammen. Vgl. zur Erstveröffentlichung Staub 1978.

LITERATUR

Ottermann 1998

[illegible] ne nihabet
gelte scillinga · xu · der andran
gimeinit ibuer nieuuiht in
ci sunne nihabet so sama
gelte sol xu · der andran me
nit mit arcundeom zi sin
mo huuse cueme · inti
negibanni ini erdo sina
cuenun · erdo sinero in
vong · et es hvelihemo gi
sage daz iz emo gicunde veo
her gimenit ist · ibuer in
cuninges deonoste hast
ist · danne nimager ini
gimenes · ibuer innander
gevo[illegible] sinemo ambte
ist · danne mager ini
ma[illegible] sosom her obana

[illegible] ist ;
ondiu ubiu sunno · sohver
so sugantii farah forstilit ·
sonderu sunstun sugu ;
erdo lumeta losun · inida des
gvunnan virdit · gelte sol iii ·
forizan haubitgelt · inti
virdriun · ibu danne huedrit
tiun stugi forstolan virdit
gelte sol xu · forizzan hau
ptgelt inti virdriun · sohver
so farah forstilit · sonder mo
sulage der ethohaft ist · gel
te sol · xlu · forizzan haupit
gelt indi virdriun ; sohverso
farah in felde [illegible]
[illegible] ist · forstilit gelte sol xv ·
· forizzan haubitgelt [illegible]

Katalog-Nr. 17
Lex salica, fol $1^{v}/2^{r}$

KATALOG-NR. 17

FRAGMENT EINER ALTHOCHDEUTSCHEN LEX SALICA-ÜBERSETZUNG

Mainz, 2. Viertel 9. Jahrhundert
Herkunft: Abtei St. Maximin, Trier
aus Einband der Inkunabel 200'8
Pergament, H. 27 cm, B. 19,4 cm
Trier, Stadtbibliothek, Fragment Mappe X Nr. 1 – Lex salica

▸ *Abb 1*
Lex salica, fol 2ᵛ/1ʳ

Der Begriff *Lex salica* bezeichnet das in lateinischer Sprache niedergelegte Recht der salischen Franken. Das in mehr als 60 Handschriften unterschiedlicher Textfassungen überlieferte Werk ist das berühmteste Stammesrecht der Germanen. Die älteste Fassung geht vermutlich auf den merowingischen König Chlodwig zurück. Man datiert sie in die Jahre 507/511. Vermutlich kommt sogar noch Material aus dem 5. Jahrhundert hinzu, das aber im einzelnen Fall schwer nachzuweisen ist. Unter Karl dem Großen wurde um 802/803 die lateinische *Lex salica* zu einer 70-Titel-Fassung umgearbeitet, die für das Mittelalter kanonisch wurde (Textklasse K). Von dieser Fassung entstand zu Beginn des 9. Jahrhunderts eine althochdeutsche Übersetzung. Sie ist bis auf die vorliegenden Fragmente verloren. Doch lässt ein Eintrag des aus der Zeit um 1125 stammenden ältesten Bibliothekskataloges der Abtei St. Maximin in Trier die These zu, dass dort eine vollständige Ausgabe des Textes vorhanden war. Die Nr. 137 des Kataloges erwähnt einen *liber Theutonicus*, in dem man die althochdeutsche *Lex salica* erblickt.
Das Trierer Fragment (Abb. S. 118 u. Abb. 1) enthält den Schluss des Titelverzeichnisses (Titel LXI–LXX), Kapitel I (*De mannire*, ahd. *her ist fon meni* - Von der Ladung) sowie knapp die Hälfte von Kapitel II (*De furtis porcorum*, ahd. *fon diubiu suino* - Vom Schweinediebstahl). Während die ältere Forschung den Text entstehungsgeschichtlich nach Fulda oder Aachen verweisen wollte, hat Bernhard Bischoff ihn aufgrund von paläographischen Beobachtungen „mit voller Sicherheit" der Schreibschule von Mainz zugesprochen.[1] Dort sei das Fragment im zweiten Viertel des 9. Jahrhunderts entstanden. Diese Zuweisung ist bis heute gültig geblieben. Auffällig ist vor allem der Gebrauch der auf dem Festland selten verwendeten *wen*-Rune. Die Übersetzungstechnik des Fragmentes weist Stefan Sonderegger zufolge eine flüssige Selbstständigkeit gegenüber ihrer Vorlage auf. Zudem werden Stilelemente der germanischen Rechtssprache wie Stabsetzung und *figura etymologica* verwendet. Letztendlich kommt es dazu, dass merowingische Rechtswörter, die sich schon in der lateinischen Vorlage finden, volkssprachlich erneuert werden.
Die Bedeutung des Trierer Fragments ist kaum zu überschätzen. Es weist auf Bemühungen Karls des Großen zurück, im karolingischen Reichsgebiet einheitliche Rechts- und Verwaltungsstrukturen zu schaffen. Zugleich stellt das Trierer Bruchstück den einzigen volkssprachlichen Überlieferungsträger einer frühmittelalterlichen Rechtssammlung dar, die sich aus dem südgermanisch-kontinentalen Raum erhalten hat. „Das Denkmal darf nach Übersetzungskunst und ursprünglichem Umfang als ältestes und bedeutendstes Zeugnis der ahd. Rechtssprache bezeichnet werden" (Sonderegger 1978). Die Mundart des Fragments ist eine fränkisch-bayerische Sprachmischung.

ME

1 Bischoff 1981, S. 106.

LITERATUR

Sonderegger 1964 – Schmidt-Wiegand 1978 – Sonderegger 1978 – Bischoff 1981, S. 106 – Simone 1991 – Bushey 1996, S. 294f. – Bergmann 2013 – Embach 2013 , S. 20f., Nr. 6

Item aliu. Sec luc. cap. cl i. In illo
temp. dx ihs discip suis. nolite time
re pusillus grex. usq. ibi & cor urm
erit. Ad benedicend sponsas.
Secundu math. cap. ccxxi. In illo
temp. dixit ihs discip suis. simile
est regnum caelorum homini
regi qui fecit nuptias. usque pau
ci uero electi.
Pro uela ancillarum di.
Sec math. cap. In illo temp
Loquebatur ihs cum discip suis.
usque sunt uocati.
Ad uelam maritatam.
Sec ioh. cap. xxvi. In illo temp.
respondit ioh & dixit. non
potest homo. usq. impletum est.
Item alium. Sec math. capitulo
clxxxviiij. In illo temp. uenit
ihs in fines iudeae. usq. homo non
separat. In dedicatione ecclae.
Sec luc. cap. lx. In illo temp. dx
ihs discip suis. non est enim
arbor bona. usque fundata eni
erat sup petram. item alium.
Sec lucam. cap. ccxxv. In illo temp.
egressus e ihs pambulabat hiericho ecce
uir nomine zacheus. usq. perierat.
[illegible]tania tempore belli.

Sec luc. cap. cl. In illo temp. dixit
ihs discip suis. nolite solliciti esse
animae quid manducetis. usq. &
haec omnia adicientur uobis.
item alium. Sec math. cap. cc
xliii. In illo temp. accesserunt
ad ihm discipuli eius secreto dicen
tes. dic nob quando haec erunt.
usque hic saluus erit.
In sterelitate pluuiae.
Sec math. cap. clx. In illo tempore
dx ihs discp suis. misereor turbae
quia triduo iam pseuerant mecum.
usq. & discipuli eius cum eo.
pro iter agentibus. Sec lucam
cap. lxxxiii. In illo temp. factum
est in una dierum & ihs ascend.
usque & mare oboediunt ei.
quando ad regem & princip pgit.
Sec math. cap. lxxxii. In illo temp.
dx ihs discp suis. euntes predicate
dicentes. q appropinquauit. usq.
qua illi ciuitati.
ad missa uotiua. Secundum
marcum. cap. cxxxvi. In illo temp.
sedens au dns ihs. contra gazo
filacium. usq. misit totu uictu suu.
pro elimosinis facientibus.
Sec lucam. cap. clii. & in clxxx.

Katalog-Nr. 18
2° Ms. perg. lat. 5, fol. 142v:
Seite aus dem liturgischen Index, auf der die Evangelienlesungen zu mehreren Votivmessen verzeichnet sind

KATALOG-NR. 18

EVANGELIAR MIT MAINZER SCHRIFTHEIMAT

Mainz, 2. Viertel 9. Jahrhundert
Pergament, H. 28 cm, B. 22,5 cm
Zeitz, Stiftsbibliothek, 2° Ms. perg. lat. 5

▲ *Abb. 1*
2° Ms. perg. lat. 5, fol. 4^{r}: Präsentation der Canones-Beschreibung in der Vorrede des Hieronymus in einem ‚tabellarischen Texteinschub'

Erst vor wenigen Jahren ist ein Evangeliar aus Mainzer Herstellung im Bestand der Stiftsbibliothek Zeitz entdeckt worden. Evangeliare sind im Normalfall liturgische Handschriften, das heißt ihr Verwendungskontext ist die Evangelienlesung der Messe, ihr Aufbewahrungsort nicht die Bibliothek, sondern die Sakristei. Oft wurden sie prächtig illuminiert, tragen Evangelistenbilder und in farbiger Architektur präsentierte Tabellen mit einem Überblick über die Parallelstellen der Evangelien, sogenannte Kanontafeln. Das ‚Zeitzer Evangeliar' ist in dieser Hinsicht reduziert. Einzige Illumination sind vier mit Flechtwerk und Tierköpfen verzierte Initialen am Beginn der Evangelientexte (fol. 14^{r}, 46^{r}, 69^{r}, 105^{v}). Die Kanontafeln (fol. 5^{r}–10^{v}) wurden nur als Tabellen ausgeführt und tragen nicht einmal einen federgezeichneten Architekturrahmen. Auch alle anderen Zusatztexte, die Vorreden des Hieronymus (*Plures fuisse […]* fol. 2^{r}; *Novum opus […]* fol. 3^{r}), die *Argumenta* oder *Prologi* (‚Kurzeinführungen') zu den Evangelisten, die *Breviaria* oder *Capitula* (‚Inhaltsverzeichnisse') zu den Evangelien und der abschließende *Breviarius lectionum evangelii* (‚liturgischer Index'; fol. 131^{r} – 143^{v}) sind nur durch rubrizierte (in Mennigrot geschriebene) Auszeichnungsschriften geschmückt. Dieses hintere Stück, der liturgische Index, war ein unverzichtbarer Teil der Handschrift, denn erst durch ihn wurde aus dem Buch mit Evangelientext ein liturgischer Codex. In ihm sind nämlich die Anfänge und Schlüsse der Evangelienlesungen (Perikopen) in der Reihenfolge des Kirchenjahrs verzeichnet, außerdem Lesungen zu Messen aus besonderem Anlass beziehungsweise ohne festgelegten Tag, sogenannte Votivmessen, die zum Beispiel zur Kirchweihe (*in dedicatione ecclesiae*), bei Dürre (*in sterelitate pluviae*) oder bei Reiseaufbruch (*pro iter agentibus*) gehalten werden konnten **(Abb. S. 122)**. Auch wenn demnach das ‚Zeitzer Evangeliar' keine Stellung als Prachtcodex beanspruchen kann, ist es doch in einer Hinsicht exzeptionell, es ist nämlich eine ‚Schriftzimelie'. Die Handschrift dokumentiert fast Seite für Seite die Qualität, mit der der Text kopiert, gegliedert und präsentiert wurde. Schon in der Vorrede des Hieronymus, an der Stelle, in der die zehn möglichen Kombinationen der *Canones* erklärt werden, hat sich das Skriptorium eine Lösung überlegt, wie man den spröden, deskriptiven Text ästhetisch und übersichtlich präsentieren kann **(Abb. 1)**. Über den ganzen Codex ist zu beobachten, wie freigebig das wertvolle Pergament gewährt wurde. Zwischen den Texten wurde reichlich Platz gelassen. Einmal, am Ende einer Lage, ließ man zwischen Inhaltsverzeichnis und Beginn des Markusevangeliums gleich ein ganzes Blatt unbeschrieben (fol. 45); auch die Schriftränder wurden großzügig bemessen. Am Beginn des Markusevangeliums kann man gut die Eigenheiten der Mainzer karolingischen Schreibschule beobachten, die das ‚Zeitzer Evangeliar' hergestellt hat **(Abb. 2)**. Nach der Tierkopfinitiale, die nicht ‚typisch mainzisch' ist **(vgl. Beitrag Licht, Handschriften)** und eher an Initialen der karolingischen Schreibschule von Tours gemahnt,[1] folgt eine rubrizierte Hierarchie der Schriftarten mit Capitalis quadrata und Capitalis rustica, wobei die Capitalis quadrata eckige *C* und *G* im Alphabet aufweist. Den rubrizierten Eingang und die ersten drei Zeilen in Minuskel hat der Leiter des Skriptoriums vorgeschrieben, danach setzt ein anderer Schreiber mit dem Haupttext ein, der den senkrechten, starren Mainzer Stil mit allerdings eher angedeuteten Skalpellschäften, dafür mit mustergültigen unterstellten Doppel-*s* schreibt. Die Einzelwörter sind gut abgesetzt und die Perioden klar durch Interpunktionszeichen gegliedert. Paragraphen werden mit Zeilenumbruch abgeschlossen, wodurch sich die Textgestaltung dem Ideal des Hieronymus, der Schreibung *per cola et commata* nähert. Bei den Lagensignaturen hat sich das Skriptorium für einen Blickfang entschieden: Anfang und Ende jeder Lage werden als *Incipit* und *Explicit* in Auszeichnungsschrift eingetragen. Am Anfang des Markusevangeliums

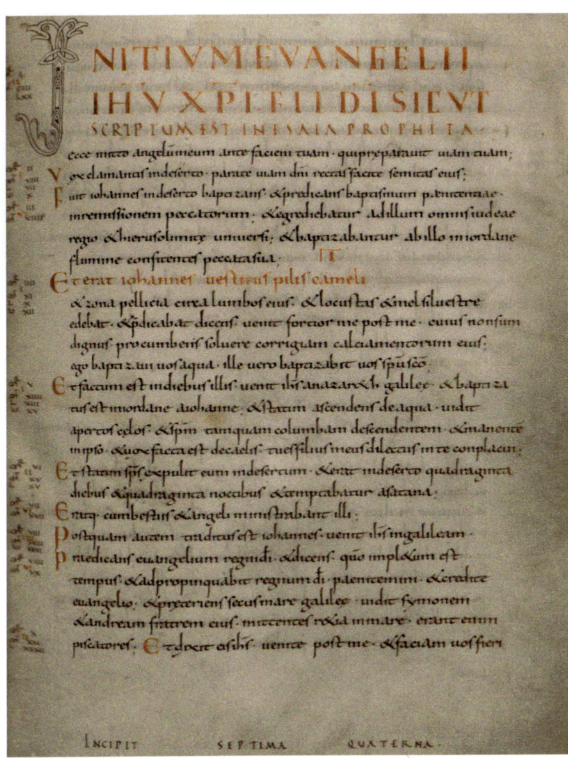

◂ *Abb. 2*
2° Ms. perg. lat. 5, fol. 46^{r}*: Beginn des Markusevangeliums*

beginnt die siebte Lage mit *Incipit septima quaterna* in Capitalis rustica (die feminine Form *quaterna* statt des maskulinen *quaternio* erscheint außergewöhnlich).

Für die Datierung muss man sich neben dem freien Gebrauch der *et*-Ligatur in der Wortmitte auf folgende Beobachtungen stützen: Die Ästhetik der Handschrift ist noch sehr stark von den insularen Vorgaben in Mainz bestimmt. Dazu gehört, dass die *ur*-Kürzung in der insularen Form erscheint, das heißt durch Kreuzen des *t*-Schafts gebildet wird (zum Beispiel fol. 97^{r} *traduntur*, 106^{r} *manifestetur*, 127^{v} *crucifigeretur*).[2] Ein deutlicher Einfluss der Schreibschule von Tours beziehungsweise einer von dort bezogenen Vorlage wird nicht nur in den Initialformen sichtbar, sondern auch im Gebrauch der von zwei Punkten flankierten *est*-Kürzung (zum Beispiel zweimal fol. 92^{r}; auf der gleichen Seite dreimal das turonische umpunktete *z*). Nimmt man beides zusammen, den insularen Rest und den turonischen Einfluss, wird man mit einer Datierung ins zweite Viertel des 9. Jahrhunderts richtig liegen.

Da in der Handschrift viel freies Pergament zur Verfügung stand, trägt der Codex nicht wenige Ergänzungen. Eine nachgetragene lateinisch-althochdeutsche Beichte auf fol. 13^{v} hat bisher am meisten Aufmerksamkeit gefunden (**Abb. 3**); ihre Schrift passt gut in den ‚skelettierenden' Schriftstil der Zeit um 1000 (sicher nicht ins 9. Jahrhundert, kaum in die erste Hälfte des 10. Jahrhunderts).[3] Ebenfalls bemerkt wurde der Nachtrag einer Lesung aus der ersten Hälfte des 16. Jahrhunderts (1 Makk 4,30–33; fol. 130^{r}). Die umfangreichsten Nachträge aber enthält ein Abschnitt des Matthäusevangeliums (im Wesentlichen die Bergpredigt Mt 4–7; fol. 16^{r}–20^{v}). Dort wurde im fortgeschrittenen schrägovalen Stil der ersten Hälfte des 12. Jahrhunderts in kleiner, dichter Schrift ein Stellenkommentar eingetragen und – wie auch die Beichte – wohl noch in Mainz ergänzt, denn die Provenienz der Handschrift kann als gesichert gelten. Den entscheidenden Hinweis gibt der Einband, welcher der Zeitzer Werkstatt – Zeitz war die Residenz der Bischöfe von Naumburg – des Naumburger Bischofs Julius von Pflug (amt. 1541–1564) zuzuordnen ist.[4] Anhand der Goldpressung IEN 1555 (=*Iulius Episcopus Numburgensis 1555*) ist die Neubindung sogar jahrgenau zu datieren. Unter dem humanistisch orientierten Julius von Pflug erlebte das Bistum Naumburg in schwieriger Zeit eine Nachblüte. Julius von Pflug war 1531 Mitglied des Mainzer Domkapitels geworden, auch während seines Naumburger Episkopats hielt er sich wegen der konfessionellen Auseinandersetzungen immer wieder in Mainz auf und dürfte in diesen Jahren den Codex mit nach Zeitz gebracht haben.

TL

---

1 Vgl. die Initialen des Evangeliars in Rom, Biblioteca Apostolica Vaticana, Vat. lat. 43 (Tours, zweites Drittel des 9. Jh).; vgl. Bischoff 2014, Bd. 3, S. 444, Nr. 6820. **2** Zur Kürzung Licht/Becker 2016, Taf. 2. **3** Anders Bulitta 2006, S. 51f. **4** Zu Pflug vgl. Erbe/Bietenholz 1987.

LITERATUR

Bulitta 2006 – Stewing 2009, S. 18–21

Ihc fer sahho den tiufel unte alliu sinu uuerc
credo in dm̄ patre omp̄m unte den heligen
sun unte den heligen keist ihc ke loubo daz
dio dri namen en got ale ma ist. ego xx
confiteor do omp̄ti omiū peccatorū meorū
& dōna s̄ca maria & s̄ce michahele & petre sioha
& omnib; scis & tib di seruus omiū peccatorum meorum xx
cū quę feci soez in cogitatione uuare soez in opere uuare
soez in uerbis uuare soez in luxuria soez in luxuriae
delectatione soez in homicidio uuare soez in piuritis ...
soez in falso testimono fiusti soihc gratis ketate odeunc
daz ihc dominicas dies sone ke firoht soihc ...
soulta daz ihc in quadragesimis & in aliis ieiuniis sic
n̄ieiunaun soihc net rettemen soulta. Omiū delictorum meorum
sic confiteor dm̄ omp̄m s̄ · M · s̄ · M · s̄ · p · s̄ · i · omibus scis dī
ihc uuillo hinnan ford enbozzo sin so ferro so mihc
omp̄s ds̄ c̄fortare uuile ego dimitto omib; illis qui contra
me p̄fecer ut sicut ego hoc uuiis dimittat mihi mea peccata
illo caro demo ihc ego credo daz ihc in die iudiciū resurgere debeo unte ...
heir gahen uuat ubi mercede accipere debeo omiū operū meorum bonorū & malorum
hic stan
Unū hom̄ne monstrabit nos dī in die iudicii n̄ habuit oculos nec manus & pedes n̄ habuit
Oo si ... habuit cui illo regnū dī c̄ paratum. Od sperant nos habere omia n̄ra
m̄bra sana & inde uuit plus habere de ura parte quā de illo
hom̄ne cui nūquā unū m̄brorū suorū n̄ habuit i sua potestate

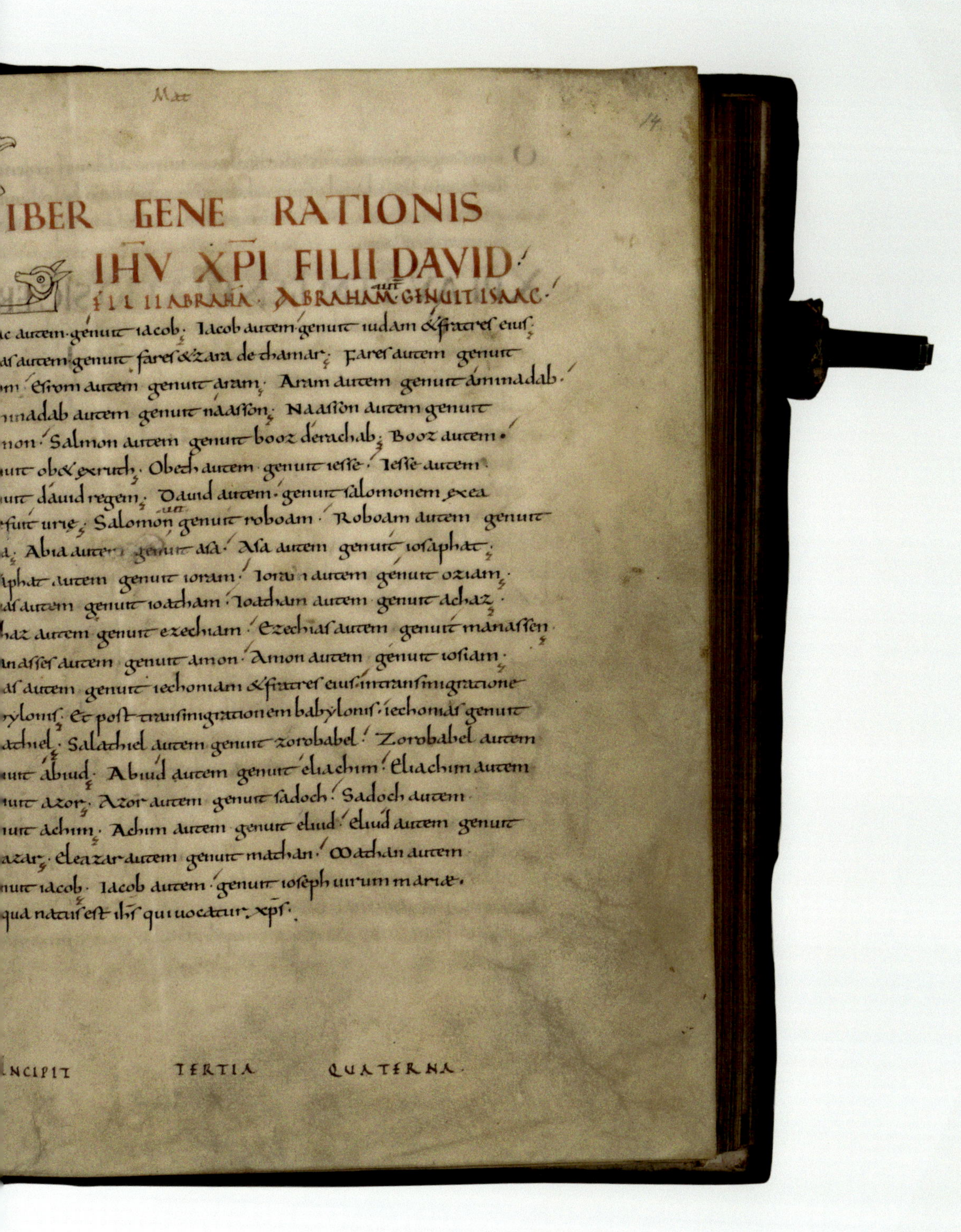
Mat

14

IBER GENE RATIONIS
IHV XPI FILII DAVID ·
FILII ABRAHA · ABRAHAM GENUIT ISAAC ·
ac autem genuit iacob; Iacob autem genuit iudam & fratres eius;
as autem genuit fares & zara de thamar; Fares autem genuit
om · Esrom autem genuit aram; Aram autem genuit aminadab ·
minadab autem genuit naasson; Naasson autem genuit
mon · Salmon autem genuit booz de rachab; Booz autem ·
uit obed ex ruth; Obed autem genuit iesse · Iesse autem
uit dauid regem; Dauid autem genuit salomonem ex ea
fuit uriae; Salomon genuit roboam · Roboam autem genuit
a; Abia autem genuit asa · Asa autem genuit iosaphat;
iphat autem genuit ioram · Ioram autem genuit oziam ·
as autem genuit ioatham · Ioatham autem genuit achaz ·
haz autem genuit ezechiam · Ezechias autem genuit manassen ·
nasses autem genuit amon · Amon autem genuit iosiam ·
as autem genuit iechoniam & fratres eius in transmigratione
ylonis; Et post transmigrationem babylonis · iechonias genuit
athiel; Salathiel autem genuit zorobabel · Zorobabel autem
uit abiud · Abiud autem genuit eliachim · Eliachim autem
uit azor; Azor autem genuit sadoch · Sadoch autem
uit achim; Achim autem genuit eliud · eliud autem genuit
azar; eleazar autem genuit mathan · Mathan autem
uit iacob · Iacob autem genuit ioseph uirum mariae ·
qua natus est ihs qui uocatur xps ·

INCIPIT TERTIA QUATERNA ·

◂ *Abb. 3*
2° Ms. perg. lat. 5, fol. 13v /14r: Auf der Seite links (fol. 13v) oben die um 1000 nachgetragene lateinisch-althochdeutsche Beichte

INCIPIT EPLA BEATI HIERONIMI PRBI AD DAMASUM PAPAM.

Beatissimo papae damaso hieronimus. Nouum opus me face
re cogis ex ueteri. ut post exemplaria scripturarũ toto orbe
dispersa quasi quidã arbiter sedeam. et quia inter se uariant
quae sint illa quae cum greca consentiant ueritate decerna.
Pius labor sed periculosa praesumptio iudicare de ceteris
ipsum ab omnibus iudicandũ. Senes mutare linguã. et ca
nescentẽ iam mundũ ad initia retrahere paruulorum.
Quis enim doctus pariter uel indoctus. cũ in manus uolum
assumpserit. et a saliua quã semel inbibit uiderit discre
pare quod lectitat. non statim erumpat in uocẽ me fal
sariũ me clamans esse sacrilegũ. qui audeam aliquid in
ueteribus libris addere. mutare. corrigere. Aduersus
quã inuidiã duplex causa me consolatur. quod et tu
qui summus sacerdos es fieri iubes. et uerũ non esse
quod uariat etiã maledicorũ testimonio comprobatur.
Si enim latinis exemplaribus fides est adhibenda. res
pondeat quibus. tot sunt exemplaria poene quot co
dices. Sin autẽ ueritas est quaerenda de pluribus.
cur non ad grecã originem reuertentes. ea quae uel
a uitiosis interpretibus male edita. uel a praesũptorib;

Katalog-Nr. 19
Hs I 371, fol. 2r:
Die Vorrede zum Evangelientext: Hieronymus' Brief von 383 an Papst Damasus mit lateinischen und althochdeutschen Glossen

KATALOG-NR. 19

EVANGELIAR

Westdeutschland, 3. Viertel 9. Jahrhundert
Pergament, 163 Bl., H. 28 cm, B. 22,5 cm
Mainz, Wissenschaftliche Stadtbibliothek, Hs I 371

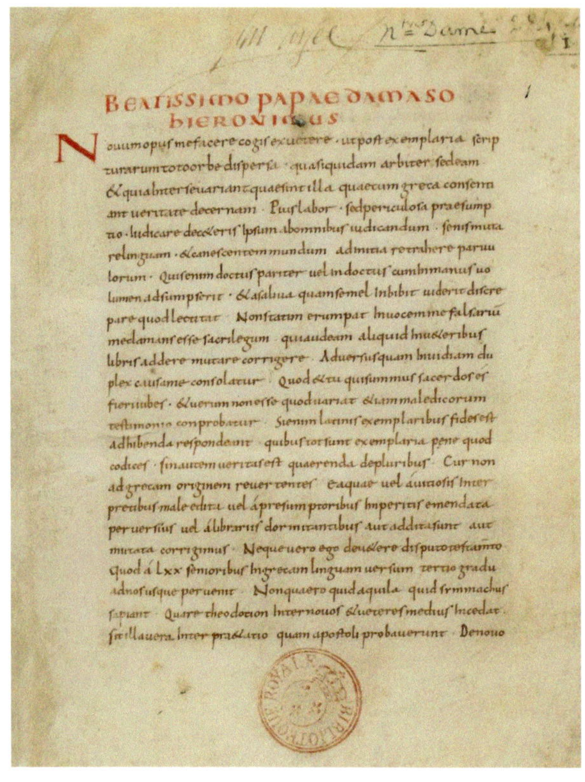

▸ *Abb. 1*
Evangeliar, Reims, Mitte 9. Jh., Paris, Bibliothèque nationale de France, Latin 17968, fol. 1^{r} Beginn des Prologs des Hieronymus: Novum opus, ohne Glossen

Es handelt sich um einen Codex aus 163 Pergamentblättern von 28,5 x 23 cm, der im dritten Viertel des 9. Jahrhunderts in Westdeutschland angefertigt wurde. Die Handschrift enthält die vier Evangelien, allerdings ist das des Johannes aufgrund von Blattverlust nicht vollständig erhalten. Die Handschrift enthält eine Reihe weiterer Texte, die im inhaltlichen Zusammenhang mit dem Evangelium stehen: Auf fol. 2^{r} **(Abb. S. 128)** bis fol. 4^{r}, fol. 4^{r} bis 5^{v} und fol. 9^{r} bis 9^{v} befinden sich drei Vorreden und dazwischen, auf fol. 6^{r} bis 8^{v}, die *Eusebianischen Kanontafeln*, die aufgrund eines Raubschnittes unvollständig sind.

Zunächst zur Gruppe der Vorreden: Sie werden in diesem Codex alle dem Kirchenvater Hieronymus zugesprochen und schließen nicht nur seinen Brief an Damasus, sondern auch zwei weitere, hier als *praefationes Hieronimi* bezeichnete Texte ein. Nur der erste Text ist tatsächlich diesem Kirchenvater zuzuschreiben: 383 wandte sich Hieronymus brieflich an Papst Damasus und erklärte ihm, er habe, wie er aufgefordert worden war, ein neues Werk (*novum opus*) bereitgestellt **(Abb. 1)**. Gemeint ist diejenige Übersetzung der vier Evangelien, die der Kirchenvater aufgrund des griechischen Textes und schon vorhandener lateinischer Übersetzungen anfertigte und welche die unterschiedlichen damals zirkulierenden altlateinischen Versionen der Bibel ersetzte. Diese Epistel wurde schon seit dem 6.–7. Jahrhundert als Vorrede in Evangelienhandschriften überliefert und war durch Hieronymus selbst für diese Funktion verfasst worden; unter anderem führt sie das System der *canones* des Eusebius ein, durch die die Stellen der vier Evangelien miteinander verknüpft werden, in denen dieselbe Episode des Lebens Jesu berichtet wird.[1]

Der erste der weiteren zwei Texte, die nicht dem Kirchenvater zuzuschreiben sind, ist bekannt durch sein Incipit *Plures fuisse* (*qui evangelia scripserunt, et Lucas evangelista testatur, dicens [...]*) – „Dass es viele gab" („die Evangelien schrieben, bezeugt auch Lukas, wenn er sagt [...]") – und war auch als Vorrede zum Evangelium verbreitet. Allerdings unterscheidet er sich stilistisch von anderen Hieronymianischen Schriften und auch inhaltlich stellt er eine Doppelung der ersten Vorrede dar. Der dritte Text (Incipit *Matheus ex Iudaea [...]*), der hier als Vorrede zum Matthäusevangelium eingesetzt wurde, ist ein Produkt des sogenannten *Monarchianismus*, einer theologischen Strömung des 2. nachchristlichen Jahrhunderts.[2]

Es sind vor allem der erste und zweite Text, welche die Aufmerksamkeit der Zeitgenossen erweckten: Sie wurden im Laufe des 10. Jahrhunderts, also einige Dekaden nach der Anfertigung der Handschrift, interlinear und mit Glossierungen am Rand stark annotiert **(Abb. S. 128)**. Ab und zu wurden zwischen den Zeilen des Haupttextes einzelne Worte geschrieben: Zum Beispiel wurde das lateinische Wort des Hieronymus-Textes *exemplaria* **(Abb. 2)** mit seiner althochdeutschen Übersetzung *pilidpuoh* (Bildbuch) versehen. Kurze Einträge, die der Deutung eines Wortes dienten, wurden am Rande geschrieben, dabei wird das zu erläuternde Wort mittels eines Verweissystems identifiziert: Am Ende der elften Zeile auf fol. 2^{r} beispielsweise kann man *inbibit* lesen **(Abb. 3)**. Zwei kleine, etwas unregelmäßige Kommata

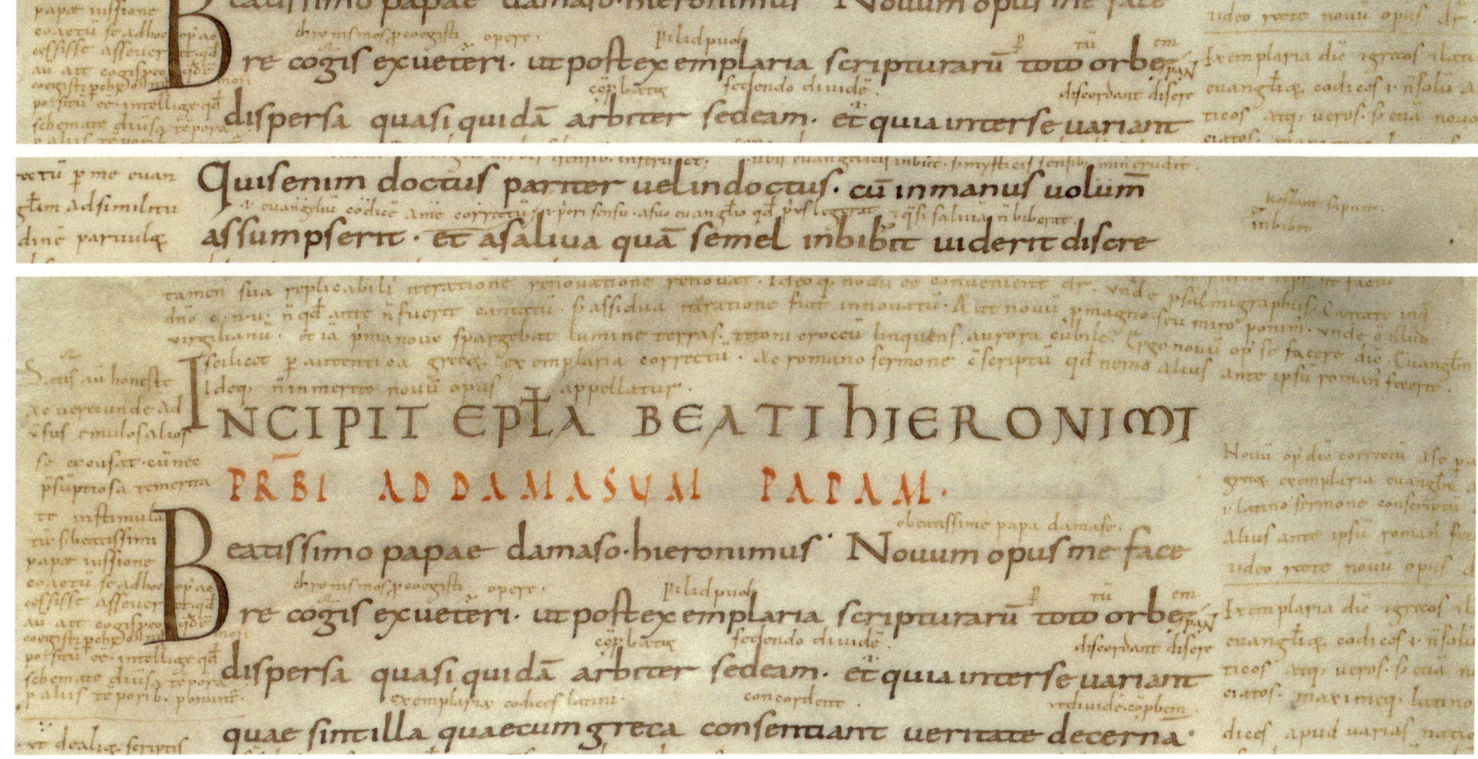

wurden oberhalb des zweiten *b* von *inbibit* eingetragen und sind rechts neben der Zeile wieder zu finden. Hier kann man die althochdeutsche Erklärung des lateinischen Wortes finden, nämlich *keslant* (das heißt „aus dem Kessel oder Wassergefäß trinken").

Umfangreichere Anmerkungen wurden an den Seitenrändern angebracht. In dem Fall, dass sie nicht zwischen den Zeilen des Haupttextes eingetragen werden konnten, wurden musikalische Zeichen, sogenannte *Neumen*, umfunktionalisiert, um die Notizen mit der kommentierten Passage des Haupttextes zu verknüpfen. Das lateinische Wort *cogis* zum Beispiel wurde gleich doppelt kommentiert (**Abb. 4**): Die *clivis,* so wird diese *Neume* genannt, verweist auf den linken Rand, wo der Leser eine längere Passage aus den „Erklärungen zu den Vorworten der Evangelien des Hieronymus" des karolingischen Gelehrten Sedulius Scotus finden kann.[3] Gleichzeitig wird interlinear die Verbform *cogis* nochmal grammatikalisch erörtert: *Chronismos pro coegisti* ist zu lesen. Der Kommentator erläutert hier, dass Hieronymus an dieser Stelle das Verb im Indikativ Präsens *cogis* (du zwingst) benutzte, dass er dieses aber im Sinne eines Perfekts *coegisti* (du zwangst) einsetzte.

Die Handschrift I 371 der Mainzer Stadtbibliothek nimmt den Leser auf einen Ausflug in den frühmittelalterlichen Wissenskosmos mit. Nicht nur wirft sie ein Licht auf die Werke, die in dieser Zeit abgeschrieben wurden, sondern ermöglicht auch die frühmittelalterlichen Rezipienten dieses Wissens und Benutzer der Codices zu fassen.

EF

1 Vgl. Berger 1904, S. 13–15. **2** Vgl. Berger 1904, S 8f. **3** Sedulius 1851.

LITERATUR

Bischoff 2004, S. 168 – Köbler 2005, S. 280

▲ ***Abb. 2***
Hs I 371, fol. 2r, Z. 4
exemplaria sowie pilidpuoh

▲ ***Abb. 3***
Hs I 371, fol. 2r, Z. 11
inbibit und am rechten Rand
keslant sapuit inbibit

▲ ***Abb. 4***
Hs I 371, fol. 2r, Z. 2
cogis und am linken Rand (oben)
Satis autem honeste

[...]menta sunt dicta quod crura tegant. Coturni sunt calcia(menta) quib(us) [...]
bantur [...]

calciamentorum [illegible]
[illegible] in deserto [illegible]
Soleae sunt quibus tantum pedum plantae teguntur [...]
dicte a solo pedum [...] soleae [...]
[...] mystice soleae siue sandalia [...]
[...] significant. Unde dominus in euangelio
secundum marcum iussit discipulos calciari sandaliis [...]
[...] neque [...] nec tamen [...]
[...] quod mystice significat [...] occultari
euangelium nec terrenis commodis innitatur.
Socci quorum diminutiuum socculi appellati inde quod
soccum habeant in quo pars plantae mittitur. Cal
liculae [...] pedum dicte uel quia ligantur
sed [...] intromittuntur. Calliculi uero siue caligae
in [...]tibus apostolorum distribuuntur. ubi
petrus apostolus legitur ab angelo ammonitus ut
calciaret se caligis suis et sequeretur eum. quod sig
nificat ut solutus uinculis terrenis liberius iret
ad praedicationem euangelii. Corrigiae a coriis
uocantur uel a conligatione quia colligant. Corri
giae ergo mystice ligationem significant miste
rii. unde iohannis baptista de domino ait. cuius non
sum dignus corrigiam calciamenti soluere. id est
mysteria incarnationis eius reuelare. uel aliter
non sum dignus eius calciamenta portare. id est
nomen sponsi mihi usurpare. EXPLICIT LIB. XXI

INCIP. LIB. XXII. DE MENSIS ET ESCIS

1 Primus dedalus mensam et sellam fecit. Coqui
nae adparatum apicius quidam primus conposuit
qui in eo adsumptis bonis morte uoluntaria
periit [...] quia is qui gulae atque edaci
tati seruit et animam et corpus interficit. A besu
et comesu mensae factum uocabulum nullum [...]
[...] habet usum. Coquere ergo significat
uerbum domini subtiliter in corde debere medica
ri hoc est quasi mente decoquere cuius uerbi
frequentia in libro leuitici repperitur.
Comedere enim mystice significat uerbum diuinum
spiritaliter sumere et panem illum qui de caelo descendit

primus didicisse fabricam [...]
fabros autem siue artifices [...] tectarios [...]
hoc est instructores. [...]

DE DISPOSITIONE

DE CONSTRUCTIONE

XXI

Katalog-Nr. 20
De rerum naturis (Außenseite)

KATALOG-NR. 20

DOPPELBLATT DES DE RERUM NATURIS VON HRABANUS MAURUS

Mittleres Deutschland / Fuldaer Einfluss
2. Drittel 9. Jahrhundert
Pergament, 1 Doppelblatt
H. 35,5 cm, B. 54 cm
Mainz, Martinus-Bibliothek, D/378

◂ *Abb. 1*
Detail aus Abb. S. 172: Hrabanus Maurus in Begleitung seines Lehrers Albinus, um 825/26

1587 wurde in Zürich das polemische Werk *De templis* des schweizerischen reformierten Theologen Rudolph Hospinian (Rudolph Wirth) publiziert.[1] Das Werk hatte so großen Erfolg, dass es zwischen 1587 und 1672 viermal herausgegeben und mehrmals nachgedruckt wurde. Einen solchen Druck besaß auch M. Anton Ulrich Hopffer, ein junger, in Tübingen studierter und in der Nähe von Stuttgart niedergelassener Pfarrer, der auf dem vorderen Spiegelblatt des Buches, das heute unter der Signatur D/378 in der Mainzer Martinus-Bibliothek aufbewahrt wird, 1686 seinen Namen handschriftlich eintrug.[2] Die dünnen Pappdeckel seines Druckes waren nach der Bindung mit einem Stück zurechtgeschnittenem Pergament bespannt und beklebt worden, um den Einband widerstandfähiger zu machen. Pfarrer Hopffer konnte am Ende des 17. Jahrhunderts sicherlich nicht ahnen, dass 300 Jahre später nicht das theologische Werk, für das er sich interessierte, sondern die ‚Schutzhülle' dieses Objektes, das große, auf den Einband geleimte Pergament, zum eigentlichen Gegenstand des Interesses werden würde.

Bei diesem Objekt handelt es sich um ein Blatt aus Pergament von ca. 35,5 x 54 cm, das auf beiden Seiten beschriftet ist und, wie die durch die Nähte verursachten Löcher zeigen, ursprünglich in der Mitte gefaltet und gebunden war **(Abb. S. 132 u. S. 136)**. Die in zwei Spalten

◂ **Abb. 2**
Detail aus Abb. S. 132: Das Symbol .Z. (ζ) für „zetei" („fehlt")

eingetragene Schrift ist eine karolingische Minuskel, die in das zweite Drittel des 9. Jahrhunderts datiert wird. Das Objekt zeigt deutliche Spuren seiner Umnutzung: Das große Blatt wurde abgeschnitten, gefaltet und geklebt. Trotz der durch die Verarbeitung zum Bucheinband verursachten Verluste lässt sich noch der Text identifizieren, aus dem das Fragment stammt: Es ist das Werk ‚Über die Natur der Dinge' *(De rerum naturis)*, das von dem gelehrten Fuldaer Mönch und späteren Mainzer Erzbischof Hrabanus Maurus zwischen 842 und 847 verfasst wurde **(Abb. 1)**.

Das vorliegende Fragment zeichnet sich aus zwei Gründen besonders aus: Zum einen gehörte es vor der Zerstückelung zu einer frühmittelalterlichen Handschrift, die zwischen 830 und 860 angefertigt wurde und die daher bereits sehr kurz nach der Verfassung des Textes durch Hrabanus im Umlauf war. Zum zweiten ist das Fragment umso wichtiger, weil die frühmittelalterliche Überlieferung von *De rerum naturis* spärlich ausfällt. Neben dem hier vorgestellten Fragment sind lediglich eine vollständige und eine unvollständige Kopie des 9. Jahrhunderts bekannt.

Das ausgelöste Doppelblatt verrät noch mehr über die Handschrift, zu der es einst gehörte und kann auch etwas über die Rezeption des *De rerum naturis* durch die Zeitgenossen sagen. Die Schrift des Fragments zeigt einen Fuldaer Einfluss. Vor allem das Verweissystem, das benutzt wurde, um Korrekturen und Verbesserungen anzugeben, scheint typisch für frühmittelalterliche Handschriften mit Bezügen zu Fulda zu sein. Dazu gehört zum Beispiel das Zeichen in Form des griechischen Buchstaben ζ (zeta – vielleicht aber auch Majuskel, also Z), das auf der Außenseite des Fragments, am rechten, inneren Rand zu sehen ist und eingesetzt wurde, um eine zu ergänzende Textstelle zu verzeichnen **(Abb.2)**. Die aktuellen Maße des Doppelblattes, das trotz der Verstümmelung immer noch eine stattliche Größe aufweist, lassen erkennen, dass die ursprüngliche Handschrift von beeindruckender Dimension gewesen sein muss. Sie war eine wertvolle Abschrift eines Werkes von Hrabanus Maurus, die bereits durch ihr Format die Anerkennung und den hohen Stellenwert bezeugen sollte, die die Zeitgenossen einem der größten Gelehrten der Epoche gaben.

EF

---

1 Vgl. Bächtold 2007, S. 484f. **2** Württembergische Kirchengeschichte online, Art. Hopfer, Johann Anton Ulrich. URL: https://www.wkgo.de/wkgosrc/pfarrbuch/cms/index/3707 (14.11.2016).

LITERATUR

Bischoff 1998, S. 35 – Blänsdorf 2012, S. 84–94 – Schipper 2012 – AK „Hatto I." 2013, S. 180–184, Nr. 52 (Christoph Winterer)

uenerunt in campum sennaar qui inter p(er)excus-
sio dentium. statim aduersus d(omi)n(u)m impietatis
suae aedificant turrem. i(d est) dogmatum superbi-
ae nefario ausu confingunt. uolentes curiositate n(on)
licita ipsius caeli alta penetrare. sed sicut illi p(ro) superbiam ab una lingua in multas diuisi sunt. ita et here-
tici ab unitate fidei confessione segregati inter se
diuersitate erroris quasi p(er) dissonantium linguae
inuicem secernuntur. Canalis dicta ab eo quod
cauata sit in modum cannae. sine canalem melius gene-
re feminino quam masculino p(ro)ferimus. De canalibus uero in genesi legitur tollens itaque iacob
uirgas populeas uirides et amigdalinas et explatanis ex parte decorticauit eas et ponebat in cana-
lib(us) ubi effundebatur aqua et ueniebant ad puteu(m)
contra pecora ut conciperent eo tempore cum ue-
nirent ad potandum et cetera. cuius misterium
tale est; quid est uirgas uirides amigdalinas atq(ue)
explatanis ante oculos gregum ponere. nisi p(er) scrip-
turae seriem antiquorum patru(m) uitas atq(ue) sententi-
as in exemplum populis praebere. quae nimirum
quia iuxta rationis examen rectae sunt uirgae nomi-
nantur. quibus ex parte corticem subtrahit. ut in
his quae expoliantur intimus candor appareat. et
ex parte corticem seruat ut sicut fuerunt exterius
in uiritate p(er)maneant. uiridisq(ue) uirgarum color
efficit(ur). dum cortex ex parte detrahitur; ante conside-
rationis enim n(ost)rae oculos p(rae)dicantium patru(m) sententiae
quasi uirgae uariae ponuntur. In quibus dum ple-
rumq(ue) intellectum litterae fugimus q(ua)si corticem
subtrahimus et dum plerumq(ue) intellectu(m) litterae sequi-
mur. quasi corticem reseruamus. dumq(ue) ab ipsis
cortex litterae subtrahit(ur). allegoriae candor inte-
rior demonstratur. et dum cortex relinquitur.
exterioris intellegentiae uirentia exempla mon-
strantur; quas bene iacob in aquae canalibus posuit.
quia et redemptor n(oste)r in libris eas sacrae scientiae
quibus nos intrinsecus infundimur fixit. has aspi-
cientes arietes cum ouibus coeunt q(ui)a rationales n(ost)ri
sp(iritu)s intellectus dum in earum intentione defixi sunt.
singulis quibusque actionibus permiscentur. ut
tales fetus operum pariant qualia exempla prae-
dentium in uocibus praeceptorum uident.

subtrahitur ex parte

[illegible]
sunt. Possunt autem fistulae mistice designare
predicatores, quia ex quibus aquae doctrinae effun-
duntur in cordib(us) [illegible] ex bonis uidelicet
doctoribus [illegible] ex malis
IIII imare et no[illegible] [DE VE]NUSTATE
Hucusque partes constructionis sequitur
de uenustate aedificioru(m). uenustas est quic-
quid illus ornamenti et decoris causa aedificiis
additur ut tectorum auro distincta laquearia
et pretiosi marmoris crustae et coloru(m) picturae.
V Delaquearis. DE LAQUEARIIS.
lam dictum est quia splendorem simplici-
orum xp(ist)i fidelium et humilitate sublimiu(m) figu-
ram tenent et decorem ecclesiae prebent.
VI Crustae autem tabulae sunt. DE CRUSTIS.
marmoris unde et marmoratae parietes
crustati dicuntur. DE LITOSTROTIS
VII Lithostrata sunt elaborata arte picturae paruu-
lis crustis ac tessellis tinctis in uarios colores.
tessellae autem tesseris nominatae id est qua-
dratis lapillis p(er) diminutionem. de lithostroto aute(m)
in euangelio mentio fit ubi in passione d(omi)ni pilatus
sedisse p(ro) tribunali scribitur in loco qui dicitur lithostro-
tus hebraice autem gabbatha. in quo manifestatur q(uo)d
falsorum accusatorum uaria fictio non potuit uincere
simplicem assertionem ueritatis. sed qui potestatem
habuit ponendi animam suam et iterum sumendi
eam dedit semet ipsum p(ro) nobis ut p(er) effusionem sanguinis sui maculas diuersas n(ost)ror(um) dilueret peccatorum. DE PLASTIS
VIII Plastice est parietum ex gipso effigies signaq(ue)
exprimere pingique coloribus; plastice n(omen) aut(em)
dictum grece quod latine est fingere terra
et gipso similitudines. nam et in p(re)ssa argilla
formam aliquam facere plastis est unde et proto-
plaustus est dictus homo qui ex limo primi(tus) con-
ditus est. DE PICTURA
VIIII Pictura est imago exprimens speciem rei
alicuius quae dum uisa fuerit ad recordatio-
nem mentem reducit. DE COLORIBUS.
X Colores autem dictos quod calore ignis uel
sole p(er)ficiuntur siue quod in initio celabant(ur)
ut summe subtilitatis existerent. colores aut(em)

◄ ***Abb. 3***
De rerum naturis (Innenseite)

LIBER CVRIARVM ECCLESIE S. MARIE ad gradus

[illegible]

et confessi nomini tuo [illegible] et conversi a peccatis su[is]
cum eos adflixeris exaudi [illegible] caelo dne et di[mitte]
peccata ser[vorum] tuis et [po]puli tui isrl. et [do]
ceto eos uiam bonam [per] quam [in]grediantur. [et]
da pluuiam terrae quam de[dis]ti populo tuo a[d]
possidendum. [F]ames si or[t]a fuerit in terra
[et] pestilentia erugo et aurugo [et] locust[a] et bru[chus]
et hostes uastatis regionib[us] [po]rtas obsederint [ci]
tatis. omnisq[ue] pla[ga] [et] infirmitas presserit. Si
de populo tuo isrl [illegible] cogno[verit]
[illegible] plagam et infirmitatem [suam] [et] expanderit [ma]
nus suas in domo ha[c] [illegible] de caelo de sub
[li]mi scilicet habitaculo [illegible]
[illegible]
[illegible]
[illegible]
cunctis dieb[us] [illegible] terrae [illegible]
[illegible]
de populo [illegible] terra longinq[ua]
propter nomen tuum [illegible] propter manum
tuam robustam [illegible] extentum e[t]
orauerit in loco isto [illegible] de caelo firm[issi]
mo habitaculo tuo [illegible] proquib[us] [in]
uocauerit te ille peregrinus [illegible] omnes po[puli]
terrae nomen tuum [illegible] sicut populus
isrl. et cognoscant [illegible] nom[en] tuum inuocatum
sup[er] domum hanc quam aedificaui. Si egressus
erit populus tuus ad bellum [illegible]
suos per uiam in qua miseris [illegible] adorabunt te
contra uiam in qua ciuitas haec [illegible] quam elegit
et domus quam aedi[ficaui] [illegible] ut exaud[ias]
de caelo p[re]ces eorum et obsecrationem et ulcisc[aris]
Si autem peccauerint tibi. neq[ue] enim e[st] homo
non peccet. et iratus [illegible] [tra]dideris eos ho[stibus]
et captiuos eos duxerint in terram longinquam
[illegible] qui iuxta [illegible] conuersi cor de suo in ter[ra]
ad quam captiui ducti fuerant [illegible] gerint pae
nitentiam [illegible]
[illegible] dicentes. Peccauimus iniq[ue] fecimus inu[ste]
gessimus. et reuersi fuerint ad te in toto corde

Katalog-Nr. 21
Fragment eines turonischen
Pandekten, fol. $1^v/2^r$

KATALOG-NR. 21

FRAGMENT EINES TURONISCHEN PANDEKTEN

(I Par 22,10–23,9 und 24,23–25,12; II Par 6,26–8,15)

Tours, 3. Viertel 9. Jahrhundert
Pergament, H. 40 cm, B. 45 cm
Mainz, Dom- und Diözesanarchiv,
Best. AK Nr. K 42/6a (Hs)

▲ ***Abb. 1***
Fragment eines turonischen Pandekten, fol. $2^{v}/1^{r}$

In Tours produzierte man großformatige Bibeln in Serie. Ihre Herstellung setzte unter dem Abbatiat des angelsächsischen Gelehrten Alkuin (amt. 796–804) ein. Er war ein enger Freund und wichtiger Berater Karls des Großen und ließ Karl eine dieser Bibelausgaben in einem Band *(divinorum munera librorum […] in unius clarissimi corporis sanctitate)*, einen sogenannten Pandekten, mit einem Begleitschreiben durch seinen Schüler und Nachfolger Fridugis überreichen.[1] Die Bibelproduktion wurde unter Alkuins Nachfolgern weitergeführt, und die turonischen Prachtcodices fanden in der ersten Hälfte des 9. Jahrhunderts im ganzen Frankenreich ihre Verbreitung. Bibeln waren aber nicht das Einzige, was in Tours serienmäßig hergestellt wurde: Berühmt sind der *Martinellus*, eine Sammlung von Schriften zum heiligen Martin, die Evangeliare und *Leges*-Handschriften. Aber auch einige Exemplare der *Institutiones grammaticae* von Priscian entstammen dem dortigen Skriptorium.[2] Eine Zäsur stellte für das Martinskloster der erste Normanneneinfall von 853 dar. Danach erreichte es nicht mehr die Bedeutung und Einheitlichkeit, die es in der ersten Jahrhunderthälfte hatte.

Aus dieser ‚späten Phase‘ stammt das abgebildete Doppelblatt einer turonischen Vollbibel **(Abb. S. 138 u. Abb. 1)**, das selbst nur noch fragmentarisch erhalten ist. In der frühen Neuzeit fand es als Koperteinband Verwendung und ist zu diesem Zwecke vor allem unten und an den Seitenrändern beschnitten worden.[3] An den Falzen, die ein langes Rechteck bilden, kann man noch deutlich sehen, wie es einst um den Buchblock geschlagen war. Die zweispaltige Anlage mit ihrem ursprünglichen Seitentitel in schwarzer Capitalis rustica (links: *Liber II*, rechts: *Par*[*alipomenon*]) legt Zeugnis über ein organisiertes Skriptorium ab. Eine spätere Hand fügte – wohl aus Gründen der sicheren Auflösung – *Paralip* hinzu und verdoppelte somit die Information. Die Buchstaben der karolingischen Minuskel haben in der Regel – Ausnahmen sind *d*, *i* und *n* – einheitliche Formen. Besonders auffallend ist die Ligaturenarmut – auf dem ganzen Fragment tauchen nur eine *e*-caudata sowie drei *uS*-Ligaturen – und das auch jedes Mal am Zeilenende (vgl. zum Beispiel *unius* links Sp. 2, Z. 36) auf; *st*-Ligaturen fehlen, und selbst bei *et* wird konsequent die nicht ligierte Form verwandt. Zusammen mit spezifischen Abkürzungsgewohnheiten und dem Gesamteindruck der Schrift (vgl. etwa das oben und unten geöffnete *g* oder das *x* mit langem linken Schenkel und Fuß) liefern sie den entscheidenden Hinweis nach Tours: Gleich mehrmals sieht man in den sechs vollständig erhaltenen Spalten die beidseitig umpunktete Kürzung für *est*, so beispielsweise in *prosparatus est* (links Sp. 1, Z. 7f.). Diese Kürzungsgewohnheit ist zu Beginn eine turonische Eigenheit, die später auch Einzug in andere westfränkische Skriptorien hält. Ebenso werden *-que* und *-bus* in Tours nicht selten durch zwei übereinanderstehende Punkte gekürzt. Noch spezifischer ist die turonische Vorliebe *quoniam* mit *qnm* zu kürzen **(Abb. 2)**, eine Abkürzung, die dermaßen beliebt ist, dass sie sich selbst in Handschriften mit nur wenigen Kürzungen findet.[4] Eine weitere Kürzungsbesonderheit liefert den entscheidenden Hinweis für die Datierung: die Kontraktionskürzung *miscda* für *misericordia* **(Abb. 2)**. Sie findet sich in mehreren Handschriften aus Tours. Mit einer – Florenz, Biblioteca Medicea Laurenziana, Plut. XII 21 – teilt das Mainzer Fragment nicht nur die ähnliche Kürzungsgewohnheit, sondern auch die zweispaltige Anlage à 40 Zeilen.[5] Durch sie weicht es von dem Standardmaß turonischer Vollbibeln ab, das zwei Spalten zu 50–52 Zeilen beinhaltet.[6] Zuletzt verdient Erwähnung, dass die Auszeichnungsbuchstaben einem Mischalphabet entstammen. All dies spricht für eine Entstehung der Handschrift in der zweiten Hälfte des 9. Jahrhunderts, genauer im dritten Viertel – nach der Blütezeit des Skriptoriums und nach dem Überfall der Normannen.

KW

▲ ***Abb. 2***
Detail aus Abb. S. 138: Abkürzungen qnm für quoniam und miscda für misericordia (fol. 2^{r}, Sp. 2, Z. 29): quoniam in aeternum misericordia eius – „und seine Barmherzigkeit währet ewig“

---

1 Vgl. Alkuins Briefe 261 und 262 in den MGH Epp. IV (Dümmler 1895), S. 418–420, das Zitat S. 419. **2** Die Beobachtung findet sich bei Hellmann 2000, S. 37–41, der die *Prisciani Turonenses* als „Bibeln des karolingischen Grammatikers“ bezeichnet. **3** Vgl. die beiden frühneuzeitlichen Titelangaben *Liber curiarum ecclesiae sanctae Mariae ad gradus* und *Visitatio curiarum ecclesiae sanctae Mariae ad gradus [...]*. Die Signatur des Trägerbandes, von dem das Fragment abgelöst wurde, lautet: Dom- und Diözesanarchiv Mainz, Best. AK Nr. K 42/6a (Mainz, Liebfrauenstift; Visitationsbuch 1588–1691). Frau Gisela Manstein M.A. sei an dieser Stelle herzlich für die Auskunft gedankt. **4** Zu den turonischen Kürzungsgewohnheiten Rand 1929, S. 25–28. **5** Zu den *Nomina sacra* im Allgemeinen vgl. die gleichnamige Studie von Traube 1907, zur christlichen Kürzung *misericordia* ebd., S. 259f. Zum Plut. XII 21 Bischoff 1998, S. 258, die Kürzung ist beispielsweise als *miscda* auf fol. [3^{r}] zu sehen. Jüngere Hss. aus Tours mit *miscda* bei Rand 1929, S. 174, Nr. 150, S. 183, Nr. 166 und 167. **6** Eine Liste turonischer Bibelhandschriften findet sich bei Fischer 1985, S. 254–269, zu ihrem Format ebd., S. 208f.

LITERATUR

AK „Hatto I.“ 2013, S. 183–185, Kat. 52 (Reiner Nolden)

ZUR SCHREIBSCHULE VON TOURS

Lowe[/Bischoff] 1953 , S. XXVII–XXIX – Bischoff 1966, S. 6–16 – Köhler 1930/33 – Rand 1929 und 1934 – Zu den turonischen Bibeln: Fischer 1985

Katalog-Nr. 22
Detail aus Abb. S. 146:
Erscheinung Christi in den Wolken

KATALOG-NR. 22

EXPOSITIO APOCALYPSEOS [AUSSCHNITT] DES BEDA VENERABILIS

Nordfrankreich (?), 3. Drittel 9. Jahrhundert
Pergament und Tinte
H. 27 cm, B. 19 cm, 1 Bl., Langzeilen
Mainz, Wissenschaftliche Stadtbibliothek, Hs frag 18

▲ *Abb. 1*
Johannes auf Patmos, in: Apokalypse aus Cambrai, 1. Hälfte 10. Jh., Cambrai, Bibliothèque Municipale, Ms 386, fol. 7ᵛ

In der Rarasammlung der Mainzer Wissenschaftlichen Stadtbibliothek fiel 1998 die flexible Einbandhülle eines frühneuzeitlichen Druckwerks auf: Die *Doctrina certissima et consolatio solidissima* des Reformators Urbanus Rhegius in einer Frankfurter Ausgabe von 1545[1] war mit Pergamentmakulatur einer spätkarolingischen Handschrift eingebunden.
Nach Auswertung der Provenienzmerkmale im Trägerband ergaben sich Anhaltspunkte dafür, dass das zum Einbinden verwendete Pergamentblatt als Makulatur in einer Buchbinderei nahe Heidelberg zur Verfügung gestanden haben könnte. Der Vorbesitzer des Druckwerks, der sich mit den Initialen *WS* in dem Exemplar eingetragen hat, dürfte ein Heidelberger Mediziner aus der zweiten Hälfte des 16. Jahrhunderts gewesen sein. Aus seiner Studienbibliothek gelangte der Band in die Bibliotheca Palatina und von dort über das Heidelberger Jesuitenkolleg in das 1648 gegründete Noviziat der Oberrheinischen Jesuitenniederlassung in Mainz.[2]
Durchscheinende streifige Verfärbungen und Ansätze eines in hellen Rot- und Grüntönen kolorierten Zierrahmens am Pergamenteinband ließen großflächige Buchmalerei auf der Innenseite vermuten, was die Trennung von Buchblock und Einband rechtfertigte.
Das abgelöste Fragment sollte sich als ein Sensationsfund herausstellen, denn die auf der Innenseite bis zur Freilegung der Einbandhülle verborgene Federzeichnung mit lavierten Farben stellt zwei Szenen aus der Apokalypse dar **(Abb. S. 146)**: links die Erscheinung Christi in den Wolken (Offb 1,7) und rechts daneben den Seher Johannes mit dem Posaune blasenden Engel auf der Insel Patmos (Offb 1,10).
In seiner Gesamtanlage wie auch durch Details der Ausführung zeigt die Miniatur direkte Abhängigkeit von der entsprechenden Abbildung in der frühkarolingischen Apokalypse-Handschrift der Trierer Stadtbibliothek,[3] die ihr als direkte Vorlage gedient haben muss **(Abb. S. 147)**. Bis zur Entdeckung des Mainzer Fragments galt die Apokalypse von Cambrai (Ms 386, **Abb. 1**)[4] als einzige erhaltene Kopie der Trierer Apokalypse. Mit dem Mainzer Fragment liegt nun eine weitere spätkarolingische Überlieferung vor, die ebenfalls direkt auf der Trierer Handschrift fußt und im

dritten Drittel des 9. Jahrhunderts, noch vor Ms 386, „in einem nordfranzösischen Skriptorium unter dem Einfluss von Tours“[5] entstanden sein dürfte. Verglichen mit der Trierer Vorlage **(Abb. 2)**, lösen sich die beiden Kopien deutlich von antiken ikonographischen Stilelementen und zeigen eine starke Tendenz zur Ornamentierung. Für diese stilistische Fortentwicklung stehen in der Mainzer Miniatur der Schmuckrahmen, das Wellenband am Himmel und das Schachbrettmuster der Stadtmauer **(Abb. 3)**. Frühmittelalterliche illuminierte Apokalypse-Handschriften sind von äußerster Seltenheit und nur in wenigen Codices und Fragmenten überliefert,[6] was die Bedeutung des Mainzer Fundes unterstreicht. Zusätzlicher Wert für die Forschung ergibt sich aus dem Befund der verso-Seite des Fragments **(Abb. 4)**: Eingefasst durch einen Schmuckrahmen sind hier 20 Langzeilen, die einen Abschnitt aus dem im Mittelalter sehr beliebten Kommentar des Angelsachsen Beda Venerabilis zum letzten Buch der Bibel in einer „voll entwickelte[n], etwas starre[n] Minuskel“[7] enthalten. Die Lemmata aus Offb 1,9–1,14 sind jeweils durch rubrizierte Initialen markiert, denen sich Bedas Kommentartext (Beda in Offb 3,5–3,28)[8] anschließt. Die letzten drei Zeilen (Offb 1,12–1,14), die durch drei linierte *vacat*-Reihen abgetrennt sind, blieben unkommentiert. Die innovative Verbindung der Trierer Bildfolge mit Bedas Kommentarwerk ist anderweitig bisher nicht überliefert.

Text und Kommentar beziehen sich nicht auf die umseitige Miniatur, sondern auf die Vision Christi zu den sieben Leuchtern (Offb 1,12–17). Ausgehend von der Anlage der Trierer Apokalypse ist daher davon auszugehen, dass die Handschrift, aus der das Mainzer Fragment stammt, den Text jeweils auf der verso-Seite und die dazugehörige Abbildung auf der gegenüberliegenden recto-Seite enthielt. Der neue Textzeuge auf der verso-Seite verändert ebenfalls die Überlieferungssituation, da der bislang älteste illuminierte Kommentar zur Apokalypse außerhalb der spanischen Tradition in das ausgehende 12. Jahrhundert zu datieren ist.[9] Hs frag 18 stellt somit das früheste Zeugnis dieser Gattung dar und dazu „das einzige bekannte Beispiel eines offenbar reich illustrierten Beda-Kommentars zur Apokalypse“.[10]

▲ ***Abb. 2***
Johannes auf Patmos, in: Trierer Apokalypse, 1. Viertel 9. Jh., Trier, Stadtbibliothek, Hs 31 4°, fol. 11v

►► ***Abb. S. 146***
Hs frag 18, recto-Seite

▸ ***Abb. 3***
Detail aus Abb. S. 146: Himmlisches Jerusalem

◂ ***Abb. S. 147***
Posaune blasender Engel/ Johannes auf Patmos, in: Trierer Apokalypse, 1. Viertel 9. Jh., Trier, Stadtbibliothek, Hs 31 4°, fol. 3ᵛ

▲ *Abb. 4*
Hs frag 18, verso-Seite

Trotz Einvernehmens über die Einzigartigkeit des Mainzer Neufunds lässt das Fragment doch entscheidende Fragen nach Inhalt, Funktion, Format, Anlage und Umfang seines Ursprungscodex offen. So konnte im interdisziplinären Diskurs bisher kein Konsens zum Verhältnis von Text- und Bildseiten hergestellt werden.[11] Die Ermahnung zu methodischer Umsicht ist ernst zu nehmen, denn „alle Hypothesen zum Bestand einer ganzen Handschrift, die man aufgrund einer halben Seite zu rekonstruieren versucht, sind dazu verurteilt, Gedankenspiele zu bleiben".[12]

AO

1 Stadtbibliothek Mainz, XIII q 30 ® (VD16 R 1819; VD16 R 1765). **2** Zu den Gliedern dieser Provenienzkette, dem bibliotheksgeschichtlichen Kontext und den Einzelaspekten der exemplarspezifischen Analyse vgl. Ottermann 2014a. **3** Stadtbibliothek Trier, Hs 31 4°, fol. 3^{v}. Die Handschrift wird ins 1. Viertel des 9. Jahrhunderts datiert. **4** Médiathèque d'agglomération de Cambrai (Bibliothèque Municipale), Ms 386. Die Handschrift wird in das frühe 10. Jahrhundert datiert. **5** Klein 2014, S. 61. **6** Vgl. dazu Klein 2014. **7** Ferrari 2014, S. 91. **8** Gryson 2001, S. 241–245. **9** Kommentar des Rupert von Deutz in Cod. 83 der Stiftsbibliothek Heiligenkreuz. **10** Klein 2014, S. 51. **11** Vgl. dazu insgesamt die Darstellungen im Sammelband von Ottermann 2014, hier besonders die kontroversen Positionen von Ferrari 2014 und Klein 2014 zu Groß- oder Kleinformat der Handschrift und – damit zusammenhängend – möglichen Textelementen unterhalb der Miniatur. **12** Ferrari 2014, S. 94.

LITERATUR

AK "Hatto I." 2013, S. 29–31, Kat. 30 (Chr. Winterer) – Ottermann 2014

RESTAQS
OMNIPOTENS
DS· UTQUI BE
ATI ALBANI
MARTYRIS
TUI· GLORIO
SA MERITA
UENERAMUR·
EIUS APUD TE
MERITIS ET
PRECIBUS SEM
PER MUNIAMUR·
PER DNM NOSTRUM

Katalog-Nr. 23
Hs 1, fol. 130ᵛ:
Zierseite mit Initiale P

KATALOG-NR. 23

SAKRAMENTAR

Ehemals Mainz, Benediktinerabtei St. Alban (?)
Reichenau, um 900
Handschrift und Deckfarben auf Pergament, 206 Bl.
H. 29 cm, B. 22, 5 cm
Mainz, Martinus-Bibliothek, Hs 1

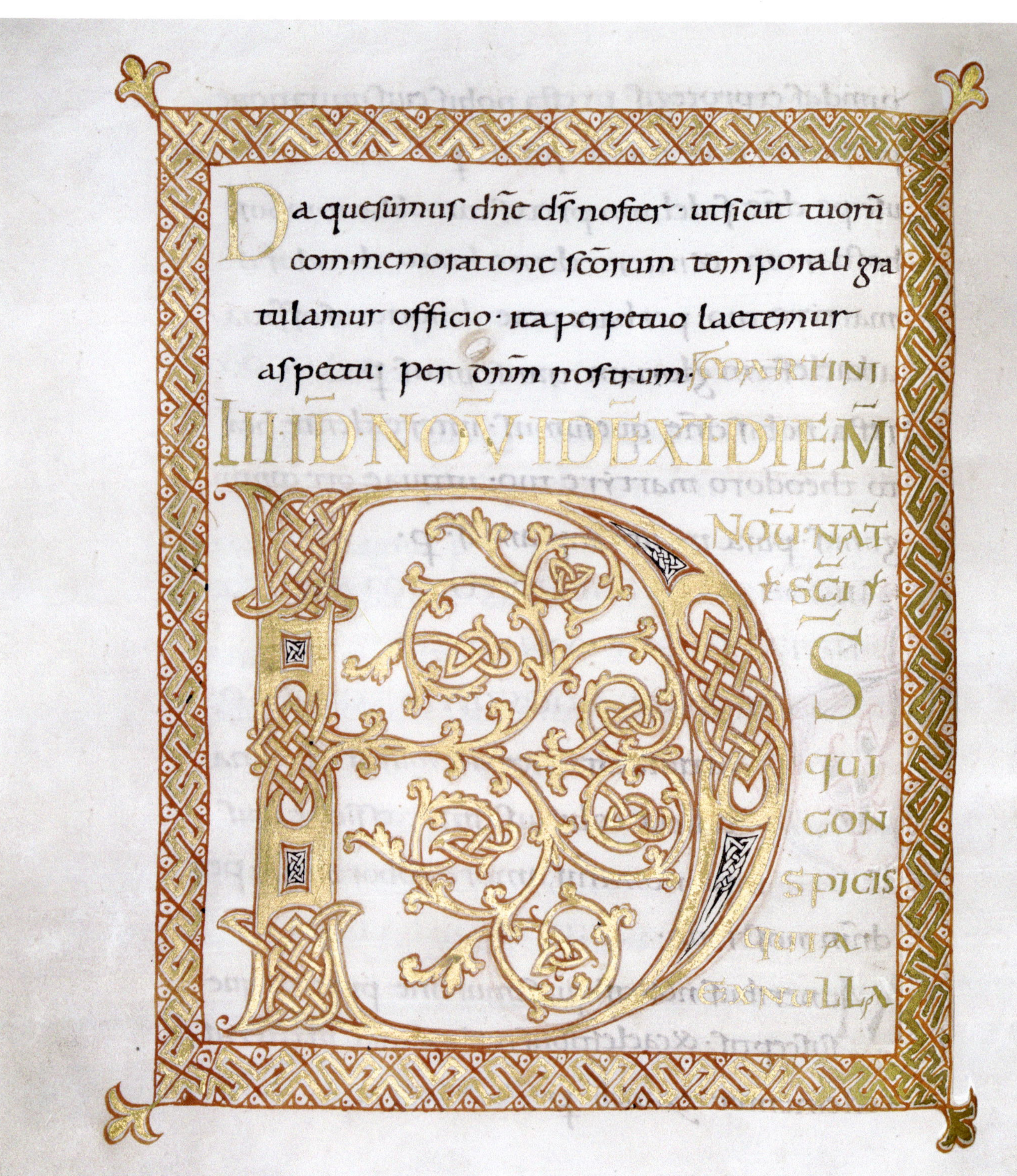

Da quesumus dñe ds noster · ut sicut tuorũ
commemoratione scõrum temporali gra
tulamur officio · ita perpetuo laetemur
aspectu · per dnm nostrum · SCI MARTINI
IIII ID NOV ID EX I DIEM
NOV NAT
S SCI S
DS
qui
con
spicis
quia
ex nulla

◂ **Abb. 1**
Hs 1, fol. 101ᵛ:
Zierseite zum Fest des hl. Martin

▸ **Abb. 2**
Hs 1, fol. 131ᵛ und 132ʳ:
Zierseiten zum Fest der hll. Sergius und Bacchus

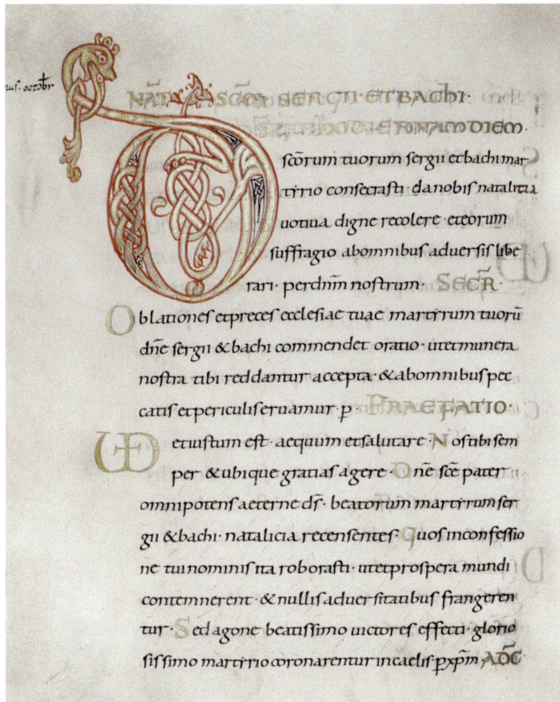

Für die Messfeier waren im frühen Mittelalter drei Bücher nötig: das Sakramentar mit den vom Priester am Altar zu sprechenden Texten, das Epistolar mit den Abschnitten der Lesung (meist aus den Paulusbriefen) und das Evangelistar mit den Evangelienperikopen. Mit besonderem Aufwand wurde zur Zeit des Erzbischofs Hatto I. von Mainz (amt. 891–913), der zugleich Abt der Reichenau war (seit 888), ein Sakramentar hergestellt, dessen Mainzer Bestimmung aus einer Zierseite zum Fest des Mainzer Dompatrons Martin **(Abb. 1)** sowie aus der Aufnahme des heiligen Alban von Mainz mit Vigil am Vortag **(Abb. S. 32)** und der in Mainz verehrten Soldatenheiligen Sergius und Bacchus (fol. 130ᵛ–132ʳ) hervorgeht **(Abb. 2)**. Das feste, pelzige Pergament im Format 29 x 22,5 cm trägt im alten Hauptteil der Handschrift (bis fol. 156ʳ) 21 Zierseiten mit ganzseitigen Initialkompositionen, bei denen außer den beiden üblichen Tintenfarben Braun und Rot nur noch Gold verwendet wird. Formal ist für den karolingischen Spätstil der Ornamentik charakteristisch, dass Motive aus dem frühen 9. Jahrhundert wieder aufgegriffen werden. Auf dem Bild der Oration zu Ostern (fol. 58ʳ) zum Beispiel trägt das raumfüllende unziale (rund geformte) δ nicht nur einen Raubtierkopf, sondern tritt auch mit zwei kralligen Pfoten in das Geflecht der Buchstabenmitte **(Abb. 3)**. Neu ist jedoch die Eleganz, mit der die schmalen goldenen Bänder und Ranken von mennigeroten Rahmenstrichen begleitet werden, die meist ein wenig Abstand vom Gold halten, so dass auch der Pergamentgrund in die Komposition einbezogen ist. Die Freiflächen an den Buchstabenrundungen sind mit paneelartigen Flechtwerkfeldern in brauner Tinte gefüllt.

HODIER
NADIE
PER
UNIGE
NITUM
TUUM
AETER
NITATIS
NOBIS
ADITUMDE

ERE
DIG
NVM
EIVS
TVM
EST
ET
SA
CER
DO
S

◂◂ *Abb. 3*
Hs 1, fol. 58ʳ:
Zierseite mit Oration
Deus qui

◂ Abb. 4
Hs 1, fol. 3ʳ:
Zierseite mit Beginn der Präfation
Vere dignum

▸ *Abb. 5*
Hs 1, fol. 167ʳ:
Zierseite mit Initiale δ

Spätkarolingisch ist auch das Bestreben, den ornamentalen Charakter der Schmuckseite zu verstärken. Die Initiale ist nicht mehr unbedingt ein Eingangssignal; sie kann zusammen mit mehreren gleichgroßen Initialen zu einer ‚Initialenzeile' komponiert werden. Beim Anfang der Oration *Deus, qui* auf Abb. 3 folgen auf das seitenhohe δ vier kleinere Initialen. Der Kürzungsstrich zwischen δ und *S* ist in eine Akanthusranke verwandelt; in das Q ist ein *V* (U) eingeschrieben, aus dessen Fuß ein ‚staudenartiges' (Swarzenski) *I* wächst.

Der Text fährt dann fort in goldener Unziale. Ein Rahmen mit Bandgeflecht, Flechtwerkpaneelen und angesetzten Eckornamenten aus ‚geschopften' (spitzwinklig ineinanderlaufenden) Bögen unterstreicht den Bildcharakter dieser Schriftseite. Auch Capitalis rustica kommt vor und zwar sowohl in Gold geschrieben für die liturgischen Bestimmungen (Rubriken) als auch in Rot bei Korrekturen. Grundschrift ist die karolingische Minuskel, die übersichtlich in 19 Zeilen geschrieben wird.

Die auffälligste Schrift ist beim Sakramentar aus St. Alban die große goldene Monumentalschrift der Capitalis quadrata in ihrer klassischen Form mit Haarstrich, Schattenstrich und Serifen. In ihr sind unter anderem auch liturgische Rubriken ausgeführt. Auf fol. 3ʳ steht am Übergang von den Akklamationen zur Präfation groß in goldener Quadrata *Et sacerdos* (Abb. 4). Es folgt der Beginn der Präfation *Vere dignum* mit der auffälligen Ligatur ƎR in *Vere*: Das *E* ist links gewendet an das *R* angeschlossen. Auf fol. 4ʳ leitet wieder ein monumentales *Et sacerdos* den Canon missae ein. Der erste Buchstabe des folgenden *Te igitur* ist als goldenes Kreuz wiedergegeben, das mit Korbgeflechten aus ‚geschopften' Bögen nah an den Rahmen herangeführt ist. Hier wird zur Hervorhebung auch Blau diskret verwendet, Rosa für den Leib des Crucifixus und Blaugrün/Gold für den geknoteten Lendenschurz. Der Gekreuzigte ist als junger Mann mit weit geöffneten Augen dargestellt (s. Abb. 283).

Die Entstehung der Handschrift auf der Reichenau ist bereits 1903 von Georg Swarzenski erkannt, aber dann vielfach bestritten worden. Sie kann methodisch auf vier Wegen gesichert werden. Im Liturgischen: Die Rubrik *Et sacerdos* findet sich als Teil der Komposition der *Te igitur*-Seite auch in den Reichenauer Sakramentaren Oxford, Bodleian Library Auct.D.I.20, fol. 37ᵛ (um 870) und – eher unauffällig – in Stuttgart, Württ. Landesbibliothek Don. 191, fol. 7ʳ (um 860). Der Einsatz dieser – eigentlich überflüssigen – Rubrik an prominenter Stelle scheint Reichenauer Eigengut zu sein. In der Ornamentik: Kompositionen aus goldenen Bändern bei gleichzeitiger Reduktion der Farbpalette finden sich vergleichbar auch in den beiden vorgenannten Sakramentaren.

Im Malerischen: Der Crucifixus des Sakramentars aus St. Alban lässt sich mit „den beiden Bildern des gekreuzigten Christus in der Krypta von St. Georg in Reichenau-Oberzell (um 900), besonders dem besser erhaltenen auf der Südseite der Krypta" vergleichen (Ulrich Kuder).[1]

Im Schriftbild: Schließlich sind auffällige Capitalis quadrata-Ligaturen ähnlich dem ƎR des Sakramentars aus St. Alban auch in Oxford, Bodleian Library, Auct.D.I.20 und im zweigeteilten Evangeliar Weimar, Herzogin Anna Amalia Bibliothek 2°1 und München, Bayerische Staatsbibliothek, Clm 11019 (Reichenau, um 900) nachzuweisen.

Das Sakramentar aus St. Alban ist um 970 im Stil der Fuldaer Buchmalerei restauriert und erweitert worden. Der neue Zeitgeschmack verlangte nach farbigen Flächen. „Auch war es nun selbstverständlich, dass die orangeroten Konturlinien nicht mehr mit einem Abstand zu den Goldbändern geführt werden konnten".[2] Deutlich zeigt das zum Beispiel das von einem Fuldaer Buchmaler überarbeitete fol. 167ʳ (Abb. 5).

WB

---

1 Kuder 2012, S. 73f. **2** Winterer 2009, S. 115–118

LITERATUR

Swarzenski 1903, S. 399f. und 483 – Hoffmann 1999, S. 573f. – AK "Otto der Große" 2011, Bd. 2, S. 294–296, Nr. IV.74 (Rainer Kahsnitz) – Berschin/Kuder 2016, S. 14f. mit Tab. 5 und 6

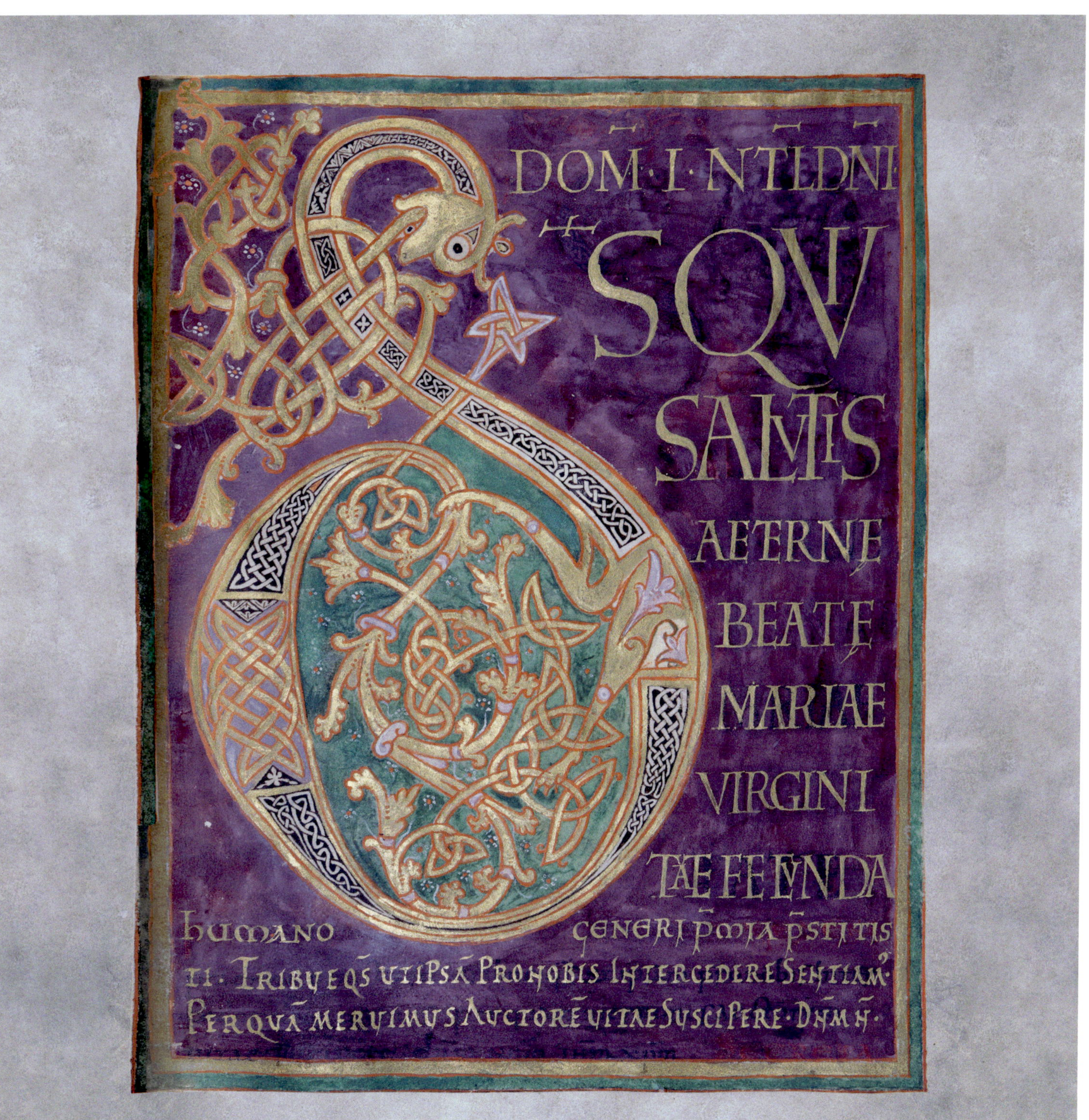
DOM·I·NTI DNI
SALVTIS
AETERNE
BEATE
MARIAE
VIRGINI
TATE FECVNDA
humano generi pmia pstitis
ti · Tribue qs ut ipsa pro nobis intercedere sentiam·
per qua meruimus auctore vitae suscipere · Dnm n·

LVX ET SAL HATTHO SAPIENS DIVESQVE SACERDOS /
HOC TEMPLVM STRVXIT PICTVRA COMPSIT ET AVRO

Katalog-Nr. 24
Hatto-Fenster
mit rekonstruierter und am
Rand transkribierter Inschrift

KATALOG-NR. 24

HATTO-FENSTER

Mainz, um 900
Kalkstein
H. 126 cm, B. 75,5 cm, T. 15–25 cm
Mainz, Bischöfliches Dom- und Diözesanmuseum, PS 00114

Das Hatto-Fenster (vgl. Abb. S. 85) wurde 1861 in der Ostwand des Mainzer Hauses „zum Eckrädchen", Weintorstr. 11 gefunden. Seine Datierung ist durch die Episkopatsjahre 891–913 des Mainzer Erzbischofs Hatto I. fixiert. Das Fenster war in eine Wand eingelassen, die einst zum südlichen Seitenschiff der Kirche des Mauritiusstiftes gehörte. Da die Wand Teil des romanischen Erweiterungsbaus war, kann das Hatto-Fenster dort nicht ursprünglich angebracht gewesen sein; dennoch gilt der Stein nicht als ‚verschleppt' und wird als Teil des ersten Kirchenbaus des Mauritiusstiftes angesehen. Sein Ort und seine Funktion im ersten Kirchenbau wurden intensiv diskutiert: Bildrahmen, Fenster zum Altar oder zur Krypta, Teil eines Wandschranks und weitere Vorschläge hat man erwogen. Eine Verwendung als Außenfenster hat Schulze-Dörrlamm plausibel gemacht, weil „der Steinmetz die Rückseite des Fensters für den Lichteinfall in einem Winkel von ca. 45° nach unten abgeschrägt hat".[1] Gründer des Mauritiusstiftes war der Mainzer Erzbischof Liutbert (amt. 863–889). Dass Hatto den Bau vollendet und kostbar ausgestattet hat, erfahren wir nur durch die Inschrift auf dem Hatto-Fenster.

Der künstlerische Anspruch und die exzeptionelle Qualität des Fensters sind immer wieder hervorgehoben worden; insbesondere dass die Inschrift des Steins erhaben ausgehauen wurde, dokumentiert die besondere Qualität des Fensters und den Anspruch des Stifters. Die Schrift ist eine Capitalis quadrata; einziger (etwas) auffälligerer Buchstabe dürfte das Q mit der eingestellten Cauda sein. Das obere Inschriftenband trägt in der Mitte ein Medaillon mit der Hand Gottes (Abb. 1), umrahmt von einem mit Ligaturen und Kürzungen verdichteten Psalmzitat (Ps 117,16): *DEXTERA DOMINI FECIT VIRTVTEM* („Die Rechte des Herrn hat große Taten verrichtet"). Links und rechts davon sind die Brustbilder zweier Erzengel angebracht; die mit den gekürzten Inschriften als *MICHAEL* und *GABRIEL* versehen worden sind. Anders als auf den sonstigen Inschriftenbändern sind beide Namen ‚eingegraben' und nicht plastisch, also ‚erhaben', ausgehauen. Sie stehen außerdem abseits der beschrifteten Brustbilder (sind also vielleicht nachträglich). Die umlaufende Hauptinschrift, die den Stifter Hatto nennt, wird von einem Arkadenbogen auf zwei schlanken Säulen gerahmt. Sie tragen kleine Blattkapitelle und laufen in je ein Vortragekreuz aus. Zierfelder rahmen auf drei Seiten den Stein: links eine verdrehte Kreisranke mit Palmetten, rechts eine Wellenranke mit zurückgebogenen Halbpalmetten, unten eine Fensterbank mit einem Fries aus Akanthusblättern.

Der Finder, Prälat Friedrich Schneider, hat bei der Erstpublikation des Steins im Jahr 1875 manch wichtige Information mitgegeben. Nötig war etwa die Ergänzung von zwei Bruchstellen der umlaufenden Hauptinschrift, die durch ein nachträglich in das Fenster eingesetztes Gitter entstanden waren. Er füllte die Leerstellen zwischen *S* und *NS* mit *sacrans* und die zwischen *DIV* und *QVE* mit *divinique*. Nach mancher Kontroverse und allmählicher Ablehnung der unbegründeten Auflösung *salus* (statt *sal*) gelten zwei Hexameter mit der Lesung *Lux et sal Hattho sacrans divinique sacerdos / hoc templum struxit pictura compsit et auro* als richtig. Damit begann eine noch immer nicht beendete Geschichte der Versuche, dem Text einen Sinn abzuringen. Der jüngste Vorschlag im Jubiläumskatalog anlässlich des 1100sten Todestag von Erzbischof Hatto lautet: „Licht und Salz, Hatto, Bischof und Priester Gottes, / hat diesen Tempel errichtet, ihn mit Gemälden und Gold geschmückt".[2] Die Probleme sind angesichts des inhaltsleeren ersten Verses gewaltig. Hatto ist Bischof (*sacerdos*), des Göttlichen (*divini*; wessen denn sonst?) und dabei weihend (*sacrans*; was schon in *sacerdos* steckt). Auch die Metrik ist verquer. Wie man den Vers auch liest, man muss immer mindestens eine Silbe falsch messen, um die Worte ins Metrum zu zwingen. Blänsdorf 2009 hat auf das Problem aufmerksam gemacht.[3] Warum der erhaltene Vers korrekt ist, der rekonstruierte metrisch falsch bleiben darf, blieb unbeantwortet.

Die Lösung ist dabei naheliegend (Abb. S. 158). Das metrisch denkbare, inhaltlich überflüssige *sacrans* ist wohl ein *sapiens*, das metrisch unmögliche *divinique* wohl ein *divesque*: *LVX ET SAL HATTHO SAPIENS DIVESQVE SACERDOS / HOC TEMPLVM STRVXIT PICTVRA COMPSIT ET AVRO*. Der erste Hexameter erhält nun einen Sinn, indem er dem zweiten eine Analogie schenkt.

◂ *Abb. 1*
Detail des Hatto-Fensters: Hand Gottes

Hatto (=*LVX*) ist *SAPIENS*, und hat für die (lehrreiche) Ausmalung der neuen Kirche gesorgt, Hatto (=*SAL*) ist *DIVES*, denn er hat sie mit (liturgischen Geräten in) Gold verziert: „Hatto, Licht und Salz, der weise und reiche Bischof, hat diese Kirche (!) gebaut und mit Malerei und Gold verziert." Dem möglichen Einwand, dass Reichtum vor Gott nicht förderlich ist, kann man begegnen: Hattos Reichtum ist wohltätig; er erfüllt eine Forderung an die Apostel und spendet sein Gut – *bonum est sal* (Lk 14,34) – der *Ecclesia*. Wichtiger aber scheint die Wortbedeutung des Namens Hatto, welche die Zeitgenossen (wie auch den Namen Otto) von *ot* ‚Reichtum' abgeleitet zu haben scheinen:[4] Über das Briefwerk Hrabans ist für einen anderen Hatto die Junktur *Hatto bonosus* (‚Hatto der Begüterte/Begabte') überliefert.[5] Die poetologische Substanz der Inschrift wäre dann eine Namensetymologie.

Alle Interpretationen des mehrschichtigen Inhalts, auch die bekannten und oft erwähnten Bezüge zur Bergpredigt (Mt 5,13 *Vos estis sal terrae*; Mt 5,14 *Vos estis lux mundi*) dürfen jetzt neu ausgerichtet und illustriert werden. Eine seit der Erstpublikation mitgeschleppte Fehleinschätzung aber sei noch ausgeräumt, nämlich der Bezug zu der bei Ekkehart IV. in den *Casus Sancti Galli* 89 überlieferten Inschrift des Abtes Immo für die St. Galler Klosterkirche: *TEMPLVM QVOD GALLO COZBERTVS STRVXERAT ALMO / HOC ABBAS YMMO PICTVRIS COMPSIT ET AVRO.*[6] Es ist nicht möglich, dass „Hatto nicht nur die einzelne Satzstruktur, sondern auch einzelne Wörter sowie den letzten Halbvers" der St. Galler Inschrift entlehnt hat,[7] denn das wäre erstens ein Anachronismus (Immo bekleidete den St. Galler Abbatiat 976–984), zweitens erweisen sich die Mainzer Verse formgeschichtlich als älter. Sie sind nicht leoninisch, das heißt nicht im Inneren des Hexameters gereimt wie die St. Galler. Die Mainzer Verse repräsentieren somit einen älteren Entwicklungsstand. Solche ungereimten Hexameter (!) begleiten auch die Wandmalereien in Reichenau-Oberzell, die mit Hattos Reichenauer Bautätigkeit in Verbindung stehen.[8] Das St. Galler Verspaar hängt demnach vom Mainzer ab; ein Reichenauer Zwischenglied fehlt, ist aber nicht ausgeschlossen; Q mit eingestellter Cauda zeigen übrigens auch die Wandmalereien in Reichenau-Oberzell.[9]

TL

1 Schulze-Dörrlamm 2009, S. 25. **2** AK "Hatto I." 2013, S. 68. **3** Blänsdorf 2009, S. 124f. **4** Schützeichel 2012, S. 247. **5** Dümmler 1899, S. 381. **6** Strecker 1939, S. 365. **7** Kern 2010, S. 76. **8** Berschin/Kuder 2012, S. 58–68. **9** Z. B. ebd., S. 49, Abb. 22.

LITERATUR

Schneider 1875 – Arens 1958, S. 2–4, Nr. 2 – Schulze-Dörrlamm 2009, S. 23–25 – Kern 2010, S. 75–80, Nr. 17 – Kat. „Hatto I." 2013, S. 175–177, Nr. 46 (Mechthild Schulze-Dörrlamm) – Winterer 2013, bes. S. 66–70

III. *IN GOLD GESCHRIEBEN*
MAINZER PRUNKHANDSCHRIFTEN DER OTTONENZEIT

Obwohl mit dem auf der Reichenau entstandenen Sakramentar aus St. Alban **(Kat. 23)** nachweislich spätestens um 900 sogenannte Chrysographen, also in Goldtinte auf Pergament geschriebene Codices in Mainz vorhanden waren, kommt es erst im letzten Drittel des 10. Jahrhunderts unter Erzbischof Willigis zu einer nennenswerten Produktion von luxuriös ausgestatteten Bilderhandschriften. Erste Arbeiten, wie etwa das 986 vermutlich unter großem Zeitdruck hergestellt Gebetbuch König Ottos III. **(Kat. 26)**, können ihrer Qualität nach nicht mit zeitgleichen Arbeiten, etwa aus Trier oder Köln, konkurrieren. Stattdessen importiert man nach wie vor Handschriften oder lässt Fachkräfte kommen, die für einzelne Gewerke arbeitsteilig zusammen gestellt werden. Erst mit dem Tod des Trierer Erzbischofs Egbert im Jahr 993 werden Mitarbeiter einer Werkstatt frei, die unter der Leitung des wohl wichtigsten Buchmalers der ottonischen Epoche, des sogenannten Meisters des Registrum Gregorii, gestanden hatte. Einige dieser Mitarbeiter wandern weiter nach Mainz und treffen hier auf ein im Entstehen begriffenes und wohl um 990 vom Erzbischof initiiertes Skriptorium, das unter dem Einfluss dieser Fachkräfte zu Höchstleistungen angespornt wird. Es entstehen zahlreiche vor allem liturgische Prunkhandschriften, die sich durch in Gold und Silber gerahmte Purpurseiten auszeichnen, auf denen in goldener Tinte die erhabenen Texte niedergeschrieben sind. Großflächige Initialen in ständig wechselnden Formen werden, so zum Beispiel im Festtagsevangelistar aus St. Stephan **(Kat. 27)**, in variabel gruppierte Textblöcke integriert. Auch in der Goldschmiedekunst oder im Bronzeguss erlebt die Mainzer Schriftkultur nun eine ins Monumentale strebende Blüte, doch hier, wie auch in der Buchkunst, sind die Verluste groß: Von den mit Gold und Silber verzierten Buchseiten bleibt am Ende nur der Abdruck des durchgeschlagenen Edelmetalls, der lediglich eine schwache Ahnung von in Gold geschriebener und gemalter Schönheit vermittelt **(Kat. 28)**.

I
S
QUI HO DI
ER NA DIE

Zierseite mit Initiale D [eu] s, in: Sakramentar, um 1000, Mainz, Domschatz/Bischöfliches Dom- und Diözesanmuseum Mainz, Inv. Nr. B 00325, fol. 89v (Kat. 31)

KLAUS GEREON BEUCKERS

ZUR MAINZER BUCHMALEREI UNTER ERZBISCHOF WILLIGIS (AMT. 975–1011)

Die überlieferte Mainzer Buchmalerei ottonischer Zeit ist heterogen und stark lückenhaft. Wie groß der Verlust von bildlich und ornamental ausgestalteten Handschriften durch frühe Verstreuungen sowie Zerstörungen der Mainzer Bibliotheken und Schatzkammern schon im 16. Jahrhundert war sowie später im Dreißigjährigen Krieg, während der napoleonischen Kriege und der Säkularisation, zeigt ein Blick auf die deutlich besser überlieferte Kölner Buchmalerei dieser Zeit. Von dieser sind 19 Prachthandschriften erhalten, wobei mindestens zwölf davon aus Kölner Stiften und Klöstern oder deren nahem Umfeld zu stammen scheinen.[1] Auch die Mainzer Produktion wird wohl in erster Linie für die Klöster und Stifte der Stadt bestimmt gewesen sein und ist mit deren Kirchenschätzen zu weiten Teilen untergegangen. Besonders verlustreich für die Mainzer ottonischen Handschriften dürften – neben dem Schicksal der Dombibliothek[2] – die Brände des Klosters St. Alban vor den Mainzer Stadtmauern 1329 und 1552 gewesen sein.[3] Kaum weniger zu bedauern sind der Untergang der Bibliotheken und Sakristeibestände des schon im 8. Jahrhundert gegründeten Altmünsters (Hagenmünster) sowie von St. Nikomedes, St. Viktor und St. Peter vor den Mauern.[4] Heute sind – neben einigen Handschriften mit Initialschmuck – nur noch acht eindeutig identifizierte, figürlich illuminierte Codices Mainzer Produktion erhalten, die in die Zeit von Erzbischof Willigis von Mainz (amt. 975–1011) datiert werden können:

► *Abb. 1*
Evangelist Matthäus, in: Evangeliar, um 990, Mainz, Domschatz/Bischöfliches Dom- und Diözesanmuseum, Inv. Nr. B 00324, fol. 16v (Kat. 29)

1. Gebetbuch Ottos III.
München, Bayerische Staatsbibliothek, Clm 30111 (Kat. 26)
2. Benediktionale
St. Gallen, Stiftsbibliothek, Cod. 398
3. Sakramentar des Mainzer Domschatzes
Mainz, Domschatz/Bischöfliches Dom- und Diözesanmuseum, Inv. Nr. B 00325 (Kat. 31)
4. Evangeliar
Den Haag, Koninklijke Bibliotheek, Cod. 135 F 10
5. Evangeliar aus St. Mauritius
Mainz, Wissenschaftliche Stadtbibliothek, Hs II 3 (Kat. 32)
6. Augustinus: De civitate Dei
Gotha, Forschungsbibliothek, Memb. I 58
7. Augustinus: De trinitate
Mainz, Wissenschaftliche Stadtbibliothek, Hs II 18 (Kat. 30)
8. Capitularia regum Francorum
Gotha, Forschungsbibliothek, Memb. I 84

Ihre Identifizierung verdankt die Forschung – in der Zeit der Begründung der Buchmalereiforschung – Ernst Heinrich Zimmermann, dann der Zusammenstellung in der Düsseldorfer Malerei-Ausstellung von 1904 durch Arthur Haseloff und nicht zuletzt dem Dominventar durch Rudolf Kautzsch und Ernst Neeb von 1919.[5] Eine Basis lieferte weiterhin die 1930 als Aufsatz gedruckte Frankfurter Dissertation von Edith Baron zu den karolingischen und frühottonischen Handschriften aus Mainz, bevor 1957 Karl Hermann Usener in einer Fußnote der schon von Haseloff benannten Kerngruppe der Willigis-Zeit, bestehend aus den beiden Evangeliaren in Den Haag und aus St. Mauritius sowie dem Mainzer Sakramentar, erstmals das Gebetbuch Ottos III. an die Seite stellte.[6] Peter Bloch ergänzte dies 1962, indem er den Mainzer Augustinus als eine in Mainz entstandene Handschrift auswies.[7] Dieser Bestand wurde in der umfangreichen Untersuchung von Peter Bloch und Hermann Schnitzler zur Kölner ottonischen Buchmalerei noch einmal formuliert, bevor Carl Nordenfalk in seiner Rezension dieses Werkes noch auf die Handschrift in St. Gallen aufmerksam machte und zugleich die frühen byzantinischen Übernahmen in Mainz würdigte.[8]

Dies war die Grundlage für die 1974 vorgelegte, von Schnitzler mitbegutachtete Dissertation von Rolf Lauer, die bis heute die umfangreichste Grundlage für die Beschäftigung mit der Mainzer Buchmalerei des 10. und frühen 11. Jahrhunderts bildet. Lauer diskutierte die sechs bis dahin zusammengestellten Handschriften, ignorierte aber die Handschriften in Gotha, obwohl er zumindest die dortige Capitularien-Handschrift bereits als Mainzer Produktion erkannte. Die Ergebnisse der Dissertation gingen 1975 in den Katalog zur Mainzer Dom-Ausstellung ein, bevor der offenbar nicht aktualisierte Dissertationstext erst 1987 als Manuskriptdruck ohne Abbildungen erschien.[9] Anlass dafür mag der ein Jahr vorher erschienene, bebilderte und auf die Forschung reagierende Aufsatz von Rita Otto zu den karolingischen und ottonischen Mainzer Handschriften gewesen sein.[10]

Nahezu zeitgleich erschienen, bedeutete der Druck der paläographischen Untersuchungen zu den ottonischen Handschriften von Hartmut Hoffmann auch für das Mainzer Skriptorium einen epochalen Fortschritt.[11] Hoffmann stellte mehr als achtzig erhaltene Handschriften zusammen, an denen das Mainzer Skriptorium beteiligt gewesen sein soll, sowie fünf Handschriften der sogenannten St. Galler Zweigschule, die Ende des 9. oder Anfang des 10. Jahrhunderts vermutlich in Mainz tätig war. Figürlich illustriert sind davon aus der Zeit von Erzbischof Willigis die oben gelisteten acht Handschriften,[12] die Ulrich Kuder 1988 für Mainz in seiner Habilitationsschrift auf der Grundlage von Lauer und Hoffmann listete, wobei er allerdings der Mainzer Buchmalerei keine eigene Diskussion widmete.[13] Da die Habilitationsschrift nur in zwei Exemplaren zugänglich war, fand sie zudem kaum Resonanz. Als 1993 die Hildesheimer Bernward-Ausstellung auch eine Sektion zu Mainz im Zeitalter der Ottonen vorstellte, verfasste hier Kuder die Katalognummern zum Evangeliar in Den Haag und zum niedersächsischen Evangeliar

LIBER GENERATIONIS

▸ *Abb. 2*
Erzbischof Wilhelm, aus: Annales S. Vincentii Mettensis, um 1154/57, München, Bayerische Staatsbibliothek, Clm 28565, fol. 7v

im Mainzer Domschatz **(Kat. 31 u. Abb. 1)**.[14] Schon zwei Jahre vorher hatte die Kölner Buchmalerei-Ausstellung im Gedenkjahr für Kaiserin Theophanu das Gebetbuch Ottos III. **(Kat. 26)**, das Sakramentar des Mainzer Domschatzes **(Kat. 31)** und das Evangeliar aus Den Haag sowie das Purpurevangelistar des Mainzer Domschatzes **(Kat. 27)** ausgestellt und so zum Vergleich eingeladen.[15] 1994 kaufte die Bayerische Staatsbibliothek in München das Gebetbuch Ottos III. aus Pommersfelden und legte 2008 ein Faksimile mit Kommentarband auf, in dem Elisabeth Klemm ausführlich auf die bildnerische Ausstattung einging.[16] Die Ergebnisse der Ausstellungskataloge und des Faksimile-Kommentars bilden den bis heute gültigen Diskussionsstand.[17] Für die in Mainz liegenden Handschriften fasst inzwischen der Handschriften-Census für Rheinland Pfalz die aktuelle Forschungslage zusammen.[18]

ANFÄNGE UNTER ERZBISCHOF WILHELM *(amt. 954–968)?*

Die bedeutende Geschichte des Erzstuhles von Mainz wie auch der Abtei St. Alban schon in vorottonischer Zeit lassen eine reiche Ausstattung der Kirchen und Bibliotheken erwarten. Erhalten haben sich auch hier nur wenige Handschriften, die auf eine Mainzer Produktion in dieser Zeit hinweisen können, zudem geben wenige Hinweise aus den jüngeren Handschriften eine Ahnung von hier ehemals vorhandenen Vorlagen. So kann mit einiger Sicherheit eine Handschrift der Hofschule Karls des Großen aus der Ada-Gruppe in Mainz erschlossen werden, die noch in karolingischer Zeit dort für das heute in München befindliche, aus dem Mainzer Domschatz stammende Evangeliar (Bayerische Staatsbibliothek, Clm 28561) kopiert wurde[19] und auch auf ein ottonisches Evangeliar aus St. Stephan in Mainz (Stadtbibliothek Mainz, Hs II 2, **Kat. 28**) gewirkt hat, wo der Abklatsch einer Evangelistendarstellung auf fol. 48r **(Abb. S. 246)** wohl von einer Darstellung der Ada-Gruppe beeinflusst ist.[20] Zudem gelten zwei Kopien des Lorscher Evangeliars aus der Hofschule Karls des Großen als in Mainz entstanden.[21] Es ist also mit einer nennenswerten karolingischen Buchmalerei und einer breiten Verfügbarkeit karolingischer Vorlagen in Mainz zu rechnen.

Ebenfalls über die Nachfolge können auch einige bebilderte Handschriften erschlossen werden, die möglicherweise mit der redaktionellen Tätigkeit in St. Alban unter Erzbischof Wilhelm (amt. 954–968, **Abb. 2**) zusammenhängen. Das nach spätantiken Anfängen unter Mitwirkung Karls des Großen wohl 787 grundlegend neu errichtete, *extra muros* gelegene Kloster **(s. Karte S. 28)**, in dem auch Karls Frau Fastrada (gest. 794) bestattet lag, erlebte im 10. Jahrhundert seine Blüte. Es war seit dem frühen 9. Jahrhundert bis zu Erzbischof Willigis, der sich 1011 in seiner (Mit-)Stiftung St. Stephan bestatten ließ, Grabstätte fast aller Mainzer Metropoliten.[22] Im Jahre 935 wurden unter Erzbischof Hildibert (amt. 927–937) zudem zehn Bischöfe, die vor Bonifatius die Mainzer Kathedra innegehabt haben, aus St. Hilarius im Zahlbachtal (heute Bretzenheim) nach St. Alban transferiert und dort in einem gemeinsamen Monument im nördlichen *vestibulum* beigesetzt.[23] Offensichtlich manifestierte der Mainzer Stuhl durch den gemeinsamen Bestattungsort und die Translationen der frühen Bischöfe in St. Alban seine Amtstradition bis in die Spätantike hinein.

Das Albanskloster besaß zudem eine besondere Nähe zum ottonischen Herrscherhaus. Bereits im Jahre 953 wurde hier Liutgard, die Tochter Ottos des Großen und Gemahlin Herzog Konrad des Roten von Lothringen, bestattet – bevor ihr Halbbruder Wilhelm Ende 954 den Mainzer Erzstuhl übernahm. Seit Juli 953 hatten Herzog Liudolf von Schwaben (ebenfalls ein Sohn Ottos des Großen) und Konrad der Rote (der Schwiegersohn Ottos und Ehemann Liutgards) gegen die Bevorzugung des bayerischen Ottonen Heinrich durch den König rebelliert und sich in Mainz verschanzt. Der Mainzer Erzbischof Friedrich (amt. 937–954), der offensichtlich auf ihrer Seite stand, versuchte zu verhandeln, was jedoch mehrfach scheiterte, bis die Rebellion sich Ende des Jahres nach Regensburg verlagerte und dort 954 beendet wurde – nicht zuletzt nach Intervention des frisch inthronisierten Kölner Erzbischofs und Bruder Ottos des Großen, Brun (amt. 953–965). Brun übernahm von Konrad, der seine Besitztümer an Ober- und Mittelrhein behielt und 955 in der Lechfeldschlacht an der Seite Ottos des Großen fiel, das lothringische Herzogtum. Otto nutzte den Tod Friedrichs 954 um seinen illegitimen Sohn Wilhelm als Mainzer Erzbischof einzusetzen und etablierte damit neben Brun in Köln einen weiteren engen Verwandten und Vertrauten am reichspolitisch wichtigen Gebiet von Lothringen. Als Dokumentation der Einheit des ottonischen Hauses und zur ottonischen Bindung von Mainz dürfte die Bestattung Liudolfs 957 in St. Alban zu lesen sein, für dessen *memoria* im Sakramentar B 00325 **(Kat. 31)** ein eigener Eintrag erfolgte **(Abb. 3)**. St. Alban wurde durch die beiden Bestattungen neben seiner Bedeutung als erzbischöfliche Grablege auch zu einem Memorialort der liudolfinisch/ottonischen Herrscherfamilie. Daraus dürfte sich auch die Übernahme der Abtwürde von St. Alban durch Erzbischof Wilhelm in Personalunion erklären.[24] Von einer engen Verbindung zwischen der erzbischöflichen Kanzlei und einem klösterlichen Skriptorium in St. Alban ist in dieser Zeit für Mainz also sicher auszugehen.

Die wichtigste intellektuelle Tätigkeit in St. Alban dürfte um 960 in der redaktionellen Kompilation und Überarbeitung des römisch-deutschen Pontifikales – „in welchem die liturgischen Bestrebungen der ottonischen Zeit gegipfelt haben“[25] – mit dem darin enthaltenen Krönungsordo gelegen haben. Sie erfolgte entweder im

▾ *Abb. 3*
Totengedenken an Liudulf, den Sohn Ottos des Großen, in: Sakramentar, um 1000, Mainz, Domschatz/Bischöfliches Dom- und Diözesanmuseum, Inv. Nr. B 00325, fol. 18r (Kat. 31)

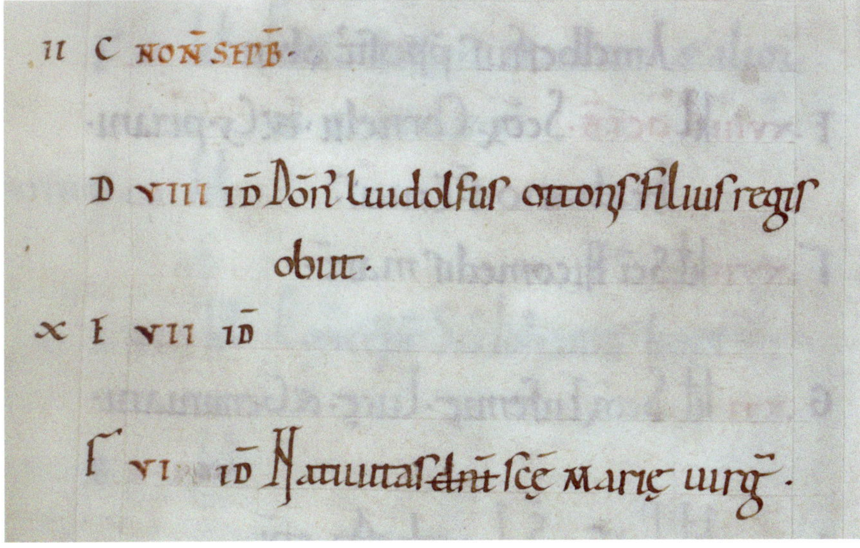

sowohl für die Königskrönung als auch für Festkrönungen und andere festliche Wiederholungen des Krönungsaktes zur herrscherlichen Repräsentation.[27] Zudem kompilierte man in St. Alban auf der Grundlage von Vorlagen aus Sankt Gallen den nach Bonifaas Luykx so genannten Rheinischen Messordo, der Einfluss auf die Messliturgie des gesamten Mittelalters haben sollte, und fertigte in diesem Zusammenhang eine neu redigierte Fassung des Mainzer Kalendars an.[28] Inwieweit man sich auch einer Kompilation weiterer juristischer Texte widmete, ist unklar, jedoch weist die Capitularien-Handschrift Gotha, Forschungsbibliothek, Memb. I 84, die unter Willigis entstand, darauf hin (s.u.). Aus Mainz ging jedenfalls Bischof Burchard von Worms (amt. 1000–1025) hervor, dessen *Decretorum Libri XX* die zu seiner Zeit umfangreichste Kirchenrechtssammlung war.[29]

▲ *Abb. 4*
Dedikationsbild, in: Mainzer Krönungsordo, Mitte/2. H. 11. Jahrhundert, Schaffhausen, Stadbibliothek (Ministerialbibliothek), Cod. 94, fol. 2ᵛ

Auftrag oder zumindest in enger Abstimmung mit dem Herrscherhaus. Ihre Bedeutung ist kaum hoch genug einzuschätzen; es handelte sich um das bedeutendste Redaktionsvorhaben unter Otto dem Großen überhaupt. Während Erzbischof Brun in Köln eine Domschule aufbaute, aus der erhebliche Teile des Reichsepiskopates hervorgingen und die sich auch durch eine hohe literarische Bildung auszeichnete,[26] wurde in St. Alban ein eher juristischer und liturgischer Schwerpunkt gesetzt. Das römisch-deutsche Pontifikale stellte die wichtigste Vereinheitlichung der Liturgie seit Karl dem Großen dar, und der Krönungsordo bildete fortan die zeremonielle Grundlage

Das Skriptorium in St. Alban hat zumindest von dem neu redigierten Pontifikale auch eine illustrierte Handschrift hergestellt. Es ist das Verdienst von Rolf Lauer, in der aus der Mitte oder der zweiten Hälfte des 11. Jahrhunderts datierenden, wegen ihrer Bebilderung berühmten Handschrift des Mainzer Krönungsordo, die aus dem Allerheiligenkloster in Schaffhausen stammt (Ministerialbibliothek, Cod. 94), die Kopie einer solchen Mainzer Handschrift erkannt zu haben.[30] Drei Federzeichnungen bilden dort Frontispize für relevante Abschnitte des Codex: Auf fol. 2^v zeigt eine von einem Giebel überfangene Säulenstellung eine Dedikation **(Abb. 4)**. Unter der linken Arkade thront ein gekrönter Herrscher mit tauförmigem Zepter, dem ein vor der rechten Arkade stehender Abt einen Codex überreicht. Die kräftigen Säulen der Architektur sind reich ornamentiert und in der Höhe gestaffelt. So ist die Mittelsäule überhöht und trägt einen turmartigen Aufbau, während die seitlichen Stützen niedriger enden und in der Überleitung zum Giebel architektonisierende Aufsätze tragen. Eine gewisse Spannung erhält die Darstellung durch die Vorziehung des stehenden Abtes im Gegensatz zu dem in der Architektur thronenden Herrschers. Dies ermöglicht die Übergabe des Codex unmittelbar vor der Mittelsäule. Auf fol. 29^r am Ende der Benediktionen des Jahreskreises (fol. 3^r–28^v) und gewissermaßen

als Titelblatt für den Krönungsordo (fol. 29av– 29r) umfasst ein einfacher Flechtbandrahmen eine dreifigurige Komposition um einen stehenden Herrscher in der Mitte, der in seiner Rechten das Zepter geschultert hat und in der Linken den Reichsapfel vorweist **(Abb. 5)**. Der zu seiner Linken stehende tonsurierte Bischof hält einen Bischofsstab und berührt die Pendilienkrone des Herrschers, während der zu seiner Rechten stehende Bischof, der einen Codex im Arm hält, in einer ausladenden Bewegung mit dem Manipel an der Hand das Zepter tangiert. Das Bild zeigt den Herrscher gekrönt und mit den Insignien begabt, verbildlicht durch die ausgreifenden Bewegungen der beiden Bischöfe jedoch den vorherigen Akt der Krönung und Übergabe der Insignien. Die Differenzierung der beiden Geistlichen durch Stab und Codex dürfte auf die beiden Aufgaben der Geistlichkeit, nämlich die Hirtenfunktion und die Verkündigung hinweisen. Steht auf dieser recto-Seite somit der Krönungsakt im Mittelpunkt, so zeigt die direkt folgende verso-Seite fol. 29v den thronenden, gekrönten Herrscher auf einem Faldistorium mit ausgreifenden Löwenfüßen und Tierköpfen **(Abb. 6)**. Er hält das diagonal gestellte Langzepter, das auch auf dem Dedikationsbild gezeigt wird. Der Thron wird von einem Vorhang unter einem Baldachin hinterfangen, das ganze Ensemble ist in eine Säulenstellung eingestellt.

Der Bildtypus des Dedikationsbildes mit seitwärts gedrehtem Empfänger und stehendem Gebenden ist bereits seit dem Ende des 8. Jahrhunderts überliefert. Ein Beispiel dafür ist die italische Sammelhandschrift mit Apostelgeschichte, Apostelbriefen und Apokalypse der Biblioteca Vallicelliana (Ms. B. II, fol. 2r) mit dem thronenden Laurentius, dem ein inschriftlich bezeichneter Subdiakon Iuvenianus den Codex übergibt.[31]

▲ ***Abb. 5***
Gekrönter Herrscher zwischen zwei Bischöfen, in: Mainzer Krönungsordo, Mitte/2. H. 11. Jahrhundert, Schaffhausen, Stadbibliothek (Ministerialbibliothek), Cod. 94, fol. 29r

▲ ***Abb. 6***
Gekrönter Herrscher mit Langzepter, in: Mainzer Krönungsordo, Mitte/2. H. 11. Jahrhundert, Schaffhausen, Stadbibliothek (Ministerialbibliothek), Cod. 94, fol. 29v

▲ *Abb. 7*
Dedikationsbild: Albinus empfiehlt dem hl. Martin Hrabanus Maurus und dessen Schrift De laudibus sanctae crucis, in: De laudibus sanctae crucis, um 825/26, Rom, Biblioteca Apostolica Vaticana, Reg. lat. 124, fol. 2^v

Das Schema fand dann über die Dedikationsfolge des Kreuzeslobes von Hrabanus Maurus seit dem zweiten Viertel des 9. Jahrhunderts eine weite Verbreitung. Dort bildete es die Grundlage des zweiten Dedikationsbildes mit der Übergabe des Codex an Papst Gregor IV. **(Abb. 7 u. 8)**, dem Hraban seine Schrift gewidmet hatte. Peter Bloch hat die große Bedeutung der Bildformulierung im Kreuzeslob für Dedikationsbilder des 10. und 11. Jahrhunderts herausgearbeitet, unter denen die Reichenauer Handschriften wie der *Gero-Codex* (Universitäts- und Landesbibliothek Darmstadt, Cod. 1948, um 970) oder das Hornbacher Sakramentar (Katholische Kirchengemeinde Solothurn U1, nach 972) von besonderer Bedeutung sind.[32] Für die Dedikationsfolge bei Hraban, die dank der Widmung eines Exemplares an den Mainzer Erzbischof Otgar (amt. 826–847) in der Rheinmetropole gut bekannt gewesen sein muss,[33] sind noch aus dem 9. Jahrhundert zwei Redaktionen des zweiten Dedikationsbildes erschließbar: Der Codex für Otgar organisiert um 825/826 die Übergabe der Handschrift vor einem Streifengrund in der rechten Bildseite, indem Papst Gregor IV. als Empfänger an zentraler Position nach rechts zu Hraban mit dem Codex gewandt ist, während das linke Bilddrittel durch zwei Geistliche im Rücken des Papstes gefüllt wird **(Abb. 8)**. Hier wie in den zahlreichen davon abhängigen Darstellungen einschließlich der beiden genannten Reichenauer Codices fehlt dem zweiten Dedikationsbild eine architektonische Fassung. Eine solche besitzt jedoch die zweite Redaktion wie beispielsweise der 843/845 möglicherweise für den Papst bestimmte Codex, der heute in Amiens (Bibliothèque municipale, Cod. 223) liegt, sowie andere Handschriften wie das Kreuzeslob in Cambridge (Trinity College Library, Hs. B 16,3, fol. 1^r) aus dem 10. Jahrhundert.[34] Hier werden die drei Bildelemente von einer dreiachsigen Bogenstellung auf Säulen überfangen, wodurch die Übergabe vor der zwischen dem Papst und Hraban platzierten Säule stattfindet und so die Szene sehr auseinandergezogen wird. Im Kreuzeslob sind es jeweils drei Arkaden, und eine solche Vorlage dürfte auch die späten Reichenauer Stifterbilder wie das Perikopenbuch in Berlin (Stiftung Preußischer Kulturbesitz, Kupferstichkabinett Hs. 78 A 2, fol. 1^v) oder das Evangeliar in Baltimore (Walters Art Museum, Ms. 7, fol. 9^v, beide 2. Hälfte 11. Jahrhundert) geprägt haben.[35]

Eine zweiachsige Struktur, wie sie in Schaffhausen zu finden ist, fehlt in der Nachfolge des Kreuzeslobes jedoch, so dass das Dedikationsbild dort offenbar aus einer Szene ohne architektonische Bekrönung übernommen und dann als Widmungsseite durch die Arkatur ausgezeichnet wurde. Damit kann die kräftige und reich ornamentierte Architektur einen Hinweis auf ihre Herleitung geben **(vgl. Abb. 4)**. Ihre ornamentale Verdichtung ist teilweise wohl durch die Anlage als Federzeichnung bedingt, der malerische Abschattierungen beispielsweise an den Säulen nicht möglich waren. Dies wird durch die Addition von Zierelementen kompensiert. Auffällig ist dabei jedoch trotz der vielfältigen Formen das vollständige Fehlen von Flechtbandfüllungen sowohl beim Giebel als auch bei den Säulenschäften, wie sie die karolingische Buchmalerei bis um 800 und im Norden noch weiterhin bestimmt haben.[36] Die kräftigen Korbblütenkapitelle lassen spätantike Ursprünge erahnen, wie sie beispielsweise bei den Kanontafeln des *Codex Harleianus* des ausgehenden 6. Jahrhunderts in London auftreten (British Museum, Ms. Harley 1775).[37] Sie werden jedoch auch in einer karolingischen Handschrift mit Paulus-Briefen, die wohl Mitte des 9. Jahrhunderts wahrscheinlich in Mainz entstand, bei der Bildrahmung eingesetzt (Bayerische Staatsbibliothek München, Clm 14345, fol. 1^{v} und 7^{r}).[38] Wie hinter der Bildformulierung dürfte also auch hinter der Architektur eine karolingische Vorlage Mainzer oder Fuldaer Produktion stehen, die allerdings ornamental übersteigert wurde.

Rolf Lauer hat vermutet, dass die Vorlage für die Schaffhausener Dedikation im Gebetbuch Ottos III. aufgegriffen und etwas unglücklich zusammengezogen wurde.[39] Er schrieb diesem Mainzer Dedikationsbild zudem für die Geschichte der Herrscherbilder eine herausragende Bedeutung zu, was sicher überzogen war und deshalb mit Verweis auf die bestimmende Bildformulierung des Kreuzeslobes auch starken Widerspruch erfahren hat.[40] Dennoch ist seine Beobachtung zur Abhängigkeit beider Darstellungen von einer gemeinsamen Vorlage überzeugend. Der monumentalisierte König im Gebetbuch Ottos III. **(Abb. S. 182)** thront mit übereinander geschlagenen Beinen unter einem von kannelierten Säulen getragenen, antikisierenden Giebel und nimmt dem rechts nur als Dreiviertelfigur gezeigten Geistlichen den mit einem Ziereinband versehenen Codex aus dem Arm (fol. 43^{v}). Die formatfüllende Anlage des Königs lässt den Überbringer wie eine spätere Hinzufügung erscheinen, die in die Ecke gequetscht wird. Gerade aber die nicht sehr verbreitete Diagonaldrehung des Thronenden bis hin zu Elementen der Anlage seiner Kleidung sprechen jedoch für eine gemeinsame Vorlage mit Schaffhausen. Da das Gebetbuch Ottos III. wohl 986 entstanden ist (zur Datierung **s. S. 188**), muss die Vorlage somit entweder aus der Frühzeit von Willigis ab 975 stammen, oder aber – wahrscheinlicher – aus einem Codex, der im Zuge der Redaktion des Pontifikale um 960 unter Erzbischof Wilhelm entstanden ist – wie auch Lauer vermutet.

Das Schaffhausener Pontifikale lässt noch weitere Hinweise auf die Vorlage zu: Unmittelbar vor dem Krönungsordo fungieren, wie oben bereits erwähnt, auf fol. 29^{r} und 29^{v} zwei ganzseitige Miniaturen als Frontispiz. Auf der ersten, durch ein einfaches Flechtband

▲ ***Abb. 8***
Dedikationsbild: Hrabanus Maurus überreicht seine Schrift De laudibus sanctae crucis an Papst Gregor IV., in: De laudibus sanctae crucis, um 825/26, Rom, Biblioteca Apostolica Vaticana, Reg. lat. 124, fol. 3^{v}

▸ *Abb. 9*
Thronender Herrscher zwischen zwei stehenden Bischöfen, in: Sammelhandschrift mit Rechtstexten, um 1000, Gotha, Forschungsbibliothek, Memb. I 84, fol. 2ᵛ

gerahmten Darstellung mit dem von einer Pendilienkrone gekrönten, stehenden Herrscher zwischen zwei Bischöfen trägt der König ein festliches Gewand, dessen Untergewand mit breiten, byzantinisierenden Borten bestückt ist. Darüber liegt eine auf der rechten Schulter gefasste *Chlamys* **(s. Abb. 5)**. In seiner Rechten hat er ein dünnes Zepter geschultert, während er mit der Linken die *Sphaira* vorweist. Der Bischof zu seiner Linken berührt mit ausgestrecktem Arm die Krone und hält in der Linken seinen Bischofsstab; der Bischof auf der anderen Seite berührt in ähnlicher Haltung die Spitze des Zepters mit seiner Linken, von der das Manipel herabhängt. In seiner Rechten hält er einen Codex. Die Darstellung fungiert als Sinnbild des Krönungsaktes und scheint den bereits vollzogenen Vorgang zu meinen.[41]

Die Forschung hat die Darstellung schon lange mit der *sustentatio*, der Einholung des Königs verglichen, wie sie in einer textlich direkt übereinstimmenden Fassung einem Pontifikale aus dem Skriptorium von Seeon um 1020 nachträglich vorgebunden wurde, das einst wohl für Bamberg bestimmt war und sich auch heute noch dort befindet (Staatsbibliothek, Msc. Lit. 53, fol. 2ᵛ).[42] Dort geleiten zwei unterschiedlich alte Bischöfe den Herrscher (wohl Heinrich II.) vor einer dreibogigen Arkatur. Sie haben den gekrönten König – anders als in Schaffhausen – an den Unterarmen stützend gefasst. Aufgrund der textlichen Übereinstimmung dürfte dem Bamberger Codex, der in der Regel zwischen 1007 und 1024 datiert wird, entweder die gleiche oder eine ähnliche Vorlage des Mainzer Pontifikale zugrunde gelegen haben, deren Darstellung jedoch konkretisiert und damit textkonformer ausgestaltet wurde. Alleine schon der Umstand, dass der Krönungsordo überhaupt illustriert wird – in der Regel sind die Pontifikale unbebildert –, verbindet beide Handschriften miteinander und kann deshalb als ein Argument für eine Mainzer Bildformulierung des Pontifikale beziehungsweise des Krönungsordo gelten, die in beiden jüngeren Handschriften ein Echo gefunden hat.

Als Vorlage der Bilddisposition wird meist auf eine Handschrift wie das Metzer Sakramentarfragment aus der Hofschule Karls des Kahlen verwiesen (Bibliothèque nationale de France, Ms. lat. 1141, fol. 2ᵛ, um 870), wo der jugendliche Herrscher, über dem eine Hand aus den Wolken die Krone hält, von zwei Bischöfen flankiert wird.[43] Die Illustration ist als Gegenstück zum Autorenbild Gregors des Großen angeordnet; die Doppelseite befindet sich vor dem Beginn der *praefatio*, also am eigentlichen Beginn des Sakramentars. Vertritt das Herrscherbild Karls des Kahlen im Sakramentar die geistlich gestützte und göttlich legitimierte Herrschaft gegenüber der göttlich inspirierten, lehrenden Kirche Gregors des Großen, so wird dies im Pontifikale handlungsorientierter auf die Krönung zugespitzt. Von Bedeutung ist diese Vorlagenfrage auch, weil im unteren Register des Widmungsbildes im Gebetbuch Ottos III. (fol. 2ʳ) eine ähnliche Komposition zugrunde liegt **(vgl. Abb. S. 179)**, für die die Forschung ebenfalls auf das Metzer Fragment verweist. Es liegt also nahe, hier eine karolingische Sakramentarillustration als Vorlage zu vermuten.

Ganz so eindeutig ist dies aber nicht, denn eine solche Vorlage könnte durchaus auch aus einer Rechtshandschrift stammen: Der unter Erzbischof Willigis in Mainz hergestellte Sammelcodex mit Rechtstexten, der einem Besitzeintrag nach aus der Dombibliothek stammt und heute in Gotha liegt (Forschungsbibliothek, Memb. I 84), zeigt auf fol. 2ᵛ unter einer Arkade einen thronenden Herrscher zwischen zwei stehenden

Bischöfen (Abb. 9).[44] Die ungelenke Federzeichnung schließt einen geübten Buchmaler aus, weshalb auch eine eigenständige Bildkomposition eher unwahrscheinlich ist. Thronende Herrschergestalten haben in Rechtshandschriften durchaus eine Tradition, und auch für die Anordnung des Gesetzgebers zwischen zwei Assistenzen gibt es dort Parallelen – so in einem Bild von Herzog Arichis zwischen zwei geistlichen Beratern (Biblioteca Nacional Madrid, Ms. 413, fol. 157ʳ, Anfang 11. Jahrhundert) oder von dem Gesetzgeber Eddanan mit zwei Höflingen, der das ripuarische Recht diktiert (Biblioteca Capitolare Modena, Cod. I.2, fol. 30ʳ, um 991).[45] Der thronende Herrscher auf seinem Faldistorium besitzt jedoch auffallende Gemeinsamkeiten mit dem dritten Schaffhausener Bild des thronenden Herrschers (vgl. Abb. 6). Das dort zum Tau-Stab umgedeutete Zepter ist in Gotha noch ein typisches Langzepter mit Lilienbekrönung. Dem Herrscher wird ein Codex sehr ungelenk auf das rechte Bein gesetzt – was bei einem Thronbild im Krönungsordo nicht zu erwarten ist. Es spricht insgesamt einiges dafür, dass der unter Willigis redigierte Capitulariencodex in Gotha eine Vorlage rezipiert, wie sie auch dem Schaffhausener Codex vorgelegen hat, und aus den beiden letzten Bildern eine Verbindung versucht, indem er den thronenden Herrscher des dritten Bildes um die Bischöfe des zweiten erweitert.[46] Die Vorlage eines Pontifikale für die Ausstattung des umfangreichen und großformatigen Mainzer Rechtscodex in Gotha, der als eine der bedeutendsten Rechtssammlungen des Mittelalters gilt und zudem trotz seines Volumens äußerst gewissenhaft redigiert und korrigiert wurde, ist deshalb nicht nur inhaltlich naheliegend.

Das Mainzer Capitulare in Gotha enthält noch eine zweite, stilistisch durchaus abweichende Miniatur auf fol. 149ᵛ vor dem Beginn der *Lex salica* (Abb. 10). Die links thronende, glatt rasierte Gestalt mit Langzepter, Krone und Schwert ist fast in die Seitenansicht gedreht, während vor ihr ein bärtiger Mann mit abweichender Krone offenbar einen Denar wirft. Hubert Mordek hat sich der Inhaltlichkeit des Bildes gewidmet, das er in eine dialogische Struktur von Rechtsillustrationen einordnet, die allerdings genau so in keinem weiteren Fall überliefert ist.[47]

◂ *Abb. 10*
Thronender Herrscher mit Langszepter, Krone und Schwert und bärtiger Mann mit Krone, in: Sammelhandschrift mit Rechtstexten, um 1000, Gotha, Forschungsbibliothek, Memb. I 84, fol. 149ᵛ

Ikonographisch mag diese Herleitung zutreffen, jedoch zeigt die Figurenanlage des Thronenden so enge Bezüge zum Herrscher im Dedikationsbild des Schaffhausener Pontifikale (vgl. Abb. 4), dass hier wiederum an eine gemeinsame Vorlage zu denken ist. Die künstlerische Qualität der Schaffhausener Kopie ist höher und auch ambitionierter, was beispielsweise die Verdichtungen bei den architektonischen Elementen zeigt. Auch sie ist nicht ganz fehlerfrei – verwiesen sei nur auf den Tau-Stab anstelle des Lilienzepters –, aber sie scheint das Vorbild insgesamt besser als die jüngeren Übernahmen im Gebetbuch Ottos III. und im Mainzer Capitulare wiederzugeben. Gerade im Capitulare ist aufgrund der mäßigen künstlerischen Fähigkeit des Zeichners – oder sogar der Zeichner – nicht mit einer modifizierenden Übernahme aus einem Mainzer Pontifikale zu rechnen, sondern mit der Übernahme aus einer Rechtshandschrift, die bereits die Vorlage des Schaffhausener Codex rezipiert. Man kann deshalb von mindestens zwei historisch herausragenden, figürlich gestalteten Mainzer Handschriften ausgehen, die vermutlich schon in den 960er Jahren im Skriptorium unter Erzbischof Wilhelm entstanden sind und unter Willigis noch vorlagen. Die Ausformulierung ihrer Buchmalerei ist aus der Nachfolge kaum zu erschließen, jedoch scheint es sich eher um Federzeichnungen als um Deckfarbenmalerei gehandelt zu haben.

Weder in Köln noch in Trier sind aus dieser Zeit figürliche Buchmalereien überliefert; dort setzt die dann jedoch sehr leistungsfähige Produktion erst in den 980er Jahren ein.

DAS GEBETBUCH OTTOS III.

Das erste erhaltene Werk der ottonischen Mainzer Buchmalereiwerkstatt bildet das Gebetbuch Ottos III. (Kat. 26), das heute in München aufbewahrt wird (Bayerische Staatsbibliothek, Clm 30111).[48] Es zeigt noch viele Züge einer erst beginnenden Werkstatt, ist aber sowohl im Auftrag als auch in der Ikonographie und der stilistischen Ausgestaltung sehr ambitioniert. Persönliche Gebetbücher waren im Früh- und Hochmittelalter selten. Als monastisches Gebetbuch fungierte der Psalter, und Psalterien dürften in der Regel auch für das persönliche Gebet benutzt worden sein. Als Ergänzung zum Psalter formierten sich in der Karolingerzeit die *Libelli precum* mit persönlichen Gebeten.[49] Sie gelten als insulare Erfindung, deren Kenntnis über Alkuin an den Hof Karls des Großen gekommen ist, der selbst hierfür Texte verfasste. Aus der ersten Hälfte des 9. Jahrhunderts sind vier angelsächsische Beispiele erhalten, von denen das Book of Cerne für Bischof Æthelwald von Lichfield (amt. 818–830) das bekannteste ist.[50] Alkuins Gebetbuch ist nur aus einer in Mainz unter Willigis entstandenen Abschrift des frühen 11. Jahrhunderts zu erschließen,[51] lag dem Mainzer Skriptorium also offenbar vor. Aus königlichem Besitz ist das Gebetbuch Karls des Kahlen in München (Schatzkammer der Residenz, um 870) erhalten (vgl. Abb. 15), das supplementär zum Psalter Karls des Kahlen in Paris (Bibliothèque nationale de France, Ms. lat. 1152) zu sehen ist.[52] In der Verbindung von Psalter und persönlichen Gebeten entstand in den 870er Jahren der Codex König Ludwigs des Deutschen (Staatsbibliothek zu Berlin – Stiftung preußischer Kulturbesitz, Ms. theol. lat. fol. 58), in dem der Herrscher auf fol. 120^r bei der Kreuzverehrung dargestellt ist.[53] Nahezu alle Gebet- oder Andachtsbücher sind offenbar auf den Auftraggeber oder Adressaten zugeschnittene individuelle Zusammenstellungen. Dies gilt auch für das Gebetbuch Ottos III.

Der kleine Codex enthält drei figürlich ausgestaltete Doppelseiten: Auf fol. $1^v/2^r$ ist links die Kreuzigung mit Maria und Johannes Ev. sowie zwei Engeln dargestellt, während auf der rechten Seite in zwei Registern jeweils drei Personen erscheinen: Im oberen Register vor blauem Grund ist dies der stehende Christus zwischen Johannes dem Täufer und der Gottesmutter (also eine Sonderform der *Deesis*) und unten vor rotem Grund der mit kreuzartig geöffneten Armen gezeigte jugendliche Herrscher zwischen den Erzaposteln Paulus und Petrus (Abb. 11). Die Doppelseite fol. $20^v/21^r$ zeigt links den verehrend in einer *Proskynese*-nahen Haltung auf dem Boden liegenden Herrscher vor einer Architekturkulisse, in deren Arkade ein Höfling mit Schwert steht. Bezogen ist diese Seite auf die *Maiestas Domini* rechts, deren Regenbogenmandorla von zwei Engeln getragen wird (Abb. 12). Auf fol. $43^v/44^r$ thront der gekrönte Herrscher unter einer antikisierenden Giebelarchitektur und nimmt von einem Geistlichen einen Codex entgegen, worauf sich das rechts verzeichnete Widmungsgedicht bezieht (Abb. 13). Die figürlichen Zierseiten markieren inhaltliche Einschnitte. Das Gebetbuch beginnt (von einem jüngeren Besitzeintrag auf fol. 1^r abgesehen) mit der ersten Doppelseite, bei der die Kreuzigung von einem Gebet um Erleuchtung hinterfangen ist: „Gott, der du das Kreuz bestiegen und die Dunkelheit der Welt erleuchtet hast, wolle auch mein Herz und meinen Leib erleuchten, der du mit dem Vater und dem Heiligen Geist lebst und regierst als Gott durch alle Ewigkeit. Amen".[54] Die Ikonographie zeigt den Herrscher mit ausgebreiteten Armen im Orantengestus beim Gebet, während die römische Kirche (Petrus und Paulus) sowie die himmlischen Fürsprecher (Johannes der Täufer und die Gottesmutter) als Vermittler fungieren. Es folgen mit einem einfachen Goldrahmen gefasste Purpurfelder mit dem in Gold geschriebenen Text, dessen Anfänge durch Initialen ausgezeichnet sind. Auf fol. 2^v–13^r stehen die sieben Bußpsalmen, die sprechend mit „Herr, sprich mich nicht schuldig in deinem Zorn" beginnen und mit „denn siehe, ich bin dein Knecht" enden.[55] Es folgen auf fol. 13^v–19^r die Heiligenlitanei und die Fürbitten, die mit dem dreifachen *Kyrie* beziehungsweise *Christe eleison* und dem *Pater noster* zu Kurzgebeten überleiten. Die beiden letzten sind durch Initialen noch einmal besonders ausgewiesen. Das erste Gebet bittet um göttliche Lenkung, das zweite um lautere Gesinnung, um Gott vollkommen lieben und würdig loben zu können.[56]

Genau in der Mitte der Handschrift auf fol. 20ᵛ/21ʳ teilt das Devotionsbild vor der *Maiestas Domini* die Handschrift in zwei Teile: den ersten Teil mit den Bußpsalmen und der Heiligenlitanei und den zweiten Teil, in dem insgesamt 13 verschiedene Gebete versammelt und wiederum durch Initialen ausgezeichnet sind. Auch diese Texte, die teilweise bereits von Alkuin und aus anderen Quellen bekannt sind, hier aber teilweise deutlich modifiziert und häufiger mit kurzen Rubriken zum Gebrauch versehen wurden,[57] stehen unter dem Thema der Buße und Umkehr. So beginnt das erste Gebet auf fol. 22ʳ (fol. 21ᵛ blieb leer) mit „Herr Jesus Christus, Sohn des lebendigen Gottes, in deinem Namen hebe ich sündiger Mensch meine Hände zu dir empor".[58] Von fol. 22ᵛ–24ᵛ folgt ein langes Gebet zu allen Heiligen (*Oratio ad omnes sanctos*), dann eines zu den Aposteln (*Ad apostolos*, fol. 24ᵛ–25ʳ), zwei zur Jungfrau Maria (*Ad sanctam Mariam*, fol. 25ʳ–25ᵛ und *Alia*, 25ᵛ–26ʳ), eines zu Gott Vater (*Ad personam patris*, fol. 26ʳ–26ᵛ), eines zu Christus (*Ad personam filii*, fol. 27ʳ), eines zum Heiligen Geist (*Ad personam spiritu sancti*, fol. 27ᵛ–28ʳ) und schließlich zwei zur Heiligen Dreifaltigkeit (*Ad sanctam trinitate*, fol. 28ʳ–28ᵛ und *Alia*, fol. 28ᵛ–30ᵛ).[59] Fast eine ganze Leerseite (fol. 31ʳ) trennt diesen Block von den folgenden Gebeten. Eine Rubrik fordert zum täglichen Gebet des folgenden Textes auf: „Wer dieses Gebet täglich verrichtet, wird die Qualen der Hölle in Ewigkeit nicht spüren".[60] Das lange Ablassgebet selbst (fol. 31ʳ–34ᵛ) ist sehr persönlich formuliert und bittet – wie schon das Eingangsgebet unter dem Kreuz – um die Erleuchtung des Herzens sowie um Weisheit und Verstand, trägt aber einige Formulierungen beispielsweise zu Sünden seit der Jugend, die nach Hermann Hauke gegen eine Abfassung speziell für Otto III. sprechen würden.[61] Es folgen zwei Morgengebete beim Erwachen und beim Aufstehen (*Orare. Mane cum surrexero*, fol. 35ʳ–36ᵛ), die mit einem Zitat aus Psalm 140 enden und so zu den folgenden Psalmen überleiten.[62] Wie der erste Psalmenblock endet auch dieser mit dem dreifachen *Kyrie* sowie dem *Pater noster* (fol. 39ᵛ) und einigen Zeilen gegen Widersacher „Herr, befreie uns, sei uns, Herr, ein starker Turm im Angesicht unserer Feinde" und wird mit einer Kollekte „Wir bitten dich Herr, zerschmettere den Stolz unserer Feinde" beschlossen.[63] Ohne Heraushebung durch eine Initiale folgen drei Gebete zur Verehrung des Heiligen Kreuzes an Karfreitag (fol. 40ᵛ–42ᵛ), die durch die Rubrik „Diese Gebete müsst ihr am Karfreitag ausgestreckt auf der Erde liegend verrichten, um Verzeihung zu erlangen" eingeleitet werden.[64] Darunter stehen zwei kurze Gebete, die beim Betreten und Verlassen der Kirche zu sprechen seien.[65]

Insgesamt schlagen die Texte zur Kreuzverehrung den Bogen zurück zum Anfang der Handschrift mit der Kreuzigungsdarstellung. Nach dem *Explicit liber*, mit dem das Buch endet, folgt ein Segenswunsch für den König: *Tu rex vive feliciter. Amen.* – „Du König, lebe glücklich." Den Abschluss des Gebetbuches bildet mit fol. 43ᵛ/44ʳ wieder eine Bildseite, wobei diesmal nur auf der verso-Seite das Dedikationsbild angeordnet ist, dem der Widmungstext gegenübersteht: „Nimm an, erhabener König der Könige, dieses bescheidene, aber unserer Verehrung für euch würdige Büchlein, das ich mit Gold geschrieben und mit verschiedenen Bildern ausgestattet habe, weil mein Herz in aller Liebe zu euch brennt. Deshalb grüße ich euch kniefällig mit demütigen Worten und bitte, dass dir zeitlebens Heil und dauernde Macht zuteil wird, bis du zu den Sternen entrückt bei Christus sein wirst zusammen mit den Königen im Himmel".[66]

Die Handschrift erweist sich somit als wohl komponiert.[67] Gleiches kann auch für die bildliche Ausstattung gelten: In einer gewissen Dramaturgie sucht die Folge die Steigerung aus dem ganzseitigen Kreuzigungsbild (fol. 1ᵛ) zur ganzseitigen *Maiestas Domini* (fol. 21ʳ),[68] die als Hauptbilder der beiden Doppelseiten aufgewertet sind. Dies hat Folgen für die gegenüberliegenden Seiten, denn damit ist auf fol. 2ʳ im oberen Register eine übliche *Deesis* mit dem thronenden, wiederkehrenden Christus nicht möglich,[69] sondern es wird auf den Typus des stehenden, segnenden Christus ausgewichen, der so bisher nicht überliefert ist und auch von den umfassenden

► Abb. 11
Kreuzigung Christi mit Maria, Johannes Ev. und zwei Engeln (links) sowie Deesis (rechts oben) und Otto III. zwischen Paulus und Petrus (rechts unten), in: Gebetbuch König Ottos III., 986, München, Bayerische Staatsbibliothek, Clm 30111, fol. 1ᵛ und 2ʳ (Kat. 26)

►► Abb. 12
Otto. III. in Proskynese (links) vor der Maiestas Domini (rechts), in: Gebetbuch König Ottos III., 986, München, Bayerische Staatsbibliothek, Clm 30111, fol. 20ᵛ und 21ʳ (Kat. 26)

►►► Abb. 13
Dedikationsbild mit Otto III. und Kleriker (links) sowie Widmungsgedicht (rechts), in: Gebetbuch König Ottos III., 986, München, Bayerische Staatsbibliothek, Clm 30111, fol. 43ᵛ und 44ʳ (Kat. 26)

Hunc satis exiguum rex illustrissi
me regum ·
Accipe · sed u͞ra dignu͞ pietate
libellum ·
Auro que͞ scripsi · signis uariisq;
parauı ·
Multiplici u͞ro quia mens mea
feruet amore ·
Quapropter suplex humili uos
uoce saluto ·
Et p̄cor ut tibi uita salus ꝑpesq;
potestas
Tempore sit uitę · donec trans
latus ad astra · Talmis ·
Cum xp̄o maneas · uigeas cu͞ regib;

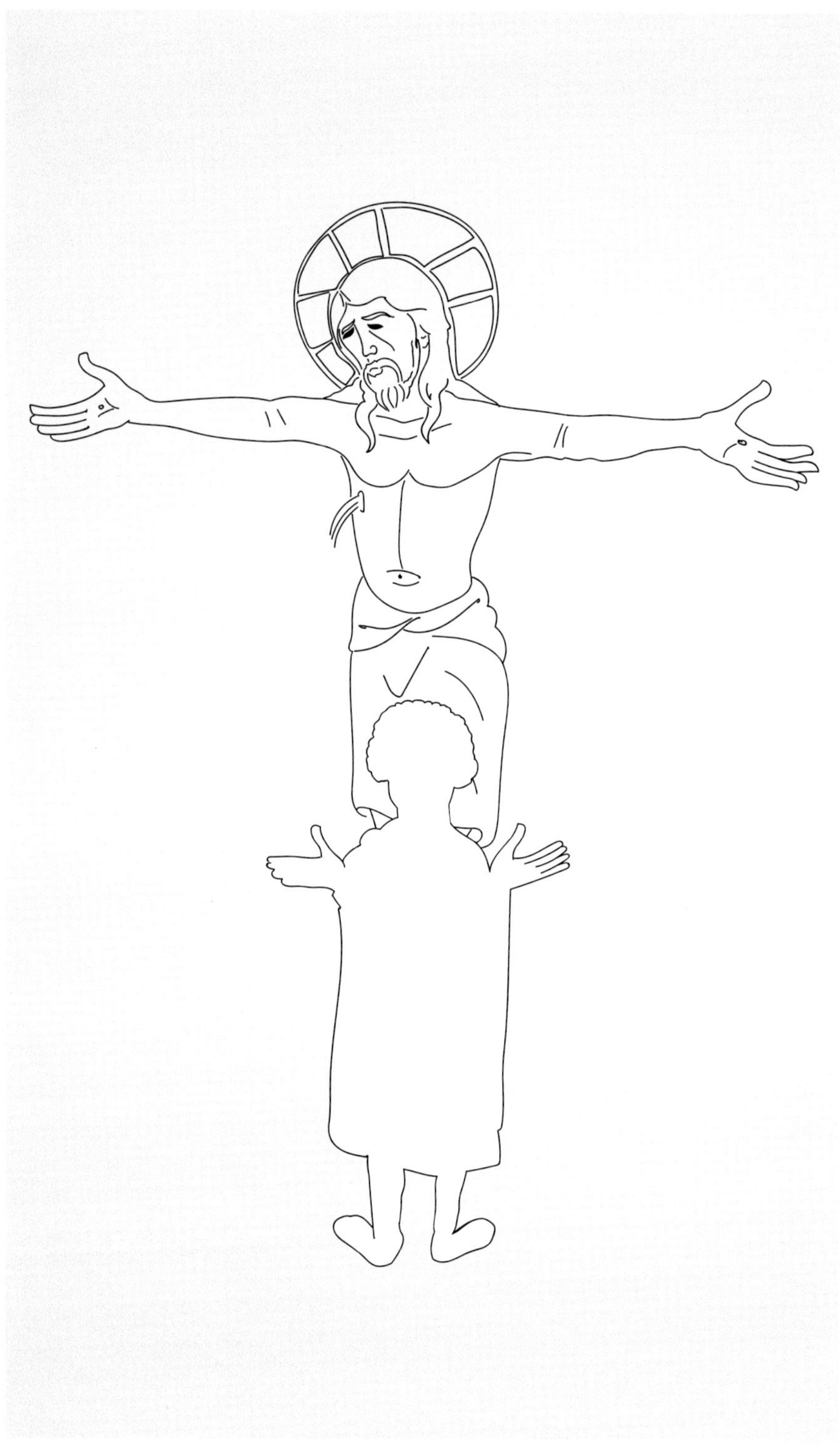

kunsthistorischen Untersuchungen zum Gebetbuch Ottos III., die Rolf Lauer und Elisabeth Klemm vorgelegt haben,[70] nicht hergeleitet werden konnte. Es handelt sich somit offenbar um eine selbständige Bildformulierung des Programmschreibers der Handschrift. Der stehende Christus ermöglicht zudem eine Analogiebildung zum unteren Register, wo – gebührend kleiner und unnimbiert – der jugendliche Herrscher im Orantengestus mit ausgebreiteten Händen angeordnet wird. Dessen Gebet richtet sich durch die analoge Anordnung an den stehenden Christus, und die Anordnung der auffälligen Hände des Gesamtbildes unterstützt dies noch. Die auswärts gerichtete Handstellung des Herrschers zeigt die von ihm ausgehende Richtung an, während im oberen Register die Hände des Täufers und der Gottesmutter vor dunklerem Hintergrund kontrastreich und aus dem Kontur herausgehoben nach innen zu Christus weisen, wo sie in der segnenden Hand ihren Zielpunkt finden. Ganz im Gegensatz dazu sind die Hände der Apostel unten im Kontur eingebunden und wenig kontrastiert, wodurch die beiden Vertreter der Kirche sehr statisch wirken.

Textlich ist das Gebet jedoch auf die Kreuzigung gerichtet, wo der Text auch bildimmanent angeordnet wurde. Wolfgang Christian Schneider hat anhand mehrerer Dedikationsdarstellungen darauf hingewiesen, dass doppelseitige Miniaturen nicht nur im geöffneten Zustand eine spezifische Konstellation haben können, sondern sich im Schließen die Übergabe vollziehen kann, da dort die Gabe auf den Empfänger zu liegen kommt.[71] Nimmt man diese Idee für diese Doppelseite auf, so kommt im Gebetbuch Ottos III. der Herrscher im geschlossenen Zustand genau auf das Kreuz zu liegen (Abb. 14). Aufgrund seiner geringeren Größe reicht er mit dem Haupt nur in den unteren Bereich des Schurzes, wobei auffällt, dass der untere Saum kompositorisch genau auf einer Höhe mit seinem Hals angeordnet wurde. Die Höhendisposition der ungleichen Register der rechten Seite und damit auch die Größen der dargestellten Figuren leiten sich also aus dieser Anordnung Ottos am unteren Kreuzstamm her. Die geöffneten Hände des kindhaften Herrschers werden so

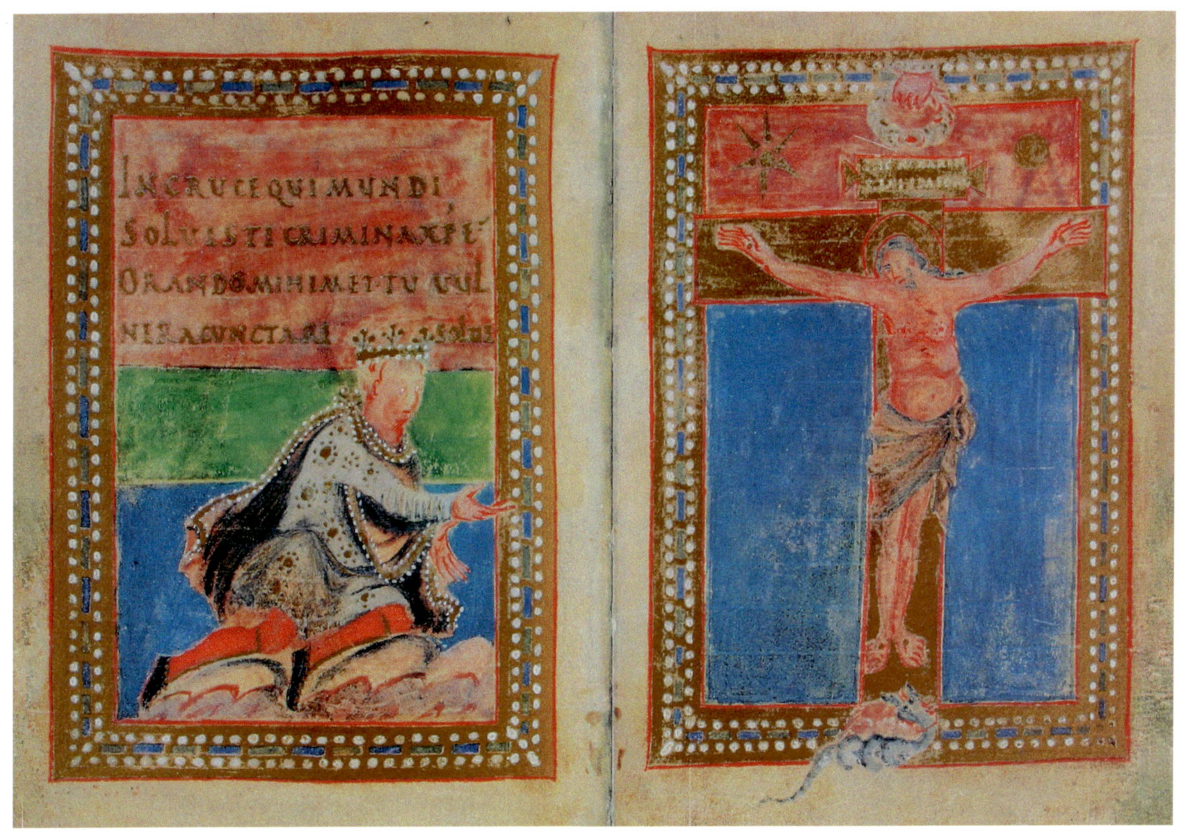

◂ **Abb. 14**
Simulation der Lage der Hauptfiguren aus Abb. 11 in geschlossenem Zustand des Gebetbuches (Kat. 26)

◂ **Abb. 15**
Kaiser Karl der Kahle in Verehrung des Kreuzes, in: Gebetbuch Karls des Kahlen, um 870, München, Schatzkammer der Residenz, ResMü SchK 4 WL, fol. 38ᵛ und 39ʳ

zu einem Umfassungsgestus des Kreuzstammes, zu einem Verehrungsgestus unter dem Kreuz und gleichzeitig durch die Ausbreitung zu einer Dokumentation der Nachfolge Christi am Kreuz.[72] Dies wäre nicht so zu betonen, wenn nicht die Kreuzverehrung in diesem Gebetbuch eine besonders hervorgehobene Rolle spielen würde und die Ikonographie der Kreuzverehrung in der Bildtradition des königlichen Gebetbuches sowohl für die oben erwähnten Gebetbücher Karls des Kahlen als auch Ludwigs des Deutschen als einzige bildliche Ausstattung überliefert wäre. Bei Karl dem Kahlen wird dies auf zwei Bildseiten gestreckt **(Abb. 15)**, wobei auf der linken der kniende König mit dem Kreuzgebet „Der du, Christus, am Kreuz die Sünden der Welt getilgt hast, heile mir bitte alle Wunden" angeordnet ist, dem rechts das monumentale Kreuz mit *Sol* und *Luna* und dem überwundenen Untier am Kreuzfuß gegenübersteht.[73] Hier funktioniert ein Schließen als bildliche Komponente nicht. Im Gebetbuch Ludwigs des Deutschen, wo die Kreuzverehrung auf einer Seite zusammengezogen ist, kniet Ludwig auf einer abgetreppten Kniebank und umfasst mit der Rechten den Dorn eines Steckkreuzes.[74] Durch eine Rahmung wird das Kreuz zu einem eigenen Bildfeld abgesetzt, in das der außerhalb angeordnete Herrscher nur hereinragt. Es zeigt neben dem Kreuz mit dem Gekreuzigten verkleinert Maria und Johannes Evangelista sowie oberhalb des Kreuzbalkens die zwei halbfigurigen, engelsgleichen Wesen von *Sol* und *Luna* mit Hörnern, die genauso an die Posaunen des Jüngsten Gerichtes wie an Füllhörner erinnern mögen. Als Bild im Bild wird der sinnbildliche Charakter der Darstellung besonders herausgehoben. Der Mainzer Programmschreiber hat diese beiden wohlkomponierten karolingischen Formulierungen nicht gewählt, weil er

▲ *Abb. 16*
Detail aus Abb. 12: Otto. III. in Proskynese und Jüngling mit Schwert (Kat. 26)

die liegende bzw. kniende Verehrung für die kommende Doppelseite mit der *Maiestas* reservieren wollte. In dem subtilen Schließungsakt greift er die Inhaltlichkeit der unmittelbaren Kreuzverehrung jedoch auf und erweitert sie durch die beiden Register rechts zu einem deutlich bereicherten Programm der Fürbitte und der Aufwertung der Kirche. Denn im unteren Register mit dem Herrscher zwischen den Aposteln wird – wie nicht zuletzt Rolf Lauer und Elisabeth Klemm eindrücklich aufgezeigt haben[75] – das Bildformular aufgegriffen, das im Sakramentar Karls des Kahlen den Herrscher zwischen zwei Bischöfen zeigt und das auch im erschlossenen ottonischen Pontifikale aus St. Alban aufgegriffen und zum Krönungsbild modifiziert worden ist.

Kunsthistorisch mag das zweiregistrige Bild auf der formalen Grundlage von byzantinischen Elfenbeinen basieren, wie die Forschung seit langem betont. Die wohlkomponierte und inhaltlich aufgeladene Darstellung nutzt eine solche mögliche Vorlage jedoch zur eigenständigen Weiterentwicklung sowohl in der Hinsicht der personellen Bestückung als auch der Ausprägung von Sonderikonographien wie dem stehenden Christus der *Deesis*. Hier geht es nicht um die Adaption einer byzantinischen Vorlage, sondern um eine komplexe inhaltliche Verkettung der Darstellungen zu einer mehrschichtigen Aussage.[76]

Eine singuläre Ikonographie zeigt dann die linke Seite der zweiten Doppelbildseite fol. $20^v/21^r$ **(Abb. 12)**, die auch Lauer und Klemm trotz zahlreicher Überlegungen nur durch bestenfalls allgemeine Parallelen eingeordnet bekommen haben:[77] Der mit einem reichen, königlichen Gewand bekleidete Herrscher kniet fast auf dem Boden liegend vor der rechts dargestellten *Maiestas Domini*. Er wird von einem seitenfüllenden Mauerwerk hinterfangen, das durch eine axial angeordnete Giebelnische mit überhöhendem Dachaufsatz als Architektur gekennzeichnet ist. In der genau in der Bildachse liegenden Nische steht nach links verschoben und seitlich angeschnitten ein barhäuptiger Jüngling, der ein Schwert am Knauf hält **(Abb. 16)**. Die Literatur verweist für die Verehrungshaltung auf die beiden oben erwähnten Kreuzverehrungen Karls des Kahlen und Ludwigs des Deutschen sowie auf die Verehrung der beiden Apostelfürsten im Lektionar Erzbischof Evergers von Köln (amt. 985–999), das etwa zeitgleich mit dem Gebetbuch Ottos III. in Köln entstanden ist.[78] Die *Maiestas Domini* folgt einem üblichen und weit verbreiteten Schema – gerne wird speziell auf das Kuppelmosaik in der Hagia Sophia von Thessaloniki aus dem späten 9. Jahrhundert verwiesen, das jedoch kaum direktes Vorbild gewesen sein dürfte.[79] Die Anordnung der Engel, die die *Mandorla* tragen, füllt kompositorisch das sonst im unteren Drittel beinahe leere Bildfeld und stellt eine Klammer zu den Engeln der Kreuzigung auf fol. 1^v dar. Kompositorisch ist wiederum eine genaue Höhenabstimmung der Doppelseiten zu erkennen, in der bei geschlossenem Zustand der auf dem Boden fast ausgestreckt kniende Herrscher unterhalb der Mandorla zu liegen kommt. Das Haupt des Schwertträgers ist hingegen auf den Fuß Christi angeordnet, was wie ein verehrendes Küssen als devotionale Geste zu lesen ist – für einen Höfling eine ungewöhnliche Aufwertung, zumal die Verehrung Christi durch den König indirekter ausfällt. Erklärlich wäre dies, wenn hier in einem Bildfeld zwei Darstellungen der gleichen Person synchron vereinigt wären – zumal die Häupter der beiden Jünglinge sich nicht wesentlich unterscheiden[80] und der Schwertträger in ein Gewand in der Farbe gekleidet ist, die der Herrscher unter dem Königsmantel trägt. Klären wird sich dies kaum, da es keine Parallelen für diese Darstellung gibt und alle Ansätze, welche die Architektur im Sinne eines Nominalwertes der Bildfindung beispielsweise als Aachen zu deuten versuchen, den stark sinnbildlichen Charakter der Darstellung verkennen.[81] Bemerkenswert ist die bildliche Differenzierung der drei Königsdarstellungen des Gebetbuches. Auf den beiden ersten trägt der Herrscher eine ähnliche Kleidung aus bläulichen Hosen, einer grünen Tunika mit goldenen Borten und einem roten *Chlamys*, der auf dem Devotionsbild durch eine eingestickte Doppellinie in der Form eines halben Kreuzes verziert ist. Dieses Motiv findet sich auch bei dem Dedikationsbild fol. 43v wieder (s. Abb. 13), wo der König unter der *Chlamys* jedoch eine weiße, fußlange und um den Körper geschwungene Tunika fast in der Art einer Toga trägt, was entsprechend der antikisierenden Architektur – Lieselotte Saurma-Jeltsch spricht von einer „marmornen Tempelfront"[82] – wohl als dezidierte Reminiszenz zu lesen ist. Der Herrscher ist hier auch mit Kastenthron und erstmals mit Krone eindeutig als Regent gekennzeichnet, in welcher Funktion ihm der Geistliche den Codex übergibt. Es findet sich bei aller Erkennbarkeit somit eine Steigerung: Die Auszeichnung der Kleidung nimmt von Darstellung zu Darstellung zu und gipfelt in dem Thronbild des Dedikationsbildes. Der Schritt vom Oranten des ersten Bildes zum Devotionsbild, in dem der Herrscher der *Maiestas Domini* angesichtig wird, erfolgt textlich über die Bußpsalmen und die Heiligenlitanei hin zum gekrönten Herrscher in seiner uneingeschränkten Souveränität. Das letzte Gebet dieses Blocks greift das Motiv des Herzens vom Kreuzgebet am Anfang („erleuchte auch mein Herz und meinen Leib") wieder auf: „Gott, vor dem jedes Herz offen steht und alles Trachten bekannt ist und dem kein Geheimnis verborgen ist, läutere durch die Ergießung des Heiligen Geistes die Gedanken meines Herzens, damit ich imstande bin, Dich vollkommen zu lieben und würdig zu preisen".[83] Damit leitet es zum Devotionsbild über, in dem der Herrscher jetzt würdig des Angesichtes ist.[84] Es dürfte kein Zufall sein, dass hier Anklänge an den Mainzer Krönungsordo, nach dem das Herz des Königs in der Hand Gottes liegt,[85] aufscheinen. Die Gebete für die Heiligen und Gott in allen drei Personen steigern dies dann im zweiten Block zum Ablassgebet und über die alltäglichen Gebete mit den zugehörigen Psalmen zur Kreuzverehrung. Der Abschluss mit dem Text zum Herausgehen aus der Kirche bildet die Zusammenfassung der gesamten Gebete vorher: „Herr, führe mich auf Deinem gerechten Weg wegen meiner Feinde. Lass mich unter Deinen Augen meiner Wege gehen."[86] Die Perspektive des betenden Königs wird aber zum Abschluss gewendet, indem der Segenswunsch für den König letztlich für den Auftraggeber der Handschrift formuliert wird: *Tu rex vive feliciter.* Dies zeigt dann das Dedikationsbild, auf dem der hier sprechende Auftraggeber den Codex an den König übergibt.[87] Die Darstellungen des kindhaften, bestenfalls jugendlichen Königs und diese immer wieder aufgegriffenen Motive des zu erleuchtenden Herzens des Königs und der feindlichen Widersacher lassen die Frage nach der Situation stellen, zu der der Codex hergestellt und übergeben wurde. Auch in ottonischer Zeit erfolgten Geschenke zu bestimmten Anlässen. Das Gebetbuch ist komponiert, die Texte sind teilweise modifiziert und die Bildausstattung aufwändiger als bei den anderen bekannten königlichen Handschriften. Dennoch standen für die Ausführung der Malerei keine erstklassigen Kräfte zur Verfügung, weshalb Hartmut Hoffmann seinen Eintrag zu dem Codex schließt „Hätte Willigis aber nicht einen begabteren Maler und einen besseren Schreiber für ein solches Geschenk gefunden?"[88]

Die erzbischöfliche Kanzlei von Willigis ist – nicht zuletzt dank der Arbeit von Hoffmann – seit den 990er

Jahren gut greifbar. Der Schreiber des Gebetbuchs tritt – nach Hoffmann – in mindestens zwei weiteren Mainzer Handschriften auf: einem Evangelistar in der Vatikanischen Bibliothek (Vat. Reg. lat. 15) und einem Evangeliarfragment in Epinal (Bibliothèque municipale, Ms. 265, ehemals 201).[89] In der vatikanischen Handschrift **(Abb. S. 12)** hat die Hand einem offenbar in Mainz geschriebenen Text vier Zierseiten mit Goldschrift auf Purpurseiten zusammen mit dem Trierer Schreiber des *Registrum Gregorii* vorangestellt, wobei dieser über den ganzen Codex verteilt auch mehrere Initialen hinzugefügt hat. Auch in Epinal handelt es sich um Goldtinte auf Purpurseiten **(Abb. 17)** – wie auch im Gebetbuch Ottos III. Offenbar war die Hand auf diese Dinge spezialisiert. Aussagekräftig ist, dass die Haupthand der vatikanischen Handschrift auch in der großformatigen Handschrift mit der *Moralia in Iob* von Gregor dem Großen auftritt, die eindeutig aus der Mainzer Dombibliothek stammt und etliche Initialen von der Hand des Initialmeisters des Mainzer Festtagsevangelistars enthält **(Kat. 27.)**. In dem Codex finden sich nach Hoffmann insgesamt sieben Schreiberhände, die nacheinander an dem langen Text geschrieben haben und von denen mindestens fünf in anderen Mainzer Codices der Willigiszeit nachzuweisen sind. Die Anlegehand der vatikanischen Handschrift ist hier die vorletzte Hand. Wenn man davon ausgeht, dass der Schreiber des Gebetbuches (zusammen mit dem Trierer Meister) das Evangelistar im Vatikan vollendet und repräsentativer ausgestattet hat, das von einer Hand geschrieben wurde, die auch zur Blütezeit des Skriptoriums in Mainz noch tätig war, dann kann es sich nicht um eine zweitklassige Schreiberpersönlichkeit gehandelt haben. Selbst wenn die routinierte Schrift für Hoffmann Mängel an kalligraphischer Raffinesse zeigt, so weist die auch später noch erfolgte Vergabe von repräsentativen Aufträgen auf eine wichtige Schreiberpersönlichkeit hin. Offenbar war hier die ausgewiesene Persönlichkeit des Schreibers wichtiger als die Schönheit ihrer Schrift – die Leiter einer Werkstatt sind nicht immer die besten Handwerker. Über die Person und ihre Rolle innerhalb des Skriptoriums kann jedoch nur gemutmaßt werden. Viel wichtiger ist durch die Verkettung der Hand des Gebetbuches mit den anderen Handschriften des Skriptoriums, die zur reifen Phase der Produktion zählen, dass der Abstand zwischen der Herstellung des Gebetbuches und der Blüte des Skriptoriums um 1000 nicht allzu groß sein kann.

Die Datierung des Gebetbuches wird meist zwischen 983, dem Jahr der Königskrönung Ottos III., und 991, dem Beginn seiner Selbständigkeit angegeben.[90] Seit dem Tod seiner Mutter, Kaiserin Theophanu, im Jahr 991 hat Otto sukzessive die Regierungsgeschäfte an sich gezogen. 994 soll eine Schwertleite in der Pfalz (Uslar-) Solingen stattgefunden haben, die jedoch in den Quellen nicht überliefert wird. Otto war kurz nach seiner Königskrönung als Dreijähriger 983 in die Hände Heinrich des Zänkers gelangt, der ihn im Sommer 984 im fuldischen Filialkloster Rohr an Theophanu sowie Kaiserin Adelheid, die Großmutter Ottos III., aushändigte und damit seine eigenen Thronambitionen begrub.[91] Die kriegerischen Auseinandersetzungen, die im Zusammenhang mit dem versuchten „Staatsstreich"[92] des Zänkers entflammt waren, dauerten bis Mitte 985 an. Ostern 986 fand in Quedlinburg – dem Ort, an dem der Zänker Ostern 984 sich ein königliches Zeremoniell angemaßt hatte – nach der Konsolidierung ein geplantes Hoffest statt, in dem die Herzöge – einschließlich des Zänkers – für den jungen Otto die Marschalldienste versahen und sich damit ihm unterstellten. Dies war das formelle Ende der Rebellion gegen Otto und der Beginn einer einigermaßen reibungslosen Regentschaft von Kaiserin Theophanu für den minderjährigen König, die politisch erheblich von Erzbischof Willigis mitbestimmt wurde, nachdem sich Kaiserin Adelheid im Juli 985 nach Italien zurückgezogen hatte. Für alle Anlässe, die sich in den kommenden Jahren für das Geschenk eines Gebetbuches durch Willigis an Otto ergeben haben, war eine ausreichende Zeit für Planung und Ausführung vorhanden, die Willigis sicherlich durch die Einwerbung eines qualitätvollen Malers, wie er mehrere in den folgenden Jahren beschäftigt hat, genutzt hätte. Der Maler des Gebetbuches gehörte jedoch nicht in die Riege der Maler, wie sie gleichzeitig auf der Reichenau, in Trier oder in Köln tätig waren. Dies spricht für eine gewisse Eile und Kurzfristigkeit bei der Herstellung des Gebetbuches, für das Willigis auf lokale Mainzer Kräfte zurückgreifen musste. Eine solche Situation passt zu einer Anfertigung als Geschenk zu Ostern 986, mit dem Willigis dem jungen König nicht nur seine treue Gefolgschaft dokumentieren, sondern mit dessen Bildprogramm er auch die unstrittige königliche Würde des Kindes bildlich herausheben konnte. Wie die Herzöge den Marschalldienst versahen, so huldigte Willigis dem König durch sein Geschenk – was das Dedikationsbild auch genau so zeigt. Für einen solchen Anlass ist auch der Text passend ausgewählt, denn er endet mit der Kreuzverehrung am Karfreitag. Das Gebetbuch mutet so mit seinen Bußtexten wie der Begleiter zum Abschluss der Fastenzeit an, der mit Karfreitag abbricht und dann mit der Miniatur der Herrscherhuldigung am Ostertag wieder anhebt. Dem jungen Otto dürfte das Gebetbuch also bereits bei der Ankunft in Quedlinburg überreicht worden sein; der Marschalldienst der Herzöge hätte hierfür auch keinen angemessenen Rahmen bereitgehalten. Aber mit der Abschlussminiatur reihte sich der Erzbischof in die österliche Huldigung der Herrschaft des Königs bildlich ein.

Der Hoftag von Quedlinburg war in seiner politischen Relevanz ein Jahr zuvor noch nicht denkbar gewesen. Erst im Sommer 985 stand der Durchsetzung Ottos nichts mehr im Wege, und Theophanu und Otto begaben sich zur Dokumentation ihrer Herrschaft auf den Umritt durch die Reichsteile. Den Abschluss fand der Umritt Weihnachten in der Pfalz Ingelheim, eben nahe Mainz. Erst zu diesem Zeitpunkt dürfte man sich Gedanken gemacht habe, wie man der neu geschaffenen Stabilität nach Abschluss des Umritts auch zeremoniell einen Rahmen geben konnte. Die Entscheidung, dies Ostern in Quedlinburg zu tun, dürfte wohl hier gefallen sein oder wurde zumindest hier verkündet, damit die Großen sich rechtzeitig nach Sachsen begeben konnten. Willigis hatte demnach in diesem Winter nur drei Monate Zeit, um das Gebetbuch herstellen zu lassen, was angesichts des überschaubaren Umfangs gut machbar gewesen sein dürfte und wohl kaum mehr als einige Wochen in Anspruch nahm – wenn man auf die eigenen Kräfte zurückgreifen konnte und keine externen Maler einwerben musste.

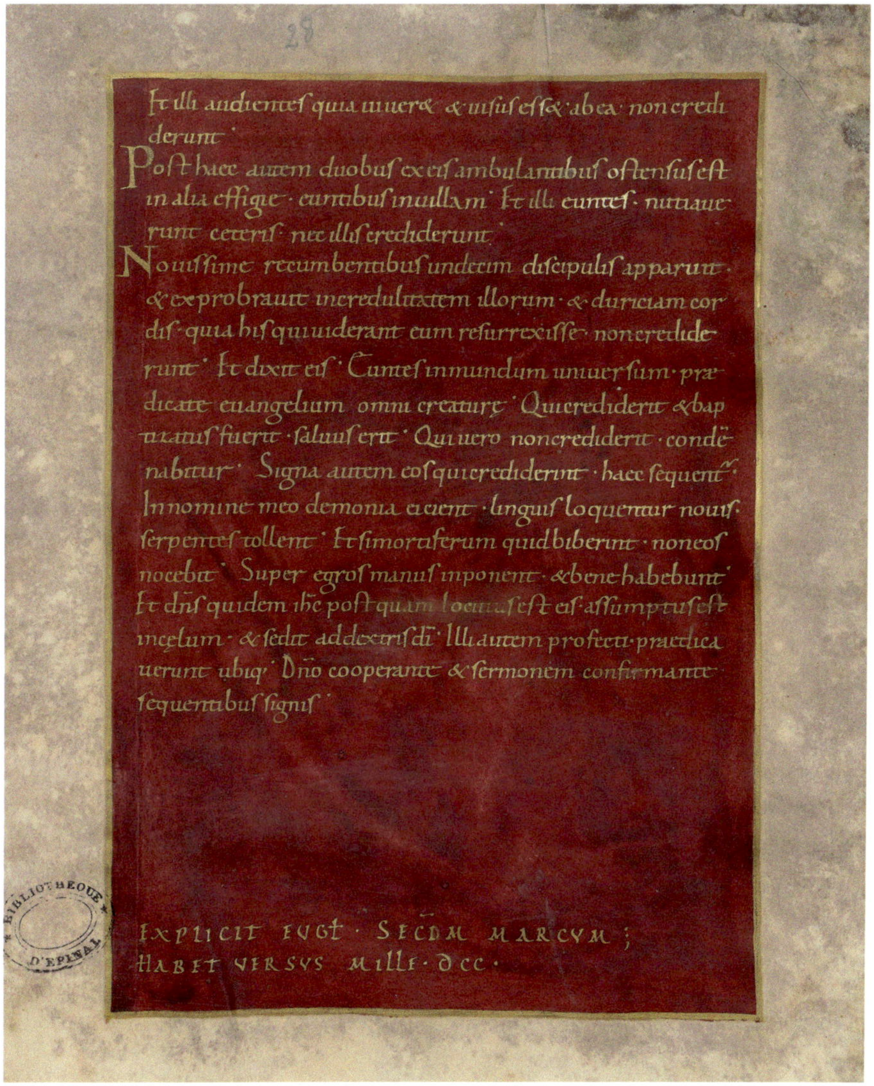

Alternativ zu 986 gibt es in diesen Jahren nur noch eine teilweise vergleichbare Situation: Sie ergab sich 991, als Theophanu noch Ostern einen glanzvollen Reichstag in Quedlinburg abgehalten hatte, dann aber am 15. Juni in Nimwegen überraschend starb. Stand damit zwar die Herrschaft des inzwischen elfjährigen Ottos III. kaum mehr zur Disposition, umso mehr jedoch die

▲ ***Abb. 17***
Purpur-Zierseite, in: Fragment eines Evangeliars, um 1000, Epinal, Bibliothèque municipal, Ms. 265 (ehemals Ms. 201), fol. 28

▲ *Abb. 18*
Thronender Christus, Einzelblatt in einem Mainzer Benediktionale, um 1000, St. Gallen, Stiftsbibliothek, Cod. Sang. 398, p. 4

von Willigis, der in den vergangenen Jahren an der Seite Theophanus auch gegen Kaiserin Adelheid und ihre Kreise seine Position behauptet hatte. Adelheid nahm ihre Rolle als Vormund des noch minderjährigen Königs wieder auf, jedoch ist bezeichnend, dass sie offenbar weder an der Bestattung Theophanus in Köln teilnahm noch sofort in Erscheinung trat, obwohl sie zum Zeitpunkt des Todes von Theophanu in Quedlinburg weilte. Vielmehr handelten Willigis, Adelheid und Adelheids Tochter, Äbtissin Mathilde von Quedlinburg, erst im Oktober 991 die Bedingungen für die Regentschaft aus und machten sie im Januar 992 auf den Reichstagen in Grone und Frankfurt bekannt. Willigis konnte so seine Rolle vorerst behaupten, die er jedoch spätestens ab Mitte der 990er Jahre sukzessive einbüßte. Auch zu diesem Anlass würde das Dedikationsbild passen, auf dem sich Willigis als Schenker weit zurücknimmt und dem antikisch ausgezeichneten römischen König fast das gesamte Bild überlässt. Er unterstreicht damit das Königliche des Adressaten und übt sich selbst in Bescheidenheit. Allerdings spricht nicht nur die sehr kindliche Darstellung des Herrschers auf den ersten Doppelseiten gegen diese Datierung – was jedoch die motivische Gleichsetzung von Dargestelltem und Darstellung voraussetzen würde, die in dieser Zeit höchst problematisch ist –, sondern vor allem die Entwicklung der Mainzer Buchmalerei, insbesondere in der Initialornamentik (s. S. 205 ff.). Es spricht deshalb vieles für die von der Forschung meist vertretene Datierung zwischen 983 und 986, wobei eine Ansetzung vor 985 aufgrund der politischen Umstände eigentlich ausgeschlossen werden kann. Das Osterfest 986 dürfte der Anlass gewesen sein, für den die kleine Handschrift unter Nutzung des vorhandenen Personals in einem nicht auf Buchmalerei ausgerichteten Skriptorium hergestellt wurde.

In diesem zeitlichen Umfeld dürfte auch der byzantinische Stil der Darstellungen keineswegs zufällig sein. Die Einflüsse byzantinischer Vorlagen für den Stil sind von der Forschung lange benannt und mit mehr oder weniger eindeutigen Vergleichsbeispielen auch belegt. Insbesondere der Kreuzigung und der *Maiestas* liegen zudem direkte byzantinische Vorlagen zugrunde, während die anderen Darstellungen Modifikationen bekannter Ikonographien aus karolingischer Zeit sind. Die für byzantinische Malerei eher ungewöhnliche, stark rottonige, mit Weiß und Blau abgesetzte Farbigkeit weist darauf hin, dass hier wohl weniger malerische als eher skulpturale Vorlagen wie Elfenbeine rezipiert wurden. Byzantinische Kunst war im letzten Viertel des 10. Jahrhunderts Mode im ottonischen Reich. Dennoch fällt auf, dass weniger die süddeutschen und auch nicht die sächsischen Buchmalereizentren, auch nicht Trier dieser Mode folgten, sondern vor allem Köln und Mainz, also die beiden westdeutschen Zentren, die in enger Verbindung mit Kaiserin Theophanu standen. Wenn Abt Odilo von Cluny (amt. 994–1048) als Vertrauter Adelheids in seiner Erinnerungsschrift *Epitaphium* Theophanu durchaus distanziert immer als ‚griechische Kaiserin' oder die ‚Griechin' bezeichnet,[93] dann zeigt sich hieran die zeitgenössische Sichtweise auf Theophanu. Die Benutzung eines byzantinisierenden, ‚griechischen' Stils bedeutete dann so etwas wie eine dezidierte Parteinahme für Theophanu und Otto III., was gerade im Jahr 986 durchaus Bekenntnischarakter hatte.

DAS EVANGELIAR AUS DEN HAAG UND SEIN KREIS

Die gleiche Vorlage, die für die *Maiestas Domini* im Gebetbuch Ottos III. gedient hat, lag auch einer Darstellung, die einem heute in St. Gallen befindlichen Mainzer Benediktionale vorgebunden wurde, zugrunde (Stiftsbibliothek, Cod. 398, p. 4).[94] Carl Nordenfalk hat in seiner Rezension zu Bloch/Schnitzler auf die Verwandtschaft zuerst hingewiesen.[95] Das Einzelblatt ist zwar einer kompletten *Quaternio* eingelegt, doch stimmt die Schrift der Pupurzierseite p. 3 mit der auf dem Purpurfeld auf p. 5 überein, weshalb es sich um eine zusammenhängende Herstellung dieser Ziereinleitung des Codex handeln muss.[96] Die Handschrift selbst wird von Hoffmann „einem vorzüglichen Kalligraphen der Willigisschule etwa um die Jahrtausendwende" zugeschrieben, den er aber nicht näher durch andere Handschriften greifen kann. Hingegen vermutet er, dass die Hand der Zierseiten mit der Hand vergleichbar sei, die auch die Zierseiten im Evangeliar aus Den Haag geschrieben hat.[97]

Im Gegensatz zur Darstellung im Gebetbuch (**vgl. Abb. 12**) thront Christus, der von der Inschrift *Salvs Mvndi* umgeben ist, hier nicht in der *Mandorla* auf dem Regenbogen, sondern auf dem Kosmos selbst (**Abb. 18**). Die Füße sind auf ein *Suppedaneum* gestützt. Insgesamt ist die Bildformulierung schlüssiger, was gerade der untere Gewandabschluss im Gebetbuch offenkundig macht. Vermutlich folgt deshalb das Titelbild des Benediktionales dem gemeinsamen Vorbild näher. Elisabeth Klemm hat dafür auf Christus im Mosaik der Schlüsselübergabe an Petrus in Santa Costanza in Rom aus dem 4. Jahrhundert verwiesen, wobei sicherlich ein Zwischenglied zu erwarten ist.[98] Die direkte Verwandtschaft beider zeigt sich neben der übereinstimmenden Gesamtdisposition Christi in der Organisation des Mantels, der von der linken Schulter als vertikales Feld heruntergeführt wird, vor dem Bauch dann aber als Umschlingungsmotiv horizontal ausgebildet ist. Besonders der über dem linken Bein herübergeschlagene Wulst verbindet beide Darstellungen.

Die Schrift der Zierseiten der ersten Seiten in St. Gallen stimmt mit dem ehemals aus Laon stammenden Evangeliar in Den Haag (Koninklijke Bibliotheek, Cod. 135 F 10) überein.[99] Dieses Evangeliar, das neben der zwölfteiligen Kanontafelfolge heute nur noch Evangelistenbilder von Matthäus (fol. 7v) und Markus (fol. 47v) mit ihren gegenüberliegenden Zierseiten enthält (Lukas und Johannes wurden herausgeschnitten), wurde nach Hoffmann von insgesamt sieben verschiedenen Händen geschrieben. Den Hauptschreiber B, der auch das Evangeliar aus St. Mauritius in der Mainzer Stadtbibliothek (Hs II 3, **Kat. 32**) geschrieben hat, sieht er in Fulda ausgebildet. Zudem sind zwei in Corvey ausgebildete Schreiber beteiligt (C und G), während die vier anderen Hände mainzisch sind. Die Hand A, die offenbar den Haupttext der Hand B ergänzt hat, ist zudem an der Augustinus-Handschrift der Mainzer Stadtbibliothek (**Kat. 30**) beteiligt (vgl. Seite 204f.), wie die Zierschriften auf den Purpurseiten der im St. Galler Codex greifbaren Hand zuzuweisen sind. Insgesamt zeigt sich hier ein aus verschiedenen Orten in Mainz zusammengestelltes Skriptorium, das in einem – trotz aller Verluste – noch heute greifbaren Umfeld einer agilen Handschriftenproduktion zusammenwirkte. Die Vielzahl der Schreiber erklärt sich mit der nachträglichen Ausstattung eines ursprünglich ungeschmückten Evangeliars durch Kanontafeln, Evangelistenbilder und Zierseiten, die in eigenen Lagen eingelegt wurden und dafür Textblätter ersetzten. Diese Hinzufügung erfolgte den Schreiberhänden nach in Mainz und lokalisiert damit auch die Kanontafeln, Evangelisten und Zierseiten hierher.

Die Kanontafeln des Evangeliars in Den Haag sind im Giebeltypus mit seitlich rahmenden Säulen angelegt, bei denen die Kanonspalten nur durch feine Linien voneinander getrennt sind (**Abb. 19/20**). Dies entspricht dem sogenannten Reimser Typus, wo sich diese Form der Kanontafeln seit karolingischer Zeit einer besonderen

▸ *Abb. 19*
Kanontafel, in: Evangeliar, um 1000, Den Haag, Koninklijke Bibliotheek, Cod. 135 F 10, fol. 2r

▸▸ *Abb. 20*
Kanontafel, in: Evangeliar, um 1000, Den Haag, Koninklijke Bibliotheek, Cod. 135 F 10, fol. 2v

CAN. II.
IN QUO. III.
MAT. MAR. LUC.

◄◄ *Abb. 21*
Evangelist Matthäus, in: Evangeliar, um 1000, Den Haag, Koninklijke Bibliotheek, Cod. 135 F 10, fol. 7v

◄ *Abb. 22*
Evangelist Markus, in: Evangeliar, um 1000, Den Haag, Koninklijke Bibliotheek, Cod. 135 F 10, fol. 47v

► *Abb. 23*
Evangelist Markus, in: Evangeliar, um 980/85, Prag, Kloster Strahov, Ms. DF III 3, fol. 66v

Beliebtheit erfreut hat. Sie unterscheidet sich von der sonst geläufigeren Form des Arkadentypus oder auch der Kölner Mischform.[100] Auch das Evangeliar aus St. Mauritius (**Kat. 32**), das vom gleichen Hauptschreiber geschrieben wurde, folgt dem Reimser Typus und wohl auch der gleichen Vorlage (**vgl. Abb. S. 276 u. S. 277**).[101] Die Evangelisten der Handschrift aus Den Haag wirken auf den ersten Blick relativ heterogen: Matthäus thront nach rechts gewandt in einem blassroten Gewand und schreibt auf einen roten *Rotulus*, den ihm die in der oberen rechten Ecke mit drei Flügelpaaren erscheinende Halbfigur des Evangelistensymbols herablässt (**Abb. 21**). Matthäus hat das linke Bein hinter das im fast rechten Winkel abgeknickte rechte durchgeschoben, weshalb sich sein Gewandsaum auffächert. Volumenhafte Formen gestalten den Körper schwer, werden jedoch durch leicht schwingende Faltenführungen und Weißhöhungen abgemildert. Der Hintergrund ist in vier Streifen organisiert. Ein kleines Wellenband trennt den grünen unteren Streifen, in dem sich auch Pflanzenwerk oder Schatten finden, von dem darüberliegenden blauen Streifen ab. Eine größere Wellenlinie etwa auf Brusthöhe des Evangelisten scheidet vom einem roten Streifen, der zum linken Bildrand hin ansteigt und über dem ein blassroter Streifen nur links von einer wie eine *Aureole* um das Evangelistensymbol herumgeführten Streifen erscheint. Markus hingegen ist nach links gewandt und hat die Füße nebeneinandergestellt (**Abb. 22**). Der *Rotulus* fließt in seinem Rücken vom Evangelistensymbol herunter, wird von seiner Linken gehalten und fällt dann in einem rechten Winkel vor seinen Knien bis fast zum Boden. Der Thron wirkt hier monumentaler, das blassviolette Gewand mit grünen Absetzungen gibt dem Bild eine andere Farbigkeit. Dunkel ist der untere Wellenstreifen als Boden gekennzeichnet, über dem sich ein blassvioletter Streifen erhebt, der zum blauen oberen Streifen vermittelt, auf dem Wolken eingezeichnet sind. Rolf Lauer hat die grundsätzliche Abhängigkeit der beiden Evangelisten von der karolingischen Gruppe des Wiener Krönungsevangeliars erkannt,[102] was nicht zuletzt in der landschaftlichen Anlage der Gründe eindeutig ist. Als direktere Vorlage sah er jedoch eine Evangelistenfolge des Trierer Gregormeisters in der Art der Folge im Trierer Evangeliar, das sich heute in Kloster Strahov in Prag befindet (Ms. DF III 3, um 980/985, **Abb. 23**).[103] Besonders die volumenhaften Formen, aber auch einige Einzelmotive der Sitzhaltungen und Gewandzeichnungen weisen in diese Richtung. Allerdings hat das Krönungsevangeliar gerade in Reims eine reiche Nachfolge gefunden, die durchaus vergleichbare Lösungen hervorgebracht hat, da auch der Trierer Gregormeister sich gleicher Vorlagen bediente, wie vor Kurzem noch einmal Matthias Exner gezeigt hat.[104] Unabhängig von der Bedeutung, die ein Werk des Gregormeisters für diese Bildformulierungen gespielt haben könnte, sind die Unterschiede zwischen den Evangelisten und den figürlichen Darstellungen sowohl des Gebetbuches Ottos III. als auch des Benediktionale in St. Gallen offenkundig. Als Beispiel sei – neben der schon grundsätzlich anderen Farbpalette – wegen der vergleichbaren Sitzhaltung nur auf die unterschiedliche Verwendung der Weißhöhungen beim Dedikationsbild im Gebetbuch und beim

◂ *Abb. 24*
Detail aus Abb. 13: die Weißhöhungen in der Darstellung Ottos III.

◂ *Abb. 25*
Detail aus Abb. 21: die Weißhöhungen in der Darstellung des Evangelisten Matthäus

Evangelisten Matthäus verwiesen **(Abb. 24/25)**. Hat der Gebetbuchmeister den Kontur mit parallelen Falten begleitet, in denen sich Hell und Dunkel markant abwechseln, während er die Oberschenkelpartie flächig weiß höhte und zu den Konturfalten abschattierte, so fehlen bei Matthäus konturbegleitende Falten fast vollständig. Der Oberschenkel ist in Rot angelegt, nur auf der Oberseite werden Lichter in dreieckigen Flächen, die von kleinen roten Linien begleitet werden, gesetzt. Alles ist deutlich linearer, strichelnd angelegt. Die Weißhöhungen sind gerne geometrisch, oft in dreieckigen oder leiterhaften Figurationen mit auslaufenden Punktierungen den Gewändern aufgelegt. Hier stehen sich das Gebetbuch und St. Gallen trotz aller Unterschiede untereinander doch deutlich näher. Es dürfte demnach eine ganz andere Gruppe von Malern inzwischen in Mainz tätig geworden sein. Man darf davon ausgehen, dass sie auch am Sakramentar im Mainzer Domschatz **(Kat. 31)** tätig waren, wo insbesondere die Kreuzigung Petri (fol. 121ʳ) ähnliche Lichtersetzungen wie auch einen aus vergleichbaren Elementen konstruierten Hintergrund zeigt **(s. S. 203f. sowie Abb. 31)**.

Das Evangeliar in Den Haag wurde offenbar trotz seiner Heterogenität zur Grundlage für den Text des Mainzer Domschatz-Evangeliars **(Kat. 29)**, dessen bildliche Ausstattung von einem Hildesheimer oder niedersächsischen Maler geschaffen wurde **(Abb. 26/27)**.[105] Von den beteiligten Schreibern ist nur die letzte Hand, die auch Korrekturen und Ergänzungen angebracht, also den Codex vollendet hat, Mainz zuzuweisen, während Hoffmann die anderen keiner Schreibschule näher zuordnen konnte.[106] Auffällig ist jedoch, dass beispielsweise im Capitulare eindeutig Fehler aus dem Evangeliar in Den Haag abgeschrieben wurden.[107] Das Domschatz-Evangeliar muss deshalb in Mainz entstanden sein. Offenbar haben in der Mainzer Handschriftenproduktion also nicht nur unterschiedlich angeworbene Hände geschrieben, sondern auch gemalt. Methodisch sind damit Zuweisungen an die Mainzer Werkstatt problematisch, denn was macht einen Mainzer Maler zu einem

▸ *Abb. 26*
Evangelist Lukas, in: Evangeliar, um 1000, Mainz, Domschatz/ Bischöfliches Dom- und Diözesanmuseum, Inv. Nr. B 00324, fol. 113ʳ (Kat. 29)

▸▸ *Abb. 27*
Evangelist Johannes, in: Evangeliar, um 1000, Mainz, Domschatz/ Bischöfliches Dom- und Diözesanmuseum, Inv. Nr. B 00324, fol. 171ᵛ (Kat. 29)

INPRINPIO· ERATVERBVM·

▸ *Abb. 28*
Frauen am Grabe Christi, in: Sakramentar, um 1000, Mainz, Domschatz/Bischöfliches Dom- und Diözesanmuseum, Inv. Nr. B 00325, fol. 84ᵛ (Kat. 31)

Mainzer Maler? Seine Ausbildung in Mainz, seine Tätigkeit hier, sein Auftrag aus Mainz oder nur seine Anpassung an den derzeit gepflegten Stil? Das gesamte System von Schulzusammenhängen ist angesichts der Situation in Mainz unter Willigis in Frage zu stellen.

Das Sakramentar aus dem Mainzer Domschatz (**Kat. 31**) bildet neben dem Gebetbuch Ottos III. und dem Evangeliar in Den Haag die heute prominenteste Handschrift der Mainzer Buchmalerei aus der Zeit von Erzbischof Willigis.[108] Nachdem mehrere Bild- und Zierseiten herausgeschnitten wurden, enthält es noch ganzseitige Bilder zu Ostern (fol. 84ᵛ), Pfingsten (fol. 109ᵛ) und zum Apostelfest Petri (fol. 121ʳ). In Analogie zum nahezu gleichzeitigen Sakramentar aus St. Gereon in Köln, das sich heute in Paris befindet (Bibliothèque nationale de France, Ms. lat. 817) und auf das von der Literatur zum Vergleich immer wieder verwiesen wird,[109] wären darüber hinaus Darstellungen zum Weihnachtsfest, eine *Maiestas* zum Beginn des Messkanons, eine Kreuzigung zu Karfreitag und vielleicht eine Himmelfahrt Christi zu erwarten.

Der Text des Sakramentars folgt dem um 960 in St. Alban in Mainz kompilierten ‚Rheinischen Messordo'. Auch das offenbar während des Episkopats von Wilhelm angelegte Kalendar weist Bezüge zu St. Alban auf – auch wenn die dortigen Verstorbenen nicht als Mönche gekennzeichnet sind, worauf Hartmut Hoffmann mit Nachdruck hingewiesen hat.[110] Als Textvorlage hat Rolf Lauer ein unbebildertes Sakramentar des Trierer Gregormeisters erwogen, wie es aus Kloster Lorsch in Paris (Bibliothèque nationale de France, Ms. lat. 10501) erhalten ist,[111] dem dann für den Mainzer Codex Bild- und Zierseiten eingefügt wurden. Für die Bildseiten kann er jedoch keine einheitliche Vorlage benennen, weshalb er von einer eigenständigen Kompilation in Mainz ausgeht.

Die Miniatur zum Osterfest zeigt zwei Frauen am Grab vor dem rechts auf der Grabplatte mit aufgestellten Flügeln sitzenden Engel, der seine Rechte im Redegestus erhoben hat (**Abb. 28**). Ihr liegt eine offenbar karolingische Formulierung einer spätantiken Bildfindung in der Art des *Rabbula-Codex* zugrunde.[112] Eine auffallende Nähe hierzu zeigt das um 995 im Eifelkloster Prüm entstandene *Tropar* (Bibliothèque nationale de France, Ms. lat. 9448, fol. 33ʳ).[113] Noch näher steht die Miniatur dem auf der Reichenau entstandenen *Poussay-Evangelistar* in Paris (Bibliothèque nationale de France, Ms. lat. 10514, fol. 59ᵛ, um 980) sowie etwas entfernter der Szene im *Egbert-Codex* (Stadtbibliothek Trier, Cod. 24, fol. 86ᵛ, um 980), die zuletzt von Thomas Labusiak noch einmal ausführlich diskutiert wurden.[114] Offenbar fußen die Bildformulierungen in allen drei Skriptorien auf einer gemeinsamen oder zumindest sehr ähnlichen Vorlage(n), die wohl in Elfenbeinen der Jüngeren Metzer Schule zu suchen sind. Auf eine plastische Vorlage könnten die sehr unterschiedlichen stilistischen und malerischen Umsetzungen hinweisen. Mit der reichen Fuldaer Produktion von Sakramentaren seit den 970er Jahren hat die Osterszene kaum etwas zu tun, wie Christoph Winterer zeigen konnte.[115]

Die Mainzer Figuren der Osterszene sind in einer stark linearen Anlage mit wenig schattierten Gewändern gehalten. Die Falten sind kantig und ohne volumenhafte Rundungen. Dies unterscheidet sie von den Figuren der Pfingstdarstellung, wo die Apostel unter dem Vorsitz der oben dargestellten Apostelfürsten Petrus (rechts) und Paulus (links) in einer Kreisform angeordnet sind (**Abb. 29**). Sie sitzen auf einem gewundenen roten Stoff, der als Kissen auf einer mit grünen Vorhängen kaschierten Bank aufliegt. Die in Rücken- und Seitenansicht gezeigten vorderen Apostel werden durch stark geblähte, gerundete Formen gekennzeichnet, was sie beispielsweise mit dem Pfingstbild in der karolingischen Bibel aus der Abtei St. Paul vor den Mauern in Rom (fol. 295ᵛ) verbindet, das auch für die Gesamtkomposition herangezogen wird, obwohl dort das Pfingstbild mit der Himmelfahrt Christi kombiniert wird.[116] Thront in Rom in der Mitte der Gesellschaft die Gottesmutter beziehungsweise *Ecclesia,* so ist dies in Mainz ein nicht näher verständlicher Stab (**Abb. 30**), der von der Kreisformation über die Taube des Heiligen Geistes zur Hand Gottes hinaufreicht, die durch eine halbkreisförmige *Aureole* ausgezeichnet sind, von der Strahlen ausgehen. Eine befriedigende Herleitung dieses Stabes wie auch eine Benennung der Vorlage für die Darstellung

der gesamten Szene, die sich wiederum von der Fuldaer Tradition stark unterscheidet, ist bisher nicht gelungen. Es dürfte sich kaum um das Relikt einer Baldachinstütze handeln, wie dies etwas hilflos Lauer erwogen hat, zumal es keine bekannten Pfingstbilder mit Mittelstütze an dieser Stelle gibt, die missverstanden hier fortgeschrieben werden könnten. Vielmehr ist die axiale Betonung mit der Hand Gottes und dem Heiligen Geist hier von Bedeutung. Ihre Fortsetzung müsste inhaltlich das Kreuz Christi bilden. Wie den Querbalken eines Kreuzes hat der Maler die Hände der beiden Erzapostel angeordnet, was kompositionell nicht nur in den Köpfen der Apostel im dritten Register von oben aufgegriffen wird, sondern auch genau auf der Grenze des mittleren zum oberen Drittel der Miniatur liegt – einer typischen Betonungslinie. Offenbar hat der Maler hier eine theologische Formulierung versucht, bei der das Kreuz als Sinnbild Christi im Kreis der Apostel steht – oder diese unter Weglassung des Kreuzbalkens aus einer Vorlage übernommen.

Die ganzseitige Kreuzigung Petri im *Proprium Sanctorum* zum Apostelfest am 29. Juni **(Abb. S. 262)** fällt ikonographisch aus dem Rahmen, da die Bildtradition die Martyrien von Petrus und Paulus in aller Regel zusammen zeigt. Die Monumentalisierung von Petrus allein wird mit einer Bestimmung des Sakramentars für Worms erklärt,[117] wo Petrus Bistumspatron ist, jedoch dürfte eine Bestimmung für das Stift St. Peter in Mainz wahrscheinlicher sein. Das Mainzer Bild zeigt vor einem Streifengrund die Kreuzannagelung Petri. Der Heilige hängt kopfüber in ruhiger Stellung am Kreuz, während zwei Schergen hinter dem Kreuzbalken stehend mit dynamischen Bewegungen seine Hände annageln **(Abb. 31)**. Nachdem Rolf Lauer karolingische Handschriften Reimser Produktion als allgemeine ikonographische Vorlagen benannte, hat Rita Otto dezidiert auf die nagelnden Handwerker im *Ebo-Evangeliar* (Bibliothèque municipale Épernay, Ms. 1, um 830) verwiesen und zu Recht auf die Rezeption eines solchen Reimser Evangeliars auch bei den Kanontafeln der Mainzer Evangeliare in Den Haag und aus St. Mauritius aufmerksam gemacht.[118] Folgt man dem, so nutzte das

◂ ***Abb. 29***
Pfingsten, in: Sakramentar, um 1000, Mainz, Domschatz/Bischöfliches Dom- und Diözesanmuseum Mainz, Inv. Nr. B 00325, fol. 109v (Kat. 31)

◂ ***Abb. 30***
Detail aus Abb. 29: Stabartiger Strahl zwischen den Aposteln

▲ *Abb. 31*
Detail aus Abb. S. 262: Kreuzigung Petri mit nagelnden Schergen

Mainzer Skriptorium für diese gesamte Gruppe vermutlich das gleiche Reimser Evangeliar als Vorbild. Da dort jedoch kaum mit einer Darstellung des Martyriums Petri zu rechnen ist, kombinierte man offenbar souverän Bildelemente aus dem sekundären Bereich der Kanontafeln mit einer Kreuzigung Petri, wie sie beispielsweise in der Fuldaer Sakramentar-Illustration oder dem Prümer *Tropar* zu finden ist.[119]

Die voneinander abweichenden Figurenzeichnungen der Miniaturen belegen eine starke Abhängigkeit von den offenbar heterogenen Vorlagen. Lediglich der Stil, mit dem die Streifengründe und auch die Gewandoberflächen durch Lichter strukturiert sind, verbindet sie. Besonders deutlich ist dies durch die sehr ähnliche wellenartige, von farbigen Parallellinien begleitete Absetzung der belichteten Gewandpartien auf dem rechten Bein des Grabesengels und der rechten Schurzseite Petri. Ansätze dazu finden sich im Pfingstbild auch bei Paulus, hier jedoch aufgrund der kleinen Gesamtmaße eher summarisch angelegt. Dieser Stil, der in der Setzung von Höhungen an byzantinische Malerei erinnert, ohne dieser jedoch unmittelbar vergleichbar zu sein, leitet unmittelbar zu den Evangelisten im Evangeliar in Den Haag über, die offenbar der gleichen Produktion entstammen. Sie besitzen keine erkennbaren Beziehungen zu den Darstellungen im Gebetbuch Ottos III., das Florentine Mütherich mit dem Sakramentar verbinden wollte und dafür bereits von Rolf Lauer Widerspruch erfahren hat.[120] Vielmehr besteht eine deutliche Zäsur zwischen den Miniaturen in dem Gebetbuch und in der Gruppe um das Den Haager Evangeliar. Die Zwischenstellung kommt dabei am ehesten noch der *Maiestas Domini* in St. Gallen zu, deren Zierseiten der gleichen Hand wie die in Den Haag zu verdanken sind, während die Gewandzeichnung mit starker Linienführung dem Gebetbuch viel näher als dem ganz anders gestalteten Evangeliar steht.

In diesen Kreis um das Evangeliar in Den Haag gehört noch der ottonische Anfang der Augustinus-Handschrift *De trinitate* der Wissenschaftlichen Stadtbibliothek Mainz (Hs II 18, **Kat. 30**) mit seiner Titelminiatur auf fol. 9r **(Abb. S. 256)**. Der Text bis einschließlich fol. 23r wurde von der Hand A des Evangeliars in Den Haag geschrieben, die dort die fuldisch geprägte Hand des Hauptschreibers ergänzt und wohl auch die Zierseiten beschrieben hat.[121] Das mit einem Akanthusrahmen umgebene Bildfeld zeigt vor einem sehr linear abgetrennten Streifengrund links auf einem Kastenthron einen frontal sitzenden Bischof, der traditionell als Augustinus, von Tino Licht in diesem Katalog aber als Martinus interpretiert wird **(S. 259)**. Er nimmt von einem von rechts ihm zugewandten tonsurierten Schreiber den Codex entgegen. Im unteren Drittel befindet sich vor Purpurgrund eine *L*-Initiale sowie der Anfangstext *[L]ectvrvs hec que de trinitate dissueruimus.* Die Farbigkeit der Dedikation wird durch die schwarze Oxidation der silbernen Partien des Nimbus und des Palliums des Heiligen beeinträchtigt, besitzt aber große

Übereinstimmungen mit dem Pfingstbild des Sakramentars, wobei die Lichter gerade bei dem Schreiber kalligraphischer gesetzt sind und nicht die im Haager Evangeliar typischen Leiter- und Dreiecksfigurationen mit Punktausläufern aufweisen. Ikonographisch folgt die frontale Anordnung des Adressaten dem Dedikationsbild des zweiten Typus aus Hrabans Kreuzeslob (**Abb. 8**).[122] Die dort durchgängig zu findende Geleitung des Schreibers wird hier jedoch – wie in den meisten Dedikationsbildern dieses Typus – auf nur die beiden Hauptpersonen reduziert. Eine etwa zeitgleiche Formulierung zeigt – nicht nur wegen der Interaktion – das *Hartker-Antiphonar* aus St. Gallen (Stiftsbibliothek, Cod. Sang. 390, pag. 6r).[123] Seitenverkehrt und durch eine architektonische Einbindung repräsentativer ist das erste Widmungsbild im auf der Reichenau entstandenen *Gero-Codex* (Universitäts- und Landesbibliothek Darmstadt, Cod. 1948, fol. 6v, um 970), wo der Adressat – Petrus – den Codex jedoch nicht haptisch entgegennimmt, sondern mit einem Segensgestus akzeptiert.[124] Aufgrund der in Mainz bekannten Hrabanus-Handschriften ist eine Ableitung aus der dortigen Dedikationsfolge vielleicht mit einem Zwischenschritt wahrscheinlicher als eine Modifikation der Reichenauer Formulierungen, die ja selbst in der Tradition von Hraban stehen (s.o.). Insgesamt dürfte die Mainzer Augustinus-Handschrift ihrer Buchmalerei nach parallel zum Sakramentar, eher etwas früher als später, entstanden sein. Damit verkettet sie die ganze Gruppe um das Haager Evangeliar zeitlich sehr eng.

Der Stern von Erzbischof Willigis sank am königlichen Hof nach dem Tod Theophanus 991 rapide.[125] Ein Tiefpunkt war sicherlich 996 ein persönliches Zerwürfnis mit Otto III. in Rom. Der frisch gekrönte Kaiser erwirkte auf der Synode von Pavia 997 einen päpstlichen Indult, nach dem die Messe am Aachener Hochaltar nur noch vom Kölner Erzbischof und dem zuständigen Lütticher Suffragan zelebriert werden durfte.[126] Damit war Willigis faktisch als Hauptakteur bei der Königskrönung ausgeschlossen. Seine Rolle am Hof hatte längst Otto selbst übernommen und sich dabei von Bernward von Hildesheim (amt. 993–1011) sowie dem Brüderpaar Heribert von Köln (amt. 999–1021) und Heinrich von Würzburg (amt. 996–1018) beraten lassen, die sukzessive auf Bischofsstühle aufrückten.[127] Willigis zog sich zurück und begann – nach den zuletzt formulierten, überzeugenden Thesen von Ernst-Dieter Hehl – um 997 mit dem ambitionierten Neubau des Mainzer Domes.[128] Überraschend ergab sich 1002 mit dem frühen Tod Ottos wieder die Gelegenheit, reichspolitisch durch die Parteinahme für den Zänkersohn Herzog Heinrich von Bayern erneut an Bedeutung zu gewinnen. Nicht zuletzt dank der Unterstützung von Willigis wurde Heinrich II. dann 1002 König,[129] bevor der desaströse Brand des Mainzer Doms 1009 am Tag vor der Weihe wie ein Gottesurteil Willigis endgültig aller Ambitionen beraubte.

Wertet man diesen historischen Rahmen für die Datierung der Buchmalerei aus, so dürfte nach der eher punktuellen Herstellung des Gebetbuches Ottos III. vermutlich im Jahre 986 – zumindest nach dem überlieferten Denkmälerbestand – eine Unterbrechung eingetreten sein. Wenn die – durchaus fragwürdige – These einer Bestimmung des Mainzer Sakramentares (**Kat. 31**) für die Erhebung von Burkhard auf den Wormser Bischofsthron im Jahre 1000 stimmt, die Rolf Lauer formuliert hat[130] und die aufgrund der engen Verbindungen mit den anderen Handschriften der Gruppe um das Haager Evangeliar diese insgesamt datiert, dann dürfte die Buchmalerei erst in den späten 990er Jahren parallel zum Dombau intensiviert worden sein. Doch daran sind Zweifel angebracht.

DAS PURPUREVANGELISTAR UND SEIN KREIS

Von großer Bedeutung für den Initialschmuck der Willigiszeit in Mainz und für die Gesamtdatierung ist das häufiger auch Purpurlektionar genannte Festtagsevangelistar im Mainzer Domschatz (**Kat.27, Abb. 32, 33**).[131] Die Handschrift enthält auf durchgängig gerahmten Purpurfeldern, wie sie in Mainz seit dem Gebetbuch Ottos III. so oft vorkommen, insgesamt 25 Evangelienlesungen zu Hochfesten des Kirchenjahres und Heiligenfesten. Jede Lesung wird dabei durch eine fast seitenfüllende Rankeninitiale mit Gold- und Silberauflagen begonnen. Der einheitliche Gestaltungsrahmen kann nicht darüber hinwegtäuschen, dass hier zwei verschiedene Hände tätig waren:

▸ ***Abb. 32/33***
Zwei Purpurseiten (Hand A und Hand B), in: Festtagsevangelistar, um 1000, Mainz, Domschatz/ Bischöfliches Dom- und Diözesanmuseum, Inv. Nr. B 00258, fol. 7v und fol. 30v (Kat. 27)

IN DIE VIII NATIVITATIS XPI
STATIO AD SCAM MARIAM
AD MARTY RES SEQUENTIA
SCI EVAN GELII SECUN
DUM LUCĀ IN ILLO TR
P OST QUAM
CONSUMMATI SUNT
DIES OCTO UT CIRCUM
CIDERETUR PUER UOCA
TŪ EST NOMEN EIUS IHC
QUOD UOCATUM EST
AB ANGELO PRIUSQUĀ
IN UTERO CONCIPERETUR;

INDEDICA TIONE ECCL·
SEQ SCI EUA NG SECD
LUCAM ILLO TEPR
DI XIT
IHC DIS
CI PU
LIS SUIS·
NON EST
AR BOR
BO NA
QUE FACIT FRUCTUS
MALOS NE QUE ARBOR
MALA FA CIENS FRUC
TU BONU NA QUE ENI

Hand A schrieb fol. 1^{r}–16^{v}, Hand B fol. 17^{r}–30^{r}, die Initialen sind offenbar den jeweiligen Händen zugehörig. Rolf Lauer hat die Handschrift in seiner Dissertation kurz besprochen und seine Thesen in Katalogbeiträgen weiter verbreitet, denen beispielsweise auch Rita Otto gefolgt ist.[132] Er ging von einer Entstehung des ersten Teils in Lorsch und des zweiten in Worms aus, wobei die erste Hand eine direkte Prägung durch den Trierer Gregormeister zeige, aus dessen Werkstatt unter Abt Saleman (amt. 972–999) für Lorsch ein Sakramentar hergestellt wurde, das heute in Chantilly liegt (Musée Condé, Ms. lat. 40, ehem. 1447).[133] Hartmut Hoffmann hat die erste Hand als „anscheinend von der Reichenau gekommen, dann unter dem Einfluß des Meisters des Registrum Gregorii geraten" charakterisiert und damit diese kunsthistorische Einordnung bestätigt. Allerdings betont er die Beteiligung von Hand A auch an der Münchener Gregor-Handschrift (Bayerische Staatsbibliothek, Clm 8102) und der Gothaer Capitularien-Handschrift (Forschungsbibliothek, Membr. I 84), die beide genuin Mainzer Handschriften sind.[134] Inzwischen ist auch die Herkunft des Festtagsevangeliars aus der Willigis-(Mit-)Gründung und Ruhestätte St. Stephan in Mainz belegt und seine Herstellung für diese Kirche wahrscheinlich gemacht worden.[135] Nimmt man dies zusammen, so spricht alles für eine Herstellung in Mainz durch eine externe, wohl aus dem Trierer Kreis des Gregormeisters abgeworbene Kraft, die nicht nur an diesem herausragenden Auftrag, sondern fortan auch an anderen Handschriftenprojekten mitgewirkt hat. Sie wurde durch eine zwar schwächere, aber dennoch genauso ambitionierte Kraft ergänzt – möglicherweise, um den gewünschten Codex möglichst zügig fertigzustellen.

Nach Hoffmann – und ihm folgend Klemm – hat der Meister des ersten Teils des Pupurevangelistars im Münchener Gregor-Codex einen großen Teil der Initialen gemalt (fol. 78^{r}, 164^{r}, 211^{r} usw.) sowie die Rubrizierungen durchgeführt.[136] Die gleiche Funktion übernahm er auch bei dem Codex in Gotha.[137] Die anderen Mainzer Kräfte nahmen seine Impulse auf. So orientierte sich nicht nur die zweite Hand des Purpurevangelistars an ihm – wie es angesichts der angestrebten Einheitlichkeit der Festhandschrift auch geboten erscheinen mag –, sondern auch die anderen Initialen beispielsweise im Münchener Gregorcodex folgen in etwas reduzierter Form seiner stilistischen Vorlage. Die Bamberger Sammelhandschrift (Staatsbibliothek, Msc. Patr. 17), in der neben Augustinus auch die Texte des Gebetbuches von Alkuin überliefert sind (vgl. S. 176), enthält einige Spaltleisteninitialen, die sich unmittelbar mit Initialen in München und Gotha verbinden lassen. So findet sich der Knotenschaft von Clm 8102, fol. 424^{v} (*B*-Initiale, **Abb. 34**) ebenso in Bamberg fol. 147^{v} (*G*-Initiale) sowie modifiziert in Gotha fol. 133^{v} (*D*-Initiale, **Abb. 35**). Die sehr qualitätvolle *Q*-Initiale in München fol. 164^{r} (**Abb. 36**), deren Drache eine direkte Nachfolge von fol. 1^{r} des Pupurevangelistars in Mainz ist (**Abb. 37**), spaltet die Hasten nicht auf, sondern führt sie nur als Doppellinie, die an der breitesten Stelle eine vierblättrige Blüte einbeschrieben bekommt.[138] Bei aller Vereinfachung des Füllknotens übernimmt die *Q*-Initiale fol. 91^{v} dies ebenso wie auch die *d*-Initiale auf fol. 409^{r}. In gleicher Ausprägung – bis in die Punktierung der Blätter hinein – findet sich dieses Blütenmotiv in der *R*-Initiale der Gothaer Handschrift fol. 3^{r} (**Abb. 38**) oder in der Bamberger *D*-Initiale fol. 133^{v}. Die – allerdings auch deutlich kleineren – Initialen im Gebetbuch Ottos III. sind hingegen wesentlich einfacher und zeigen diese Einzelformen nicht (**Abb. 39**). Ebenfalls unterscheiden sich die wesentlich ausgreifenderen Initialen der Purpurzierfelder des Benediktionales in St. Gallen (**Abb. 40**), die von der gleichen Hand wie die Zierseiten im Evangeliar von Den Haag sein sollen. Aber auch in Clm 8102 finden sich Initialen, die in ihrer offeneren Form mit ausgreifenden Rankenausläufen an Reichenauer Initialen der 980er Jahre erinnern. So beispielsweise die beiden *P*-Initialen auf fol. 251^{v} und 327^{r} (**Abb. 41, 42**), die vereinfachte Kopien der *P*-Initiale von fol. 25^{r} des *Poussay-Evangelistars* in Paris (Bibliothèque nationale de France, Ms. lat. 10514) sind. Insgesamt sind hier mehrere Hände tätig, die in gegenseitiger Abhängigkeit voneinander stehen. Die Motive der Initialen sind stark durch Einflüsse der Reichenau geprägt und unterscheiden sich darin relativ deutlich von zeitgleichen Initialen

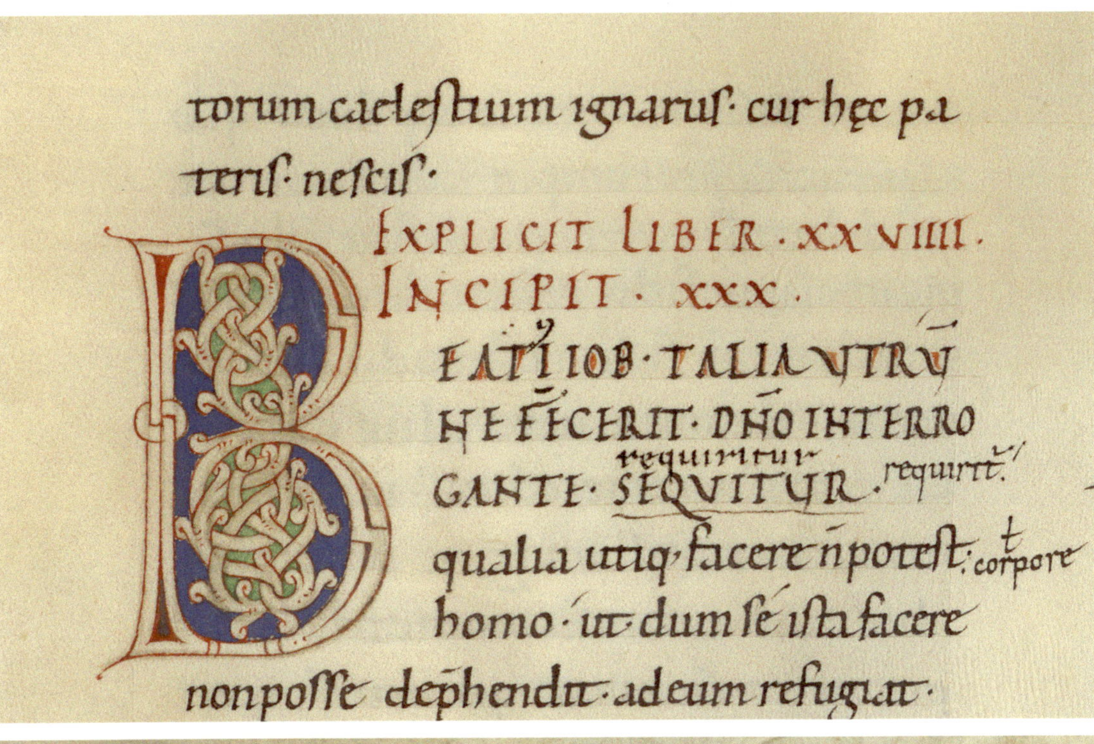

◂ ***Abb. 34***
*Initiale B, in: München, Bayerische Staatsbibliothek, Clm 8102, fol. 424^v^*

◂ ***Abb. 35***
*Initiale D, in: Gotha, Forschungsbibliothek, Memb. I 84, fol. 133^v^*

▸ ***Abb. 36***
Initiale Q, in: München, Bayerische Staatsbibliothek, Clm 8102, fol. 164r

◂ *Abb. 37*
Zierseite mit Initiale L, in: Festtagsevangelistar, um 1000, Mainz, Domschatz/Bischöfliches Dom- und Diözesanmuseum, Inv. Nr. B 00258, fol. 1ʳ (Kat. 27)

▸ ***Abb. 38***
Initiale R, in: Gotha Forschungsbibliothek Gotha, Memb. I 84, fol. 3r

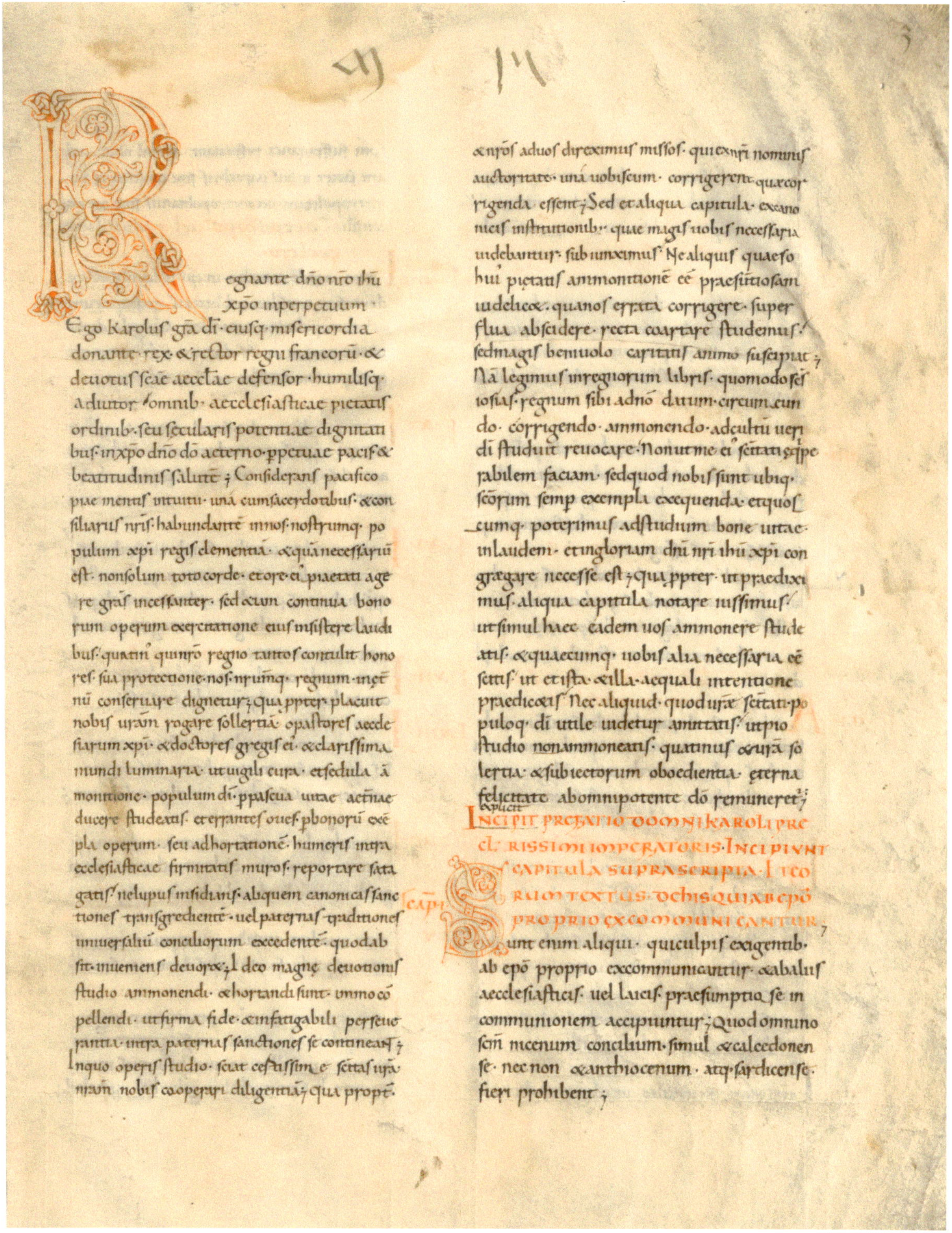

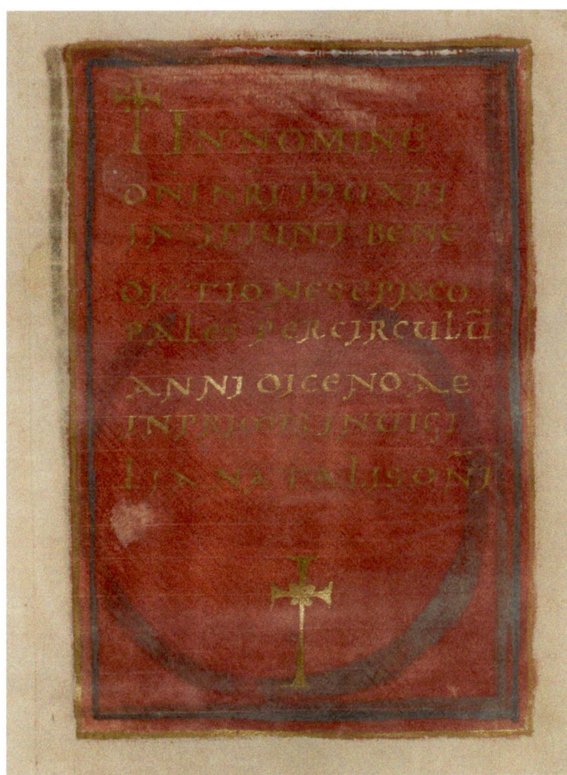

◂ **Abb. 39**
Initiale M in: Gebetbuch Ottos III., 986, München, Bayerische Staatsbibliothek, Clm 30111, fol. 7ʳ

◂ **Abb. 40**
Initialzierseite B, Einzelblatt in einem Mainzer Benediktionale, um 1000, St. Gallen, Stiftsbibliothek, Cod. 398, p. 3

beispielsweise in Fulda, wo die frankosächsisch-karolingische Buchmalerei noch stark nachwirkt, oder Köln, wo Initialen vor der Jahrtausendwende auch eine deutlich geringere Rolle als in Mainz gespielt zu haben scheinen. Willigis hat für seine Buchproduktion sowohl Schreiber als auch Maler eingeworben. Von großer Bedeutung war der Maler des ersten Teils des Festtagsevangelistars, weil er die zeitgleich in Mainz arbeitenden Kräfte beeinflusste und prägte. Keine erhaltene Handschrift im Umkreis des Evangeliars von Den Haag ist im Initialschmuck von seinen Impulsen unberührt, weshalb man die Einwerbung des Trierers an den Anfang der Gruppe setzen kann. Damit wird die Datierung des Festtagsevangelistars zum Anhaltspunkt für die Formierung der gesamten Gruppe: Die Werkstatt des Gregormeisters tritt spätestens 983/984 in Trier in Erscheinung und löst sich dort mit dem Tod Egberts 993 offenbar auf. Eine Anwerbung eines Mitarbeiters für Mainz dürfte 993 also leicht erklärbar sein. Jedoch stammt das purpurgeschmückte Festtagsevangelistar aus St. Stephan, dessen Gründung unter erheblicher Beteiligung, wenn nicht sogar erst auf Initiative von Kaiserin Theophanu vermutlich auf Reichsgut erfolgt ist, wie zuletzt Josef Heinzelmann überzeugend ausgeführt hat.[139] Damit muss die Gründung vor Theophanus Tod 991 datieren; sie wird meist auch in das Jahr 990 gesetzt.[140] Der Anspruch des Evangelistars passt gut zu einer Gründungsausstattung, weshalb die Handschrift ebenfalls um 990 datiert wird.[141] Wenn dies zutrifft, dann hat Willigis einige Jahre nach der Anfertigung des Gebetbuches zu Jahresanfang 986 mit großem Nachdruck um 990 eine Buchmalerei-Werkstatt aufgebaut, für die er sich Trierer Erfahrungen einwarb. Die Handschriften, in denen diese Hand greifbar ist, lassen sich von der Gruppe um das Evangeliar in Den Haag nicht trennen, die somit eher vor als um 1000 zu datieren sind. Die Initiative scheint deshalb nicht erst parallel zum Domneubau ab 997 eingesetzt zu haben, sondern früher.

▲ *Abb. 41*
Initiale P, in: München, Bayerische Staatsbibliothek, Clm 8102, fol. 251v

Es blieb aber nicht bei der einen externen Kraft. Da die Buchmalerei der Gruppe des Haager Evangeliars weder qualitativ noch motivisch oder stilistisch aus dem Gebetbuch Ottos III. abzuleiten ist, muss auch die führende Hand der Miniaturen hinzugekommen sein. Sie zeigt gar keine Trierischen Elemente und ist auch der Reichenau und der zeitgleichen Kölner Malerei fremd. Ihre Herkunft wird sich kaum mehr klären lassen. Eindeutiger zuzuordnen ist aber der auswärtige Maler, der das stark an Hildesheimer Werke erinnernde Evangeliar im Domschatz (**Kat. 29**) im ersten Viertel des 11. Jahrhunderts herstellte. Ihm diente das Evangeliar in Den Haag mit all seinen Fehlern als Textvorlage, weshalb er aller Wahrscheinlichkeit nach in Mainz gearbeitet hat. Die Blüte der Mainzer Buchmalerei-Werkstatt scheint also nie eine nennenswerte Schultradition ausgebildet zu haben, sondern war relativ punktuell und stark durch die dann eingeworbenen Persönlichkeiten geprägt. Dies blieb auch so, wenn man die spätere Blüte um die Mitte des 11. Jahrhunderts, für die ein Prachtevangeliar in Paris (Bibliothèque nationale de France, Ms. lat. 275), ein Codex in Fulda (Landesbibliothek Ms. Aa 44) und das Arenberg-Sakramentar aus St. Alban, heute in Los Angeles (J. Paul Gettymuseum, 83 MF 77, ehem. Ms. Ludwig V 2) in Anspruch genommen wurden,[142] in Mainz lokalisieren möchte – wogegen sich Hoffmann ausgesprochen hat.[143] Hier finden einige Aspekte der Gruppe um das Haager Evangeliar eine späte und verhärtete Nachfolge. Willigis aber hat offenbar zunächst in der eher punktuellen, einem akuten Anlass geschuldeten Herstellung des Gebetbuches Ottos III. 986 auf eine offenbar renommierte Persönlichkeit seines Skriptoriums, aber wohl keinen profilierten Kalligraphen oder Buchmaler zurückgegriffen, der auch weiterhin in seinem Umfeld tätig blieb. Mit wenigen Jahren Abstand erfolgte dann um 990 der Aufbau eines leistungsfähigen Skriptoriums, in dem auch Buchmalereien entstanden. Unter ihnen sind inhaltlich eindrückliche Werke wie die Capitularien-Handschrift in Gotha, aber auch künstlerisch überzeugende Codices wie vor allem das Festtagsevangelistar, das Sakramentar und das Evangeliar in Den Haag. Der künstlerische Impuls dafür kam durch die Einwerbung eines Trierer Schreibers und Initialmalers hoher Qualität sowie eines ebenfalls qualitätvollen Malers. Angesichts der großen Verluste ist nicht mehr zu klären, ob der Übergang von der Produktion des Gebetbuches zu der Gruppe des Haager Evangeliars sukzessive unter Einbeziehung externer Kräfte geschah oder eine Neugründung war. Ebenso unsicher bleibt das Ende. Angesichts der Zusammengehörigkeit und engen Verzahnung der Gruppe ist eine längerfristige Produktion eher unwahrscheinlich, möglicherweise hat zumindest die mit figürlichen Darstellungen geschmückte Produktion bereits um die Mitte der 990er Jahren ihr Ende gefunden. Vielleicht änderte sie jedoch durch den erneuten Einfluss von außen aber auch ihren Stil und wird in ihren Werken bisher Mainz nicht eindeutig zugeordnet.[144] Jedenfalls verdient diese Mainzer Buchmalerei der 980/990er

Jahre mehr Beachtung, als sie bisher im Schatten der großartigen Produktionen unter den rheinischen Erzbischöfen Egbert von Trier (amt. 977–993) sowie Everger von Köln (amt. 985–999) erfahren hat.

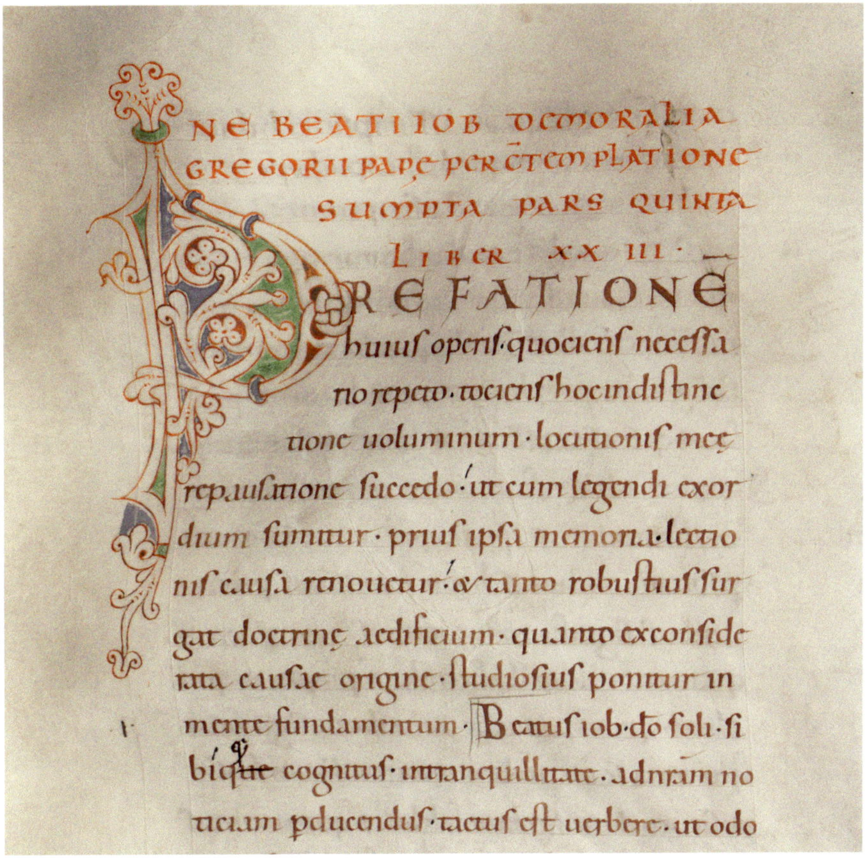

▲ *Abb. 42*
Initiale P, in: München, Bayerische Staatsbibliothek, Clm 8102, fol. 327r

---

1 Bloch/Schnitzler 1967/70, bes. Bd. 2, S. 27f. **2** Zu den Verlusten des Domschatzes vgl. Jung 1975, bes. S. 347–353 sowie, zusammenfassend, Jung 1975a, bes. S. 179f. – Vgl. von der Gönna 1991, zu den Handschriften S. 347–352. **3** Vgl. Arens 1961, S. 14. – Vgl. auch Schmid 1996. – Dobras 1999. **4** Zu diesen Klöstern vgl. bes. AK „1300 Jahre Altmünsterkloster" 1993. – Adam 1995/96. – Dobras 1999a. – Flug 2006. – Vgl. auch http://www.klosterlexikon-rlp.de/rheinhessen.html. **5** Zimmermann 1910. – Haseloff 1904, bes. S. 204. – Kautzsch/Neeb 1919, S. 366. **6** Baron 1930. – Usener 1957, S. 61f., Anm. 9. **7** Bloch 1962/64, S. 486. **8** Bloch/Schnitzler 1967/70, Bd. 2, S. 26. – Nordenfalk 1971, S. 303f. **9** Lauer 1987, zum Gothaer Capitulare vgl. bes. S. 220, Anm. 335. – Lauer 1975. **10** Otto 1986. **11** Hoffmann 1986, zu Mainz bes. S. 226–276. – Vgl. auch Hoffmann 2012, zu Mainz bes. S. 192–194. **12** Unberücksichtigt bleibt hier das Evangelistar im Archivio del Capitolo Metropolitane di Udine Ms. 2, das Hoffmann 1986, S. 170 als ein Mainzer Produkt aus dem ersten Drittel des 10. Jahrhunderts erkannt hat, dessen Zierseiten aber um etwa 975 in Fulda hinzugefügt wurden. – Vgl. Winterer 2009, S. 147–150. **13** Kuder 1988, die Liste der Mainzer Handschriften auf S. 312–317. Die Schrift erscheint 2017 inhaltlich unverändert, aber in neuem Satz im Verlag Ludwig in Kiel. **14** AK „Bernward von Hildesheim" 1993, S. 153–156, Kat. IV-4 u. IV-5 (Ulrich Kuder). – Zur Handschrift vgl. http://www.blogs.uni-mainz.de/handschriftencensus/mz-ddm-inv-nr-b-00324/ [30. Dezember 2016]. **15** AK „Vor dem Jahr 1000" 1991, S. 92–103, Kat. 21–24 (Rolf Lauer). Zum Festtagsevangelistar vgl. zuletzt AK „Der verschwundene Dom" 2011, S. 420f., Kat. 8 (Winfried Wilhelmy). – Vgl. auch http://www.blogs.uni-mainz.de/handschriftencensus/mz-ddm-inv-nr-b-00258/ [30. Dezember 2016]. **16** Hauke/Klemm 2008. – Vgl. auch „Gebetbuch Ottos III". 1995. – Klemm 2004, S. 222f., Kat. 202, dort unter Kat. 203 auch eine reich mit Initialen geschmückte, um 1000 in Mainz entstandene Handschrift der *Moralia in Iob* Gregors des Großen (Clm 8102) (s.u.). **17** Den Inhalt des Sakramentars im Domschatz diskutiert Heyne 1996, bes. S. 45–53 u. 251–263 auch mit Bezügen zum Gebetbuch Ottos III. bezüglich der Heiligenlitanei. **18** Vgl. http://www.blogs.uni-mainz.de/handschriftencensus/bestand/mainz/ [30. Dezember 2016]. **19** Vgl. Baron 1930, S. 110–117 mit Tafel 1. – Lauer 1987, S. 218, Anm. 322. – Zur Handschrift vgl. Bierbrauer 1990, S. 113–115, Kat. 228 mit Abb. 463–473. **20** Vgl. Lauer 1987, S. 218, Anm. 322. **21** Bayerische Staatsbibliothek München, Clm 4451 und Bibliothèque nationale de France, Ms. lat. 10437, beide 2. Viertel des 9. Jahrhunderts. Vgl. Bierbrauer 1990, S. 115–117, Kat. 229 mit Abb. 474–482 u. IV. – AK „Pracht auf Pergament" 2013, S. 78f., Kat. 9 (Karl-Georg Pfändtner). – AK „Trésors carolingiens" 2007, S. 229. **22** Vgl. Gierlich 1990, S. 161–168. **23** Vgl. Arens 1961, S. 14. – Gierlich 1990, S. 143–155, bes. S. 152f. – Vgl. auch Semmler 1998, S. 332–381. **24** Vgl. Falck 1972, S. 94. – Gierlich 1990, S. 166. – Schmid 1996, S. 25. **25** Vgl. Hoffmann 1986, S. 272. **26** Vgl. Fleckenstein 1956, bes. S. 42–44. – Jeffré 1991, S. 165–171. – Vones 1993. – Mayr-Harting 2007, bes. S. 52–56 u. 131–139. **27** Vgl. Ordines 1960, bes. Nr. I u. II, S. 1–6. – Vogel/Elze 1994/2016, Bd. 1, S. 246–264. – Vgl. auch Schramm 1968/71. – Parkes 2015: vornehmlich zum Pontifikale aus St. Alban in der Österreichischen Nationalbibliothek Wien, Cod. 701, Mainz, Anfang 11. Jahrhundert, zu der Handschrift vgl. auch Hoffmann 1986, S. 263f. mit Abb. 113. – Parkes äußert Bedenken an der Lokalisierung der Redaktion in St. Alban. **28** Vgl. Luykx 1961. – Odenthal 2011, bes. S. 16–49. **29** Vgl. Hartmann 2000. – Vgl. zuletzt auch Hehl 2014. **30** Vgl. Lauer 1987, S. 71, 81 u. 89–92. – AK „Bernward von Hildesheim" 1993, S. 176–178, Kat. IV-28 (Rolf Lauer). – Lauer 2000, bes. S. 314/316. – Vgl. auch Prochno 1929, S. 86 mit Abb. 86*. – Schramm 1983, S. 237, Kat. 165. – Zur Handschrift vgl. Butz 1994, S. 69 f., Kat. 70 mit Abb. 187–189. – Gamper/Knoch-Mund/Stähli 1994, S. 209–214. **31** Vgl. Bloch 1962/64, S. 483 mit Abb. 20. **32** Bloch 1962/64. – Zum *Gero-Codex* vgl. von Euw/Schreiner 1991, Bd. 1, S. 191–225. – Zum Hornbacher Sakramentar vgl. Bloch 1956. – Vgl. auch Labusiak 2009, passim. – Berschin/Kuder 2015, S. 50f., Kat. 5 u. S. 70f., Kat. 15 – Zu Dedikationsbildern vgl. auch Prochno 1929. – Beuckers 2002, S. 62–102. **33** Die Otgar zugeeignete Handschrift wird mit der heute im Vatikan (Biblioteca Apostolica Vaticana, Cod. Reg. lat. 124) identifiziert. Zur Handschrift vgl. Müller 1973, S. 53ff. – Spilling 1992, bes. S. 71–76. – Vgl. auch Wilhelmy 2006. **34** Abb. bei

Prochno 1929, Tafel 14*. – Zu Amiens vgl. AK „Otto der Große" 2001, S. 468–471, Kat. IV. 34 (Klaus G. Beuckers). – Zu Cambridge vgl. Digitalisat http://trin-sites-pub.trin.cam.ac.uk/james/viewpage.php?index=272 [30. Dezember 2016]. **35** Abb. bei Prochno 1929, Tafel 38* u. 39*. – Zu Berlin vgl. Bloch 1972. – Zu Baltimore vgl. Digitalisat http://www.thedigitalwalters.org/Data/WaltersManuscripts/html/W7/description.html [30. Dezember 2016]. – Berschin/Kuder 2015, S. 154f., Kat. 56 u. S. 156f., Kat. 57. **36** Zur karolingischen Ornamentik vgl. Denzinger 2001. **37** Vgl. NordenfalK 1938, S. 219f. mit Tafel 84–102. – Digitalisat http://www.bl.uk/manuscripts/FullDisplay.aspx?ref=Harley_MS_1775 [30. Dezember 2016]. **38** Vgl. Bierbrauer 1990, S. 117f., Kat. 230 mit Abb. 483–489 u. V. **39** Lauer 1987, S. 81. – AK „Bernward von Hildesheim" 1993, S. 176–178, Kat. IV-28 (Rolf Lauer). **40** Die um 960 in St. Alban entstandene Bildfolge habe „entscheidenden Einfluß auf zahlreiche Herrscherbilder des ausgehenden 10. und 11. Jahrhunderts" gehabt, zit. n. AK „Bernward von Hildesheim" 1993, S. 178. – Widerspruch bei Ott 1998, S. 218f. – Klemm 2008, S. 142f. **41** Vgl. Ott 1998, S. 218f. – AK „Heiliges Römisches Reich Deutscher Nation" 2006, S. 149, Kat. III.23 (Joachim Ott). – Vgl. auch AK „Kaiser Heinrich II." 2002, S. 178f., Kat. 52 (Ludger Körntgen). **42** Vgl. Schramm 1983, S. 215, Kat. 122. – Zur Handschrift vgl. Suckale-Redlefsen 2004, S. 116–118, Kat. 72 mit Abb. 45 u. IV. – Vgl. auch Kirmier/Schütz/Brockhoff 1994, S. 155f., Kat. 22 (Bernd Schneidmüller). – Digitalisat der Illustration https://www.staatsbibliothek-bamberg.de/fileadmin/_processed_/csm_Msc.Lit.53_fol.2v_01_a1b6c228e8.jpg [30. Dezember 2016]. **43** Zur Handschrift vgl. Mütherich 1972. – AK „Trésors carolingiens" 2007, S. 116–119, Kat. 18 (Marie-Pierre Laffitte). – Vgl. auch Frese 2010, bes. S. 49–58. **44** Vgl. Schramm 1983, S. 236f., Kat. 164. – Mütherich 1994, bes. S. 82. – Mordek 1995. – Mordek 1995a, bes. S. 1036 u. 1040–1043 mit Tafeln 31 u. 33. – Digitalisat und detaillierte Inhaltsangabe der Handschrift http://capitularia.uni-koeln.de/mss/gotha-flb-memb-i-84/ [30. Dezember 2016]. – Vgl. auch http://capitularia.uni-koeln.de/blog/handschrift-des-monats-dezember-2016/ [30. Dezember 2016]. **45** Vgl. Mordek 1995a, S. 1036 u. 1040–1043 mit Tafeln 31 u. 33. – Ein Stich von 1610 überliefert eine inschriftlich auf Karl den Großen bezogene Throndarstellung zwischen zwei Beratern. Vgl. Schramm 1983, S. 177, Kat. 46. **46** Der bei Schramm 1983, S. 237, Kat. 164 gegebene und seitdem mehrfach – beispielsweise bei Mordek 1995a, S. 1031, Anm. 128 – wiederholte Verweis auf das Thronbild Ottos III. im Münchener Evangeliar Clm 4453, fol. 23 trifft den Typus, nicht aber die figürliche Anlage des Gothaer Thronenden. Letztlich gehen diese Thronbilder auf einen karolingischen Typus zurück, wie er im Psalter Lothar I. mit Faldistorium (British Library London, Add. Ms. 37768, fol. 4ʳ, nach 842), im Evangeliar Lothar I. mit Kastenthron (Bibliothèque nationale de France, Ms. lat. 266, fol. 1ᵛ, um 850) und dann seit Karl dem Kahlen vielfach bezeugt wurde. **47** Vgl. Mordek 1995a, S. 1031. **48** Zur Handschrift (ehem. Schönbornsche Schloßbibliothek Pommersfelden, Ms. 347) vgl. AK „1000 Jahre Mainzer Dom" 1975, S. 63f., Kat. 1 (Rolf Lauer). – Otto 1986, S. 3f. mit Tafel 5. – Hoffmann 1986, S. 255f. mit Abb. 107. – Lauer 1987, S. 28–103, 150–159 u. S. 252–257, Kat. 1. – Kuder 1988, S. 314. – Klemm 1995, S. 39–87. –Kuder 1998, zum Gebetbuch Ottos III. S. 158–162. – Hamilton 2001. – Saurma-Jeltsch 2004. – Klemm 2004, S. 222f., Kat. 202 mit Abb. XXVII u. 445–451. – Hauke/Klemm 2008. – AK „Pracht auf Pergament" 2013, S. 154–157, Kat. 31 (Brigitte Gullath). **49** Vgl. Achten 1980, S. 8–13. – Hauke 2008, hier S. 15f. – Klemm 2008, S. 63–92. **50** Book of Nunnaminster (British Library London, Harley Ms. 2965), Royal Prayer Book (British Library London, Royal Ms. 2.A.XX), Harleian Prayerbook (British Library London, Harley Ms. 7653), Book of Cerne (University Library Cambridge, Ms. Ll 1.10). – Vgl. Brown 1996. – AK „The Cambridge Illuminations" 2005, S. 52f., Kat. 4 (Rosamond McKitterick). **51** Staatsbibliothek Bamberg, Msc. Patr. 17, fol. 133ʳ – 162ᵛ. – Zur Handschrift vgl. Hoffmann 1986, S. 232. – Suckale-Redlefsen 2004, S. 128, Kat. 75 mit Abb. 446–448. – Digitalisat http://digital.bib-bvb.de/view/bvbmets/viewer.0.5.jsp?folder_id=0&dvs=1483440702109~173&pid=7078628&locale=de&usePid1=true&usePid2=true [30. Dezember 2016]. **52** Vgl. Köhler/Mütherich 1982, S. 75–87 (Gebetbuch) u. S. 132–143 (Psalter). **53** Zur Handschrift vgl. Fingernagel 1999, S. 67–70, Kat. 63. **54** *Deus, qui crucem ascendisti et mundi tenebras inluminasti, tu cor et corpus meum inluminare dignare, qui cum patre et spiritu sancto vivis et regnas per omnia secula seculorum. Amen.* Zit. n. Hauke 2008, S. 21, das Gebet nach Alkuin. **55** Es handelt sich um die Psalmen 6 (beginnend auf fol. 2ᵛ oben: *Domine, ne furore tuo arguas me [...]*), 31 (fol. 3ᵛ oben: *Beati quorum remissae sunt iniquitates [...]*), 37 (fol. 4ᵛ oben: *Domine, ne in furore tuo arguas me neque in ira tua corripias me [...]*), 50 (fol. 7ʳ oberes Drittel: *Miserere mei Deus secundum magnam [...]*), 101 (fol. 8ᵛ unteres Drittel: *Domine exaudi orationem meam [...]*), 129 (fol. 11ʳ unteres Drittel: *De profundis clamavi ad te Domine [...]*) und 142 (fol. 12ʳ oben: *Domine exaudi orationem meam [...];* Schluss auf fol. 13ʳ mit *[...] quoniam ego servus tuus sum. Gloria patri*). **56** *Omnipotens sempiterne deus, dirige actus nostros in beneplacito tuo [...] Deus cui omne cor patet [...] purifica per infusionem sancti spiritus cogitationes cordis mei ut te perfecte diligere et digne laudare merear.* Zit. n. Hauke 2008, S. 29. – Vgl. auch Hauke 2008a, hier S. 236–241. **57** Vgl. Hauke 2008, S. 30–39 mit Einzelnachweisen. **58** *Domine Hjesu Christe fili dei vivi in nomine tuo levabo peccator manus meas.* Zit. n. Hauke 2008a, S. 240f. **59** Die Texte bei Hauke 2008a, S. 242–253. **60** *Quicumque hac oratione oraverit cottidie tormenta inferni in eternum sentiet.* Zit. n. Hauke 2008, S. 35. **61** Hauke 2008, S. 37f. – *Domine exaudi orationem meam quia iam cognosco quod tempus meum prope est. Presta mihi sapientiam et intellectum et inlumina cor meum, ut cognoscam omnibus diebus vite mee quia tu es deus et non est alius preter te [...].* – „Herr, erhöre mein Gebet, denn schon erkenne ich, dass meine Zeit gekommen ist. Schenke mir, Herr, Weisheit und Verstand, und erleuchte mein Herz, damit ich alle Tage meines Lebens erkenne, dass du Gott bist und es keinen anderen gibt als dich [...]". Zit. n. Hauke 2008, S. 35. – Der Text bei Hauke 2008a, S. 254–259. **62** Es handelt sich um die Psalmen 3 (beginnend auf fol. 37ʳ oben: *Domine quid multiplicam sunt qui tribulant me [...]*), 12 (fol. 37ᵛ Mitte: *Usquequo Domine oblivisceris me in finem [...]*), 42 (fol. 38ʳ unteres Viertel: *Iudice me deus et discere causam meam de gente non sancta [...]*) und 69 (fol. 39ʳ oberes Drittel: *adiutorium meum intende Domine ad adiuvandum me festina [...]*). – Die Texte der Gebete bei Hauke 2008a, S. 258–261. **63** *Esto nobis, Domine, turris fortitudinis a facie inimici [...]. Hostium nostrorum quaesumus Domine elide superbiam [...].* Zit. n. Hauke 2008, S. 37f. – Die Texte der Gebete bei Hauke 2008a, S. 260–263. **64** *Has orationis debetis agere in parasceve veniam quaerendo prostratus ante crucem domini Jesu Christi.* Zit. n. Hauke 2008, S. 38. – Die Texte der Gebete bei Hauke 2008a, S. 262–267. **65** *Ecclesiam intrando ita dicite – Exeundo ita.* Zit. n. Hauke 2008, S. 38. **66** *Hunc satis exiguum rex illustrissime regum / Accipe sed vestra dignum pietate libellum / Auro quem scripsi, signis variisque paravi / Multiplici vestro quia mens fervet amore / Quapropter supplex humili vos voce saluto / Et precor, ut tibi salus perpesque potestas / Tempore sit vitae donec translatus ad astra / Cum Christo maneas,* *vigeas cum regibus almis.* Zit. n. Hauke 2008, S. 23. **67** Vgl. hierzu anhand des Textes bes. auch Hamilton 2001, S. 266. – Saurma-Jeltsch 2004, S. 63. – Das Gebetbuch wurde mehrfach neu gebunden und dabei auch die Reihenfolge der Lagen verändert. 1950 erfolgte die Rekonstruktion der heutigen Anordnung. Texttilgungen auf fol. 31r könnten auf den Verlust eines Mantelblattes für diese Lage hinweisen. Vgl. Hauke 2008, S. 24. **68** Genaugenommen handelt es sich um den ursprünglich byzantinischen Typus der Engelmaiestas. – Zur *Maiestas* vgl. Schiller 1986, S. 233–249. – Vgl. hierzu auch Saurma-Jeltsch 2004, S. 72f. **69** Zur *Deesis* vgl. LCI, Bd. 1, 1968, Sp. 494–499 (Thomas von Bogyay). – Vgl. auch Cutler 1987, S. 145–154. **70** Vgl. Anm. 48. **71** Schneider 2002, S. 7–35. –Schneider 2009, S. 127–184. – Vgl. auch Schneider 1988, bes. S. 229–320. **72** Die Disposition nimmt damit die von Maria Magdalena am Fuß des Kreuzes auf, der als Sünderin so Vergebung zuteil wird, allerdings ist diese Ikonographie in ottonischer Zeit noch nicht bezeugt. Vielmehr dürfte hier das Motiv der Schädelstätte eine Rolle spielen, wo am Kreuzfuß Adam durch den Opfertod Christi am Kreuz erlöst und zum Ewigen Leben erweckt wird. Dieses Motiv ist bei vielen Kreuzen auch aus ottonischer Zeit überliefert und wird beispielsweise für Stifterbilder eingesetzt. Vgl. Beuckers 2002a, bes. S. 65f. **73** *In cruce qui mundi solvisti crimina, Christe, orando mihimet tu vulnera cuncta resolve.* Zit. n. Brunner 1970, S. 34f., Kat. 4 – Vgl. auch Deshman 1980. **74** Vgl. Prochno 1929, S. 4 mit Tafel 4*. – Beuckers 2002, S. 71. **75** Lauer 1987, S. 71. – Klemm 2008, S. 123. – Ebenso Saurma-Jeltsch 2004, S. 84 und weitere. **76** Vgl. hierzu auch Kuder 1998, bes. S. 159. – Körntgen 2001, zum Gebetbuch Ottos III. S. 294–296. **77** Lauer 1987, S. 28–64. – Klemm 2008, S. 125–138. **78** Dombibliothek Köln, Hs. 143. – Vgl. Bloch/Schnitzler 1967/70, Bd. 1, S. 13–25. – AK „Glaube und Wissen im Mittelalter" 1998, S. 385–392, Kat. 80 (Ulrike Surmann). **79** Lauer 1987, S. 35. – Klemm 2008, S. 139. **80** So bereits Saurma-Jeltsch 2004, S. 76. – Sie verweist auf die Übergabe des Schwertes bei der Krönung entsprechend dem Mainzer Krönungsordo und auf die Belegung des Schwertes in diesem Zusammenhang über das Hoheitszeichen hinaus. Sie folgert: „Der Schwertträger und der das gesamte Bild ausfüllende betende Herrscher sind infolgedessen mit ihren Handlungen dazu bestimmt, jenen Raum, vor dem oder sogar in dem sie sich befinden, zu schützen, nämlich die *‚sancta ecclesia Dei'*." (S. 81). **81** Vgl. Lauer 1987, S. 57f. – Klemm 1995, S. 59. – Kuder 1998, S. 161. – Klemm 2008, S. 130–138 schließt mit der überzeugenden Schlussfolgerung: „Der Bau bezeichnet keinen realen Raum, in dem sich der Betende befindet." **82** Saurma-Jeltsch 2004, S. 64. **83** *Deus, cui omne cor patet & omnis voluntas loquitur & nullum latet secretum, purifica per infusionem sancti spiritus cogitationes cordis mei ut te perfecte diligere & digne laudare merear.* Zit. n. Hauke 2008a, S. 238/241. **84** Saurma-Jeltsch 2004, S. 64–71 hat der Dedikationsszene eine besonders umfangreiche Interpretation gewidmet, die vor allem in ihrer eher ungewöhnlichen ikonographischen Ausprägung gründet und von ihr als geplant verstanden wird. Sie betont die Darstellung des Herrschers hier als Wissendem, Erleuchtetem. **85** *Deus in cuius manu corda sunt regum [...].* Zit. n. Vogel/Elze 1960/2016, S. 2. – Vgl. hierzu auch Hattenhauer 1981. **86** *Domine, deduc me in iustitia tua propter inimicos meos. Dirige in conspectu tuo viam meam.* Zit. n. Hauke 2008a, S. 266f. **87** Hoffmann 1986, S. 256 hat vorgeschlagen, das persönliche *scripsi [...] paravi*, das wie die Rede eines Schreibers und Malers klingt, angesichts der Auftraggeberschaft von Willigis mit „ich habe schreiben *[...]*, zubereiten lassen" zu übersetzen. – Die Aneignung der Herstellung durch den Auftraggeber ist in vielen mittelalterlichen Inschriften, die den Typus der *hoc fecit*-Formeln benutzen, bezeugt. Vgl. Beuckers 2013, bes. S. 27. **88** Hoffmann 1986, S. 256. **89** Vgl. Hoffmann 1986, S. 236 u. 261. **90** Vgl. AK „1000 Jahre Mainzer Dom" 1975, S. 282: „zwischen 983 und 991". – Hoffmann 1986, S. 256: „um 990". – Otto 1986, S. 4: „um 980" [!]. – Lauer 1987, S. 256: „in der Königszeit Ottos III. (983–996) und vor dem Tod Theophanus (991)". – Klemm 1995, S. 44: „zwischen 984 und 991, vielleicht schon bald nach 984". – Kuder 1998, S. 138: „zwischen 984 und 991, wohl vor 986". – Saurma-Jeltsch 2004, S. 59: „984/985". – Klemm 2008, S. 187: „um oder bald nach 984/985". **91** Zu den historischen Geschehnissen vgl. Uhlirz 1954. – Zudem auch die Zusammenstellung bei Frommer 1999. **92** Beumann 1987, S. 114. **93** Epitaphium Adelheidae Imp. auctore Odilone, ed. Georg Heinrich Pertz, in: MGH, Scriptores 1982, hier c. 8, S. 640. – Dt. Übersetzung: Hüffer/Wattenbach 1939. – Vgl. auch Staab 1999, S. 15. **94** Zur Handschrift vgl. AK „1000 Jahre Mainzer Dom" 1975, S. 64f., Kat. 2 (Rolf Lauer). – Nordenfalk 1971, S. 304. – Otto 1986, S. 5 mit Tafel 6b. – Lauer 1987, S. 288f. – Digitalisat http://www.e-codices.unifr.ch/de/list/one/csg/0398 [30. Dezember 2016]. **95** Nordenfalk 1971, S. 304. **96** Vgl. Kuder 1988, S. 314. – Von einer nachträglichen Hinzufügung war Lauer 1987, S. 289 ausgegangen. **97** Hoffmann 1986, S. 256. **98** Klemm 2008, S. 139. – Zu dem Mosaik vgl. Poeschke 2009, S. 52–69 mit Tafel 10. **99** Vgl. Hoffmann 1986, S. 256. – Zur Handschrift (ehem. Dominikanerkloster Nimwegen, Cod. 12) vgl. AK „1000 Jahre Mainzer Dom" 1975, S. 66, Kat. 5 (Rolf Lauer). – Otto 1986, S. 9f. mit Tafel 11. – Lauer 1987, S. 170–180 u. S. 278–284, Kat. 4. – AK „Vor dem Jahr 1000" 1991, S. 100–102, Kat. 23 (Rolf Lauer). – AK „Bernward von Hildesheim" 1993, Bd. 2, S. 153f., Kat. IV-4 (Ulrich Kuder). – Digitalisat der Zierseiten http://manuscripts.kb.nl/show/images_text/135+F+10 [30. Dezember 2016]. **100** Zum Typus vgl. immer noch grundlegend Nordenfalk 1938. – Demnächst auch Beuckers 2017 (im Druck). – Zur Reimser Buchmalerei und ihren Kanontafeln vgl. Köhler/Mütherich 1994/99, bes. Bd. 1, S. 22–25 u. Bd. 2, S. 17–21. **101** Die Handschrift weist heute nur noch elf Kanontafeln auf, die Evangelistenbilder sind verloren. Zur Handschrift vgl. AK „1000 Jahre Mainzer Dom" 1975, S. 66f., Kat. 6 (Rolf Lauer). – Otto 1986, S. 10 mit Tafel 12a. – Hoffmann 1986, S. 244f. – Lauer 1987, S. 285–287, Kat. 5. – Kuder 1988, S. 313. **102** Lauer 1987, S. 171–174. **103** Vgl. Ronig 1993, Bd. 1, S. 21, Kat. 5 (Andreas Weiner). – AK „Bernward von Hildesheim" 1993, S. 184–186, Kat. IV-30 (Ulrich Kuder). – Auch das *Strahov-Evangeliar* wurde nachträglich mit Bild- und Zierseiten versehen. Zur Umgestaltung vgl. Oltrogge 2013, S. 137–156, hier S. 147f. **104** Exner 2014, S. 95–130. Die dort zusammengestellten Reihen beruhen zu weiten Teilen auf der Zusammenstellung bei Bloch/Schnitzler 1967/70, Bd. 2, S. 125–144 mit den Abb. 473–560. **105** Vgl. Kautzsch/Neeb 1919, S. 366, Nr. 1. – AK „1000 Jahre Mainzer Dom", S. 68, Kat. 8 u. S. 284, Kat. 23. – AK „Bernward von Hildesheim" 1993, S. 155f., Kat. IV-5 (Ulrich Kuder). **106** Hoffmann 1986, S. 243. **107** Vgl. Bloch/Schnitzler 1967/70, Bd. 2, S. 26. – Darauf verwies bereits Usener 1957, S. 61f., Anm. 9. **108** Zur Handschrift vgl. AK „1000 Jahre Mainzer Dom", S. 65, Kat. 3 (Rolf Lauer). – Otto 1986, S. 5f. mit Tafel 8. – Hoffmann 1986, S. 244. – Lauer 1987, S. 160–165 u. S. 258–274, Kat. 2. – Kuder 1988, S. 313. – AK „Vor dem Jahr 1000" 1991, S. 97–99, Kat. 22 (Rolf Lauer). – http://www.blogs.uni-mainz.de/handschriftencensus/mz-ddm-inv-nr-b-00325/ [30. Dezember 2016]. **109** Vgl. Bloch/Schnitzler 1967/70, Bd. 1, S. 37–43 mit Tafeln 81–111. – O'Driscoll 2013. – O'Driscoll 2015. **110** Hoffmann 1986, S. 244. – Die Datierung des Kalendars ergibt sich durch die Eintragung von Erzbischof

Friedrich (gest. 954) und Herzog Liudolf von Schwaben (gest. 957) im Kalendar, nicht jedoch von Erzbischof Wilhelm (gest. 968); alle drei waren in St. Alban bestattet. Vgl. Lauer 1987, S. 106f. – Heyne 1996, S. 45. – Zum Inhalt des Sakramentars vgl. Lauer 1987, S. 104–115. **111** Vgl. Lauer 1987, S. 146f. – Mazal 1999, Bd. 1, S. 205f. – Zur Handschrift vgl. Ronig 1993, Bd. 1, S. 26, Kat. 13 (Andreas Weiner). – Avril/Rabel 1995, S. 67–69, Kat. 56 mit Tafeln C u. XLVII–XLIX. **112** Vgl. Lauer 1987, S. 116–126. **113** Zur Handschrift vgl. Avril/Rabel 1995, S. 61–64, Kat. 54 mit Tafel XLI–XLIV. – Höhl 1996, S. 51–100, zum Osterbild S. 171–182. **114** Labusiak 2009, S. 208–215. – Zum *Poussay-Evangelistar* vgl. Avril/Rabel 1995, S. 96–98, Kat. 82 mit Tafeln LXXXVII–XC. – Labusiak 2009, bes. S. 329–335, Kat. 2. – Zum *Egbert-Codex* vgl. Franz 2005. – Labusiak 2009, bes. S. 342–351, Kat. 5. – Vgl. hierzu auch Bloch 1963, S. 25–43. **115** Winterer 2009, S. 346f. – Zu den Fuldaer Sakramentaren vgl. neben Winterer auch Palazzo 1994. **116** Vgl. Otto 1986, S. 6. – Lauer 1987, S. 126–133. – Zur Bibel von St. Paul vgl. Köhler/Mütherich 1994/99, Bd. 2, S. 109–174. – Cardinali 2009. **117** Vgl. Otto 1986, S. 6. – Lauer 1987, S. 107–109, zum Petrusbild S. 133–138. **118** Vgl. Otto 1986, S. 6. – Lauer 1987, S. 135–137. – Zum *Ebo-Evangeliar* vgl. Köhler/Mütherich 1994/99, Bd. 2, S. 73–84. **119** Vgl. Höhl 1996, S. 290–301, zum Mainzer Sakramentar S. 299. – Winterer 2009, S. 355–359. **120** Mütherich 1973, hier S. 117. – Lauer 1987, S. 160f. – Das mit „Fulda und Mainz" überschriebene Kapitel bei Mütherich (S. 111–117) behandelt eigentlich Fulda und verweist auf die Mainzer Produktion nur in den letzten beiden kurzen Absätzen. Dort wird das Gebetbuch Ottos III. vorgestellt und dabei das Sakramentar in einem Satz erwähnt. **121** Vgl. Hoffmann 1986, S. 239 u. 245. **122** Vgl. Bloch 1962, S. 486. **123** Vgl. Prochno 1929, S. 21 mit Tafel 21*. – Beuckers 2002, S. 81 mit Abb. S. 84. – Zur Handschrift vgl. von Euw 2008, S. 499–502, Kat. 143. – Eine Adaption des Bildtypus für die Übergabe an einen Herrscher zeigt das Titelbild für Gregors Ezechielkommentar in Bamberg (Staatsbibliothek, Msc. Bibl. 84, fol. 1r, 1. Viertel 11. Jh.). Vgl. Prochno 1929, S. 87 mit Tafel 87*. – Suckale-Redlefsen 2004, S. 118f., Kat. 73 mit Abb. 46 u. 419–425. – Digitalisat des Titelseite https://www.staatsbibliothek-bamberg.de/fileadmin/_processed_/csm_Msc.Bibl.84_fol.1_av_0457570468.jpg [30. Dezember 2016]. **124** Vgl. Prochno 1929, S. 28 mit Tafel 28*. – Beuckers 2002, S. 80 mit Abb. S. 78. – Zur Handschrift vgl. Anm. 32. **125** Vgl. Althoff 1991, S. 283. – Hehl 2000, zur Entfremdung von Otto III. bes. S. 232–243. – Heinzelmann 2004, S. 89–100, hier S. 91f. **126** Vgl. Falkenstein 1998, bes. S. 84–88. – Hehl 2000, S. 235f. **127** Vgl. hierzu auch Beuckers 2012, bes. S. 143–145. **128** Hehl 2010, bes. S. 75. **129** Vgl. Hehl 2000, S. 243–246. **130** AK „1000 Jahre Mainzer Dom" 1975, S. 65. – Lauer 1987, S. 107–109. **131** Vgl. AK „1000 Jahre Mainzer Dom" 1975, S. 68f. – Otto 1986, S. 5 mit Tafel 6b u. 7. – AK „Vor dem Jahr 1000" 1991, S. 102f., Kat. 24 (Rolf Lauer) mit Abb. 78 u. 79. – AK „Der verschwundene Dom" 2011, S. 420f., Kat. 8 (Winfried Wilhelmy) mit Abb. S. 423. – http://www.blogs.uni-mainz.de/handschriftencensus/mz-ddm-inv-nr-b-00258/ [30. Dezember 2016]. **132** Vgl. AK „1000 Jahre Mainzer Dom" 1975, S. 68f. (Rolf Lauer). – Otto 1986, S. 5. – Lauer 1987, S. 108f. – AK „Vor dem Jahr 1000", S. 102f., Kat. 24 (Rolf Lauer). **133** Vgl. Nitschke 1966. – Hoffmann 1986, S. 469 mit Anm. 281. – Ronig 1993, Bd. 1, S. 20f., Kat. 4 mit Tafel 17–21 (Andreas Weiner). – Vgl. auch zuletzt Exner 2011, bes. S. 344. **134** Hoffmann 1986, S. 244. **135** Vgl. AK „Der verschwundene Dom" 2011, S. 421. **136** Hoffmann 1986, S. 250. – Klemm 2004, S. 224f., Kat. 203 **137** Hoffmann 1986, S. 239. **138** Das Motiv findet sich auch in der Ruotprecht-Gruppe der Reichenau. Dort wird die Haste jedoch aufgebogen und mit halbrunden Klammern versehen, zwischen denen dann eine über den Buchstabenkörper hinausragende vierblättrige Blüte erscheint. So beispielsweise zahlreich im *Egbert-Psalter* in Cividale (Museo Archeologico, Ms. CXXXVI, um 980), fol. 35v, 104v, 112v, 129v oder 131r. – Zum *Egbert-Psalter* vgl. Ronig 1993, Bd. 1, S. 20, Kat. 3. – Labusiak 2009, S. 52–59, 231–235 u. S. 320–328, Kat. 1. **139** Heinzelmann 2004. **140** Vgl. Hinkel 1990. – Vgl. zuletzt auch Felten 2014. **141** Vgl. den Katalogbeitrag von Christoph Winterer in diesem Buch. **142** Vgl. AK „1000 Jahre Mainzer Dom" 1975, S. 67, Nr. 7 (Rolf Lauer). – von Euw/Plotzek 1979, S. 223–230, Kat. V 2 (Anton von Euw). – Otto 1986, S. 10f. – Meisterwerke 1997, S. 18–20, Kat. 5 (Elizabeth C. Teviotdale). **143** Hoffmann 2012, S. 193. **144** Unsicherheiten in der Zuordnung bestehen beispielsweise für das Berliner Evangeliar (Staatsbibliothek Preußischer Kulturbesitz Ms. theol. lat. fol. 25), dem nachträglich im 2. Viertel des 11. Jahrhunderts (?) mit dem Capitulare (fol. 222r – 238r) zwölf nur teilweise vollendete Kanontafeln (im Kölner Kombinationstypus) (fol. 1r – 6v) und ein Markusbild (fol. 15r) nach einem Reimser Vorbild eingefügt wurden. Vgl. Boeckler 1931, S. 41f., Kat. 19 – Bloch/Schnitzler 1967/70, Bd. 2, S. 26. –Fingernagel 1991, S. 123–125, Kat. 112 mit Abb. 374–381. –Beuckers 2016, S. 35. – Ähnliches gilt auch für das sog. Evangeliar aus St. Andreas (Hessisches Landesmuseum Darmstadt, Inv. Nr. AE 679, ehem. KG 54:213), dessen Evangelisten offenbar der gleichen karolingischen Vorlage wie die Evangelisten in Den Haag folgen und auch ähnliche Stilelemente bei den Höhungen zeigen, aber in der Farbigkeit stark abweichen. Vgl. Bloch/Schnitzler 1967/70, Bd. 2, S. 26. – AK „Gold und Purpur" 2001, S. 25–37.

▸ ***Abb. 43***
Erzbischof Willigis, aus: Annales S. Vincentii Mettensis, um 1154/57, München, Bayerische Staatsbibliothek, Clm 28565, fol. 7v

LIBER GENERATION

EXPONATE

Epistolar ▸ **Kat. 25**
Gebetbuch König Ottos III. ▸ **Kat. 26**
Festtagsevangelistar ▸ **Kat. 27**
Evangeliar und Capitulare evangeliorum ▸ **Kat. 28**
Evangeliar ▸ **Kat. 29**
De trinitate des Augustinus ▸ **Kat. 30**
Sakramentar ▸ **Kat. 31**
Evangelienhandschrift (mit Statuta Sancti Mauritii) ▸ **Kat. 32**
Kreuzgravur ▸ **Kat. 33**
Willigistür ▸ **Kat. 34**

R̄S.
PAV
LVS

Katalog-Nr. 25
B 00259, fol. 2r
Zierseite mit Spaltleisteninitiale F

KATALOG-NR. 25

EPISTOLAR

Ehemals vermutlich Mainz, Stiftskirche St. Stephan
Reichenau, um 980
Handschrift und Deckfarben auf Pergament, 161 Bl.
H. 23,9 cm, B. 17,7cm
Mainz, Domschatz/Bischöfliches Dom- und Diözesanmuseum,
Inv. Nr. B 00259 (Alte Signatur Hs. 972; bekannt als Cod. Kautzsch 3)

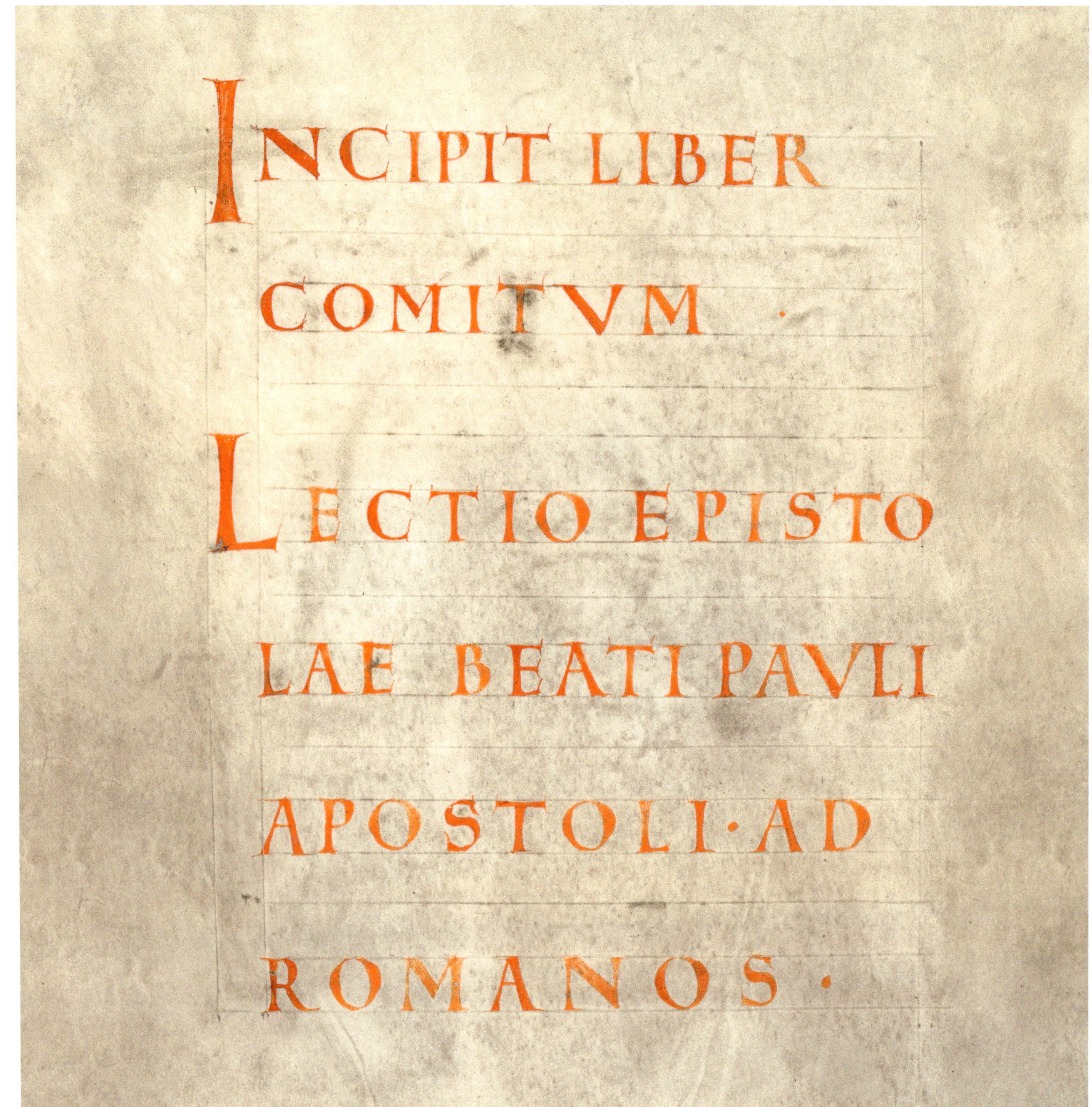
INCIPIT LIBER
COMITVM ·
LECTIO EPISTO
LAE BEATI PAVLI
APOSTOLI · AD
ROMANOS ·

◂ **Abb. 1**
B 00259, fol. 1ᵛ: Incipit-Zierseite

▸ **Abb. 2**
B 00259, fol. 2ᵛ: Textseite des Paulusbriefes an die Römer mit Hierarchie der Schriftarten

Das 161 Pergamentblätter umfassende Epistolar beginnt - zeitüblich - mit der Lesung zum Gottesdienst der Weihnachtsvigil (24. XII. ‚Heiligabend‘). Auf fol. 1ᵛ **(Abb. 1)** steht gekonnt mit Mennige in Capitalis quadrata geschrieben *Incipit liber comitum. Lectio epistolae beati Pauli apostoli ad Romanos* („Es beginnt das Buch der Begleittexte [= Episteln]. Lesung aus dem Brief des seligen Apostels Paulus an die Römer"). Die gegenüberliegende Initialzierseite (fol. 2ʳ) zeigt in einem kräftigen blauen Rahmen mit silbernen Rändern die buntgefüllte Spaltleisteninitiale *F* **(Abb. S. 222)**, der auf Purpurgrund die Capitalis-Buchstaben *rs* mit Kürzungsstrich folgen: *Fratres* („Brüder"), das ist die gewöhnliche Einleitung einer Lesung aus den Apostelbriefen. Es folgt, immer noch in Capitalis quadrata, das erste Wort des Römerbriefes: *Paulus*. Fol. 2ᵛ gibt ein Beispiel der seit der Karolingerzeit geläufigen ‚Hierarchie der Schriftarten‘ **(Abb. 2)**: erste Zeile Capitalis quadrata, zweite Zeile Unziale, ab der dritten Zeile dann die Grundschrift karolingische Minuskel. Auf die erste Lesung Röm 1,1–6 folgt eine zweite Lesung,

X
PVR
GATE
VE
TVS
FER
MEN
TVM
UT SITIS NO UA CONSPER
SIO · SICUT ESTIS AZIMI ·

die in roter Capitalis rustica überschrieben ist: *Lectio Esaiae prophetae ubi supra* („Lesung aus dem Propheten Jesaja [Jes 62,1–4] wie oben"), nämlich am selben Festtag wie die vorausgehende neutestamentliche Lesung. Eine Initialzierseite leitet auch die Lesung zum Osterfest ein (fol. 82^{r}). In einer monochromen Rahmenfläche steht ein unziales *E* als silberne Spaltleisteninitiale mit nahezu spiegelbildlich gelegten Ranken, die mit ‚Knollenblättern' besetzt sind **(Abb. 3)**. Der auf die Initiale folgende Text *(E)xpurgate vetus fermentum, ut sitis nova conspersio, sicut estis azimi* („Schafft den alten Sauerteig weg, damit ihr neuer Teig seid. Ihr seid ja schon ungesäuertes Brot", 1 Kor 5,7) ist wieder in silbernen Majuskeln geschrieben.

Außer der Weihnachtsvigil und Ostern sind weitere 20 Festtage durch ornamentierte Initialen mit den typischen Reichenauer Dreiblättern, Knollenblättern und Pfeilblättern hervorgehoben. Doppelfeste sind außer Weihnachten, Ostern und Pfingsten auch Mariä Himmelfahrt *(In vigilia assumptianis sanctae Mariae* fol. 118r **(Abb. 4)** / *In assumptione sanctae Mariae* fol. 119^{r}) und Allerheiligen *(In vigilia omnium sanctorum* fol. 135^{v} / *In commemoratione omnium sanctorum* fol. 136^{r}). Die Festbezeichnungen sind meist in roter Capitalis rustica geschrieben. Diese Auszeichnungsarbeit erfolgte in einem gesonderten Durchgang, wie die mit Griffel oder Silberstift am Rand vorgeschriebenen Rubriken zeigen, zum Beispiel fol. 36^{r} **(Abb. 5)**: đ in xxx (*dominica in tricesima* [verschrieben für die *Dominica tertia in quadragesima?*]) *ad effesios*. Dieselbe Technik der am Rand mit Griffel vorgeschriebenen, dann mit Tinte ausgeführten Rubriken findet sich in dem zwischen 977 und 993 auf der Reichenau entstandenen Codex Egberti (Trier, Stadtbibliothek Ms. 24). Eng verwandt mit dem Mainzer Epistolar ist das Evangelistar London, British Library Add.20692 (Reichenau, um 980). Ein inhaltliches Reichenauer Merkmal ist die Lesung *Mulierem fortem* (Spr 31,10–31) am Fest der Makkabäerbrüder und ihrer Mutter Felicitas am 1. VIII.: „Es findet sich in sämtlichen Reichenauer Kalendarien sowie in den Reichenauer Evangelistarien und Epistolarien des 10. Jahrhunderts." (Anton von Euw).[1] Die Datierung um 980 führt in die

◂ **Abb. 3**
B 00259, fol. 82^{r}:
Zierseite mit Spaltleisteninitiale E

▾ **Abb. 4**
B 00259, fol. 118^{r}:
Zierseite zur Vigil der Himmelfahrt Mariens mit Initiale D

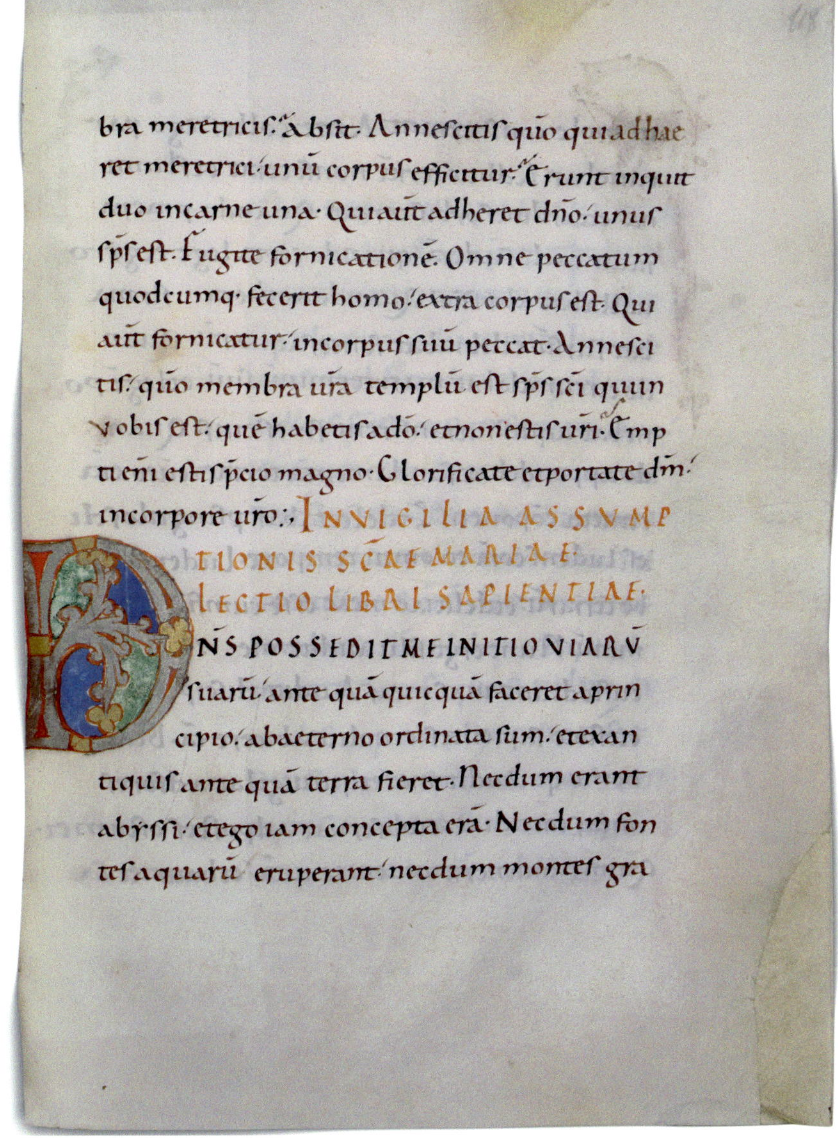

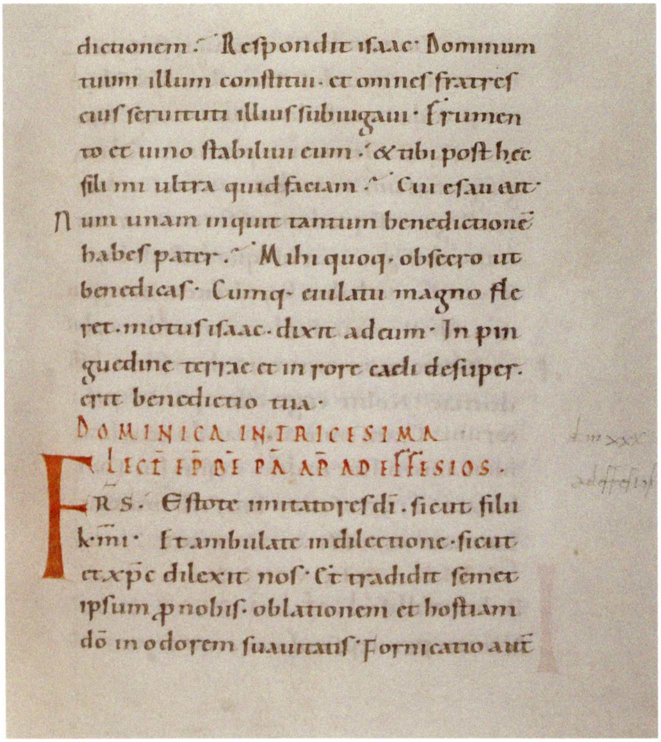

◂ **Abb. 5**
B 00259, fol. 36ʳ: Festbezeichnung (dominica in tricesima) in Capitalis rustica

▾ **Abb. 6**
B 00259, fol. 6ᵛ: Neumierte Lesung zum Stephanstag

▸ **Abb. 7**
Buchdeckel des Sakramentars mit Steinigung des hl. Stephanus, frühes 14. Jh.

Zeit des Erzbischofs Willigis von Mainz (amt. 975–1011, vgl. **Kat. 9, 10, 34**). Zwei Indizien deuten darauf hin, dass das Epistolar – jedenfalls eine Zeitlang – in dem von Willigis gegründeten Stift St. Stephan lag: Die Lesung zum Stephanstag am 26. XII. ist neumiert (fol. 5ᵛ–6ᵛ), wurde also melodisch vorgetragen **(Abb. 6)**. Ferner ist der Buchdeckel des frühen 14. Jahrhunderts sicher für St. Stephan gearbeitet worden; denn er zeigt in eindrucksvoller Expressivität mit nahezu vollplastischen vergoldeten Silberfiguren den unter der Hand Gottes niedersinkenden Stephanus zwischen einem Steine werfenden Juden und dem unbeteiligt zur Seite schauenden Saulus/Paulus, der den Rock des Steinigenden hält **(Abb. 7)**.

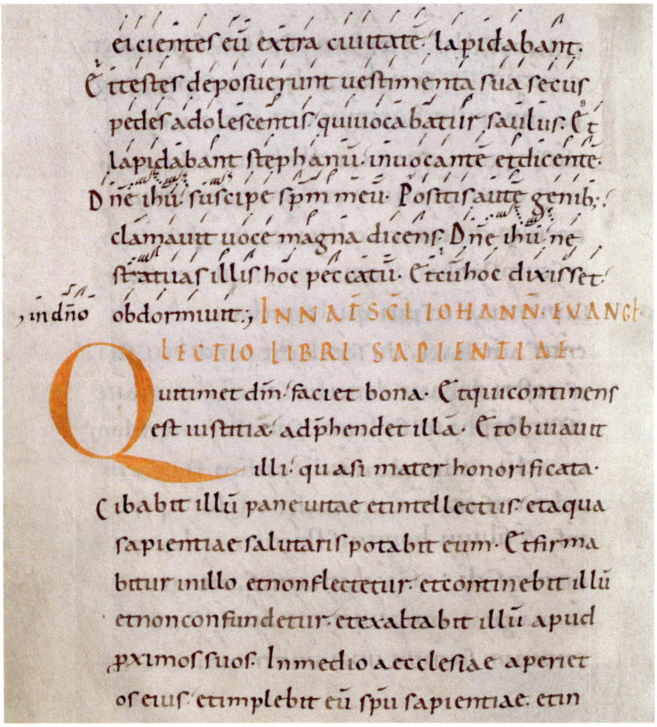

WB

1 Von Euw 1995, S. 96.

LITERATUR

Kautzsch/Neeb 1919, S. 367 – Hoffmann 1986, S. 331f. – Labusiak 2009, S. 260f. und 357f. – Berschin/Kuder 2015, S. 84f.

ZUM BUCHDECKEL:

Lüdke 1983, Bd. 2, Nr. 317b, S. 705f.

Otto. III. (links) und Kleriker (rechts)

GEBETBUCH KÖNIG OTTOS III.

Mainz, wahrscheinlich 986
Original: München, Bayerische Staatsbibliothek, Clm 30111
(ehem. Pommersfelden, Schloßbibliothek, Hs. 347)
Pergament, Goldtinte auf Purpur, 44 Bl.
H. 15,0 cm, B. 12,3 cm
In der Ausstellung Faksimile: Faksimile-Verlag Luzern, 2008

Das reich illustrierte Gebetbuch für König Otto III. ist nach dem um 860 entstandenen Gebetbuch für Kaiser Karl den Kahlen **(Abb. S. 185)** das älteste Gebetbuch, das sich für einen mittelalterlichen König erhalten hat. Mit Ausnahme von fol. 21ᵛ finden sich hier ausschließlich in Gold gerahmte Purpurseiten, die mit Goldtinte in regelmäßiger karolingischer Minuskel beschrieben sind. Die Handschrift enthält, von einer Vielzahl unterschiedlicher Gebete unterbrochen, drei doppelseitige Miniaturen. Auf fol. 1ᵛ ist die Kreuzigung Christi in Begleitung von Maria und Johannes zu sehen sowie auf fol 2ʳ nach Art einer *Deesis* Christus als Weltenrichter zwischen dem adorierenden Johannes d. T. und der gleichfalls anbetenden Maria, in der Zone darunter der in Purpur gekleidete Otto, begleitet von Petrus und Paulus **(Abb. S. 178, 179)**. Auf fol. 20ᵛ bzw. 21ʳ findet sich eine weitere Darstellung des jugendlich wirkenden Königs, der sich der *Majestas Domini*, dem von Engeln getragenen Christus in der Glorie, demütig zu Füßen wirft **(Abb. S. 180, 181)**. Fol. 43ᵛ zeigt noch einmal den König, der auf einem Kastenthron sitzt, während sich von rechts ein der Bedeutungsperspektive entsprechend kleiner dargestellter Kleriker nähert, der dem König sein Werk präsentiert **(Abb. S. 182)**. Das auf der gegenüberliegenden Seite in Hexametern abgefasste Widmungsgedicht (fol. 44ʳ) bittet um gnädige Aufnahme der Gabe **(Abb. S. 183)**. Das stark mit byzantinischen Motiven und Stilelementen durchsetzte Gebetbuch wurde, wie die Flüchtigkeit der Malweise erkennen lässt, unter offensichtlich großem Zeitdruck hergestellt. Auftraggeber war sehr wahrscheinlich der Mainzer Erzbischof Willigis, der seinem jugendlichen Schützling das Werk auf dem Hoftag zu Quedlinburg im Jahre 986 überreichte. Der Heiligenkalender des Gebetbuchs nennt nahezu alle wichtigen stadtmainzischen Heiligen, darunter Theonest, Ferrutius, Alban, Justinus oder Aureus. Das ausführende Skriptorium dürfte daher in Mainz gelegen haben; ungesichert ist jedoch, ob es eher am Dom oder aber in der Benediktinerabtei St. Alban anzusiedeln ist.

WW

LITERATUR

Klemm 1995 – Hoffmann 1996, S. 255f. – Hauke 2008 – Klemm 2008

PRINCIPIO ERAT UERBUM · ET UER
BUMERATAPUTDEUMETDEUSERAT
UERBUM · HOCERATINPRINCIPIOAPUD
DEUM · OMNIA PER IPSUM
FACTASUNT · ETSINEIPSOFACTUMĒ
NIHIL · QUODFACTUMESTINIPSOUI
TA

Katalog-Nr. 27
B 00258, fol. 3ʳ:
Zierseite mit den ligierten Initialen IN

KATALOG-NR. 27

FESTTAGSEVANGELISTAR

Ehemals Mainz, Stiftskirche St. Stephan
Mainz, mit auswärtiger Beteiligung, um 990
Handschrift und Deckfarben sowie Gold- und Silbertinte auf Pergament, II + 32 + I Bl.
H. 28,3 cm, B. 20,9 cm
Mainz, Domschatz/Bischöfliches Dom- und Diözesanmuseum, Inv. Nr. B 00258 (Alte Signatur: Hs 973; bekannt als Cod. Kautzsch 2)

IN ASSUPTIONE SCE MARIE.
SEQ SCI EUANG SECD LUCAM.
IN ILLO TEMPORE.
I NTRAUIT IHC
IN QUOD DAM CASTEL
LUM. ET MULIER QUE
DAM MAR THA NOMINE.
EXCEPIT IL LUM IN DOMU
SUAM. ET HUIC ERAT SO
ROR. NOMI NE MARIA.
QUAE ETI AM SEDENS
SECUS PE DES DNI. AUDI
EBAT UERBUM ILLIUS. MAR
THA AUTEM. SATAGEBAT CIRCA
FREQUENS MINISTERIUM.

◂ **Abb. 1**
B 00258, fol. 23r:
Zierseite mit zoomorpher Initiale I

Ein Evangelistar oder Perikopenbuch ist ein Buch, das ausschließlich liturgischen Zwecken dient, da es nicht wie das Evangeliar die vollständigen Evangelientexte enthält, sondern nur die daraus entnommenen und in der Reihenfolge des Kirchenjahrs angeordneten Tageslesungen. Wir wissen nicht, wann Evangelistare in Mainz in Gebrauch gekommen sind, denn aus karolingischer Zeit ist keines erhalten, das hier entstanden oder benutzt worden ist. Es ist jedoch bemerkenswert, dass in Mainz ab dem 10. Jahrhundert eine Tradition von schmalen, aber kostbaren Evangelistaren greifbar ist, in denen nur die Evangelienlesungen einiger ausgesuchter Feste zu finden sind. Die Reihe dieser Festtagsevangelistare beginnt mit der gegen 975 in Fulda für das Stift St. Peter vor Mainz geschaffenen Hs. 2 der Hofbibliothek Aschaffenburg und setzt sich bis in die Spätgotik fort. Auch wenn diese Codices nur Ausschnitte der Evangelien enthalten, spielten sie dennoch eine herausragende Rolle bei der Identitätsstiftung mehrerer Mainzer Stiftskirchen, wie man sie eher für Evangeliare erwarten würde. So haben die Festtagsevangelistare oftmals einen wertvollen Einband erhalten; für den vorliegenden Codex etwa wurde in der Gotik ein Buchdeckel mit einer Kreuzigungsgruppe aus vergoldetem Silberguss geschaffen **(Abb. S. 245)**. Auch die Gestaltung des Evangelistars ist ausgesprochen kostbar. Der gesamte Text ist mit Goldtinte auf gold- und silbergerahmte purpurfarbene Felder geschrieben. Als Schrift wurde nicht die einfache karolingische Minuskel gewählt, sondern die aufwändiger zu schreibende Unziale, die in ottonischer Zeit fast nur noch für Überschriften verwendet wurde. Alle 25 Evangelienanfänge sind mit gold-silbernen Rankeninitialen geschmückt, deren blau-grüne Binnenfelder einen Kontrast zur umgebenden Pracht aus Purpur und Edelmetall bilden. Die Initialen auf fol. 1r **(Abb. S. 211)** und 23r **(Abb. 1)** sind mit Drachen verziert. Trotz ihrer Größe, die bis über die Hälfte der Schriftfelder reichen kann, sind die Zierbuchstaben in die Textseiten eingebunden und ringsum von Schrift umgeben.

Das Exemplar des Domschatzes ist das früheste Festtagsevangelistar, für das eine Entstehung in Mainz selbst angenommen werden kann. Obwohl es keinen bildlichen Schmuck enthält, markiert es durch den hohen Qualitätsanspruch der Initialen im vorderen Teil der Handschrift einen Meilenstein der Mainzer Buchkunst. Geschaffen worden ist der Codex wahrscheinlich für die von Willigis gestiftete und kurz vor 992 von ihm geweihte Stiftskirche St. Stephan in Mainz. Dort befand er sich auch bei der Entstehung des Einbandschmuckes um 1300 und noch 1802 bei der Aufhebung des Stifts. Dass eine Lesung für das Fest des heiligen Cyriacus vorhanden ist **(Abb. S. 242)**, darf keineswegs als Hinweis auf das Cyriacuskloster in Worms-Neuhausen missverstanden werden: Dem Heiligen war eine Kapelle bei St. Peter vor Mainz geweiht, die in der gemeinsamen Liturgie der Mainzer Stifte eine Rolle spielte.

Es ist immer aufgefallen, dass sich die ersten 16 Blatt des Evangelistars **(Abb. 2, 3, 4, 5, 10)** durch ihre Qualität und zum Teil auch im Stil von Blatt 17–31 unterscheiden; anscheinend war dieser fähigere Künstler Schreiber und Maler in einer Person. Hartmut Hoffmann ordnete die Schrift dieser Seiten einem Reichenauer Schreiber zu, auch wenn die Lokalisierung von Unzial-Schriften generell als problematisch gilt. Verführerisch ist seine These,

▸ Abb. 2
B 00258, fol. 4ᵛ:
Zierseite mit Initiale D

◂ **Abb. 3**
B 00258, fol. 5v:
Zierseite mit Initiale d

▸ **Abb. 4**
B 00258, fol. 9v: Zierseite mit Initiale P

Sequentia sci euangelii secundu
lucam. In illo tempore.
Postquam impleti
sunt dies pur
gationis
mariae
secun
dum le
gem moy
si. tulerunt
ihm in hierusa
lem ut sisterent eum dno.
sicut scriptum est in lege dni.
Quia omne masculinum
adaperiens uulua. scm
dno uocabitur; Et ut da
rent hostiam. secundum quod dictu
est in lege dni. par turturum. aut du
os pullos columbarum. Et ecce homo

SEQUENTIA SCĪ EUANGELII SECUN
DUM MAT THE UM·
UESPERE
AUTEM
SABBATI
QUAE LU
CESCIT IN
PRIMAM
SABBATI·
UENIT MA
RIA MAG
DALENA
ETALTERAMARIAUI DERE SEPULCHRŪ;
ETECCE TERRAE MOTUS FACTUS EST MAG
NUS· ANGELUSENIMDNĪ DESCENDIT
DECAELO· ETACCEDENS REUOLUIT LAPIDĒ·

◂ **Abb. 5**
B 00258, fol. 10ᵛ:
Zierseite mit Initiale U (=V)

▸ **Abb. 6**
Zierseite mit Initiale D,
in: Lorscher Sakramentar,
um 980, Chantilly,
Musée Condé, Ms. 40, fol. 74r

◂ Abb. 7
Zierseite mit Initiale D, in: Sakramentar von St. Maximin, ca. 985/95, Paris, Bibliothèque nationale de France, Mss. lat. 10501, fol. 64r

▸ **Abb. 8**
B 00258, fol. 22r: Zierseite mit Initiale S und Eintragung des Gedenktages des heiligen Cyriacus

NATL SCI CYRIACI MART'
INILLO TEMPR
DIXIT IHC DISCIPSUIS
SIQUIS
UULT POSTME
UENIRE ABNEGET
SEIPSU ETTOLLAT
CRUCEM SUAM
COTIDIE ETSEQUA
TURME QUIENI
UOLUE RITANI
MAM SUAMSAL
UAM FACERE PERDET ILLA
NAMQUIPERDIDERITANIMAM
SUAMPROPTERME SALUAM
FACIET ILLAM QUIDENIMPRO

◂ **Abb. 9**
B 00258, fol. 28ᵛ: Zierseite mit Initiale H

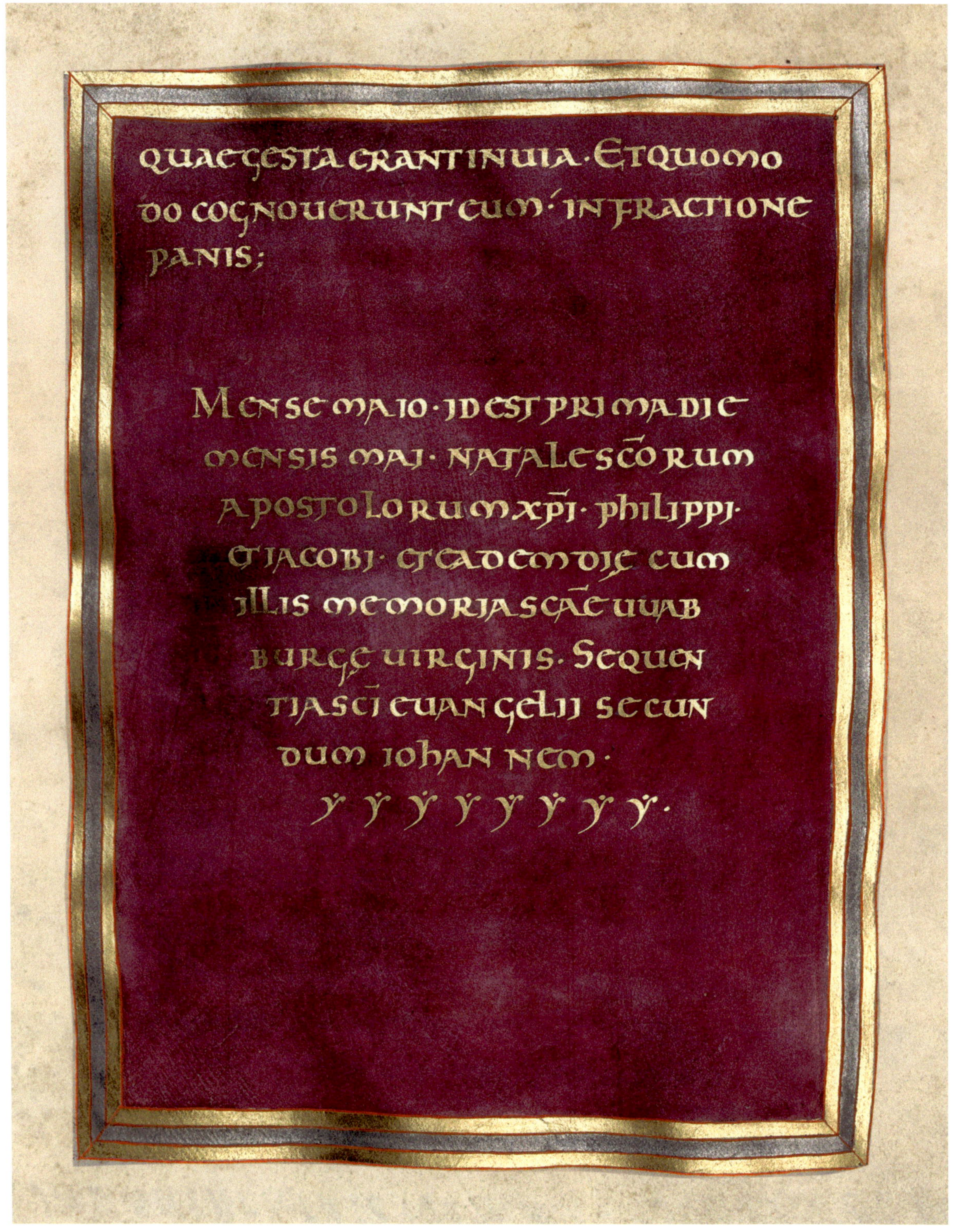
QUAE GESTA ERANT IN UIA · ET QUOMO
DO COGNOUERUNT EUM IN FRACTIONE
PANIS;

MENSE MAIO · ID EST PRIMA DIE
MENSIS MAI · NATALE SCORUM
APOSTOLORUM XPI · PHILIPPI ·
ET IACOBI · ET EADEM DIE CUM
ILLIS MEMORIA SCAE UUAB
BURGE UIRGINIS · SEQUEN
TIA SCI EUANGELII SECUN
DUM IOHANNEM ·

▸ **Abb. 10**
B 00258, fol. 14ᵛ: Gedenktag der Apostel Philippus und Jakobus d. J.

dass dieser Maler seine Kunst auf der Reichenau erlernt habe, dann aber vom Initialstil des herausragenden Trierer Registrum-Meisters beeinflusst wurde, wie man ihn beispielsweise in Handschriften wie dem Lorscher Sakramentar (Chantilly, Musée Condé, Ms. 40 [1447]) und im Sakramentar von St. Maximin (Paris, Bibliothèque nationale de France, Mss. lat. 10501) antreffen kann **(Abb. 6, 7)**. Tatsächlich haben wir hier eine ansprechende Mischung aus aggressiv wuchernden und spitzen Reichenauer Ranken und eleganten, beruhigt sich eindrehenden des Trierer Meisters vor uns, wie sie auch das Festtagsevangelistar des Domschatzes bietet. Hoffmann hat die Hand dieses Malers auch in anderen Mainzer Codices, nämlich München, Bayerische Staatsbibliothek, Clm 8102, und Gotha, Forschungsbibliothek, Membr. I 84, entdeckt, was darauf schließen lässt, dass er weiter im Skriptorium des Erzbischofs aktiv war. Die Berufung eines Künstlers von außerhalb belegt ein weiteres Mal, dass das Willigis-Skriptorium bei der Herstellung illuminierter Codices bei der Weihe von St. Stephan noch am Anfang stand **(vgl. Kat. 25, 28, 29)**. Der Maler des zweiten Teils, der zudem wahrscheinlich die umgebende Goldschrift geschaffen hat, steht vor allem in der Nachfolge der Reichenauer Initialmaler. Von seinem Künstlerkollegen der ersten Seiten übernimmt er nur einzelne Motive wie etwa die weißen Punktblumen auf dem Binnengrund **(Abb. 8, 9)**.

Diese Initialen finden eine qualitativ gesteigerte Nachfolge in einigen Initialen des Domschatz-Sakramentars **(Kat. 31)**. Es ist daher wahrscheinlich, in diesem Maler einen Vertreter des Mainzer Skriptoriums zu sehen.

CW

LITERATUR

Kautzsch/Neeb 1919, S. 366f. – Lauer 1975, S. 68f. – Hoffmann 1986, S. 243f. – Lauer 1987, S. 108f. – AK „Vor dem Jahr 1000" 1991, S. 103f., Kat. 24 – AK „Verschwundener Dom" 2011, S. 420, Kat. 8 (Winfried Wilhelmy) – Handschriftencensus Rheinland-Pfalz, http://www.hss-census-rlp.ub.uni-mainz.de/mz-ddm-inv-nr-b-00258 (mit weiterer Literatur)

ZUM BUCHDECKEL

Lüdke 1983, Bd. 2, Kat. 317

▾ **Abb. 11**
Buchdeckel des Festtagsevangliars mit Kreuzigung Christi, frühes 14. Jh.

INCIPIT EUANGELIŪ
SECUNDŪ MARCUM.

Katalog-Nr. 28
Hs II 2, fol. 48v:
Abdruck eines Evangelistenbildes

KATALOG-NR. 28

EVANGELIAR UND CAPITULARE EVANGELIORUM

Ehemals Mainz, Stiftskirche St. Stephan
Fulda und Mainz, vermutlich um 990
Handschrift auf Pergament , I + 155 Bl.
H. 23,6 cm, B. 16 cm
Mainz, Wissenschaftliche Stadtbibliothek, Hs II 2

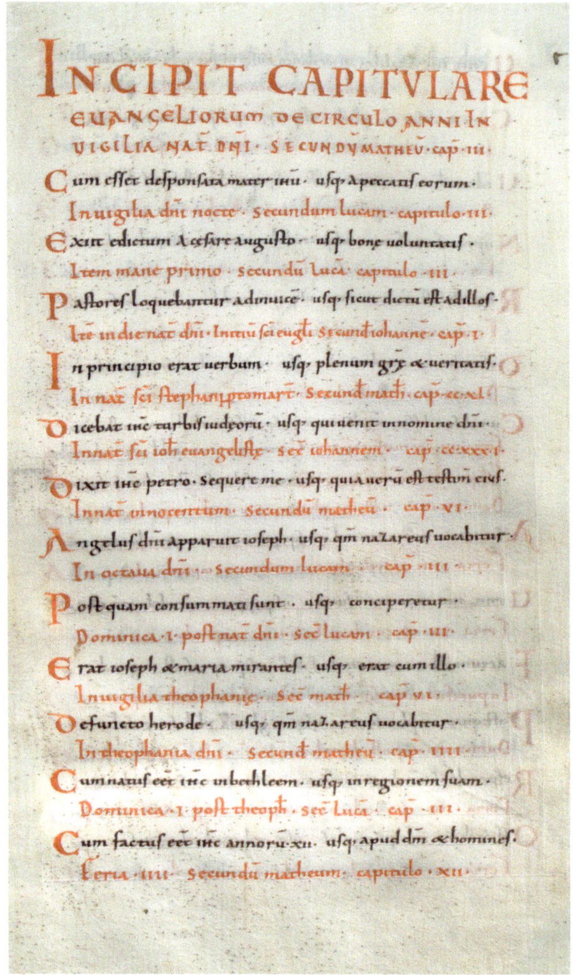

INCIPIT CAPITULARE
EUANGELIORUM DE CIRCULO ANNI IN
UIGILIA NAT DNI · SECUNDU MATHEU · cap · III ·
Cum esset desponsata mater ihu · usq a peccatis eorum ·
In uigilia dni nocte · secundum lucam · capitulo · III ·
Exiit edictum a cesare augusto · usq bone uoluntatis ·
Item mane primo · secundu luca · capitulo · III ·
Pastores loquebantur ad inuice · usq sicut dictu est ad illos ·
Ite in die nat dni · Initiu sci eugli secund iohanne · cap · I ·
In principio erat uerbum · usq plenum grę & ueritatis ·
In nat sci stephani protomart · secund math · cap · cc · xl ·
Dicebat ihc turbis iudeoru · usq qui uenit in nomine dni ·
In nat sci ioh euangeliste · sec iohannem · cap · cc · xxx · I ·
Dixit ihc petro · sequere me · usq quia uerū est testim eius ·
In nat innocentium · secundu matheu · cap · VI ·
Angelus dni apparuit ioseph · usq qm nazareus uocabitur ·
In octaua dni · secundum lucam · cap · III ·
Postquam consummati sunt · usq conciperetur ·
Dominica · I · post nat dni · sec lucam · cap · III ·
Erat ioseph & maria mirantes · usq erat cum illo ·
In uigilia theophanię · sec math · cap VI ·
Defuncto herode · usq qm nazareus uocabitur ·
In theophania dni · secund matheu · cap · IIII ·
Cum natus eet ihc in bethleem · usq in regionem suam ·
Dominica · I · post theoph · sec luca · cap · III ·
Cum factus eet ihc annoru · XII · usq apud dm & homines ·
Feria · IIII · secundu matheum · capitulo · XII ·

▸ **Abb. 1**
Hs II 2, fol. 145r: Beginn des Capitulare evangeliorum

Evangeliare bündeln die vier Evangelien, die kirchlich anerkannten Schriften, die über das Wirken und die Lehren Christi berichten. Sie wurden und werden deswegen als Stellvertreter Christi verstanden und spielten eine bedeutende liturgische und zeremonielle Rolle, wurden auf Throne gesetzt, geküsst und mit Weihrauch geehrt, Eide wurden auf sie abgelegt, und sie wurden in Prozessionen umhergetragen. Für die Lesung in der Messe waren Evangeliare nicht besonders praktisch, da die zu lesenden Abschnitte nicht markiert waren; der Diakon konnte die entsprechenden Abschnitte in der Regel in einem angehängten Register nachschlagen, das nach dem Kirchenjahr sortiert war, dem *Capitulare evangeliorum*. Dort sind das Evangelium und das Kapitel angegeben, wo die Lesung des jeweiligen Tages zu finden war, sowie die Anfangs- und Schlussworte des Abschnitts. Manche *Ordines*, Vorschriftensammlungen für die Messe, enthielten sogar genaue Anweisungen, wie beim Aufschlagen des Evangeliars vorzugehen war. Die *Capitularia evangeliorum* vermittelten nach damaliger Vorstellung vor allem die Leseordnung der Kirche Roms, in eher seltenen Fällen ergänzt um einzelne lokale Besonderheiten. Allerdings waren mehrere Redaktionen im Umlauf, die zudem noch durch Änderungen bei früheren Abschreibevorgängen uneinheitlich geworden waren; um Irritationen und Fehler im Gottesdienst zu vermeiden, empfahl es sich, Evangeliare mit *Capitularia evangeliorum* zu versehen, die der jeweils eigenen Tradition entsprachen.

Das in die Stadtbibliothek gelangte Evangeliar befand sich spätestens 1471 im Besitz des Mainzer Stifts St. Stephan, wo es in jenem Jahr einen neuen Ledereinband über Holz erhielt. Wahrscheinlich gehörte es wie das niedersächsische Evangeliar und das Festtagsevangelistar des Domschatzes **(Kat. 29 u. 27)** zur Grundausstattung dieser kurz vor 992 geweihten Gründung des Erzbischofs Willigis. Auch wenn das nicht strikt zu beweisen ist, sollte man deshalb zuerst eine Datierung im Zeitraum der Weihe von St. Stephan oder allenfalls davor in Betracht ziehen. Ähnlich wie die beiden anderen genannten Handschriften ist das Evangeliar noch kein Monument eines auf die Herstellung anspruchsvoller liturgischer Codices ausgelegten Mainzer Skriptoriums. Wie Hartmut Hoffmann nämlich richtig erkannt hat, ist der Hauptschreiber der vier Evangelien und der meisten Begleittexte ein Kalligraph aus dem großen und angesehenen Skriptorium des Benediktinerklosters Fulda. Nur die Blätter 10–11, 46–47, 74, 79, 112 und das *Capitulare evangeliorum* **(Abb. 1)** stammen von einem Kopisten mit anderer Ausbildung, den Hoffmann ebenso wie eine Nachtragshand als mainzisch identifizieren möchte. Anscheinend hat man in Mainz also in diesem Fall darauf geachtet, einem importierten oder von einem angereisten Schreiber geschaffenen Codex ein lokales *Capitulare evangeliorum* beizugeben

– im Gegensatz übrigens zum niedersächsischen Evangeliar, wo erst nachträglich korrigiert werden musste. Die Kunstgeschichte kann nur eine einzige Beobachtung zur Frage der Entstehungsgeschichte des Codex beitragen, da die Evangelistenbilder wie alle anderen Zierseiten zu einem unbekannten Zeitpunkt aus dem Evangeliar entfernt worden sind. Auch über den einst wahrscheinlich vorhandenen Prachteinband wissen wir nichts. Übriggeblieben sind nur die Abdrücke eines Evangelistenbildes auf fol. 48v **(Abb. S. 246)** und einer Zierseite auf fol. 49r. Bild und Textbeginn können damit keine Doppelseite gebildet haben, sondern standen hintereinander auf dem verlorenen Pergamentblatt. Während die hochrechteckigen Rahmungen beider Seiten wenig aussagekräftig sind, erinnert der Abdruck des Evangelisten an zwei in der Kunstgeschichte recht bekannte Miniaturen, nämlich die Porträts des Matthäus in dem karolingischen Evangeliar Ms. 9 der Universitätsbibliothek Erlangen-Nürnberg und im ottonischen *Codex Wittekindeus*, Ms. theol. lat. fol. 1 der Staatsbibliothek zu Berlin – Preußischer Kulturbesitz **(Abb. 2)**. Die eng verwandten Bilder zeigen den Evangelisten immer frontal thronend, wobei er mit der Rechten eine Schreibfeder in ein Gefäß auf einem Pult eintaucht und mit der Linken ein offenes Buch anfasst, das auf einem zweiten Pult liegt. Der Thron ist jeweils sehr auffällig mit einer gestuften und gerade abschließenden Lehne versehen. Soweit der Abdruck auf fol. 48v des Mainzer Codex erkennen lässt – es sind fast nur Spuren von oxidiertem Metall sichtbar –, befand sich gegenüber einst eine recht getreue Kopie dieses Evangelistenbildes. Sie dürfte allerdings auf die Kapitelle verzichtet haben, die bei den anderen Bildern die Rahmung unterbrechen. Außerdem dürfte das Bildmuster erheblich verkleinert umgesetzt gewesen sein, da die Blattgröße hier nicht annähernd an die stattlichen 46 x 31,5 beziehungsweise 40 x 30 cm der anderen Codices heranreicht.

Die beiden erhaltenen Evangelistenbilder sind im Abstand von gut 150 Jahren in Fulda geschaffen worden und gehen vermutlich auf das gleiche Vorbild zurück, das wiederum in die Umgebung der sogenannten Hofschule Karls des Großen zurückverweist. Allerdings gibt es keinen Evangelisten in einer der Hofschul-Handschriften mit exakt den beschriebenen Merkmalen, so dass hier von Fuldaer Eigengut zu sprechen ist. Dieser Befund liefert immerhin ein Indiz dafür, dass neben den größeren Textanteilen auch die verlorene Bildausstattung von Hs II 2 in Fulda gefertigt worden sein dürfte.

CW

▲ **Abb. 2**
Evangelist Matthäus, in Codex Wittekindeus, ca. 970/75, Ms. theol. fol. 1, fol. 14v

LITERATUR

Külb/Binz 1836ff., Abteilung II, S. 1 – Lauer 1987, S. 218, Anm. 322 – Hoffmann 1996, S. 294 – Winterer 2009, S. 28

WEITERFÜHRENDE LITERATUR

Klauser 1972 (Handschrift hier erwähnt als Nr. IV, 185)

petro prędicit negaturũ· orationes ihu tra
ditio iude iudeis·

XIII· PRINCIPES Interrogant ihm· & condẽpnãt
eũ· Petrus tertio negat· Ihs pilato traditur·
Pilatus dimisso barabba· Ihm flagellatũ
crucifigendũ tradit· Passio ihu & sepul
tura & resurrectio eius ex mortuis· Post
resurrectionẽ mandata· & ascensio eius
in celis· EXPLICIT BREUIARIUM·

Katalog-NR. 29
B 00324, fol. 75^v^:
Evangelist Markus

KATALOG-NR. 29

EVANGELIAR

Ehemals Mainz, Stiftskirche St. Stephan (?)
Niedersachsen (Umkreis Corvey), um 990
Handschrift und Deckfarben auf Pergament,
230 Bl., H. 21,3 cm, B. 16,7 cm
Mainz, Domschatz/Bischöfliches Dom- und Diözesanmuseum,
Inv. Nr. B 00324 (Alte Signatur: Hs 974; bekannt als Cod. Kautzsch 1)

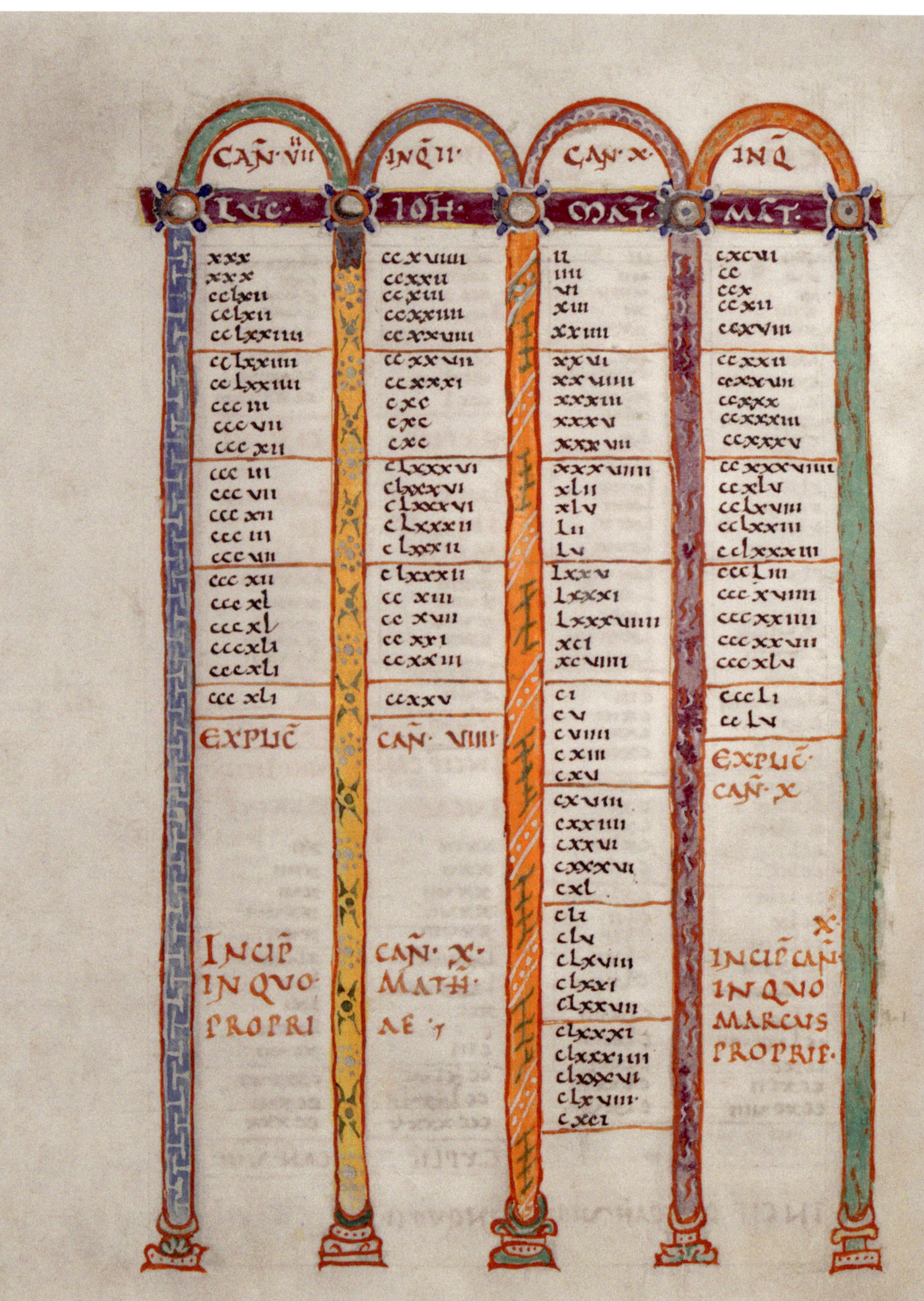
CAN· VIII
IN Q II·
CAN· X·
IN Q
LUC·
IOH·
MAT·
MAT·
EXPLIC
CAN· VIIII
INCIP IN QUO PROPRI
CAN· X· MATH· AE
EXPLIC· CAN· X
X· INCIP CAN· IN QUO MARCUS PROPRIE·

◂ **Abb. 1**
B 00324, fol. 13v: Kanontafel

Der Codex des Mainzer Domschatzes ist ein Evangeliar, enthält also die vollständigen Evangelien von Matthäus, Markus, Lukas und Johannes. Wie üblich sind den vier Evangelien noch bestimmte Erschließungshilfen und Texte beigegeben, nämlich Kanontafeln mit der Stellenkonkordanz, allgemeine und besondere Vorreden *(Argumenta)*, die Inhaltsangaben *(Breviaria)* sowie eine kalendarisch geordnete Liste der Tagesevangelien *(Capitulare evangeliorum)*. Als Schmuck enthält der vollständig erhaltene Codex einfache, aber sehr bunte Rahmungen für die zwölfteilige Folge der Kanontafeln (**Abb. 1**) und vier in Deckfarben ausgeführte Evangelistenbilder (**Abb. S. 167, 198, 199, 250**), jedoch ungewöhnlicherweise nur zwei mit Edelmetall verzierte Initialen. Über den Einband der Entstehungszeit lässt sich nichts mit Sicherheit sagen; auf dem ehemals roten Samt, der seit dem 19. Jahrhundert die Holzdeckel umkleidet, war bis 1975 das ottonische Mainzer Domschatzkreuz angebracht (**Kat. 33**), das aber jünger als der Codex sein dürfte. Die Handschrift muss schon bald nach ihrer Entstehung nach Mainz gelangt sein, wo sie für das Mainzer Evangeliar in Den Haag (**vgl. Beitrag Beuckers**) zur Textvorlage und zum ikonographischen Vorbild wurde. Zumindest zur Zeit der Säkularisation befand sie sich im Besitz der Mainzer Stiftskirche St. Stephan, und es gibt Gründe anzunehmen, dass sie von Erzbischof Willigis für seine kurz vor 992 geweihte Gründung angeschafft worden ist. Sie befände sich damit in der Gesellschaft mehrerer anderer Handschriften für den Mess-Gottesdienst, nämlich des Evangelistars (**Kat. 27**) und des Epistolars des Domschatzes (**Kat. 25**) sowie des Evangeliars Hs II 2 der Stadtbibliothek (**Kat. 28**). Mit all diesen Handschriften hat das Evangeliar auch gemein, dass es nicht unter führender Beteiligung Mainzer Kräfte geschaffen wurde – in diesem Fall wahrscheinlich sogar außerhalb von Mainz. Es ist bisher keine Zuweisung der beiden Hauptschreiber an ein Skriptorium vorgeschlagen worden, doch hat die Kunstgeschichte schon lange erkannt, dass die Miniaturen der Handschrift dem damaligen sächsischen – wir würden heute eher sagen: dem niedersächsisch-westfälischen – Kunstkreis angehören. Wegen der gemusterten ‚textilen' Hintergründe in Purpurfarben und der durchrhythmisierten und damit abstrakten Gewandfältelung wird man am ehesten an Federzeichnungen aus

dem weiteren Umfeld des bedeutenden Klosters Corvey an der Weser denken. Die geringe zeichnerische Qualität und der mit antikisierenden Motiven arbeitende Initialstil sprechen allerdings gegen Corvey selbst. Für einen Mainzer Erzbischof war Sachsen definitiv kein gänzlich abgelegener Landstrich, besuchte er dort doch nicht nur als Oberhaupt der Kirchenprovinz Suffraganbistümer wie Hildesheim, sondern kam auch aus anderen kirchlichen und politischen Anlässen dorthin, so 992 zur Domweihe nach Halberstadt.

Noch aufschlussreicher als der weite Weg der Handschrift nach Mainz ist die große Fülle der Buchimporte, die offensichtlich zur Ausstattung von St. Stephan notwendig war. Sie zeigt, dass Mainz um 990 noch kein Skriptorium besaß, dem der Erzbischof die Herstellung von liturgischen Büchern, die selbstverständlich besonders sorgfältig geschrieben und illuminiert waren, zu- und anvertraute. Aus der erwähnten Gruppe für St. Stephan enthält wahrscheinlich nur das Evangelistar **(Kat. 27)** erste, noch uneigenständige Beispiele einer ottonischen Mainzer Buchkunst.

Dass Willigis durch seine Importe einen Bruch mit der ikonographischen Tradition der in Mainz verwendeten Evangeliare in Kauf nahm, ist eine bisher zu wenig beachtete Konsequenz. In Mainzer Kirchen hatte es aus karolingischer Zeit mindestens drei Evangeliare gegeben, in denen offensichtlich Evangelistenbilder der um 780–815 tätigen sogenannten Hofschule Karls des Großen kopiert wurden **(Abb. 2)**. Die darin enthaltenen Evangelistenbilder verrieten eine, wenn auch nur noch rudimentäre Kenntnis antiker Raum- und Plastizitätsvorstellungen; die Evangelisten thronten hier unter antikischen Arkaden, in deren Lünetten die Evangelistensymbole erschienen, während in Mainz Rechteckrahmen eine gemeinsame Bildfläche umschließen. Diese Tradition, die in ottonischer Zeit beispielsweise in Fulda und anfangs auch auf der Reichenau aufgegriffen wurde, spielte nun keine Rolle mehr. Willigis bekam allerdings stattdessen ein erstaunlich originelles Konzept, das ihm nach Ausweis der späteren Den Haager Miniaturen **(vgl. Abb. S. 192–195)** auch sehr beeindruckt hat: Das Evangeliar des Domschatzes gehört nämlich zu den ganz seltenen mittelalterlichen Handschriften, in denen der Anfang von kopierten Texten in Bilder verlegt worden ist. Genau deswegen besitzen Matthäus- und Johannesevangelium hier keine Initialen mehr, weil die Evangelien auf den gemalten Schriftbändern ihrer Autoren beginnen **(Abb. 3)**. In zeitlicher Nähe hat anscheinend nur das Den Haager Evangeliar dieses ungewöhnliche Konzept des niedersächsischen Evangeliars übernommen, das die personale Quelle und damit die Autorität der Schriften durch das Porträt unterstreicht. Auch das in diesem Zusammenhang gelegentlich genannte Bremer Domschatzevangeliar, Ms. lat. 87, der John Rylands Library in Manchester folgt diesem Beispiel nicht.

CW

◂ **Abb. 2**
Evangelist Markus, in: Evangeliar, 2. Viertel 9. Jh., Paris, Bibliothèque nationale de France, Mss lat. 10437, fol. 62v

▴ **Abb. 3**
Evangelist Johannes mit dem Beginn des Johannesevangeliums „In principio erat verbum" im Schriftband, Detail aus Abb. S. 199

LITERATUR

Kautzsch/Neeb 1919, S. 366 – Usener 1957, S. 61f., Anm. 9 – Bauer 1977, Nr. 30–31 – Hoffmann 1986, S. 243 – Lauer 1987, S. 172–174, 283 – AK „Bernward von Hildesheim" 1993, Bd. 2, S. 155f., Kat. IV.5 (Ulrich Kuder) – Handschriftencensus Rheinland-Pfalz, http://www.hss-census-rlp.ub.uni-mainz.de/mz-ddm-inv-nr-b-00324 (mit weiterer Literatur)

Augustinus de trinitate

Katalog-Nr. 30
Hs II 18, fol. 9r:
Dedikationsbild an den Mainzer Bistumspatron, den hl. Martin

KATALOG-NR. 30

DE TRINITATE DES AUGUSTINUS

Ehemals Mainz, Stiftskirche St. Stephan
Mainz, um 1000 / 2. Hälfte des 12. Jahrhunderts
Pergament, 108 Bl.,
H. 31 cm, B. 27 cm
Mainz, Wissenschaftliche Stadtbibliothek, Hs II 18

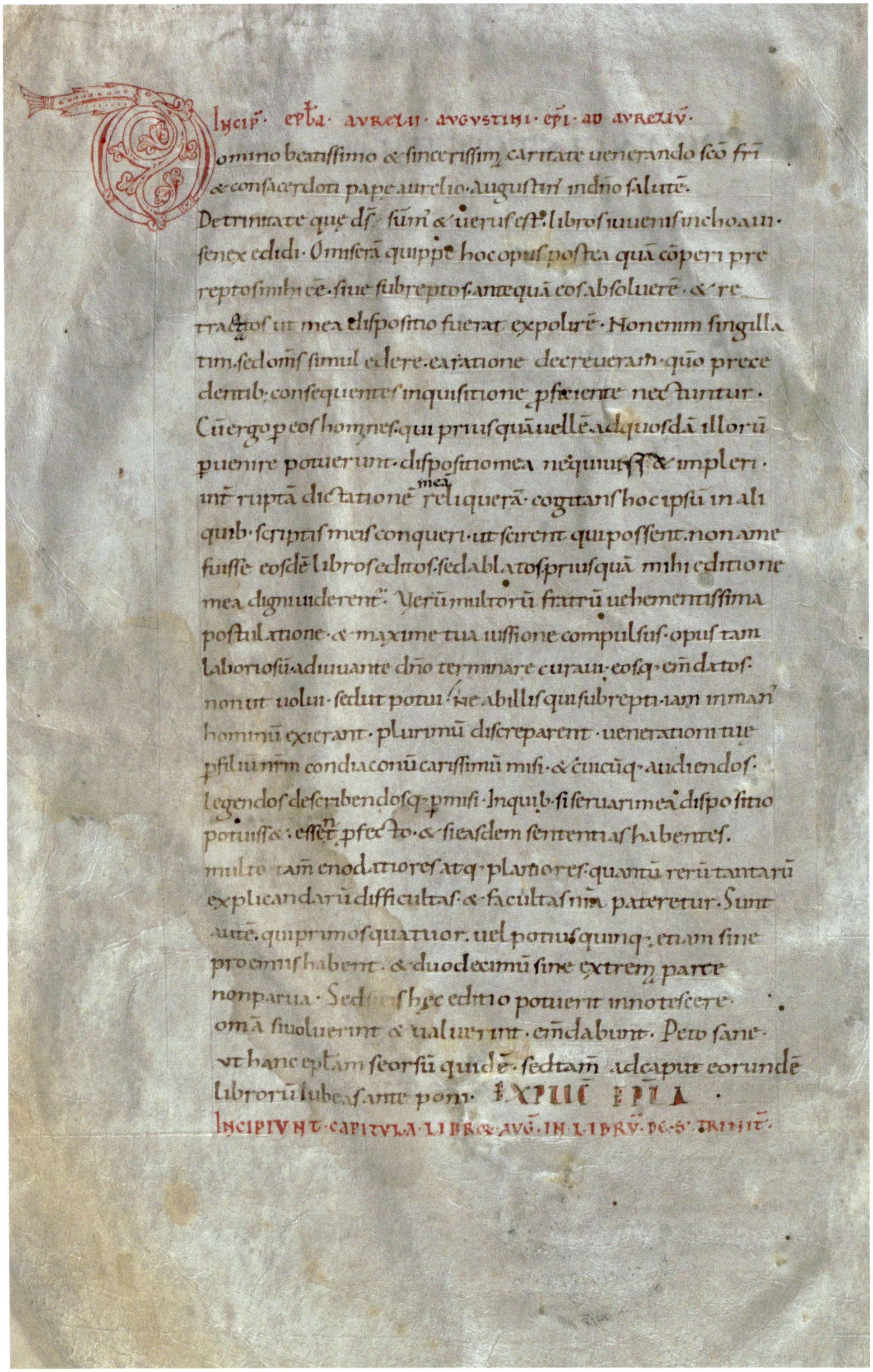

Die Handschrift enthält eine (bis auf wenige Blattausfälle) vollständige Kopie der fünfzehn Bücher *De trinitate* des Augustinus. Der vordere, um 1000 in Mainz entstandene ottonische Teil (fol. 1–23) wird durch ein qualitätvolles, mit Gold verziertes, später teils übermaltes und neu beschriftetes Widmungsbild auf fol. 9^{r} **(Abb. S. 256)** aufgewertet. Der hintere Teil (fol. 24–108) ist eine zweispaltige, durch Kürzungen und enge Schrift verdichtete Ergänzung beziehungsweise Restaurierung aus der zweiten Hälfte des 12. Jahrhunderts.

Der ottonische Teil lässt durch das vorangestellte Inhaltsverzeichnis erkennen, dass die Handschrift auf Vollständigkeit angelegt war. Hauptschrift ist eine durch Ligaturen mit *litterae subscriptae* charakteristische karolingische Minuskel aus Mainz. Initialen und Rubriken wurden bei der Herstellung ausgespart, aber nicht ausgeführt, weshalb man im ottonischen Teil die (meist roten) Spaltleisteninitialen und Auszeichnungszeilen ergänzt hat. Für den Widmungsbrief auf fol. 1^{v} **(Abb. 1)** ergibt sich zum Beispiel folgender Befund **(vgl. Beitrag Beuckers, S. 204f.)**: Originaler Bestand sind die Hauptschrift und die Auszeichnungsschrift (Capitalis rustica) in *EXPLICIT EPISTOLA*, nachgetragen die Initiale und die Rubriken *INCIPIT EPISTOLA* und *INCIPIUNT CAPITULA* in Mischschrift.

Das Widmungsbild des dedizierenden Klerikers und thronenden heiligen Erzbischofs **(Abb. S. 256)** mit dem scharf geschnittenen Halbprofil, das eine Analogie zum Mainzer Gebetbuch für Otto III. aufweist **(Kat. 26)**,[1] lässt im original erhaltenen Teil, zu dem die goldene Nimbierung und die rot konturierte, goldene

◂ *Abb. 1*
Hs II 18, fol. 1ᵛ: Widmungsbrief

▸ *Abb. 2*
Dedikationsbild an den Kölner Bistumspatron, in: Evangelistar, Reichenau, um 970/80, Darmstadt, Universitäts- und Landesbibliothek 1948, fol. 6ᵛ

Rankeninitiale gehören, etwas von seiner alten Pracht erkennen. Es steht in der Tradition der Dedikationsbilder zu Hrabans *De laudibus sanctae crucis*, wie es etwa im Codex Rom, Biblioteca Apostolica Vaticana, Reg. lat. 124 zu finden ist **(Abb. S. 172, 173)**, der Fuldaer Schriftheimat und Mainzer Provenienz hat. Wenn der Dargestellte auf Augustinus zu deuten wäre, ergäbe sich der eigentlich widersinnige Empfang des eigenen Werkes durch den Autor. Wenn das Widmungsbild von Hs II 18 allerdings auf den Patron der Mainzer Kathedrale zu deuten wäre, und das sei hier vorgeschlagen, dann handelt es sich um ein Dedikationsbild an den heiligen Martin, das analog zu dem des Hrabancodex oder zum Dedikationsbild des Gero-Codex zu lesen wäre, in dem der Stifter dem Kölner Bistumspatron Petrus ein Evangelistar dediziert **(Abb. 2)**.[2] Die Miniatur in Hs II 18 ist schwarz nachgezeichnet und übermalt worden, und zwar an Kopf, Pallium, Mittelstrich und in den drei Zeilen des Schriftfeldes, die in Mischmajuskel und Unziale stehen; auch die braune Grundierung des Schriftfeldes erfolgte

◄ **Abb. 3**
Hs II 18, fol. 47r: Insulare enim-Kürzung in der ‚Restauration‘ (erste Zeile nach Revera)

nachträglich. Schon vor der Übermalung war in der zweiten Hälfte des 12. Jahrhunderts mitten in das Bild die Kapitelüberschrift *De triplici causa erroris falso de Deo opinantium* („Über die dreifache Fehlerquelle jener, die Gott falsch begreifen“) eingetragen worden. Der äußere rote Rahmen und das überschriebene *Augustinus De trinitate* stammen aus der zweiten Hälfte des 15. Jahrhunderts.

Im ergänzten und restaurierten Textteil finden sich Initialen unterschiedlicher Ausführung und Qualität, wie auch das Erscheinungsbild der Hände sehr vielfältig ist. Eine Mainzer Signatur und ein Weiterwirken der Vorlage könnte in der mehrmals auftauchenden insularen *enim*-Kürzung **(Abb. 3)** zu erkennen sein, die auch der von Ekkehard IV. um 1031 nach St. Gallen mitgenommene Mainzer Codex St. Gallen, Stiftsbibliothek, 830

▸ **Abb. 4**
Sammelhandschrift zu den Artes liberales, Mainz, 1. Drittel 11. Jh., St. Gallen, Stiftsbibliothek, 830, p. 40: Zahlreiche insulare enim-Kürzungen im Text (z. B. Z. 2)

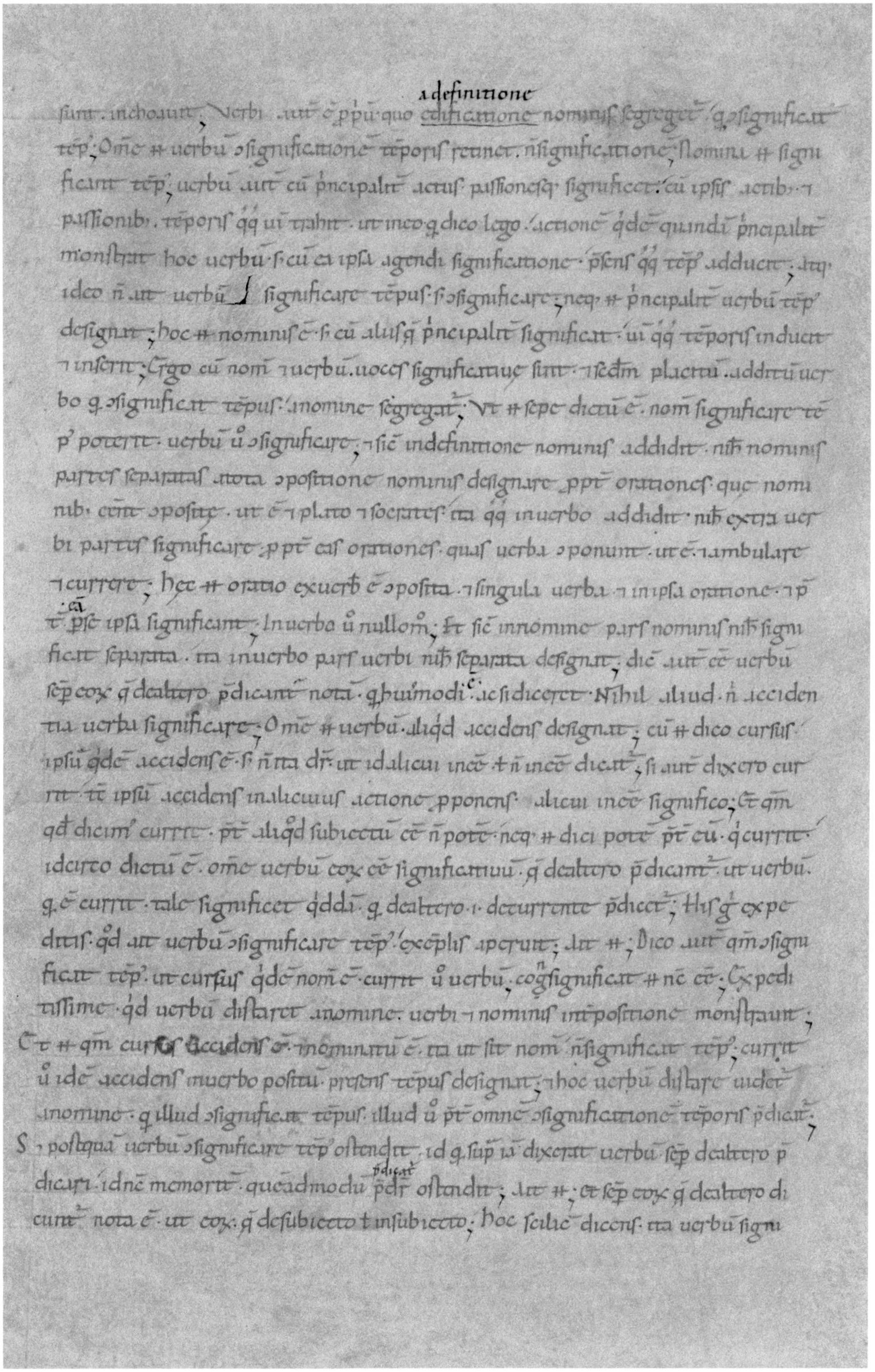

zeigt (**Abb. 4**). Hs II 18 ist durch einen Eintrag des 12. Jahrhunderts auf fol. 1ʳ als mittelalterlicher Besitz des Stifts St. Stephan erkennbar und somit einer der wenigen Codices, die in der wechselvollen Mainzer Bestandsgeschichte am Ort verblieben sind.

TL

---

1 Vgl. Kat. 26 sowie Beitrag Beuckers S. 176–191.
2 Berschin/Kuder 2015, S. 50f. Eine Analogie zum Codex St. Gallen, Stiftsbibliothek, 433, p. 44 (vgl. Bruckner 1938, Taf. IV) besteht nicht, denn dort ist eine Predigt *De trinitate* illustriert, die einem Diakon gewidmet ist, während das dogmatische Werk *De trinitate* an einen Amtsbruder Augustins und somit an eine gleichgestellte Person dediziert worden ist.

LITERATUR
AK „1000 Jahre Mainzer Dom" 1975, S. 65f., Kat. 4, S. 283, Abb. 21 – Hoffmann 1986, Textbd., S. 245 – Otto 1986, S. 7f. – Lauer 1987, S. 166–170 und S. 275–277, Nr. 4

Katalog-Nr. 31
B 00325, fol. 121r:
Kreuzigung Petri

KATALOG-NR. 31

SAKRAMENTAR

Mainz, Domstift oder Benediktinerabtei St. Alban, um 1000
Deckfarben sowie Gold- und Silbertinte auf Pergament, I + 245 + I Bl.
H. 21,2 cm, B. 16,7 cm
Mainz, Domschatz/Bischöfliches Dom- und Diözesanmuseum,
Inv. Nr. B 00325 (Alte Signatur: Ms. 977; bekannt als Cod. Kautzsch 4)

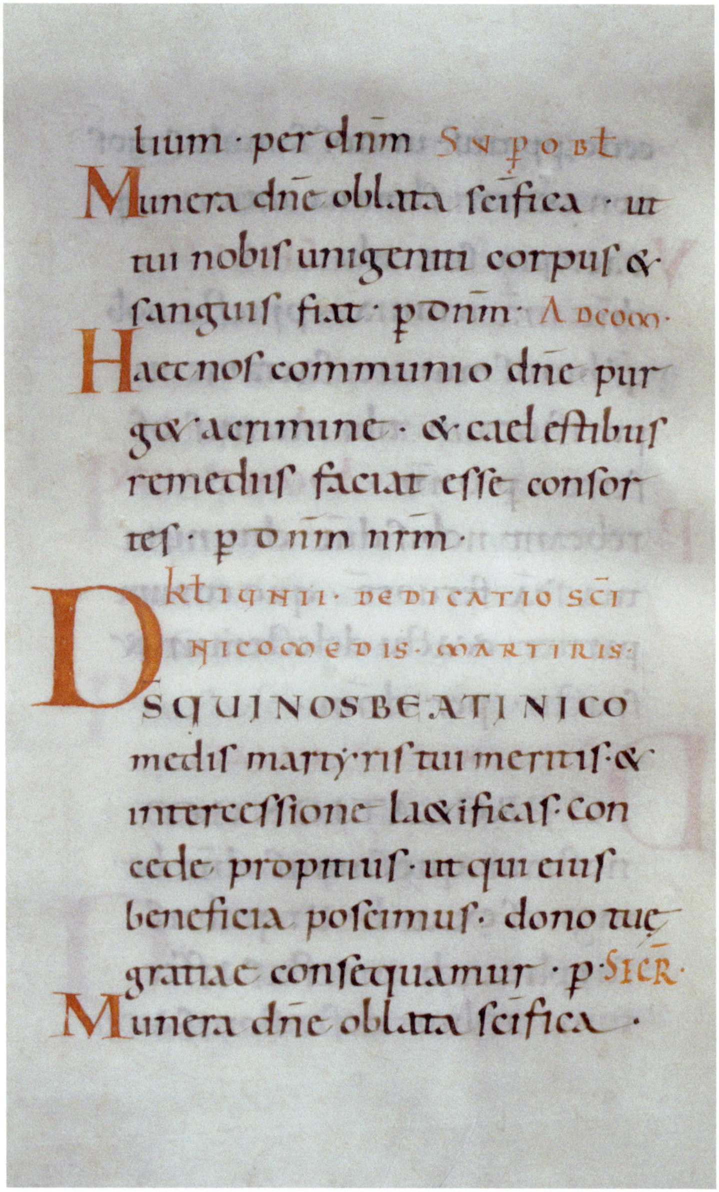

▲ **Abb. 1**
B 00325, fol. 114v:
Dedicatio sancti Nicomedis martiris

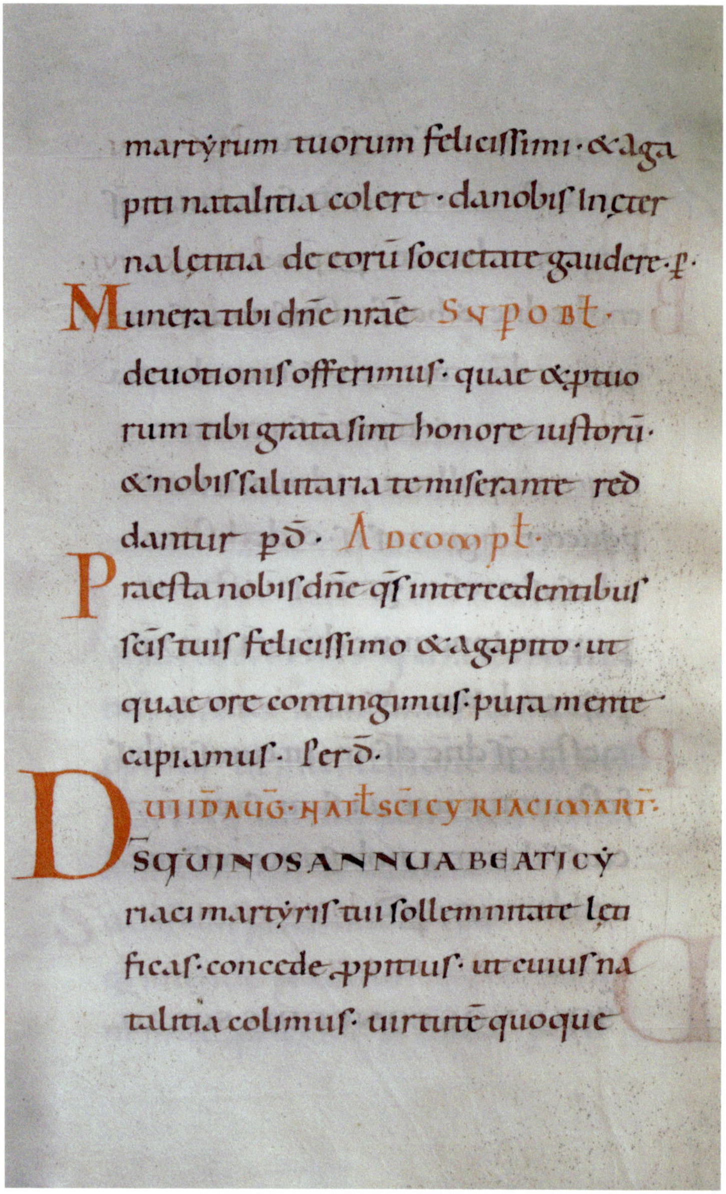

▲ **Abb. 2**
B 00325, fol. 127v:
Natale sancti Cyriaci martiris

Sakramentare sind die Messbücher des frühen Mittelalters. Sie enthalten jedoch nur die Gebete, die vom Zelebranten allein zu sprechen sind, und noch nicht wie Missalien die Gesänge und biblischen Lesungen. In ottonischer Zeit folgen sie fast immer der Texttradition des sogenannten Gregorianischen Sakramentars, eines stadtrömischen Typus, der durch Karl den Großen (gest. 814) zum Leitmodell erhoben worden war. Mangels einer zentralen Kontrollinstanz und wegen der Unzulänglichkeiten des Urtextes enthalten Sakramentare der Zeit um 1000 allerdings viel Material aus nicht-gregorianischen Quellen. Obendrein waren sie oft stark von lokalen Verhältnissen geprägt. Das Sakramentar des Mainzer Domschatzes ist dafür ein typisches Beispiel. In ihm findet man über das *Gregorianum* hinaus unter anderem Votivmessen, also Messen für besondere Anliegen, und mehrere Heiligenfeste, die mit Mainzer Heiligtümern in Verbindung standen, wie die *Dedicatio sancti Nicomedis martiris* **(Abb. 1)** und den Gedenktag des heiligen Cyriacus **(Abb. 2)**. Noch stärker mit Mainzer Besonderheiten durchsetzt ist der liturgische Kalender auf fol. 2^r – 23^v, der beispielsweise die vor allem am Mittelrhein begangenen Feste der heiligen Aureus und Justinus, Alban, Goar und Bilhildis aufführt.

Die Handschrift ist also eindeutig ein Mainzer Sakramentar, das nur nach einer Vorlage aus der Domstadt geschrieben worden sein kann, wofür auch Schrift und Buchschmuck sprechen. Hartmut Hoffmann ordnete die beteiligten Schreiber sämtlich dem in Mainz unter Erzbischof Willigis aufgebauten Skriptorium zu. Zumindest ein Teil der prachtvollen Rankeninitialen, so jene auf fol. 109^r **(Abb. 3)**, führen die vom Festtagsevangelistar des Domschatzes **(Kat. 27)** vorgegebene künstlerische Richtung fort, indem sie Reichenauer und Trierer Stilelemente mischen. Daneben gibt es auch einen Initialtypus mit schlankeren Goldranken, der stärker zur Symmetrie neigt und wohl von Fuldaer Vorbildern angeregt wurde. Wie das Evangeliar der Mainzer Stadtbibliothek Hs II 2 zeigt **(Kat. 28)**, importierte Mainz aber auch aus Kloster Fulda illuminierte Handschriften.

▲ **Abb. 3**
B 00325, fol. 109^r:
Zierseite mit Initiale d

DOMINICA
SANCTA
PASCHAE
STATIO
AD SANCTAM
MARIAM
MAIOREM

◂ **Abb. 4**
B 00325, fol. 85r: Dominica Sancta Paschae Statio Ad Sanctam Mariam Maiorem, Zierseite gegenüber der Darstellung der Frauen am Grab (Abb. S. 201)

▸ **Abb. 5, 6**
Detail aus Abb. S. 194 u. S. 201: Weißhöhungen an der Figur des Evangelisten Matthäus und des Engels am Grab

Neben diversen Purpurzierseiten **(Abb. 3, 4, 8)** besitzt die Handschrift drei ganzseitige Miniaturen: Sie zeigen die Frauen am Grab Christi **(vgl. Abb. S. 201)**, die Apostelversammlung an Pfingsten **(vgl. Abb. S. 202)** sowie die Kreuzigung Petri **(Abb. S. 262)**. Alle haben stilistisch mit westlichen Traditionen wenig gemein. Wie bereits an den dreieckigen Weißhöhungen auf den Gewändern **(Abb. 5, 6)** und den vielfältigen, oft erstaunlich expressiven Gesichtstypen mit ihrem gräulichen Inkarnat zu erkennen ist, orientieren sie sich offensichtlich an byzantinischen und italo-byzantinischen Vorbildern **(vgl. Beitrag Beuckers)**. Miniaturen wohl von derselben Hand finden sich auch in dem Mainzer Evangeliar in Den Haag **(vgl. Abb. S. 192–195)**; bereits für das Gebetbuch Ottos III. **(Kat. 26)** rezipierte man in Mainz ostentativ byzantinische Stilvorbilder. Das Sakramentar gehört also zu einer kleinen, aber durch ihre Byzantinismen sowie durch die ungewöhnliche Farbgebung besonders auffallende Gruppe ottonischer Prachthandschriften, die unter Willigis geschaffen worden ist **(Abb. 8)**. Da um 990 erst zögerlich eigenständige Buchmalereien in Mainz geschaffen wurden, wird man wohl für das Sakramentar mit einer Entstehung um den Jahrtausendwechsel rechnen dürfen.

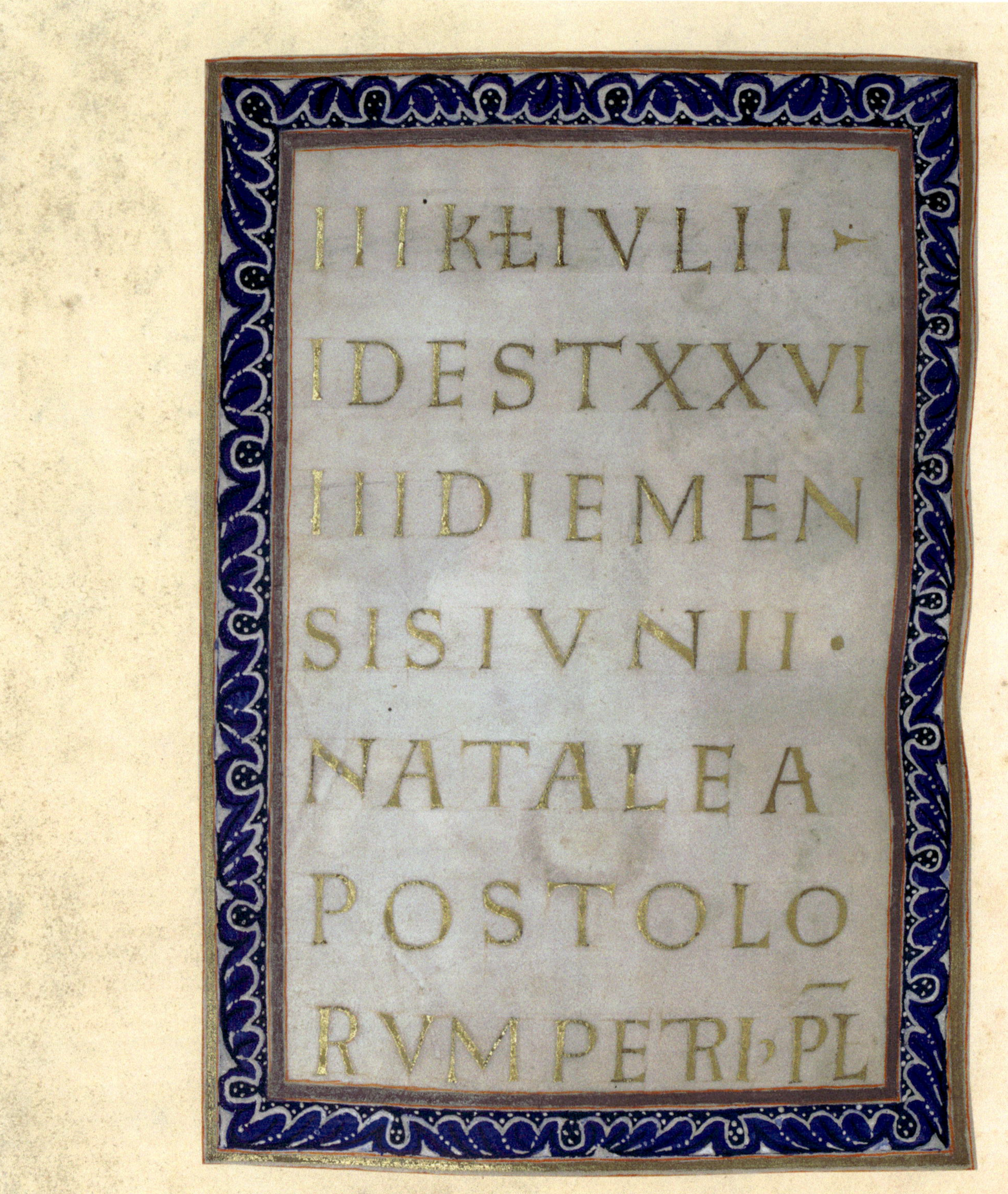

IIIKŁIVLII·
IDESTXXVI
IIIDIEMEN
SISIVNII·
NATALEA
POSTOLO
RVMPETRI·PL

apostolorum tuorum petri & pauli mar
tyrio consecrasti · da aecclesiae tuae
eorum in omnib· sequi praeceptū · pquos
religionis sumpsit exordium · p SECR
Hostias dne quas nomini tuo sacrandas
offerimus apostolica psequatur ora
tio · pquam nos expiari tribuis &
defendi · per d PREFATIO
UD et iustum est · aequū · & salutare ·

► **Abb. 9**
B 00325, fol. 27r: Purpurzierseite mit der Praefatio von der allerseligsten Jungfrau Maria

◄ **Abb. 7, 8**
B 00325, fol. 121v und fol. 122r: Zierseite und Initiale für den Gedenktag der Apostel Petrus und Paulus

Die stilistische Ausrichtung ist zu Recht immer wieder mit den engen Beziehungen zwischen Erzbischof Willigis einerseits und König Otto III. und dessen Mutter, der byzantinischen Prinzessin Theophanu, andererseits in Verbindung gebracht worden. Sie gehört allerdings auch in den Kontext der Griechenland-Mode im ottonischen Reich, die schon vor der Einheirat Theophanus in das Königshaus einsetzte. Bemerkenswert ist im Übrigen auch, dass Willigis damit seine Buchmaler stilistisch nicht an Arbeiten vom Hofe Karls des Großen anschließen ließ, obwohl er in den Bronzetüren des Domes (**Kat. 34**) ausdrücklich auf Karl und Aachen rekurriert.
Das Miniaturenprogramm gibt schließlich auch Hinweise auf jene Mainzer Kirche, für die das Sakramentar geschaffen wurde. Nur ein einziges Bild, das der Frauen am Grab (**vgl. Abb. S. 201**), ist nämlich auf das Leben Jesu bezogen. Hingegen ist die Darstellung der Petruskreuzigung zwar durchaus in umfangreicheren Bildzyklen in Sakramentaren zu finden, bei den wenigen Bildern der Mainzer Handschrift erscheint diese Auswahl jedoch sehr auffällig. Auf dem Pfingstbild, das die Apostel im Kreis sitzend darstellt, wird wiederum Petrus – nur er auf gleicher Ebene wie Paulus – besonders hervorgehoben (**vgl. Abb. S. 202**). Diese Auffälligkeiten passen zusammen mit der von Staab vorgelegten Interpretation eines Registers der nach der Säkularisation in den Dom gelangten Handschriften. Demnach stammt die Handschrift aus dem Stift St. Peter vor Mainz, das allerdings nicht die Institution gewesen sein dürfte, in der das Sakramentar geschaffen wurde; hierfür kämen weit eher das Kloster St. Alban und das Domstift in Frage.

CW

LITERATUR

Dahl o. J., Nr. 6 – Kautzsch/Neeb 1919, S. 369 – Lauer 1975, S. 65, Kat. 3 – Hoffmann 1986, S. 230, 244, 272 – Otto 1986, S. 5f. – Lauer 1987, S. 104–149 sowie S. 258–274, Kat. 2 u.ö. – AK „Vor dem Jahr 1000" 1991, S. 97–99, Kat. 22 – Heyne 1996, S. 47–53 – Dobras 1999, S. 459 – Borst 2001 – Staab 2008, S. 81–85 sowie S. 220–223 – Handschriftencensus Rheinland-Pfalz, http://www.hss-census-rlp.ub.uni-mainz.de/mz-ddm-inv-nr-b-00325.

WEITERFÜHRENDE LITERATUR ZU STILFRAGEN

Klemm 2008

angeli· adorant dominationes·
tremunt potestates; Caeli caelo
rumq; uirtutes· ac beata seraphin·
socia exultatione concelebrant·
Cum quibus· & nostras uoces· ut
admitti iubeas deprecamur·
supplici confessione dicentes:
Sc̄s· Sc̄s· Sc̄s· dn̄s· ds̄· saba
oth· pleni sunt caeli & terra
gloria tua osanna in excel
sis· Benedictus qui uenit
innomine dn̄i· osanna
in excelsis·

S MAV RITIUS

Katalog-Nr. 32
Hs II 3
Hinterdeckel mit Darstellung des heiligen Mauritius

KATALOG-NR. 32

EVANGELIENHANDSCHRIFT (MIT STATUTA SANCTI MAURITII)

Mainz, um oder bald nach 1000 / Mainz, ab Mitte des 15. Jahrhundert
Pergament
H. 27 cm, B. 23 cm.
Mainz, Wiss. Stadtbibliothek, Hs II 3

164

Et surgens omnis multitudo eorum duxerunt
illum ad pilatum. Coeperunt autem illum ac
cusare dicentes. Hunc invenimus subver
tentem gentem nostram. et prohibentem tributa
dari caesari. et dicentem se christum regem esse.
Pilatus autem interrogavit eum dicens. Tu es rex
iudeorum. At ille respondens ait. Tu dicis.
Ait autem pilatus ad principes sacerdotum et tur
bas. Nihil invenio causae in hoc homine.
At illi invalescebant dicentes. Commo
vit populum docens per universam iudeam
et incipiens a galilea usque huc. Pilatus
autem audiens galileam. interrogavit si
homo galileus esset. Et ut cognovit quod
de herodis potestate esset. remisit eum ad
herodem. qui et ipse hierosolymis erat
illis diebus. Herodes autem viso ihesu. gavisus
est valde. Erat enim ex multo tempore
cupiens videre eum. eo quod audiret multa
de illo. et sperabat signum aliquod videre
ab eo fieri. Interrogabat autem illum multis ser
monibus. At ipse nihil illi respondebat.
Stabant autem principes sacerdotum et scribae.

Notandum quod duobus dominus obiectis videtur et tributa caesari dare prohibere et se christum regem dicere. Pilatus de uno regni interrogandum putavit. Patentem fieri ut illud dominum iudicium quod ait reddite caesari quae caesaris sunt et quae dei sunt deo. Etiam pilatum audisse non legerit l duarum causam hanc esse a prima iudeorum mendacium nihil pendens solum hoc quod nesciebat quis sit dignum duxerit.

Hoc quod ipse predixit qua parte et in talia discipulos ait venit enim princeps mundi huius et in me non habet quicquam.

l. ccc. m. cccxviii. m. cxc viiii. l. clxxvi. l. ccci. x. soi. l. cccii. m. l. ccxx. m. cc. l. clxxx. l. cxcii. l. ccciii. viiii. l. clxxxii. l. ccciii. x. soi.

Ut sermo ihesu compleretur quem de sua morte predixit. Tradetur enim gentibus et illudetur et flagellabitur et conspuetur et postquam flagellaverint occident eum. Gentibus quippe romanis significat. nam pilatus romanus erat.

Arguuntur impietatis quod accusantes salvatorem non falso quidem aliquid vel simile quod ei obicere possent invenerunt. et ideo sicut marcus dicit convenientia eorum testimonia non erant. Veritas ipse ut nobis preberet exemplum sic arguitur verberatur sic et modo accusatus silet.

Pilatus autem [illegible] quem insontem et propter invidiam traditum cognoverat sententiam dare cogitur. herodi eum misit audiendum ut ipse potius eum cuius patriae tetrarches existebat absolveret vel puniret.

Tacuit et nihil fecit quia non illius crudelitas merebatur divina. et dominus iactantiam declinabat.

l. ccc viii. m. cccviii. m. clxxviiii.

◂ **Abb. 1**
Hs II 3, fol. 164r:
Eine Nachtragshand (Mainz?, zweites Drittel 11. Jh;) schreibt das Lukasevangelium im schrägovalen Stil; auffällig sind die zahlreichen insularen autem-Kürzungen, die wie ein h mit Fortsatz aussehen.

Die heute zum Bestand der Stadtbibliothek gehörende Handschrift ist im Kern ein Evangeliar in karolingischer Minuskel der Zeit um oder bald nach 1000, das schon bei der Liniierung für einen umfangreichen Kommentartext vorbereitet worden ist und demnach als Studienexemplar angelegt war. Der Codex wurde in Teilen restauriert, angereichert und umgebunden und ist nicht mehr vollständig. Die jüngste Partie (fol. 61–72a) ist eine Sammlung von Eidformeln *(iuramenta)* und Zahlungsfestlegungen, die Mitglieder des Mainzer Kanonikerstiftes St. Mauritius beim Eintritt in die Gemeinschaft zu leisten hatten; sie wurde durch Nachträge mehrfach aktualisiert. Nach Ausweis ihrer Schrift (Bastarda) datiert der Grundstock dieser Partie etwa in die Mitte des 15. Jahrhunderts. Auf dem Vorsatzblatt fol. 1br ist auf sie verwiesen *(Liber statutorum ecclesiae Sancti Mauritii Moguntini)*; auf einem freigebliebenen fol. 167v findet sich außerdem eine Liste der Pröpste des 17. und 18. Jahrhunderts *(Nomina praepositorum futurorum deinceps hic inserenda)*. Für die Zeit des 15.–18. Jahrhunderts ist die Bibliotheksheimat Mauritiusstift in Mainz dadurch gesichert. Zwei weitere Bestandteile gehören ebenfalls nicht zur Grundschicht des Codex. Das Lukasevangelium fol. 107–167 setzt sich paläographisch von den anderen ab, denn es steht bereits im schrägovalen Stil der karolingischen Minuskel. Die Datierung der Partie verschiebt sich dadurch etwa in das zweite Drittel des 11. Jahrhunderts. Ihre Lokalisierung nach Mainz ist nicht so leicht zu begründen wie bei den anderen Evangelien. Immerhin scheint es im ottonisch-frühsalischen Mainz einen (vorlagenbedingten?) Hang zur Übernahme insularer Kürzungen gegeben zu haben. Im vorliegenden Fall ist das etwa für die *autem*-Kürzung (viermal auf fol. 164r; **Abb. 1**) zu belegen (vgl. zu den insularen Kürzungsgewohnheiten in Mainz **Kat. 30**).[1] Ganz lückenhaft und unzulänglich in ihren Angaben sind die von einer Säulenarchitektur mit ‚naturalistischem Aufsatz' umrahmten Kanontafeln (fol. 1r-6v).[2] Sie bilden eine eigene Lage *(ternio)*, sind ohne erläuternde Beschriftung geblieben und erschließen sich nur bei erheblichem Vorwissen (**Abb. 2**). Die anderen, als Grundschicht des Evangeliars erkennbaren Hauptteile umfassen die Partien auf fol. 7–60

▸ **Abb. 2**
Hs II 3, fol. 6r und 6v:
Zwei Kanontafeln (Mainz, um 1000) in einer Säulenarchitektur mit naturalistischem Aufsatz

i	xiiii	i
i	xiiii	iii
i	xiiii	v
vi	vi	ii
vi	vi	xxv
lviiii	lxiii	cxvi
lxiiii	lxv	xxxvii
xp	lviii	cxviii
xc	lviii	cxxxviiii
xcvii	ccxi	cv
cxi	cxviiii	cxlviii
cxi	cxviiii	xxx
cxi	cxviiii	cxii ii
cxii	cxviiii	lxxxvii
cxii	cxviiii	xliiii
cxii	cxviiii	lxi
cxii	cxviiii	viii
cxii	cxviiii	lxxvi
cxii	cxviiii	xc
cxii	cxviiii	cliiii
cxii	cxviiii	cxlii
cxlvi	xcii	clvii

(Vorreden und Matthäusevangelium; letzteres zu Beginn und am Ende unvollständig), fol. 73–106 (Markusevangelium) und fol. 168–207 (Johannesevangelium; zu Beginn unvollständig). Paläographisch gehören sie in die Zeit um oder bald nach 1000. Die Schreiberhände haben jeweils sowohl für den Haupttext als auch für den Kommentartext am Rand, die Marginalglossen, gesorgt.[3] Immer wieder ist das an einem augenfälligen Merkmal zu erkennen, nämlich dem gekerbten unzialen Q, das als Auszeichnungsbuchstabe sowohl im Haupttext als auch in den Glossen auftaucht **(Abb. 3)**. Hintergrund der Glossierung sind die als Exzerpte aus Kirchenväterkommentaren angelegten ‚Superkommentare' des Hrabanus Maurus, die sich zu einem großen Teil in den Marginalglossen wiederfinden. Auch die Autorensiglen tauchen sporadisch in Analogie zu Hrabanus Maurus auf, etwa *AVG* für Augustinus oder *H* für Hieronymus **(Abb. 3)**. Auch Hraban selbst trägt eine Sigle *RAB* (zum Beispiel fol. 13ᵛ). Andere Zitatnachweise sind ausgeschrieben, so zum Beispiel *BEDA* (fol. 91ᵛ), *MAXIMVS EPISCOPVS IN SERMONE DE NATALE SANCTI CIPRIANI* (fol. 93ᵛ) oder *IVLIANVS EPISCOPVS TOLETANVS* (fol. 99ᵛ). Zugeordnet sind die Marginalglossen mit sehr unterschiedlichen, phantasievollen Referenzzeichen; ein Teil davon sind Musiknotationen (*Neumen*). Über die gesamten Evangelienkommentare verstreut finden sich 242 althochdeutsche Glossen.[4]

Die Frage nach der Mainzer Schriftheimat der Hauptteile darf vorsichtig positiv beantwortet werden. Mit dem einzigen, sicher aus der Willigisschule stammenden Augustinuscodex in Gotha stimmt die Handschrift insbesondere in der Gewohnheit der Auszeichnungsschriften überein **(Abb. 4)**. Konkret betrifft das die Auszeichnungszeilen in Capitalis rustica, die eine Besonderheit in den nach oben rechts ausgezogenen Schäften aufweisen und deren Eigennamen und Ehrentitel durch einen erhöhten Buchstaben begonnen werden.

Einen besonderen Wert erhält der Codex durch Metallbeschläge auf dem Einband. Sie sind bei einer Neubindung im 16. Jahrhundert angebracht worden, wobei vom Vorderdeckel nur Teile erhalten werden konnten, der aus einer Platte bestehende Hinterdeckel aber vollständig

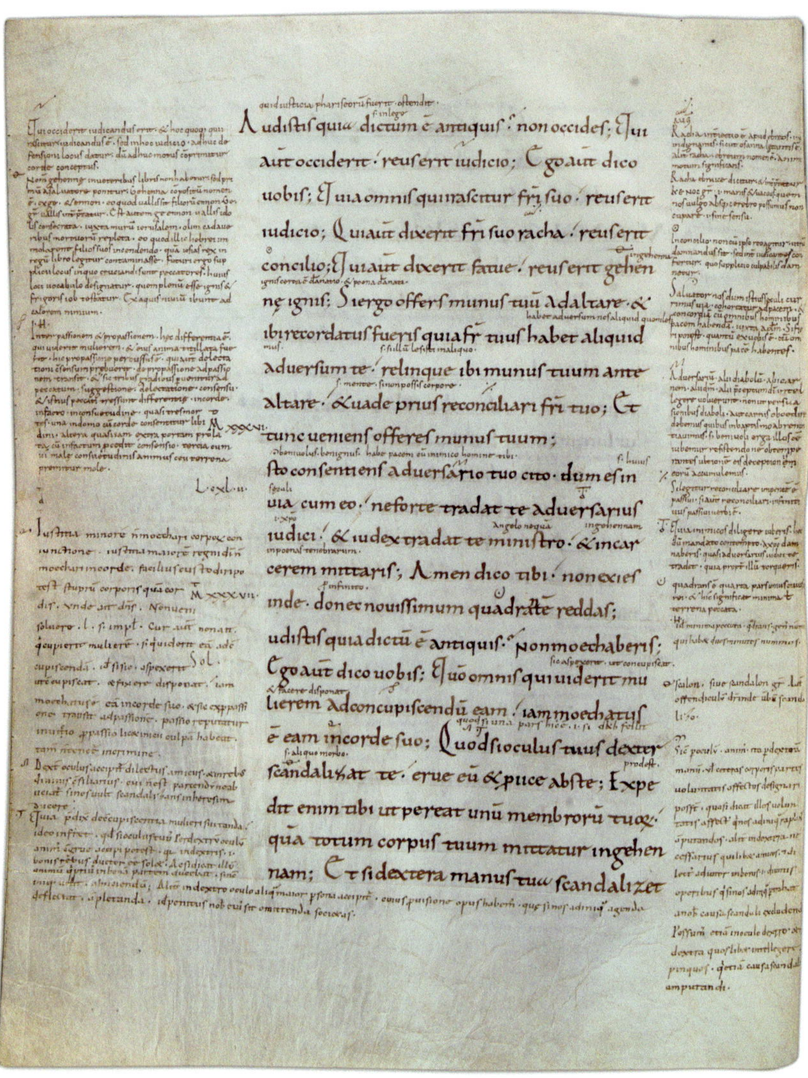

▲ **Abb. 3**
Hs II 3, fol. 17ᵛ: Eine Seite aus dem Grundbestand des Codex (Mainz, um oder bald nach 1000), gut erkennbar sind die in Haupttext und Marginalien als Auszeichnungsbuchstaben verwendeten, gekerbten Q.

geblieben ist. Die „Grubenschmelzplatten mit Brustbildern von Heiligen (Märtyrern) und Engeln" auf dem Vorderdeckel sind „in Zusammenhang mit einer Kölner Werkstatt im letzten Viertel des 12. Jahrhunderts entstanden". Die gravierte und vergoldete Kupferplatte, in die das mit *SANCTUS MAVRITIVS* beschriftete Bild eines stehenden Kriegers mit Lanze und Schild eingeritzt ist, wird etwa auf die Mitte des 11. Jahrhunderts datiert **(Abb. S. 272)**. „Um diese Darstellung bilden gegenläufige, herzförmig ineinander verschlungene Ranken, zwischen die Akanthusblätter gestellt sind, einen breiten Rahmen".[5] Dass die Teile des Metalleinbandes auch ursprünglich zur Evangelienhandschrift gehörten, ist angesichts des passenden Formats anzunehmen, aber nicht völlig gesichert. Wenn die Einheit gilt, war die Handschrift schon seit dem 11. Jahrhundert in der Bibliothek des Mainzer Mauritiusstiftes, und da zahlreiche Indizien für die Mainzer Schriftheimat sprechen, ist der Codex vielleicht eine der wenigen, ‚ganz' nach Mainz gehörenden Handschriften.

TL

---

1 Hoffmann 1986, Textbd., S. 244f. möchte ihn als Fuldaer Schreiber identifizieren. **2** Jung 1975, S. 67 ordnet die Architekturrahmen der Willigisschule zu. **3** Hoffmann 1986, Textbd., S. 244f. trennt die Hände in fremde Hauptschreiber und Mainzer Glossenschreiber; das spricht m. E. gegen den Befund der Schrift. **4** Bergmann 2005, S. 281. **5** Die Zitate stammen aus Steenbock 1965, S. 162f.

LITERATUR

AK „1000 Jahre Mainzer Dom" 1975, S. 66f., 283f., Abb. 22f. – Hoffmann 1986, Textbd., S. 244f.

Zum Einband: Steenbock 1965, S. 162f.

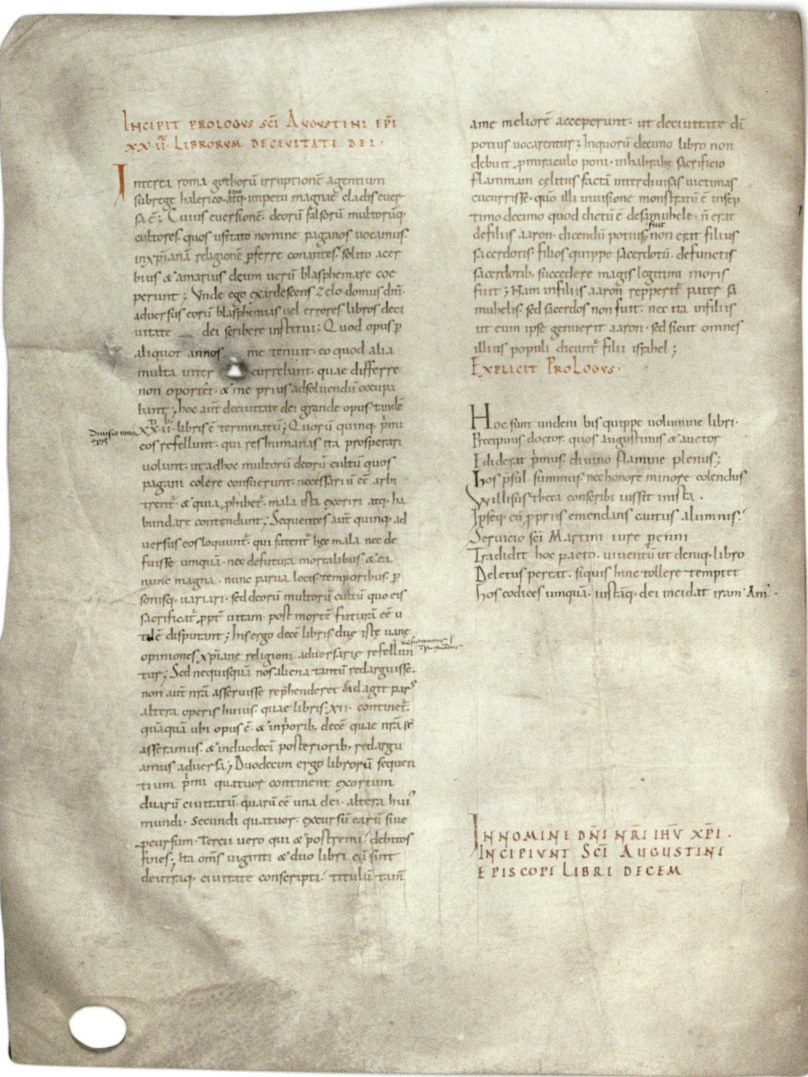

▲ **Abb. 4**
Gotha, Forschungsbibliothek, Memb. I 58, fol. 16v: Einzige, durch Exlibris sicher zugewiesene Handschrift aus der Mainzer Schreibschule unter Erzbischof Willigis (Mainz, zwischen 975 und 1011)

IHS
XPS

KATALOG-NR. 33

KREUZGRAVUR

Mainz, frühes 11. Jahrhundert
Silber, graviert, mit Teilvergoldung
H. 15,6 cm, B. 11,5 cm
Mainz, Domschatz/Bischöfliches Dom- und Diözesanmuseum
Inv. Nr. S 01974

▸ Abb. 1
Te-igitur-Initiale mit Darstellung des Gekreuzigten, in: Sakramentar, um 900, Mainz, Martinus-Bibliothek, Hs1, fol. 4r (Kat. 23)

In die Oberfläche eines aus dünnem Silberblech angefertigten und teilvergoldeten Kreuzes wurde das Bild des jugendlich wirkenden Erlösers eingraviert (Abb. S. 280). Bis 1975 fungierte dieses Kreuz als Schmuck eines neuzeitlichen Deckels des vermutlich aus der Mainzer Stephanskirche stammenden niedersächsischen Evangeliars (Kat. 29); die Frage seiner ursprünglichen Verwendung ist jedoch ungeklärt.[1] Mit leicht nach links geneigtem Kopf und weit ausgestreckten Armen, die Wundmale in übergroßen Handflächen vorweisend, triumphiert Christus als Sieger über den Tod. Über seinem mit dem Kreuznimbus geschmückten Haupt erscheint auf dem oberen Kreuzbalken und ohne Verwendung einer Tabula die in Capitalis gehaltene Inschrift *IE(SV)S CHR(ISTV)S*. Damit wird, in zunächst lateinischer Abkürzung, Jesus beim Namen genannt, bevor mit der griechischen Abkürzung *XPS* (Chi-Rho-Sigma) Christus als Gesalbter tituliert wird. Sowohl die hierarchisch hochwertige Schriftart als auch die Verwendung griechischer Buchstaben zeugt von der künstlerisch wie intellektuell hochstehenden Mainzer Schriftkultur zur Zeit des Erzbischofs Willigis (amt. 975–1011).

Das ungewöhnliche Erscheinungsbild Christi ist antikisierend, zum einen in der Verwendung einer weichen Umrisslinie, die den Körper und die Physiognomie naturnah wiedergibt, zum anderen in der perspektivisch wirkenden Verkürzung bei der Darstellung des um die Hüfte gelegten Lendentuches und des Suppedaneums, auf dem die Füße des Gekreuzigten aufgestellt sind. Der Gesichtsausdruck wirkt mild und erinnert mit den fein gezeichneten Augenlidern und dem kleinen Mund an frühchristliche Darstellungen des jugendlichen Christus, etwa auf römischen Sarkophagen. Dennoch scheinen die formellen Vorbilder der Mainzer Kreuzgravur nicht in der frühchristlichen Plastik zu liegen, sondern sind eher auf karolingische Arbeiten zurückzuführen wie beispielsweise auf die goldgetriebene Darstellung der Kreuzigung auf einem Buchdeckel aus Säckingen, die ursprünglich einer Fuldaer Handschrift (975) zugehörig war.[2] Ein weiteres Vergleichsbeispiel stellt die Miniatur aus dem Sakramentar von St. Alban (Kat. 23) dar, die den Gekreuzigten ebenfalls jugendlich zart und, vor allem im Hüftbereich, in einer raumgreifenden Drehung zeigt (Abb. 1). Weitere Analogien bestehen in der Gestaltung der Kniepartie und in der Stellung der Füße. Auch der Gekreuzigte im sogenannten Gebetbuch König Ottos III. (vgl. Beitrag Beuckers, Abb. S. 178) kann trotz seiner voluminöseren Körperlichkeit und den ausgeprägteren Leidensmerkmalen durchaus zum Vergleich herangezogen werden.

Die letztgenannten Vergleichsbeispiele sprechen für die Herstellung der Kreuzgravur in der Werkstatt eines Mainzer Goldschmiedes der (späten) Willigiszeit. Wie die schriftlichen Quellen belegen, muss es zu jener Zeit in Mainz herausragende Werke der Goldschmiedekunst gegeben haben, allen voran das sogenannte Benna-Kreuz, für dessen Herstellung Erzbischof Willigis mehrere hundert Pfund Gold zur Verfügung gestellt haben soll. Die aus mehreren Einzelteilen zusammengefügte Figur des Gekreuzigten bestand aus Goldplatten, die über einen Holzkern gelegt waren und diente vermutlich als temporär gezeigtes Triumphkreuz im Dom. Die ältere Literatur[3] zieht als namengebenden Goldschmied einen Trierer Kanoniker namens Benna in Betracht, gesichert ist dies jedoch nicht. Stattdessen ist mit der Kreuzgravur aus der Willigis-Zeit ein – aufgrund der Ungunst der Erhaltung leider singuläres – Beispiel einer formal und thematisch überaus qualitätvollen Goldschmiedearbeit überliefert, die für eine eigene und hoch spezialisierte Werkstatt sprechen dürfte, wie sie allein aus Repräsentationsgründen für die Bedürfnisse des ersten Erzbischofs des Reiches und Hofkanzlers zwingend notwendig war.

AC

1 Otto 1975, S. 63. 2 AK „Suevia sacra“ 1973, Abb. 108. 3 Kempf 1966.

LITERATUR

Hürkey 1983, S. 246, Nr. 329a – Otto 1975 – AK „Europas Mitte um 1000“ 2000, Bd. 2.1, S. 38, Kat. 02.03.18 (Winfried Wilhelmy) – Kern 2010, S. 94f., Nr. 21

ET SA
CER EIGI
DOS TVR

Katalog-Nr. 34
Willigistür (Gesamtansicht)

KATALOG-NR. 34

WILLIGISTÜR

Mainz, um 1000
Original: Hohe Domkirche, Marktportal
Bronze, gegossen
H. 368 cm; B. 204 cm
In der Ausstellung Abguss: Vitus Wurmdobler, Erbes-Büdesheim 2000
Mainz, Bischöfliches Dom- und Diözesanmuseum, Inv. Nr. V 13993

▲ **Abb. 1/2**
Die beiden Türzieher der Willigistür

Die in massiver Bronze gegossene Doppelflügeltür **(Abb. S. 284)** war einst Teil des 1009 vollendeten Neubaus des Mainzer Domes. Dieser von Erzbischof Willigis initiierte Bau brannte jedoch am Vorabend seiner Weihe ab, seine mon umentale Bronzetür blieb glücklicherweise erhalten.

Beide Türflügel wirken in ihrem Erscheinungsbild äußerst schlicht, allein die beiden Türzieher in Form von stilisierten Löwenköpfen beleben durch ihr figürliches Dekor. Insgesamt vier rechteckige, gleichmäßig geformte Felder sind im Außenbereich durch eine Rahmung aus geglätteten Leisten definiert. Die plastische Wirkung im Inneren der Felder erzeugen schmale Profilleisten. Die Gliederung der Tür mit Rahmenwerk offenbart das zentrale Element des Dekors – das Kreuz. Die beiden Türzieher wurden separat gegossen und ohne eine sichtbare Verbindung von außen auf beiden Türflügeln angebracht.[1] Jeder der Löwen hält jeweils einen Ring in seinem Maul zum Öffnen und Schließen der Tür **(Abb. 1, 2)**. Motivisch gesehen stellen die Löwenköpfe eine Mischung aus naturnaher Beobachtung und dekorativen Stilelementen dar. Das aufgerissene Maul und die leicht zusammengekniffenen Augen der Raubkatzen signalisieren ihre Bereitschaft zum Angriff und wirken in ihrem Realismus entsprechend furchteinflößend. Demgegenüber steht die ornamentale Gestaltung der Löwenmähne, die sich wie ein Strahlenkranz hinter dem Kopf jedes Löwen ausbreitet. Ungewöhnlich ‚menschlich' wirken die kleinen Ohrmuscheln oder die geradlinig aufgereihten Zähne. Damit orientiert sich sowohl die Gestaltung der Löwenköpfe als auch die Gliederung der Türflügel in Rahmen und Füllung an antiken Vorbildern (s. u.). Die Bronzetür dient als Träger zweier völlig verschiedener Inschriften. Während in den oberen Türfeldern im 12. Jahrhundert nachträglich das sogenannte Adalbert-Privileg eingraviert wurde,[2] gehören zum originalen ottonischen Bestand jene drei Inschriftenzüge in römischer Capitalis, die in die Querleisten des äußeren Rahmenwerks horizontal eingraviert sind (**Abb. 3**): POSTQUAM MAGNUS IMPERATOR KAROLVS / SVVM ESSE IVRI DEDI NATVRAE / WILLIGISVS ARCHIPISCOPVS EX METALLI SPECIE / VALVAS EFFECERAT PRIMVS. / BERENGERVS HVIVS OPERIS ARTIFEX, LECTOR / VT PRO EO DEVM ROGES POSTVLAT SVPPLEX („Nachdem der große Kaiser Karl sein Sein [= sein Leben] dem Recht der Natur gegeben hatte, hat Erzbischof Willigis als erster die Türen aus Bronze hergestellt. Berenger, der Künstler dieses Werkes, bittet Dich, Leser, demütig, dass du Gott für ihn bittest").[3] Demnach wurden die Türflügel von einem *artifex* (= Künstler, in diesem Fall der Bronzegießer) mit Namen Berenger geschaffen, der, so die jüngere Literatur, vielleicht lombardischer Herkunft und damit an antiken Vorbildern geschult war.[4] Die Inschrift lässt sich dahingehend interpretieren, dass die Mainzer Türflügel die ersten nach jenen seien, die einst Karl der Große für das Aachener Münster, die Krönungskirche des Reiches, in Auftrag gab. Der monumentale Neubau des Mainzer Domes unter Erzbischof Willigis und nicht zuletzt seine Bronzetüren stehen daher in deutlicher Konkurrenz zur Pfalzkapelle in Aachen und damit zum Kölner Erzbischof, der dort seit 997 mit Berufung auf ein von Papst Gregor V. erlassenes Kardinalsprivileg für sich das alleinige Recht zur Krönung des deutschen Königs beanspruchte. Diesen Angriff auf sein Vikariatsprivileg, das Willigis im Jahr 975 ebenfalls vom Papst verliehen worden war, und das ihm als Präeminenz vor allen anderen Bischöfen das Recht zusicherte, auch außerhalb der Mainzer Erzdiözese den Akt der Krönung vorzunehmen, galt es mit dem Bau der neuen Krönungskirche des Reiches im Herzen der Erzdiözese abzuwehren.[5] Unter Berufung auf die Aachener Portalflügel bildeten die Willigistür und ihre hoheitlich-antikische Gestaltung in Schrift und Form daher einen wichtigen Baustein in diesem Legitimationsgefüge, galt es doch, die Machtansprüche des Erzkanzlers in Form repräsentativer Architektur und Ausstattung öffentlich darzustellen. Durch den Brand des Domes am Tag vor seiner Weihe wurde indes verhindert, dass Mainz zum zentralen und dauerhaften Entscheidungsort in politischen Dingen wurde.

▲ **Abb. 3**
Stifterinschrift der Willigistür

AC

1 Die ältere Forschung sah daher in den Löwenköpfen eine spätere Hinzufügung aus der Zeit um 1200, doch Mende hat mit guten Gründen eine zeitgleiche Entstehung von Türflügeln und Türziehern vorgelegt, vgl. Mende 2010, S. 82–85. **2** Es bleibt aufgrund seiner späten Zeitstellung hier außer Betracht, vgl. Kern 20110, S. 15–20, Nr. 2. **3** Übersetzung nach Kern 2011, S. 11. **4** In der Antike schmückten Bronzetüren beispielsweise die Memorialbauten, wie ein römisches Relief aus dem 2. Jh. n. Chr. (Relief mit dem sogenannten Haterier-grab und der Darstellung zweier Türen, Vatikanische Museen, Museo Gregoriano Profano, Inv. Nr. 9999) belegt. Der kostbare, figurative Schmuck und die Einteilung in rechteckige Felder bildeten die eigentliche Grundform solcher Türen. Die antiken Türzieher in Form von Löwen oder anderen Raubtieren erfreuten sich dabei großer Beliebtheit (Römische Graburne, Vatikanische Museen, Cortille Ottagono, Inv. Nr. 1042), vgl. Mende 2010, S. 81, Abb. 3 **5** Vgl. zu diesen historischen Fragen die detaillierten Ausführungen von Hehl 2010.

LITERATUR

Kern 2010, S. 7–14, Nr. 1 – Mende 2010

LITERATUR

Achten 1980 – Gerard Achten: Die karolingischen Gebetbücher, in: AK „Das christliche Gebetbuch im Mittelalter. Andachts- und Stundenbücher in Handschrift und Frühdruck", Ausst. Kat. Staatsbibliothek Preußischer Kulturbesitz Berlin, hg. v. Gerard Achten (Staatsbibliothek Preußischer Kulturbesitz, Ausstellungskataloge 13), Wiesbaden 1980, S. 8–13

Adam 1995/96 – Ingrid Adam: Eine Äbtissinnenliste aus dem Altmünsterkloster zu Mainz, in: Mainzer Zeitschrift 90/91 (1995/96), S. 89–109

Althoff 1991 – Gerd Althoff: Vormundschaft, Erzieher, Lehrer. Einflüsse auf Otto III., in: von Euw/Schreiner 1991, Bd. 2, S. 277–289

Ausstellungskataloge (AK)

AK „Bernward von Hildesheim" 1993 – „Bernward von Hildesheim und das Zeitalter der Ottonen", AK Dom- und Diözesanmuseum u. Roemer- und Pelizaeusmuseum Hildesheim, hg. v. Michael Brandt u. Arne Eggenbrecht, 2 Bde., Mainz 1993

AK „The Cambridge Illuminations" 2005 – „The Cambridge Illuminations. Ten Centuries of Book Production in the Medieval West", AK Fitzwilliam Museum u. University Library Cambridge, hg. v. Paul Binski u. Stella Panayotova, London 2005

AK „Der verschwundene Dom" 2011 – „Der verschwundene Dom. Wahrnehmung und Wandel der Mainzer Kathedrale im Lauf der Jahrhunderte", AK Bischöfliches Dom- und Diözesanmuseum Mainz, hg. v. Hans-Jürgen Kotzur, Mainz 2011

AK „Europas Mitte um 1000" 2000 – „Europas Mitte um 1000", AK Reiss-Engelhorn-Museen Mannheim, hg. v. Alfried Wieczorek u. Hans Hinz (27. Ausstellung des Europarates), 3 Bde., Stuttgart 2000

AK „Glaube und Wissen im Mittelalter" 1998 – „Glaube und Wissen im Mittelalter. Die Kölner Dombibliothek", AK Erzbischöfliches Diözesanmuseum Köln, hg. v. Joachim M. Plotzek u.a., München 1998

AK „Gold und Purpur" 2001 – „Gold und Purpur. Der Bilderschmuck der früh- und hochmittelalterlichen Handschriften aus der Sammlung Hübsch im Hessischen Landesmuseum Darmstadt", AK Hessisches Landesmuseum Darmstadt, bearb. v. Peter Märker, Darmstadt 2001

AK „Hatto I." 2013 – „Glanz der späten Karolinger. Hatto I. Erzbischof von Mainz (891–913). Von der Reichenau in den Mäuseturm", AK Bischöfliches Dom- und Diözesanmuseum Mainz, hg. v. Winfried Wilhelmy (Publikationen des Bischöflichen Dom- und Diözesanmuseums Mainz 3), Regensburg 2013

AK „Heiliges Römisches Reich Deutscher Nation" 2006 – „Heiliges Römisches Reich Deutscher Nation 962 bis 1806. Von Otto dem Großen bis zum Ausgang des Mittelalters", AK Historische Museen der Stadt Magdeburg, hg. v. Matthias Puhle u. Claus-Peter Hasse (29. Ausstellung des Europarates), 2. Bde., Dresden 2006

AK „Kaiser Heinrich II." 2002 – „Kaiser Heinrich II. (1002–1024)", AK Bayerische Landesausstellung Bamberg, hg. v. Josef Kirmeier u.a., Stuttgart 2002

AK „Otto der Große" 2001 – „Otto der Große. Magdeburg und Europa", AK Kulturhistorisches Museum Magdeburg, hg. v. Matthias Puhle (27. Ausstellung des Europarates), Mainz 2001

AK „Pracht auf Pergament" 2013 – „Pracht auf Pergament. Schätze der Buchmalerei 780 bis 1180", AK Bayerische Staatsbibliothek u. Kunsthalle der Hypo-Kulturstiftung München, hg. v. Claudia Fabian u. Christiane Lange (Bayerische Staatsbibliothek, Ausstellungskataloge 86), München 2013

AK „Rabanus Maurus" 2006 – „Rabanus Maurus. Auf den Spuren eines karolingischen Gelehrten", AK Bischöfliches Dom- und Diözesanmuseum Mainz, hg. v. Hans-Jürgen Kotzur, Mainz 2006

AK „Schrei nach Gerechtigkeit" 2015 – „Schrei nach Gerechtigkeit. Leben am Mittelrhein am Vorabend der Reformation", AK Bischöfliches Dom- und Diözesanmuseum Mainz, hg. v. Winfried Wilhelmy (Publikationen des Bischöflichen Dom- und Diözesanmuseums Mainz 6), Regensburg 2015

AK „Suevia sacra" 1973 – „Suevia sacra. Frühe Kunst in Schwaben", AK Städtische Kunstsammlungen Augsburg, Augsburg 1973

AK „Trésors carolingiens" 2007 – „Trésors carolingiens. Livres manuscrits de Charlemagne à Charles le Chauve", AK Bibliothèque nationale de France, bearb. v. Marie-Pierre Laffitte u. Charlotte Denoël, Paris 2007

AK „Vor dem Jahr 1000" 1991 – „Vor dem Jahr 1000. Abendländische Buchkunst zur Zeit der Kaiserin Theophanu", AK Schnütgen-Museum Köln, hg. v. Anton von Euw, Köln 1991

AK „1000 Jahre Mainzer Dom" – „1000 Jahre Mainzer Dom (975–1975). Werden und Wandel", AK Bischöfliches Dom- und Diözesanmuseum Mainz, hg. v. Wilhelm Jung, Mainz 1975

AK „1300 Jahre Altmünsterkloster" 1993 – „1300 Jahre Altmünsterkloster in Mainz", AK Landesmuseum Mainz, hg. v. Ingrid Adam und Horst Reber, Mainz 1993

Angenendt 2000 – Arnoldt Angenendt: Geschichte der Religiosität im Mittelalter, 2. überarb. Aufl., Darmstadt 2000

Angenendt 2010 – Arnold Angenendt: Corpus incorruptum. Eine Leitidee der mittelalterlichen Reliquienverehrung, in: ders.: Die Gegenwart von Heiligen und Reliquien, eingel. u. hg. v. Hubertus Lutterbach, Münster 2010, S. 109–143

Arens 1958 – Fritz Viktor Arens: Die Inschriften der Stadt Mainz von frühmittelalterlicher Zeit bis 1650 (Die Deutschen Inschriften. Heidelberger Reihe 2), Stuttgart 1958

Arens 1961 – Fritz Arens: Die Kunstdenkmäler der Stadt Mainz. Teil 1: Kirchen St. Agnes bis Hl. Kreuz (Die Kunstdenkmäler von Rheinland-Pfalz 4.1), Berlin 1961

Avril/Rabel 1995 – François Avril/Claudia Rabel (Bearb.): Bibliothèque nationale de France. Manuscrits enluminés d'origine germanique, Tome1: Xe–XIVe siècle, Paris 1995

Bächtold 2007 – Hans Ulrich Bächtold, Art. Hospinian, Rudolf, in: Marco Jorio (Hg.): Historisches Lexikon der Schweiz, Bd. 6: Haab-Juon, Basel 2007, S. 484f.

Baron 1930 – Edith Baron: Mainzer Buchmalerei in karolingischer und frühottonischer Zeit, in: Jahrbuch für Kunstwissenschaft 7 (1930), S. 107–129

Basilica Nova Moguntina 2010 – Basilica Nova Moguntina. 1000 Jahre Willigisdom St. Martin in Mainz. Beiträge zum Domjubiläum 2009, hg. v. Felicitas Janson und Barbara Nichtweiß (Neues Jahrbuch für das Bistum Mainz), Mainz 2010

Bauer 1977 – Gerd Bauer: Corvey oder Hildesheim? Zur ottonischen Buchmalerei in Norddeutschland, 2 Bde., Diss. Hamburg 1977, Hamburg 1977

Bauer 1926 – Konrad Friedrich Bauer: Mainzer Epigraphik. Beiträge zur Geschichte der mittelalterlichen Monumentalschrift, in: Zeitschrift des deutschen Vereins für Buchwesen und Schrifttum 9, Heft 2/3 (1926), S. 1–45

Baumeister 2016 – Theofried Baumeister: Bischof Theomastus (Theonestus) – Ortstraditionen und internationale Verknüpfungen, in: Dobras 2016, S. 121–126

Baumeister 2016a – Theofried Baumeister: Der heilige Ferrutius – Römischer Soldat und Märtyrer in: Dobras 2016, S. 87–95

Baumeister 2016b – Theofried Baumeister: Bischof Aureus mit dem Diakon Justinus oder seiner Schwester Justina – früher Kult und barocke Wallfahrt, in: Dobras 2016, S. 127–136

„Gebetbuch Ottos III." 1995 – Das Gebetbuch Ottos III. Clm 30111, hg. v. der Bayerischen Staatsbibliothek München (Kulturstiftung der Länder. Patrimonia 84), München 1995

Becker/Licht 2016 – Julia Becker/Tino Licht: Karolingische Schriftkultur. Aus der Blütezeit des Lorscher Skriptoriums, Regensburg 2016

Belfort 1892 – Auguste de Belfort: Description générale des monnaies des Mérovingiennes, Bd. 2.: Daernalum – Oxxellos, Paris 1892

Berger 1904 – Samuel Berger: Les préfaces jointes aux livres de la Bible dans les manuscrits de la Vulgate, in: Mémoires présentés par divers savants à l´Académie des inscriptions et belles-lettres de l´Institut de France 11, Heft 2 (1904), S. 1–78

Bergmann 2005 – Rolf Bergmann: Katalog der althochdeutschen und altsächsischen Glossenhandschriften, Bd. 2, Berlin 2005

Bergmann 2013 – Rolf Bergmann (Hg.): Althochdeutsche und altsächsische Literatur, Berlin/Boston 2013, hier S. 236–238, „Lex Salica", Bruchstück einer althochdeutschen Übersetzung (Stefan Sonderegger/Falko Klaes)

Berschin 1988 – Walter Berschin: Biographie und Epochenstil im lateinischen Mittelalter, Bd. 2.: Merowingische Biographie (Quellen und Untersuchungen zur Lateinischen Philologie des Mittelalters 9), Stuttgart 1988

Berschin/Kuder 2012 – Walter Berschin/Ulrich Kuder: Reichenauer Wandmalerei 840–1120. Goldbach – Reichenau-Oberzell St. Georg – Reichenau-Niederzell St. Peter und Paul (Reichenauer Texte und Bilder 15), Heidelberg 2012

Berschin/Kuder 2015 – Walter Berschin/Ulrich Kuder: Reichenauer Buchmalerei 850–1070, Wiesbaden 2015

Berschin/Kuder 2016 – Walter Berschin/Ulrich Kuder: Reichenauer Buchmalerei im IX. Jahrhundert, in: Zeitschrift für die Geschichte des Oberrheins 164 (2016), S. 1–20

Beuckers 2002 – Klaus Gereon Beuckers: Das ottonische Stifterbild. Bildtypen, Handlungsmotive und Stifterstatus in ottonischen und frühsalischen Stifterdarstellungen, in: Die Ottonen. Kunst – Architektur – Geschichte, hg. v. Klaus Gereon Beuckers, Johannes Cramer u. Michael Imhof, Petersberg 2002 (ND 2006), S. 62–102

Beuckers 2002a – Klaus Gereon Beuckers: Das Otto-Mathilden-Kreuz im Essener Münsterschatz. Überlegungen zu Charakter und Funktion des Stifterbildes, in: Herrschaft, Liturgie und Raum. Studien zur mittelalterlichen Geschichte des Frauenstifts Essen, hg. v. Katrinette Bodarwé u. Thomas Schilp (Essener Forschungen zum Frauenstift 1), Essen 2002, S. 51–80

Beuckers 2012 – Klaus Gereon Beuckers: Bernward und Willigis. Zu einem Aspekt der bernwardinischen Stiftungen, in: 1000 Jahre St. Michael in Hildesheim. Kirche, Kloster, Stifter, hg. v. Gerhard Lutz u. Angela Weyer (Schriften des Hornemann-Instituts 14), Petersberg 2012, S. 142–152

Beuckers 2013 – Klaus Gereon Beuckers: Schatz und Stiftungen. Allgemeine Bemerkungen zu Stiftungsmotivationen im Früh- und Hochmittelalter, in: Der Gandersheimer Schatz im Vergleich. Zur Rekonstruktion und Präsentation von Kirchenschätzen, hg. v. Hedwig Röckelein (Studien zum Frauenstift Gandersheim und seinen Eigenklöstern 4), Regensburg 2013, S. 21–34

Beuckers 2016 – Klaus Gereon Beuckers: Das Gerresheimer Evangeliar. Geschichte, Stand und Perspektiven der Forschung, in: Das Gerresheimer Evangeliar. Eine spätottonische Prachthandschrift als Geschichtsquelle, hg. v. Klaus Gereon Beuckers u. Beate Johlen-Budnik (Forschungen zu Kunst, Geschichte und Literatur des Mittelalters 1), Köln 2016, S. 13–64

Beuckers 2017 – Klaus Gereon Beuckers: Die Kanontafeln des Evangeliars aus St. Maria ad Gradus (Diözesanbibliothek Köln Hs. 1a) und der Sondertypus der Kölner Kanontafeln des 10. und 11. Jahrhunderts, in: Mittelalterliche Handschriften der Kölner Dombibliothek. 7. Symposion November 2016, hg. v. Harald Horst (Libelli Rhenani. Schriften der Erzbischöflichen Diözesan- und Dombibliothek zur rheinischen Kirchen- und Landesgeschichte sowie zur Buch- und Bibliotheksgeschichte), Köln 2017 (im Druck)

Beumann 1987 – Helmut Beumann: Die Ottonen (Urban-Taschenbücher 384), Stuttgart 1987

Bibliotheca Hagiographica Latina 1898–1901 u. 1986 (BHL) – [Albert Poncelet]: Bibliotheca Hagiographica Latina, 2 Bde., Brüssel 1898–1901 und Henri Fros: Bibliotheca Hagiographica Latina, Novum Supplementum, Brüssel 1986

Bierbrauer 1990 – Katharina Bierbrauer: Die vorkarolingischen und karolingischen Handschriften der Bayerischen Staatsbibliothek (Katalog der illuminierten Handschriften der Bayerischen Staatsbibliothek in München 1), 2 Bde., Wiesbaden 1990

Bierbrauer 1997 – Katharina Bierbrauer: Karolingische Buchmalerei des Maingebietes (Mainz, Würzburg), in: Rainer Berndt (Hg.): Das Frankfurter Konzil von 794. Kristallisationspunkt karolingischer Kultur, Teil 2: Kultur und Theologie, Mainz 1997 (Quellen und Abhandlungen zur Mittelrheinischen Kirchengeschichte 80), S. 555–570 u. 1037–1054

Bischoff 1966 – Bernhard Bischoff: Ein wiedergefundener Papyrus und die ältesten Handschriften der Schule von Tours, in: Mittelalterliche Studien, Bd. 1, Stuttgart 1966, S. 6–15

Bischoff 1971 – Bernhard Bischoff: Paläographische Fragen deutscher Denkmäler der Karolingerzeit, in: Frühmittelalterliche Studien 5 (1971), S. 101–134 [wieder in: ders., Mittelalterliche Studien. Ausgewählte Aufsätze zur Schriftkunde und Literaturgeschichte, Bd. 3, Stuttgart 1981, S. 73–111]

Bischoff 1980 – Bernhard Bischoff: Die südostdeutschen Schreibschulen und Bibliotheken in der Karolingerzeit. Teil II: Die vorwiegend österreichischen Diözesen. Mit 25 Schriftproben, Wiesbaden 1980

Bischoff 1981 – Bernhard Bischoff: Paläographische Fragen deutscher Denkmäler der Karolingerzeit, in: Ders.: Mittelalterliche Studien. Ausgewählte Aufsätze zur Schriftkunde und Literaturgeschichte, Bd. 3, Stuttgart 1981, S. 73–111

Bischoff 1998 – Bernhard Bischoff: Katalog der festländischen Handschriften des neunten Jahrhunderts (mit Ausnahme der wisigotischen). Teil I: Aachen – Lambach, (Bayerische Akademie der Wissenschaften. Veröffentlichungen der Kommission für die Herausgabe der mittelalterlichen Bibliothekskataloge Deutschlands und der Schweiz), Wiesbaden 1998

Bischoff 2004 – Bernhard Bischoff: Katalog der festländischen Handschriften des neunten Jahrhunderts (mit Ausnahme der wisigotischen). Teil II: Laon – Paderborn, aus dem Nachlaß hg. v. Birgit Ebersperger (Bayerische Akademie der Wissenschaften. Veröffentlichungen der Kommission für die Herausgabe der mittelalterlichen Bibliothekskataloge Deutschlands und der Schweiz), Wiesbaden 2004

Bischoff 2014 – Bernhard Bischoff: Katalog der festländischen Handschriften des neunten Jahrhunderts (mit Ausnahme der wisigotischen). Teil III: Padua – Zwickau, aus dem Nachlaß hg. v. Birgit Ebersperger (Bayerische Akademie der Wissenschaften. Veröffentlichungen der Kommission für die Herausgabe der mittelalterlichen Bibliothekskataloge Deutschlands und der Schweiz), Wiesbaden 2014

Bischoff/ Hofmann 1952 – Bernhard Bischoff/Josef Hofmann: Libri Sancti Kyliani. Die Würzburger Schreibschule und die Dombibliothek im VIII. und IX. Jahrhundert (Quellen und Forschungen zur Geschichte des Bistums und Hochstifts Würzburg 6), Würzburg 1952

Blänsdorf 2009 – Jürgen Blänsdorf: Siste viator et lege – Bleib stehen, Wanderer, und lies. Die lateinischen Inschriften der Stadt Mainz von der Antike bis zur Neuzeit, 2. Auflage, Mainz 2009

Blänsdorf 2012 – Jürgen Blänsdorf: Die wiedergefundene Bibliothek. Antike und mittelalterliche Autoren in Pergamentfragmenten der Mainzer Martinus-Bibliothek (Aus der Martinus-Bibliothek 9), Mainz 2012

Bloch 1956 – Peter Bloch: Das Hornbacher Sakramentar und seine Stellung innerhalb der frühen Reichenauer Buchmalerei (Basler Studien zur Kunstgeschichte 15), Basel 1956

Bloch 1962/64 – Peter Bloch: Zum Dedikationsbild im Lob des Kreuzes des Hrabanus Maurus, in: AK „Das erste Jahrtausend. Kultur und Kunst im werdenden Abendland an Rhein und Ruhr“, hg. v. Viktor H. Elbern, 3 Bde., Düsseldorf 1962/64, Textband, S. 471–494

Bloch 1963 – Peter Bloch: Das Reichenauer Einzelblatt mit den Frauen am Grabe im Hessischen Landesmuseum Darmstadt, in: Kunst in Hessen und am Mittelrhein 3 (1963), S. 25–43

Bloch 1972 – Peter Bloch: Reichenauer Evangelistar. Kommentarband und Faksimile-Ausgabe des Codex 78 A 2 aus dem Kupferstichkabinett der Staatlichen Museen Preußischer Kulturbesitz Berlin (Codices Selecti 31), Graz 1972 (gekürzter Neudruck: Das Reichenauer Evangelistar [Glanzlichter der Buchkunst 5], Graz 1995)

Bloch/Schnitzler 1967/70 – Peter Bloch/Hermann Schnitzler: Die ottonische Kölner Malerschule, 2 Bde., Düsseldorf 1967/70

Bock 1895 – Franz Bock: Die textilen Byssus-Reliquien des christlichen Abendlandes, aufbewahrt in den Kirchen zu Köln, Aachen, Cornelimünster, Mainz und Prag, Aachen 1895

Boeckler 1931 – Albert Boeckler: Schöne Handschriften aus dem Besitz der Preußischen Staatsbibliothek, Berlin 1931

Boppert 1971 – Walburg Boppert: Frühchristliche Inschriften des Mittelrheingebietes, Diss. Mainz 1971, Mainz 1971

Borkopp-Restle 2008 – Birgit Borkopp-Restle: Der Aachener Kanonikus Franz Bock und seine Textilsammlungen: ein Beitrag zur Geschichte der Kunstgewerbe im 19. Jahrhundert, Diss. Bonn 1991, Riggisberg 2008

Borst 2001 – Arno Borst (Hg.): Der karolingische Reichskalender und seine Überlieferung bis ins 12. Jahrhundert, 3 Bde., (Monumenta Germaniae Historica. Libri memoriales 2), Hannover 2001, Sigel f12 = Kal. Mog. II; Kat. S. 257–259

Braun 1924 – Braun, Joseph: Der christliche Altar in seiner geschichtlichen Entwicklung, Bd. 1: Arten, Bestandteile, Altargrab, Weihe, Symbolik, München 1924

Brodehl 2009 – Thomas Brodehl: Die heilige Bilhildis und das Schweißtuch Christi zu Mainz, in: Der schmale Pfad. Orthodoxe Quellen und Zeugnisse 29 (2009), S. 94–115

Brown 1996 – Michelle P. Brown: The Book of Cerne. Prayer, Patronage and Power in Ninth-Century England (British Library Studies in medieval culture 1), London 1996

Bruckner 1938 – Anton Bruckner: Scriptoria medii aevi Helvetica. Denkmäler Schweizerischer Schreibkunst im Mittelalter, Bd. 3, Genf 1938

Brück 1975 – Anton Philipp Brück (Hg.): Willigis und sein Dom. Festschrift zur Jahrtausendfeier des Mainzer Domes 975–1975 (Quellen und Abhandlungen zur mittelrheinischen Kirchengeschichte 24), Mainz 1975

Brunner 1970 – Herbert Brunner (Hg.): Schatzkammer der Residenz München. Katalog, 3. Auflage, München 1970 (OA 1958)

Bulitta 2006 – Brigitte Bulitta: Ein verkanntes althochdeutsches Sprachdenkmal. Die lateinisch-deutsche Beichte von Zeitz, in: Detlef Deye/Roland Rittig (Hg.): Die Stiftsbibliothek und das Stiftsarchiv Zeitz, Halle 2006, S. 47–74

Buschhausen 1971 – Helmut Buschhausen: Die spätrömischen Metallscrinia und frühchristlichen Reliquiare, Bd. 1.: Katalog, Wien 1971

Bushey 1996 – Betty C. Bushey: Die deutschen und niederländischen Handschriften der Stadtbibliothek Trier bis 1600 (Beschreibendes Verzeichnis der Handschriften der Stadtbibliothek zu Trier. Neue Serie 1), Wiesbaden 1996

Butz 1994 – Annegret Butz: Katalog der illuminierten Handschriften des 11. und 12. Jahrhunderts aus dem Benediktinerkloster Allerheiligen in Schaffhausen (Denkmäler der Buchkunst 11), Stuttgart 1994

Cardinali 2009 – Marco Cardinali (Hg.): La Bibbia carolingia dell'Abbazia di san Paolo fuori le Mura, Vatikan 2009

Chartae Latinae Antiquiores 1954–1985 (ChLA) – Chartae Latinae Antiquiores, 49 Bde., Dietikon-Zürich 1954–1998

Cutler 1987 – Anthony Cutler: Under the Sign of the Deësis: On the Question of Representativeness in Medieval Art and Literature, in: Dumbarton Oaks Papers 41 (1987), S. 145–154

Dahl o. J. – Johann Konrad Dahl: Alte Lectionarien und Codices Evangeliorum im Domstift zu Mainz befindlich, Manuskript o.J. (nach 1802)

Denzinger 2001 – Götz Denzinger: Die Handschriften der Hofschule Karls des Großen. Studien zu ihrer Ornamentik, Langwaden 2001

Descombes 1985 – Françoise Descombes (Hg.): Recueil des inscriptions chrétiennes de la Gaule antérieures à la Renaissance carolingienne, Bd. 15.: Viennoise du Nord, Paris 1985

Deshman 1980 – Robert Deshman: The exalted Servant: The Ruler Theology of the Prayerbook of Charles the Bald, in: Viator 11 (1980), S. 385–417

Deshusses 1971 – Jean Deshusses: Le Sacramentaire grégorien. Ses principales formes d´après les plus anciens manuscrits. 3 Bde., Fribourg 1971–1982

Dobras 1999 – Wolfgang Dobras: Mainz, St. Alban, in: Jürgensmeier 1999, S. 445–469

Dobras 1999a – Wolfgang Dobras: Mainz, St. Nikomed, in: Jürgensmeier 1999, S. 511–516

Dobras 2016 – Wolfgang Dobras (Hg.): Es war eine berühmte Stadt... Mainzer mittelalterliche Erzählungen und ihre Deutung (Neues Jahrbuch für das Bistum Mainz 2016), Würzburg 2016

Dobras 2016a – Wolfgang Dobras: Der heilige Alban. Apostel von Mainz, in: Dobras (2016), S. 97–120

Dold 1919 – Alban Dold: Ein vorhadrianisches gregorianisches Palimpsest-Sakramentar in Gold-Unzialschrift, Beuron 1919

DuCange 1886 – Charles DuCange: Glossarium mediae et infimae latinitatis, Bd. 8, Niort 1886 (ND Graz 1954)

Dümmler 1881 – Ernst Dümmler (Hg.): MGH. Poetae latini, Bd. 1, Berlin 1881

Dümmler 1899 – Ernst Dümmler (Hg.): Hrabani (Mauri) abbatis Fuldensis et archiepiscopi Moguntiacensis epistolae, in: MGH. Epistolae, Bd. 5, Berlin 1899, S. 379–516

Dünninger 1997 – Eberhard Dünninger (Hg.): Handbuch der Historischen Buchbestände in Deutschland, Bd. 13: Bayern S–Z, Hildesheim u. a. 1997

Düwel 1994 – Klaus Düwel: Runische und lateinische Epigraphik im süddeutschen Raum zur Merowingerzeit, in: Klaus Düwel (Hg.): Runische Schriftkultur in kontinental-skandinavischer und -angelsächsischer Wechselbeziehung, Berlin/New York 1994, S. 229–308

Embach 2013 – Michael Embach: Hundert Highlights. Kostbare Handschriften und Drucke der Stadtbibliothek Trier, Regensburg 2013

Embach 2010 – Michael Embach: Das Ada-Evangeliar (StB Trier, Hs 22). Die karolingische Bilderhandschrift (Kostbarkeiten der Stadtbibliothek Trier 2), Trier 2010

Erbe/Bietenholz 1987 – Michael Erbe/Peter G. Bietenholz: Artikel „Julius Pflug", in: Peter G. Bietenholz (Hg.): Contemporaries of Erasmus. A biographical register of the Renaissance and Reformation, Bd. 3: N–Z, Toronto u. a. 1987, S. 77f.

Exner 2011 – Matthias Exner: Buchmalerei in Kloster Lorsch. Frühmittelalterliche Miniaturen aus dem Skriptorium des Reichsklosters, in: AK „Kloster Lorsch. Vom Reichskloster Karls des Großen zum Weltkulturerbe der Menschheit", AK Museumszentrum Lorsch, hg. v. Annette Zeeb u. Bernhard Pinsker, Peterberg 2011, S. 330–356

Exner 2014 – Matthias Exner: Typus, Kopie und Nachleben. Zur Wirkungsgeschichte des Krönungsevangeliars, in: AK „Das Krönungsevangeliar des Heiligen Römischen Reiches", AK Kunsthistorisches Museum Wien, hg. v. Sabine Haag u. Franz Kirchweger, Wien 2014, S. 95–130

Falck 1972 – Ludwig Falck: Mainz im frühen und hohen Mittelalter. Mitte 5. Jahrhundert bis 1244 (Geschichte der Stadt Mainz 2), Düsseldorf 1972

Falk 1880 – Franz Falk: Die Heiligthümer in der Schloßcapelle zu Aschaffenburg, in: Der Katholik 60 (1880), 2 (= N. F. 44), S. 191–202

Falk 1904 – Franz Falk: Mainzer Reliquienzettel, in: Archiv für hessische Geschichte und Altertumskunde N.F. 3 (1904), S. 472–474 u. Taf. 13

Falkenstein 1998 – Ludwig Falkenstein: Otto III. und Aachen (Monumenta Germaniae Historica. Studien und Texte 22), Hannover 1998

Fels 2006 – Wolfgang Fels (Übers.): Venantius Fortunatus. Gelegentlich Gedichte (Bibliothek der Mittellateinischen Literatur 2), Stuttgart 2006

Felten 2014 – Franz J. Felten: Stift am Rande der Stadt. St. Stephan und Mainz im Mittelalter, in: Heyder/Nichtweiß 2014, S. 103–134

Ferrari 2011 – Michele C. Ferrari: Gold und Asche. Reliquie und Reliquiare als Medien in Thiofrid von Echternachs „Flores epytaphii sanctorum", in: Reudenbach/Toussaint 2011, S. 61–74

Ferrari 2014 – Michele C. Ferrari: Beda oder Johannes? Bibeltext und Kommentar im karolingischen Fragment Mainz, Stadtbibliothek Hs frag 18, in: Ottermann 2014, S. 87–101

Fickermann 1957 – Norbert Fickermann: Thietmar von Merseburg in der lateinischen Sprachtradition, in: Jahrbuch für die Geschichte Mittel- und Ostdeutschlands 6 (1957), S. 21–76

Fingernagel 1999 – Andreas Fingernagel: Die illuminierten lateinischen Handschriften deutscher Provenienz der Staatsbibliothek Preußischer Kulturbesitz Berlin, bearb. v. Andreas Fingernagel (Staatsbibliothek Preußischer Kulturbesitz, Kataloge der Handschriftenabteilung, 3. Reihe: Illuminierte Handschriften 1), 2 Bde., Wiesbaden 1991

Fingernagel 1999 – Andreas Fingernagel: Die illuminierten lateinischen Handschriften süd-, west- und nordeuropäischer Provenienz der Staatsbibliothek zu Berlin Preußischer Kulturbesitz 4.–12. Jahrhundert (Staatsbibliothek zu Berlin Preußischer Kulturbesitz. Kataloge der Handschriftenabteilung, 3. Reihe: Illuminierte Handschriften 2), 2 Bde., Wiesbaden 1999

Fischer 1985 – Bonifatius Fischer: Die Alkuin-Bibeln, in: Lateinische Bibelhandschriften im frühen Mittelalter (Vetus Latina. Die Reste der altlateinischen Bibel. Aus der Geschichte der lateinischen Bibel 11), Freiburg 1985, S. 203–403

Fleckenstein 1956 – Vgl. Josef Fleckenstein: Königshof und Bischofsschule unter Otto dem Großen, in: Archiv für Kulturgeschichte 38 (1956), S. 38–62

Flug 2006 – Brigitte Flug: Äußere Bindung und innere Ordnung. Das Altmünsterkloster in Mainz in seiner Geschichte und Verfassung von den Anfängen bis zum Ende des 14. Jahrhunderts (Geschichtliche Landeskunde 61), Diss. Mainz 2000, Stuttgart 2006

Franz 2005 – Gunther Franz (Hg.): Der Egbert Codex. Das Leben Jesu. Ein Höhepunkt der Buchmalerei vor 1000 Jahren, Darmstadt 2005

Freese 2010 – Tobias Freese: Die Maiestas Domini als Bild eucharistischer Gegenwart, in: Intellektualisierung und Mystifizierung mittelalterlicher Kunst: „Kultbild" – Revision eines Begriffs, hg. v. M. Büchsel u. R. Müller (Neue Frankfurter Forschungen zur Kunst 10), Berlin 2010, S. 41–61

Frommer 1999 – Hansjörg Frommer: Adelheid und Theophanu. Zwei Kaiserinnen des X. Jahrhunderts, in: Adelheid. Kaiserin und Heilige / Adélaïde. Imperatrice et Sainte 931–999, hg. v. Hansjörg Frommer (Dokumente zur Geschichte), Karlsruhe 1999, S. 19–86

Gamber 1958 – Klaus Gamber: Sakramentartypen. Versuch einer Gruppierung der Handschriften und Fragmente bis zur Jahrtausendwende, Beuron 1958

Gamber 1968 – Klaus Gamber: Codices liturgici Latini antiquiores, Fribourg 1968

Gamper/Knoch-Mund/Stähli 1994 – Rudolf Gamper/Gaby Knoch-Mund/Marlies Stähli: Katalog der mittelalterlichen Handschriften der Ministerialbibliothek Schaffhausen, Zürich 1994

„Gebetbuch Ottos III." – Gebetbuch Ottos III. Bayerische Staatsbibliothek (Patrimonia. Kulturstiftung der Länder 84), München 1995.

Gierlich 1990 – Ernst Gierlich: Die Grabstätten der rheinischen Bischöfe vor 1200 (Quellen und Abhandlungen zur mittelrheinischen Kirchengeschichte 65), Diss. Bonn 1987/88, Mainz 1990

Glaubensstoff 2013 – Glaubensstoff – Das Reisebuch. Die Tuchheiligtümer im Bistum Aachen, hg. v. Katechetischen Institut des Bistums Aachen, Aachen 2013

Gorman 1980 a – Michael M. Gorman: Chapter headings for Saint Augustine's De Genesi ad litteram", in: Revue des Études augustiniennes 26 (1980), S. 88–104

Gorman 1980 b – Michael M. Gorman: The oldest manuscripts of Saint Augustine's „De Genesi ad litteram", in: Revue bénédictine 90 (1980), S. 7–49

Gorman 1982 – Michael M. Gorman: The manuscript tradition of Eugippius' „Excerpta ex operibus sancti Augustini", in: Revue bénédictine 92 (1982), S. 7–32 und 229–265

Gorman 1983 – Michael M. Gorman: A Carolingian epitome of St Augustine's „De Genesi ad Litteram", in: Revue des Études augustiniennes 29 (1983), S. 137–144

Gorman 2001 – Michael M. Gorman: The manuscript traditions of the works of St Augustine, Florenz 2001

Gottlob 1928 – Theodor Gottlob: Der abendländische Chorepiskopat (Kanonistische Studien und Texte 1), Bonn 1928

Grieser 2012 – Heike Grieser: Das Eugippius-Augustinus-Fragment, in: Bibliotheca S. Martini Moguntina. Alte Bücher – Neue Funde, hg. v. Helmut Hinkel, (Neues Jahrbuch für das Bistum Mainz), Mainz/Würzburg 2012, S. 69–86

Gryson 2001 – Roger Gryson (Hg.): Bedae Presbyteri Expositio Apocalypseos ... (Corpus Christianorum, Series Latina 121A), Turnhout 2001

Haarländer 2006 – Stephanie Haarländer: Rabanus Maurus zum Kennenlernen. Ein Lesebuch mit einer Einführung in sein Leben und Werk, Mainz 2006

Hamilton 2001 – Sarah Hamilton: „Most Illustrious King of Kings". Evidence for Ottonian Kingship in the Otto III. Prayerbook, in: Journal of Medieval History 27 (2001), S. 257–288

Hanselmann 1987 – Jan F. Hanselmann: Der Codex Vat. Pal. lat. 289. Ein Beitrag zum Mainzer Skriptorium im 9. Jahrhundert, in: Scriptorium 41 (1987), S. 78–87

Hanselmann 1987 – Jan F. Hanselmann: Der Codex Vat. Pal. lat. 289. Ein Beitrag zum Mainzer Skriptorium im 9. Jahrhundert, in: Scriptorium 41 (1987), S. 78–87

Hanselmann 1987 – Jan F. Hanselmann: Der Codex Vat.Pal. lat.289: Ein Beitrag zum Mainzer Skriptorium im 9. Jahrhundert, in: Scriptorium 41 (1987), S. 78–87

Hartmann2000–WilfriedHartmann(Hg.):BischofBurchard von Worms 1000–1025 (Quellen und Abhandlungen zur mittelrheinischen Kirchengeschichte 100), Mainz 2000

Haseloff 1904 – Arthur Haseloff: Photographien rheinländischer Buchmalereien des IX. bis XIV. Jh., in: Kunsthistorische Ausstellung Düsseldorf 1904, Katalog, 2. Auflage August 1904, Düsseldorf 1904, S. 201–206

Hattenhauer 1981 – Hans Hattenhauer: Das Herz des Königs in der Hand Gottes. Zum Herrscherbild in Spätantike und Mittelalter, in: Zeitschrift der Savigny-Stiftung für Rechtsgeschichte, Germ. Abt. 67 (1981), S. 1–35

Hauke 2008 – Hermann Hauke: Das Gebetbuch Ottos III. Geschichte, kodikologische und inhaltliche Beschreibung, in: Hauke/Klemm 2008, S. 13–62

Hauke 2008a – Hermann Hauke: Transkription der Gebetstexte und Übersetzung der lateinischen Gebete ins Deutsche, in: Hauke/Klemm 2008, S. 234–267

Hauke/Klemm 2008 – Hermann Hauke/Elisabeth Klemm: Das Gebetbuch Ottos III. Kommentar zur Faksimile-Edition der Handschrift Clm 30111 der Bayerischen Staatsbibliothek München, Luzern 2008

Hedtke/Winterer 2013 – Britta Hedtke/Christoph Winterer: Mainz, in: Martin Schubert (Hg.): Schreiborte des deutschen Mittelalters. Skriptorien – Werke – Mäzene, Berlin/Boston 2013, S. 347–371

Hehl 2000 – Ernst-Dieter Hehl: Die Mainzer Kirche in ottonisch-salischer Zeit (911–1122), in: Handbuch der Mainzer Kirchengeschichte, Bd. 1: Christliche Antike und Mittelalter, hg. v. Friedhelm Jürgensmeier (Beiträge zur Mainzer Kirchengeschichte 6), 2 Bde., Würzburg 2000, Bd. 1, S. 195–280

Hehl 2010 – Ernst-Dieter Hehl: Ein Dom für König, Reich und Kirche. Der Dombau des Willigis und die Mainzer Bautätigkeit im 10. Jahrhundert. In: Basilica Nova Moguntina. 1000 Jahre Willigisdom St. Martin in Mainz. Beiträge zum Domjubiläum 2009, hg. v. Felicitas Janson u. Barbara Nichtweiß (Neues Jahrbuch für das Bistum Mainz. Beiträge zur Zeit- und Kulturgeschichte der Diözese 2009/10), Mainz 2010, S. 45–78

Hehl 2014 – Ernst-Dieter Hehl: Erzbischof Willigis von Mainz und Bischof Burchard von Worms. Die Mainzer Stifte, kirchlich-weltliches „Alltagswissen" und Seelsorge an der ersten Jahrtausendwende, in: Heyder/Nichtweiß 2014, S. 37–102

Heinzelmann 2004 – Josef Heinzelmann: Spuren der Frühgeschichte von St. Stephan in Mainz. Ein Beitrag zu einer noch nicht geführten Diskussion, in: Archiv für mittelrheinische Kirchengeschichte 56 (2004), S. 89–100

Hellmann 2000 – Martin Hellmann: Tironische Noten in der Karolingerzeit am Beispiel eines Persius-Kommentars aus der Schule von Tours (Monumenta Germaniae Historica. Studien und Texte 27), Hannover 2000

Heyder/Nichtweiß 2014 – Regina Heyder/Barbara Nichtweiß (Hg.): Willigis von Mainz. Umfeld, Wirkung, Deutung. Beiträge zum Willigis-Jubiläum in St. Stephan, (Neues Jahrbuch für das Bistum Mainz. Beiträge zur Zeit- und Kulturgeschichte der Diözese 2014), Würzburg 2014

Heyne 1996 – Sirka Heyne: Studien zur Mainzer und Fuldaer Liturgiegeschichte (Quellen und Abhandlungen zur mittelrheinischen Kirchengeschichte 73), Diss. Göttingen 1990, Mainz 1996, S. 47–53

Heyne 1996 – Sirka Heyne: Studien zur Mainzer und Fuldaer Liturgiegeschichte (Quellen und Abhandlungen zur mittelrheinischen Kirchengeschichte 73), Mainz 1996

Hinkel 1990 – Helmut Hinkel (Hg.): 1000 Jahre St. Stephan in Mainz. Festschrift (Quellen und Abhandlungen zur mittelrheinischen Kirchengeschichte 63), Mainz 1990

Höhl 1996 – Claudia Höhl: Ottonische Buchmalerei in Prüm (Europäische Hochschulschriften, 28, 252), Frankfurt a. M. 1996

Hoffmann 1986 – Hartmut Hoffmann: Buchkunst und Königtum im ottonischen und frühsalischen Reich (Monumenta Germaniae Historica, Schriften 30), 2 Bde., Hannover 1986

Hoffmann 1996 – Hartmut Hoffmann: „Echte und nachgeahmte Fuldaer Schrift aus ottonischer und frühsalischer Zeit", in: Gangolf Schrimpf (Hg.): Kloster Fulda in der Welt der Karolinger und Ottonen (Fuldaer Studien 7), Frankfurt a. M. 1996, S. 285–297

Hoffmann 1999 – Hartmut Hoffmann: Bernhard Bischoff und die Paläographie des 9. Jahrhunderts, in: Deutsches Archiv 55 (1999), S. 549–590

Hoffmann 2012 – Hartmut Hoffmann: Schreibschulen und Buchmalerei. Handschriften und Texte des 9.–11. Jahrhunderts (Monumenta Germaniae Historica, Schriften 65), Hannover 2012

Homburger 1962 – Otto Homburger: Die illustrierten Handschriften der Burgerbibliothek Bern. Die vorkarolingischen und karolingischen Handschriften, Bern 1962

Hopf 1994 – Cornelia Hopf: Die abendländischen Handschriften der Forschungs- und Landesbibliothek Gotha. Bestandsverzeichnis, Bd. 1.: Großformatige Pergamenthandschriften Memb. I, Gotha 1994

Hüffer/Wattenbach 1939 – Hermann Hüffer/Wilhelm Wattenbach: Das Leben der Kaiserin Adalheid von Odilo von Cluny (Geschichtsschreiber der deutschen Vorzeit, Zehntes Jahrhundert 8), 3. Auflage, Leipzig 1939 (OA 1891)

Hürkey 1983 – Edgar J. Hürkey: Das Bild des Gekreuzigten im Mittelalter. Untersuchungen zu Gruppierung Entwicklung und Verbreitung anhand der Gewandmotive, Diss. Mainz 1978, Worms 1983

Hunt 1953 – Richard W. Hunt: A summary catalogue of western manuscripts in the Bodleian Library at Oxford, Bd. 1.: Historical introduction and conspectus of shelfmarks, Oxford 1953

Jakobi-Mirwald 2015 – Christine Jakobi-Mirwald: Buchmalerei. Terminologie in der Kunstgeschichte, 4. Auflage, Berlin 2015

Jaques 1954 – Renate Jaques: „Byssus", in: RDK 3 (1954), Sp. 298–302

Jeffré 1991 – Irmgard Jeffré: Handschriftliche Zeugnisse zur Geschichte der Kölner Domschule im 10. und 11. Jahrhundert, in: von Euw/Schreiner 1991, Bd. 1, S. 165–171

Jörg 1977 – Christoph Jörg (Hg.): Corpus inscriptionum medii aevi Helvetiae, Bd. 1.: Die Inschriften des Kantons Wallis bis 1300, Freiburg i. Ü. 1977

Johannsen 2007 – Annika Johannsen: Der Trierer Tetramorph. Zu fol. 5v des Codex´ 61 im Domschatz, Diss. Berlin 2004, Berlin 2007

Jürgensmeier 1975 – Friedhelm Jürgensmeier: Das Fest des heiligen Willigis, in: Brück 1975, S. 425–435

Jürgensmeier 1986 – Friedhelm Jürgensmeier: Reliquien im Mainzer Dom. In: Friedhelm Jürgensmeier (Hg.): Die Bischofskirche Sankt Martin zu Mainz. Festgabe für Domdekan Dr. Hermann Berg (Beiträge zur Mainzer Kirchengeschichte 1), Frankfurt a. M., 1986, S. 33–57

Jürgensmeier 1999 – Friedhelm Jürgensmeier: Die Männer- und Frauenklöster der Benediktiner in Rheinland-Pfalz und Saarland, hg. v. Friedrich Jürgensmeier (Germania Benedictina 9), St. Ottilien 1999

Jürgensmeier 2000 – Friedhelm Jürgensmeier (Hg.): Handbuch der Mainzer Kirchengeschichte, Bd. 1.: Christliche Antike und Mittelalter, Würzburg 2000

Jung 1934 – Theodor Jung: Geschichte und Andacht vom heiligen Schweißtuch, Mainz 1934

Jung 1975 – Wilhelm Jung: Aus der Geschichte des Mainzer Domschatzes, in: Brück 1975, S. 331–357

Jung 1975a – Wilhelm Jung: Aus der Geschichte des Mainzer Domschatzes, in: AK „1000 Jahre Mainzer Dom" 1975, S. 176–185

Jung 1990 – Wilhelm Jung: Die Willigiskasel aus St. Stephan in Mainz, in: Hinkel 1990, S. 533–545

Kalinowski 2011 – Anja Kalinowski: Frühchristliche Reliquiare im Kontext von Kultstrategien, Heilserwartung und sozialer Selbstdarstellung (Spätantike – Frühes Christentum – Byzanz. Kunst im ersten Jahrtausend, Reihe B: Studien und Perspektiven 32), Diss. Basel 2005, Wiesbaden 2011

Kautzsch/Neeb 1919 – Rudolf Kautzsch/Ernst Neeb, Ernst: Der Dom zu Mainz (Die Kunstdenkmäler im Freistaat Hessen: Die Kunstdenkmäler der Stadt und des Kreises Mainz. Bd. 2: Die kirchlichen Kunstdenkmäler der Stadt Mainz 1), Darmstadt 1919

Kempf 1966 – Theodor K. Kempf: Benna Treverensis. Canonicus de sancti Paulini patrocinio. In: Mainz und der Mittelrhein in der europäischen Kunstgeschichte. Studien für Wolfgang Volbach zu seinem 70. Geburtstag (Forschungen zur Kunstgeschichte und christlichen Archäologie 6), Mainz 1966, S. 179–196

Kern 2010 – Susanne Kern (Bearb.): Die Inschriften des Mainzer Doms und des Dom- und Diözesanmuseums von 800 bis 1350, auf der Grundlage der Vorarbeiten von Rüdiger Fuchs und Britta Hedtke, bearb. v. Susanne Kern, Wiesbaden 2010

Kindermann 2002 – Udo Kindermann: Kunstdenkmäler zwischen Antwerpen und Trient. Beschreibungen und Bewertungen des Jesuiten Daniel Papebroch aus dem Jahre 1660. Erstedition, Übersetzung und Kommentar, Köln/Weimar/Wien 2002

Kirmeier/Schütz/Brockhoff 1994 – Josef Kirmeier/Alois Schütz/Evamaria Brockhoff (Hg.): Schreibkunst. Mittelalterliche Buchmalerei aus dem Kloster Seeon (Veröffentlichungen zur Bayerischen Geschichte und Kultur 28), Regensburg 1994

Klauser 1972 – Theodor Klauser (Hg.): Das römische Capitulare Evangeliorum (Liturgiegeschichtliche Quellen und Forschungen 28), 2., um Verbesserungen und Ergänzungen vermehrte Auflage, Münster i. W. 1972 (OA 1935)

Klein 2004 – Holger A. Klein: Byzanz, der Westen und das „wahre" Kreuz. Die Geschichte einer Reliquie und ihrer künstlerischen Fassung in Byzanz und im Abendland (Spätantike, frühes Christentum, Byzanz : Kunst im ersten Jahrtausend, Reihe B: Studien und Perspektiven 17), Diss. Bonn 2000, Wiesbaden 2004

Klein 2012 – Peter K. Klein: Un fragment illustré d'époque carolingienne du commentaire de Bède sur l'Apocalypse, in: Bulletin monumental 170, Heft 1 (2012), S. 43–45

Klein 2014 – Peter K. Klein: Die Stellung des Mainzer Beda-Fragments in der Tradition der illustrierten Apokalypsen und Apokalypse-Kommentaren, in: Ottermann 2014, S. 51–77

Klemm 1995 – Elisabeth Klemm: Das Gebetbuch Ottos III., in: „Gebetbuch Ottos III." 1995, S. 39–87

Klemm 2004 – Elisabeth Klemm: Die ottonischen und frühromanischen Handschriften der Bayerischen Staatsbibliothek (Katalog der illuminierten Handschriften der Bayerischen Staatsbibliothek in München 2), 2 Bde., Wiesbaden 2004

Klemm 2008 – Elisabeth Klemm: Der Buchtyp. Das frühmittelalterliche illuminierte Gebetbuch. Eine Übersicht, in: Hauke/Klemm 2008, S. 63–187

Klenke 1961/62 – Werner Klenke: Die Gebeine aus dem Reliquiar des Erzbischofs Willigis, in: Mainzer Zeitschrift 56/57 (1961/62), S. 137–145

Kluge 2013 – Bernd Kluge: Die merowingischen Monetarmünzen: Epochenwandel im Münzwesen – Münzwesen im Epochenwandel. Numismatische Handreichungen für Historiker, in: Jörg Jarnut/Jürgen Strothmann (Hg.): Die merowingischen Monetarmünzen als Quelle zum Verständnis des 7. Jahrhunderts in Gallien (MittelalterStudien 27), Paderborn 2013, S. 33–92

Knöll 1885 – Eugippii Excerpta ex operibus S. Augustini, hg. v. Pius Knöll, Wien 1885 (CSEL 9)

Koch 2007 – Walter Koch: Inschriftenpaläographie des abendländischen Mittelalters und der frühen Neuzeit. Früh- und Hochmittelalter, Wien/München 2007

Köbler 2005 – Gerhard Köbler: Altdeutsch: Katalog aller allgemein bekannten Altdeutschhandschriften: Althochdeutsch – Altsächsisch – Altniederfränkisch (Arbeiten zur Rechts- und Sprachwissenschaft 60), Gießen 2005

Koehler 1930/33 – Wilhelm Koehler: Die karolingischen Miniaturen, Bd. 1: Die Schule von Tours, 2 Teile und 1 Tafelband, Berlin 1930–1933

Köhler 1958 – Wilhelm Köhler: Die karolingischen Miniaturen. Band 2: Die Hofschule Karls des Großen. Text, Berlin 1958

Köhler/Mütherich 1982 – Wilhelm Köhler/Florentine Mütherich: Die Hofschule Karls des Kahlen (Die karolingischen Miniaturen 5), Berlin 1982

Köhler/Mütherich 1994/99 – Wilhelm Köhler/Florentine Mütherich: Die karolingischen Miniaturen. Sechster Band: Die Schule von Reims (Die karolingischen Miniaturen 6), 2 Bde., Berlin 1994/99

Körber 1908 – Karl Körber: Die im Jahre 1907 gefundenen römischen und frühchristlichen Inschriften und Skulpturen, in: Mainzer Zeitschrift 3, 1908, S. 1-18

Körber 1909 – Karl Körber: Die im Jahre 1908 gefundenen römischen und frühchristlichen Inschriften und Skulpturen, in: Mainzer Zeitschrift 4 (1909), S. 14–33

Körntgen 2001 – Ludger Körntgen: Königsherrschaft und Gottes Gnade. Zu Kontext und Funktion sakraler Vorstellungen in Historiographie und Bildzeugnissen der ottonisch-frühsalischen Zeit (Orbis mediaevalis. Vorstellungswelten des Mittelalters 2), Habil.-Schrift Tübingen 1997/98, Berlin 2001

Krusch 1885 – Bruno Krusch (Hg.): MGH. Scriptores rer. Merov., Bd. 1,2, Hannover 1885

Krusch 1888 – Bruno Krusch (Hg.): MGH. Scriptores rer. Merov., Bd. 2, Hannover 1888

Krusch 1902 – Bruno Krusch (Hg.): MGH. Scriptores rer. Merov., Bd. 4, Hannover/Leipzig 1902

Krusch 1905 – Bruno Krusch (Hg.): Ionae vitae Sanctorum Columbani, Vedastis, Iohannis (MGH. Scriptores rer. Germ. 37), Hannover-Leipzig 1905

Krusch/Levison 1913 – Bruno Krusch/Wilhelm Levison (Hg.): MGH. Scriptores rer. Merov., Bd. 6, Hannover/Leipzig 1913

Krusch/Levison 1951 – Bruno Krusch/Wilhelm Levison (Hg.): MGH. Scriptores rer. Merov., Bd. 1,1, Hannover 1951

Kuder 1988 – Ulrich Kuder: Studien zur ottonischen Buchmalerei, masch. schr. Habilitationsschrift München 1988

Kuder 1998 – Ulrich Kuder: Die Ottonen in der ottonischen Buchmalerei. Identifikation und Ikonographie, in: Herrschaftsrepräsentation im ottonischen Sachsen, hg. v. Gerd Althoff u. Ernst Schubert (Vorträge und Forschungen 46), Sigmaringen 1998, S. 137–234

Kuder 2012 – Ulrich Kuder: Reichenau-Oberzell, St. Georg. Die beiden Kreuzigungsbilder in der Krypta, in: Berschin/Kuder 2012, S. 69–74

Külb/Binz 1836ff – Philipp H. Külb (angelegt): Catalogus codicum manuscriptorum Bibliothecae Moguntinae, fortgesetzt bis 1914 von Gustav Binz u.a.; laufend aktualisiert, Mainz 1836–1869

Kurz 1976 – Rainer Kurz: Die handschriftliche Überlieferung der Werke des heiligen Augustinus. Band V/1: Bundesrepublik Deutschland und Westberlin. Werkverzeichnis (Sitzungsberichte der philosophisch-historischen Klasse 306/Veröffentlichungen der Kommission zur Herausgabe des Corpus der Lat. Kirchenväter 9), Wien 1976

Kurz 1979 – Rainer Kurz: Die handschriftliche Überlieferung der Werke des heiligen Augustinus. Band V/2: Bundesrepublik Deutschland und Westberlin. Verzeichnis nach Bibliotheken (Sitzungsberichte der philosophisch-historischen Klasse 350/Veröffentlichungen der Kommission zur Herausgabe des Corpus der Lateinischen Kirchenväter 10), Wien 1979

Kurze 1891 – Friedrich Kurze (Hg.): Annales Fuldenses sive annales regni Francorum orientalis (MGH. Scriptores rer. Germ. 7), Hannover 1891

Labusiak 2009 – Thomas Labusiak: Die Ruodprechtgruppe der ottonischen Reichenauer Buchmalerei. Bildquellen – Ornamentik – stilgeschichtliche Voraussetzungen (Denkmäler Deutscher Kunst), Diss. Augsburg 2005, Berlin 2009

Ladner 1979 – Pascal Ladner: Karolingische Sakramentarfragmente aus Freiburg in der Schweiz. Ein Beitrag zum Mainzer Skriptorium des 9. Jahrhunderts, in: Palaeographica, diplomatica et archivistica. Studi in onore di Giulio Batelli (Storia e letteratura. Raccolta di studi e testi 139), Bd. 1, Rom 1979, S. 99–104

Landwehr 1962 – John Landwehr: Dutch emblem books. A bibliography (Bibliotheca emblematica 1), Utrecht 1962

Lauer 1975 – Rolf Lauer: Mainzer Buchmalerei der Willigiszeit, in: AK „1000 Jahre Mainzer Dom" 1975, S. 58–69 u. Kat. Nr. 19–21, S. 282–284

Lauer 1987 – Rolf Ferdinand Lauer: Studien zur ottonischen Mainzer Buchmalerei, Diss. Bonn 1974, Bonn 1987

Lauer 2000 – Rolf Lauer: Kunst und Herrscherbild in der Salierzeit, in: AK „Krönungen. Könige in Aachen. Geschichte und Mythos", AK Krönungssaal des Aachener Rathauses, hg. v. Mario Kramp, 2 Bde., Mainz 2000, Bd. 1, S. 313–321

LCI – Lexikon der christlichen Ikonographie, hg. v. Engelbert Kirschbaum, 8 Bde., Rom/Freiburg 1968–1976

Leo 1881 – Friedrich Leo (Hg.): Venanti Honori Clementiani Fortunati presbyteri Italici opera poetica (MGH. Auctores antiquissimi 4,1), Berlin 1881

Leumann/Hofmann/Szantyr 1965 – Manu Leumann/Johann B. Hofmann/Anton Szantyr: Lateinische Grammatik, Bd. 2.: Lateinische Syntax und Stilistik (Handbuch der Altertumswissenschaft II, 2,2), München 1965

LexMa – Lexikon des Mittelalters, hg. v. Norbert Angermann/Robert-Henri Bautier/Robert Auty, 10 Bde., München/Zürich 1980–1999

Licht/Ottermann 2017 – Tino Licht/Annelen Ottermann: Aus der Frühzeit der Mainzer Skriptorien. Ein unbekanntes karolingisches Handschriftenfragment (Mainz, Stadtbibliothek, Hs frag 20), in: Bibliothek. Forschung und Praxis 41 (2017) [im Druck]

Lindsay 1911 – Isidori Hispalensis episcopi Etymologiarum sive Originum libri XX, 2 Bde., hg. v. Wallace M. Lindsay (Scriptorum classicorum bibliotheca Oxoniensis), Oxford 1911

Lindsay/Lehmann 1925 – Wallace M. Lindsay/Paul Lehmann: The (early) Mayence scriptorium, in: Palaeographia Latina 4 (1925), S. 15–39

Lowe 1953 – Elias Avery Lowe: The script of Luxeuil. A title vindicated, in: Revue Bénédictine 63 (1953), S. 132–142 und 6 Taf.

Lowe [/Bischoff] 1953 – Elias A. Lowe [/Bernhard Bischoff] (Hg.): Codices Latini Antiquiores. A palaeographical guide to Latin manuscripts prior to the ninth century. Part VI. France: Abbeville – Valenciennes, Oxford 1953

Lowe [/Bischoff] 1959 – Elias A. Lowe [/Bernhard Bischoff]: Codices Latini Antiquiores. A palaeographical guide to Latin manuscripts prior to the ninth century. Part VIII. Germany: Altenburg – Leipzig, Oxford 1959

Lowe [/Bischoff] 1959a – Elias A. Lowe [/Bernhard Bischoff]: Codices Latini Antiquiores. A palaeographical guide to Latin manuscripts prior to the ninth century. Part IX. Germany: Maria Laach – Würzburg, Oxford 1959

Lüdke 1983 – Dietmar Lüdke: Die Statuetten der gotischen Goldschmiede: Studien zu den „autonomen" und vollrunden Bildwerken der Goldschmiedeplastik und den Statuettenreliquiaren in Europa zwischen 1230 und 1530 (Tuduv-Studien. Reihe Kunstgeschichte 4), 2 Bde., München 1983

Lutterbach 2013 – Hubertus Lutterbach: Die Geschichte der Reliquien im Christentum von den Anfängen bis zum Mittelalter, in: Welt und Umwelt der Bibel 18 (2013), Nr. 1, S. 12–17

Luykx 1961 – Bonifaas Luykx: Der Ursprung der gleichbleibenden Teile der heiligen Messe, in: Liturgie und Mönchtum 29 (1961), S. 72–119

Maag 2014 – Natalie Maag: Alemannische Minuskel (744–846 n. Chr.). Frühe Schriftkultur im Bodenseeraum und im Voralpenland, Stuttgart 2014

Mabillon 1668 – Jean Mabillon: Acta Sanctorum ordinis S. Benedicti, Bd. 1, Paris 1668 (ND Mâcon 1935)

Maître 2004 – Claire Maître: Catalogue des manuscrits d'Autun. Bibliothèque Municipale et Société Éduenne, Turnhout 2004

Mayr-Harting 1991 – Henry Mayr-Harting: Ottonische Buchmalerei. Liturgische Kunst im Reich der Kaiser, Bischöfe und Äbte, Stuttgart/Zürich 1991

Mayr-Harting 2007 – Henry Mayr-Harting: Church and Cosmos in Early Ottonian Germany. The View from Cologne, Oxford 2007

Mazal 1999 – Otto Mazal: Frühmittelalter (Geschichte der Buchkultur 3), 2 Bde., Graz 1999

Meisterwerke 1997 – Meisterwerke im J. Paul Getty Museum. Illuminierte Handschriften, Los Angeles 1997

Mende 2010 – Ursula Mende: „Was das Feuer nahm, das Erz hat es wiedergegeben". Das Bronzeportal am Mainzer Dom, in: Basilica Nova Moguntina 2010, S. 79–104

MGH. Epistolae V 1899 – MGH. Epistolae, Bd. 5, Berlin 1899

MGH. Epp. IV – Ernst Dümmler (Hg.): Epistolae Karolini aevi (MGH Epp. IV), Bd. 2, Berlin 1895

MGH. Scriptores 1982 – Monumenta Germaniae Historica Scriptores in folio Bd. 4, Hannover 1841 (ND Stuttgart 1982), S. 633–645

Mordek 1995 – Hubert Mordek: Bibliotheca capitularium regum Francorum manuscripta. Überlieferung und Traditionszusammenhang der fränkischen Herrschererlasse (Monumenta Germaniae Historica, Hilfsmittel 15), München 1995, S. 131–149

Mordek 1995a – Hubert Mordek: Frühmittelalterliche Gesetzgeber und Iustitia in Miniaturen weltlicher Rechtshandschriften, in: La giustizia nell'alto medioevo (secoli V–VIII) (Settimane di Studio del Centro Italiano di studi sull'alto medioevo 42), 2 Bde., Spoleto 1995, Bd. 2, S. 997–1052

Müller 1973 – Hans-Georg Müller: Rabanus Maurus: „De laudibus sancta crucis". Studien zur Überlieferung und Geistesgeschichte (Beihefte zum Mittellateinischen Jahrbuch 11), Düsseldorf 1973

Mütherich 1972 – Florentine Mütherich: Sakramentar von Metz – Ms. Lat. 1141 Bibliothèque nationale, Paris. Kommentarband und Faksimile-Ausgabe (Codices selecti 28), Graz 1972

Mütherich 1973 – Florentine Mütherich: Die ottonische Malerei, in: Die Zeit der Ottonen und Salier, bearb. v. Louis Grodecki u.a. (Universum der Kunst), München 1973, S. 87–188

Mütherich 1994 – Florentine Mütherich: Frühmittelalterliche Rechtshandschriften, in: Aachener Kunstblätter 60 (1994), S. 79–86

Mynors 1961 – Cassiodori senatoris Institutiones, hg. v. Roger A. B. Mynors, 2. Auflage, Oxford 1961

Netzer 1994 – Nancy Netzer: Cultural interplay in the eighth century. The Trier gospels and the making of a scriptorium at Echternach (Cambridge studies in Paleography and Codicology 3), Cambridge 1994

Neuhaus 1941 – August Neuhaus: „Blei, Bleiguß", in: RDK 2 (1941), Sp. 874–883

Nitschke 1966 – Brigitte Nitschke: Die Handschriftengruppe um den Meister des Registrum Gregorii (Münstersche Studien zur Kunstgeschichte 5), Recklinghausen 1966, S. 54–57

Nopper 2001 – Hans Werner Nopper: Die vorbonifatianischen Mainzer Bischöfe. Eine kritische Untersuchung der Quellen zu den Anfängen des Bistums Mainz und zur Zuverlässigkeit der Bischofslisten, Diss. Bonn 1995/96, Mülheim 2001

Nordenfalk 1938 – Carl Nordenfalk: Die spätantiken Kanontafeln. Kunstgeschichtliche Studien über die eusebianische Evangelien-Konkordanz in den vier ersten Jahrhunderten ihrer Geschichte (Die Bücherornamentik der Spätantike 1), 2 Bde., Göteborg 1938

Nordenfalk 1971 – Carl Nordenfalk: Rezension zu Bloch/Schnitzler 1967/70, in: Kunstchronik 24 (1971), S. 292–309

Nordenfalk 1977 – Carl Nordenfalk: Insulare Buchmalerei. Illuminierte Handschriften der Britischen Inseln 600–800, München 1977

Odenthal 2011 – Andreas Odenthal: Liturgie vom frühen Mittelalter zum Zeitalter der Konfessionalisierung. Studien zur Geschichte des Gottesdienstes (Spätmittelalter, Humanismus, Reformation 61), Tübingen 2011

O´Driscoll 2013 – Joshua O´Driscoll: Anmerkungen zum Verhältnis von Bild und Titulus im Sakramentar aus Sankt Gereon und im Hitda-Codex, in: Äbtissin Hitda und der Hitda-Codex (Universitäts- und Landesbibliothek Darmstadt, Hs. 1640). Forschungen zu einem Hauptwerk der ottonischen Kölner Buchmalerei, hg. v. Klaus Gereon Beuckers, Darmstadt 2013, S. 113–127

O´Driscoll 2015 – Joshua O´Driscoll: Image and Inscription in Painterly Manuscripts from Ottonian Cologne, masch. schr. Diss. Harvard University Cambridge, Mass. 2015

Oltrogge 2013 – Doris Oltrogge: Purpura und coccus. Materialität und Symbolik in Textlilien und Buchmalerei des früheren Mittelalters, in: Seide im früh- und hochmittelalterlichen Frauenstift. Besitz, Bedeutung, Umnutzung, hg. v. Thomas Schilp u. Annemarie Stauffer (Essener Forschungen zum Frauenstift 11), Essen 2013, S. 137–156

Ordines 1960 – Die Ordines für die Weihe und Krönung des Kaisers und der Kaiserin / Ordines coronationis imperialis, hg. v. Reinhard Elze (Fontes Iuris Germanici Antiqui in usum scholarum ex Monumentis Germaniae Historicis seperatim editi 9) Hannover 1960

Ott 1998 – Joachim Ott: Krone und Krönung. Die Verheißung und Verleihung von Kronen in der Kunst von der Spätantike bis um 1200 und die geistige Auslegung der Krone, Mainz 1998

Ottermann 1998 – Annelen Ottermann: Das Beda-Fragment Hs frag 1 in der Stadtbibliothek Mainz. Ein Beitrag zum Mainzer Skriptorium des 9. Jahrhunderts, in: Philobiblon. Eine Vierteljahrsschrift für Buch- und Graphiksammler 42 (1998), S. 301–307

Ottermann 2014 – Annelen Ottermann (Hg.): Das spätkarolingische Fragment eines illustrierten Apokalypse-Kommentars in der Mainzer Stadtbibliothek. Bilanz einer interdisziplinären Annäherung (Veröffentlichungen der Bibliotheken der Stadt Mainz 60), Mainz 2014

Ottermann 2014a – Annelen Ottermann: Der Trägerband des Fragments: Fundbericht und Provenienz, in: Ottermann 2014, S. 21–29

Otto 1975 – Rita Otto: Zu einem frühottonischen Goldschmiedekreuz im Mainzer Domschatz, in: Mainzer Zeitschrift 70 (1975), S. 63–66

Otto 1986 – Rita Otto: Zu Mainzer Handschriften des frühen Mittelalters, in: Mainzer Zeitschrift 81 (1986), S. 1–32

Palazzo 1994 – Eric Palazzo: Les sacramentaires de Fulda. Étude sur l'iconographie et la liturgie à l'époque ottonienne (Liturgiewissenschaftliche Quellen und Forschungen 77), Münster 1994

Parkes 2015 – Henry Parkes: The Making of Liturgy in the Ottonian Church. Books, Music and Ritual in Mainz 950–1050 (Cambridge Studies in Medieval Life and Thought, Folge 4; 100), Cambridge 2015

Poeschke 2009 – Joachim Poeschke: Mosaiken in Italien 300–1300, München 2009

Prochno 1929 – Joachim Prochno: Das Schreiber- und das Dedikationsbild in der deutschen Buchmalerei, I. Teil: Bis zum Ende des 11. Jahrhunderts (800–1100), Leipzig 1929

Rabani Mauri Martyrologium 1979 – Rabani Mauri Martyrologium, hg. v. John McCulloh (Corpus Christianorum. Continuatio Medievalis 44), Turnhout 1979

Rand 1929 – Edward K. Rand: A survey of the manuscripts of Tours, 2 Bde., (Studies in the script of Tours 1), Cambridge, Mass. 1929

Rand 1934 – Edward K. Rand: The earliest book of Tours: with supplementary descriptions of other manuscripts of Tours (Studies in the script of Tours 2), Cambridge, Mass. 1934

RDK – Reallexikon zur deutschen Kunstgeschichte, hg. v. Otto Schmitt, Stuttgart 1937ff.

Reudenbach/Toussaint 2011 – Bruno Reudenbach/Gia Toussaint (Hg.): Reliquiare im Mittelalter (Hamburger Forschungen zur Kunstgeschichte. Studien, Theorien, Quellen 5), 2. durchgesehene Auflage, Berlin 2011

Röckelein 2011 – Hedwig Röckelein: Die „Hüllen der Heiligen". Zur Materialität des hagiographischen Mediums, in: Reudenbach/Toussaint 2011, S. 75–88

Ronig 1993 – Franz Ronig (Hg.): Egbert. Erzbischof von Trier 977–993. Gedenkschrift der Diözese Trier zum 1000. Todestag (Trierer Zeitschrift für Geschichte und Kunst des Trierer Landes und seiner Nachbargebiete, Beiheft 18), 2 Bde., Trier 1993

Roth 1896 – Ferdinand Wilhelm Emil Roth: Eine Briefsammlung des XII. Jahrhunderts aus dem Kloster Steinfeld, in: Neues Archiv der Gesellschaft für ältere deutsche Geschichtskunde 21 (1896), S. 558–561

Saurma-Jeltsch 2004 – Lieselotte Saurma-Jeltsch: Das Gebetbuch Ottos III. Dem Herrscher zur Ermahnung und Verheißung bis in alle Ewigkeit, in: Frühmittelalterliche Studien. Jahrbuch des Instituts für Frühmittelalterforschung der Universität Münster 38 (2004), S. 55–88

Scheible 2003 – Melanchthons Briefwechsel. Kritische und kommentierte Gesamtausgabe, Bd. 11: Personen A–E, bearb. v. Heinz Scheible unter Mitwirkung von Corinna Schneider, Stuttgart-Bad Cannstatt 2003

Schiller 1986 – Gertrud Schiller: Ikonographie der christlichen Kunst, Bd. 3: Die Auferstehung und Erhöhung Christi, Gütersloh 1971 (ND 1986)

Schipper 2012 – William Schipper: The Mainz-Martinus-Bibliothek Bifolium (D/378) of Hrabanus´ de rerum naturis and its Relatives, in: Helmut Hinkel (Hg.): Bibliotheca S. Martini Moguntina: Alte Bücher – neue Funde, Mainz 2012, S. 87–103

Schlechte 1955 – Horst Schlechte: „Beyer (Baier etc.), Christian", in: Neue deutsche Biographie, Bd. 2, hg. v. Hans G. Hockerts, Berlin 1955, S. 204

Schmid 1996 – Reinhard Schmid: Die Abtei St. Alban vor Mainz im hohen und späten Mittelalter. Geschichte, Verfassung und Besitz eines Klosters im Spannungsfeld zwischen Erzbischof, Stadt, Kurie und Reich (Beiträge zur Geschichte der Stadt Mainz 30), Mainz 1996

Schmidt-Wiegand 1978 – Ruth Schmidt-Wiegand: „Lex Salica", in: Handwörterbuch zur deutschen Rechtsgeschichte, 5 Bde., Berlin 1971/98, Bd. 2, Sp. 1949–1962

Schmit 2009 – Hans-Peter Schmit: Die heilige Bilhild und das Altmünsterkloster in Mainz. Zur Erfindung einer frühmittelalterlichen Heiligenlegende, in: Archiv für mittelrheinische Kirchengeschichte 61 (2009), S. 11–60

Schmit 2016 – Hans-Peter Schmit: Die heilige Bilhildis – Gründerin des ältesten Mainzer Frauenklosters, in: Dobras 2016, S. 155–168

Schneider 1875 – Friedrich Schneider: Das Hattho-Denkmal im Mainzer Dom, in: Correspondenzblatt des Gesammtvereines der deutschen Geschichts- und Alterthumsvereine 23 (1875), S. 35–38

Schneider 1998 – Wolfgang Christian Schneider: Ruhm, Heilsgeschehen, Dialektik. Drei kognitive Ordnungen in Geschichtsschreibung und Buchmalerei der Ottonenzeit (Historische Texte und Studien 9), Hildesheim 1988

Schneider 2002 – Wolfgang Christian Schneider: Die „Aufführung" von Bildern beim Wenden der Blätter in mittelalterlichen Codices. Zur performativen Dimension von Werken der Buchmalerei, in: Zeitschrift für Ästhetik und Allgemeine Kunstwissenschaft 47 (2002), S. 7–35

Schneider 2009 – Wolfgang Christian Schneider: Raum im Codex – Codex im Raum. Mittelalterliche Herrscher-Codices als virtuelle Interaktionsräume, in: Codex und Raum, hg. v. Stephan Müller u. Lieselotte E. Saurma-Jeltsch (Wolfenbütteler Mittelalter-Studien 21), Wiesbaden 2009, S. 127–184

Schorta 2001 – Regula Schorta: Monochrome Seidengewebe des hohen Mittelalters. Untersuchungen zu Webtechnik und Musterung, Diss. Bern 1995, Berlin 2001, S. 263f., Nr. 131

Schouwink 1997 – Wilfried Schouwink: Ein Mainzer Sakramentar aus dem IX. Jahrhundert, in: Walter Berschin/ Kurt Hans Staub (Hg.): Fragmenta Darmstadiensia (Heidelberger Handschriften-Studien des Seminars für Lateinische Philologie des Mittelalters 3), Darmstadt 1997, S. 18–23

Schramm 1968/71 – Percy Ernst Schramm: Der Ablauf der deutschen Königsweihe nach dem „Mainzer Ordo" (um 960), in: Percy Ernst Schramm: Kaiser, Könige und Päpste. Gesammelte Aufsätze zur Geschichte des Mittelalters, 5 Bde., Stuttgart 1968/71, Bd. 3, S. 59–107

Schramm 1983 – Percy Ernst Schramm: Die deutschen Kaiser und Könige in Bildern ihrer Zeit 751–1190, erw. 2. Auflage, München 1983 (OA 1928)

Schramm/Mütherich 1962 – Percy Ernst Schramm/Florentine Mütherich: Denkmale der deutschen Könige und Kaiser. Ein Beitrag zur Herrschergeschichte von Karl dem Großen bis Friedrich II. 768–1250 (Veröffentlichungen des Zentralinstituts für Kunstgeschichte in München 2), München 1962

Schützeichel 2012 – Rudolf Schützeichel: Althochdeutsches Wörterbuch, 7. Auflage, Berlin/Boston 2012

Schulze-Dörrlamm 2004 – Mechthild-Schulze-Dörrlamm: Das steinerne Monument des Hrabanus Maurus auf dem Reliquiengrab des hl. Bonifatius (gest. 754), in: Jahrbuch des Römisch-Germanischen Zentralmuseums Mainz 51 (2004), S. 281–347

Schulze-Dörrlamm 2009 – Mechthild Schulze-Dörrlamm: Archäologische Denkmäler des karolingischen Mainz. Das Hatto-Fenster von St. Mauritius, in: Mechthild Dreyer/Jörg Rogge (Hg.): Mainz im Mittelalter, Mainz 2009, S. 23–25

Schulze-Dörrlamm 2013 – Mechthild Schulze-Dörrlamm: Mainz im 9. und frühen 10. Jahrhundert, in: AK „Hatto I." 2013, S. 88–107

Sedulius 1851 – Sedulius Scotus: Explanationes in praefationes sancti Hieronymi ad evangelia, in: Jacques Paul Migne (Hg.): Patrologia latina 103, Paris 1851, Sp. 331–352

Semmler 1998 – Josef Semmler: Series Episcoporum Moguntinorum. Die vorbonifatianischen Bischöfe, in: Archiv für mittelrheinische Kirchengeschichte 50 (1998), S. 332–381

Simone 1991 – Giulio Simone: LS vs. LF. La traduzione frammentaria in antico alto tedesco della Lex Salica e la sua base latina (Biblioteca del Dipartimento di Lingue e Letterature Straniere Moderne dell'Universita degli Studi di Bologna 5), Bologna 1991

Siniscalco 1964 – Paolo Siniscalco: Il numero primitivo degli „Excerpta " di Eugippio, in: Revue des Études Augustiniennes 10, 1964, S. 331–342

Sonderegger 1964 – Stefan Sonderegger: Die althochdeutsche Lex Salica-Übersetzung, in: Festgabe für Wolfgang Jungandreas zum 70. Geburtstag. Beiträge zur deutschen Sprachgeschichte, Landes-, Volks- und Altertumskunde (Schriftenreihe zur Trierischen Landesgeschichte und Volkskunde 13), Trier 1964, S. 113–122

Sonderegger 1978 – Stefan Sonderegger: „Althochdeutsche Lex Salica", in: Die deutsche Literatur des Mittelalters. Verfasserlexikon, 13 Bde., Berlin/New York 1978/2007, Bd. 1 (1978), Sp. 303–305

Spilling 1992 – Herrad Spilling: Opus Magnentii Hrabani Mauri in honorem sanctae crucis conditum. Hrabans Beziehung zu seinem Werk (Fuldaer Hochschulschriften 18), Frankfurt a. M. 1992

Spitzbart 1997 – Günter Spitzbart (Hg.): Venerabilis Bedae Historia Ecclesiastica Gentis Anglorum [...], Sonderausg, 2., bibl. ergänzte Auflage, Darmstadt 1997

Staab 1990 – Franz Staab: Eine Metzer Miniatur des heiligen Willigis aus dem 12, Jahrhundert: in: Hinkel 1990, S. 33–45

Staab 1999 – Franz Staab: Kaiserin der Jahrhunderte, in: Frommer 1999, S. 11–18

Staab 2008 – Franz Staab: Das Erzstift Mainz im 10. und 11. Jahrhundert: Grundlegung einer Geschichte der Mainzer Erzbischöfe. Von Hatto I. (891–913) bis Ruthard (1089–1109), Habil.-Schr. Mainz 1984, Bingen 2008

Staub 1978 – Kurt Hans Staub: Ein neu aufgefundenes Fragment der Bonifatiusvita von Willibald in der Hessischen Landes- und Hochschulbibliothek Darmstadt, in: Artur Brall (Hg.): Von der Klosterbibliothek zur Landesbibliothek. Beiträge zum zweihundertjährigen Bestehen der Hessischen Landesbibliothek Fulda, Stuttgart 1978, S. 163–171

Steenbock 1965 – Frauke Steenbock: Der kirchliche Prachteinband im frühen Mittelalter. Von den Anfängen bis zum Beginn der Gotik, Berlin 1965

Stewing 2009 – Frank-Joachim Stewing (Hg.): Handschriften und frühe Drucke aus der Zeitzer Stiftsbibliothek, Petersberg 2009

Strate/Völker 1975 – Ursula Strate/Angela Völker: Die Kasel des hl. Willigis aus St. Stephan: in AK „1000 Jahre Mainzer Dom" 1975, S. 54–58

Strecker 1939 – Karl Strecker: MGH. Poetae latini, Bd. 5,2, Berlin 1939

Struve 1999 – Tilman Struve: „Lul", in: LexMA 6 (1999), Sp.1f.

Suckale-Redlefsen 2004 – Gude Suckale-Redlefsen: Die Handschriften des 8. bis 11. Jahrhunderts in der Staatsbibliothek Bamberg (Kataloge der illuminierten Handschriften der Staatsbibliothek Bamberg 1), 2 Bde., Wiesbaden 2004

Swarzenski 1903 – Georg Swarzenski: Reichenauer Ornamentik im Übergang von der Karolingischen zur ottonischen Zeit, in: Repertorium für Kunstwissenschaft 26 (1903), S. 389–410 und 476–495

Thesaurus Linguae Latinae 1956–1979 – Thesaurus Linguae Latinae, Bd. 8,2,2, Leipzig 1956–1979

Traube 1907 – Ludwig Traube: Nomina sacra. Versuch einer Geschichte der christlichen Kürzung (Quellen und Untersuchungen zur Lateinischen Philologie des Mittelalters 2), München 1907

Uhlirz 1954 – Mathilde Uhlirz: Jahrbücher des Deutschen Reiches unter Otto II. und Otto III. Zweiter Band: Otto III. 983–1002, Berlin 1954

Usener 1957 – Karl Hermann Usener: Ein Mainzer Reliquiar im Bayerischen Nationalmuseum, in: Münchener Jahrbuch 3. Folge 8 (1957), S. 57–64

Vogel/Elze 1994/2016 – Cyrille Vogel/Reinhard Elze: Le pontifical romano-germanique du dixième siècle (Studi e Testi 226, 227 u. 266), 3 Bde., Vatikanstadt 1963/72 (ND 1994/2016)

Von der Gönna 1991 – Sigrid von der Gönna: Der Mainzer Domschatz im späten Mittelalter. Zwei Inventare aus dem 14. und 15. Jahrhundert, in: Archiv für mittelrheinische Kirchengeschichte 51 (1991), S. 332–381

Vones 1993 – Ludwig Vones: Erzbischof Brun von Köln und seine „Schule". Einige kritische Betrachtungen, in: Köln. Stadt und Bistum in Kirche und Reich des Mittelalters. Festschrift für Odilo Engels zum 65. Geburtstag, hg. v. Hanna Vollrath u. Stefan Weinfurter (Kölner Historische Abhandlungen 39), Köln 1993, S. 125–137

Von Euw 1991 – Anton von Euw: Der Darmstädter Gero-Codex und die künstlerisch verwandten Reichenauer Prachthandschriften, in: von Euw/Schreiner 1991, Bd. 1, S. 191–225

Von Euw 1995 – Anton von Euw: Das Autorenbild Epistolar Cod. Song. 371 der Stiftsbibliothek St. Gallen, in: Codices Sangallenses: Festschrift für Johannes Duft zum 80. Geburtstag, hg. v. Peter Ochsenbein u. Ernst Ziegler, Sigmaringen 1995, S. 93–103

Von Euw 2008 – Die St. Galler Buchkunst vom 8. bis zum Ende des 11. Jahrhunderts (Monasterium Sancti Galli 3), 2 Bde., Sankt Gallen 2008

Von Euw/Plotzek 1979 – Anton von Euw/Joachim M. Plotzek: Die Handschriften der Sammlung Ludwig, Bd. 1, Köln 1979

Von Euw/Schreiner 1991 – Anton von Euw/Peter Schreiner (Hg.): Kaiserin Theophanu. Begegnung des Ostens und Westens um die Wende des ersten Jahrtausends. Gedenkschrift des Kölner Schnütgen-Museums zum 1000. Todesjahr der Kaiserin, 2 Bde., Köln 1991

Warren 1893 – Frederik E. Warren u. a. (Hg.): The Antiphonary of Bangor. An early Irish manuscript in the Ambrosian Library at Milan, Bd. 1.: Facsimile, London 1893

Weiner 1992 – Andreas Weiner: Die Initialornamentik der deutsch-insularen Schulen im Bereich von Fulda, Würzburg und Mainz (Quellen und Forschungen zur Geschichte des Bistums und Hochstifts Würzburg 43), Würzburg 1992

Weinert 2008 – Franz-Rudolf Weinert: Mainzer Domliturgie zu Beginn des 16. Jahrhunderts. Der Liber Ordinarius der Mainzer Domkirche (Pietas liturgica studia. Interdisziplinäre Beiträge zur Liturgiewissenschaft, hg. v. Ansgar Franz), Tübingen 2008

Wilhelmy 2006 – Winfried Wilhelmy: Rabans „De laudibus sanctae crucis" in seiner schönsten Fassung: Der Codex Vaticanus Reginensis latinus 124, in: AK „Rabanus Maurus" 2006, S. 33–42

Winterer 2009 – Christoph Winterer: Das Fuldaer Sakramentar in Göttingen. Benediktinische Observanz und römische Liturgie (Studien zur internationalen Architektur und Kunstgeschichte 70), Diss. Heidelberg 2005, Petersberg 2009

Winterer 2013 – Christoph Winterer: Licht und Salz – Hatto I. als Stifter von Kunstwerken und die Kunst um 900, in: AK „Hatto I." 2013, S. 66–83

Württembergische Kirchengeschichte online – Württembergische Kirchengeschichte online – Art. Hopfer, Johann Anton Ulrich. URL: https://www.wkgo.de/wkgosrc/pfarrbuch/cms/index/3707 (14.11.2016)

Zimmermann 1910 – Ernst Heinrich Zimmermann: Die Fuldaer Buchmalerei in karolingischer und ottonischer Zeit, in: Kunstgeschichtliches Jahrbuch der K.K. Zentralkommission für Erforschung und Erhalt der Kunst- und historischen Denkmale 4 (1910), S. 1–104

▾ **Abb. 3**
Detail aus Abb. S. 96: Incipit-Tafel

ABBILDUNGSNACHWEIS

Autun	Bibliothèque municipale: S. 20
Berlin	bpk-Bildagentur (Staatsbibliothek zu Berlin – Preußischer Kulturbesitz): S. 249
Bukarest	Biblioteca Nationala A Romaniei: S. 109
Cambrai	Bibliothèque municipale: S. 144
Chantilly	Bibliothèque du Château: S. 240
Darmstadt	Universitäts- und Landesbibliothek: S. 259
Den Haag	Koninklijke Bibliotheek/Nationale Bibliotheek van Nederland: S. 192–195; S. 197 (rechts); S. 267 (links)
Épinal	Bibliothèque multimédia intercommunale: S. 189
Fribourg	Bibliothek des Franziskanerklosters: S. 79
Gotha	Forschungsbibliothek Gotha der Universität Erfurt: S. 172–175; S. 209 (unten); S. 212; S. 279
Köln	Rheinisches Bildarchiv Köln: S. 19
Mainz	Bischöfliches Dom- und Diözesanmuseum Mainz: S. 71; (gutegründe GbR): S. 21; S. 28; S. 184; (Alberto Luisa): S. 30; S. 64; (Marcel Schawe): Katalogcover; S. 8; S. 11; S. 16; S. 26; S. 33; S. 35; S. 36/37; S. 54; S. 56; S. 60; S. 68; S. 70; S. 72/73; S. 162/163; S. 164; S. 167; S. 169; S. 198–199; S. 201–204; S. 206–207; S. 211; S. 220–222; S. 224–228; S 232; S. 234; S. 236–239; S. 242–244; S. 250; S. 252; S. 255; S. 262; S. 264–266; S. 267 (rechts); S. 268–269; S. 271; S. 280; S. 284; S. 286–288; S. 300 (Bernd Schermuly): S. 14/15; S. 229; S. 245; (Ralph Reiner Steffens): S. 57; S. 85; S. 86/87; S. 158 (Ergänzung gutegründe GbR); S. 161
Mainz	Dom- und Diözesanarchiv: (Marcel Schawe): S. 18; S. 50; S. 52; S. 138/139; S. 140–141
Mainz	Generaldirektion Kulturelles Erbe Rheinland-Pfalz, Landesmuseum Mainz (Ursula Rudischer): S. 38; S. 42; S. 46
Mainz	Martinus-Bibliothek, Wissenschaftliche Diözesanbibliothek: S. 106; S. 108; S. 110; S. 112–113; (Marc Jacquemin): S. 58; S. 132/133; S. 135; S. 136/137; (Marcel Schawe): S. 6; S. 32; S. 74; S. 150; S. 152–155; S. 157; S. 283
Mainz	Stadtarchiv Mainz, Bild- und Plansammlung: S. 23; S. 29; (Marcel Schawe): S. 67
Mainz	Wissenschaftliche Stadtbibliothek Mainz: S. 142; S. 146; S. 148–149 (Marcel Schawe): S. 80; S. 98; S. 101–102; S. 104; S. 114; S. 116; S. 128; S. 131; S. 246; S. 248; S. 256; S. 258; S. 260; S. 272; S. 274; S. 276–278
München	Bayerische Staatsbibliothek: S. 81; S. 168; S. 178–183; S. 186; S. 197 (links); S. 209 (oben); S. 210; S. 213 (links); S. 214–215; S. 230
München	Bayerische Verwaltung der Staatlichen Schlösser, Gärten und Seen (Residenz München, Schatzkammer): S. 185
Oxford	The Bodleian Libraries, The University of Oxford: S. 76
Paris	Bibliothèque nationale de France: S. 82–83; S. 130; S. 241; S. 254
Rom	Biblioteca Apostolica Vaticana, Rom: S.12; S. 105; S. 134; S. 172
Schaffhausen	Stadtbibliothek: S. 170–171
St. Gallen	Stiftsbibliothek St. Gallen: S. 190; S. 213 (rechts); S. 261
Trier	Hohe Domkirche, Domschatz, Museum am Dom: (Rita Heyen): S. 88; S. 90; S. 92–97; S. 297
Trier	Stadtbibliothek: S. 84; S. 118; S. 121; S. 145; S. 147
Zeitz	Vereinigte Domstifter zu Merseburg und Naumburg und des Kollegiatstifts Zeitz, Bildarchiv Zeitz, Stiftsbibliothek Zeitz: S. 78; S. 122; S. 124–126; S. 128

Reproduktionen aus

AK „Bernward von Hildesheim" 1993, Bd. 2, S. 185: S. 196
AK „Rabanus Maurus" 2006, S. 20: S. 29; S. 40: S. 173
Bauer 1926, S. 13: S. 24; S. 18: S. 44
Glaubensstoff 2013, Abb. 7.3: S. 63
Hinkel 1990, S. 35: S. 219
Körber 1908, S. 16: S. 40
Körber 1909, S. 27: S. 48
Schulze-Dörrlamm 2004, Abb. 43.1: S. 31

Wir haben uns bemüht, alle Rechteinhaber von Abbildungen ausfindig zu machen. Sollten dennoch bestehende Rechte nicht berücksichtigt worden sein, so bitten wir um Ihre Kontaktaufnahme.

IN PRINPIO·
ERAT VERBVM·

GLOSSAR

Akanthus – Akanthus ist eines der wichtigsten Motive der europäischen Ornamentik, das seinen Namen dem im Mittelmeerraum beheimateten Bärenklau mit seinen fiederförmig gekerbten Blättern verdankt. ▸ **vgl. Abb. S. 154**

Akklamation – Rhythmisch feiernder Zuruf von Volksmassen an einen Gott, Herrscher oder eine andere bedeutende Persönlichkeit; in der Kirche auf Christus übertragen.

Antiphonar – Buch mit den Gesängen für das liturgische Stundengebet.

Apokalypse – Thematisch bestimmte Gattung der religiösen Literatur, die sich in Visionen, Träumen, Abschiedsreden, Weissagungen mit dem kommenden Weltende befasst. Vor allem ist die Offenbarung des Johannes gemeint, das einzige insgesamt apokalyptische Buch, das von den urchristlich-apokalyptischen Schriften in das Neue Testament aufgenommen wurde. ▸ **vgl. Kat. 22**

Argumenta – Vorrede, die im Evangeliar den einzelnen Evangelientexten vorangestellt sein kann. ▸**vgl. Kat. 29**

Aureole – Kreisförmiger Lichtschein. Der Heiligenschein kann auch als Aureole bezeichnet werden. Er ist dann um das Haupt einer verehrten Person angelegt. ▸ **vgl. Abb. S. 202f.**

Authentik – Beglaubigte Reliquienbeschriftung oder eine Urkundenabschrift. ▸ **vgl. Abb. S. 16**

Bandgeflecht – Auch Flechtband; bereits in vorchristlicher Zeit vorkommendes Ornamentmotiv, das sich aus (Metall-)Bändern zusammenzusetzen scheint. ▸ **vgl. Abb. S. 154**

Benediktion – Segen, Segnung

Benediktionale/Benedictionale – Eine Sammlung von Segensformeln. ▸ **vgl. Abb. S. 190**

Betazismus – b/v-Vertauschung ▸ **vgl. S. 45**

Breviarium/Breviaria (Pl.) – Inhaltsverzeichnisse oder kurze Übersicht; Auszug aus einer Schrift. Das Brevier oder Breviarium enthält die Zusammenfassung und Kürzung der verschiedenen für das liturgische Stundengebet verwendeten Bücher. ▸ **vgl. Abb. S. 122**

Breviarius lectionum evangelii – Liturg. Index ▸ **vgl. S. 124**

Buchblock – Bezeichnet alle Blätter eines Buches ohne Einbanddeckel.

Byssos – Bei Muschelseide Bezeichnung für das Sekret aus den Fußdrüsen verschiedener Arten der Muscheln. Hier meint die Bezeichnung Fasern aus Seide, Baumwolle oder Leinpflanzen, aus denen feine Gewebe erzeugt wurden. ▸ **vgl. Kat. 8**

Capitalis – Capitalis bezeichnet die aus der römischen Antike abgeleitete Schrift, von der unser Majuskel-Alphabet abgeleitet ist. Die Paläographie unterscheidet zwei Hauptformen: die Capitalis rustica und die Capitalis quadrata. ▸ **vgl. Abb. S. 222**

Capitalis quadrata – Nach der Inschriftencapitalis stilisierte Sonderform der Capitalis. ▸ **vgl. Abb. S. 155**

Capitalis rustica – Buchschrift der Römer ▸ **vgl. Abb. S. 227f.**

Capitula (Pl.) – Inhaltsverzeichnisse ▸ **vgl. Abb. S. 101**

Capitulare/Capitulare evangeliorum – Register der in der Tagesliturgie zu lesenden Abschnitte der vier Evangelien in der Reihenfolge des Kirchenjahres, zumeist am Schluss eines Evangeliars. Es dient der Nutzbarmachung der Handschrift in der Liturgie. Hier sind das Evangelium und das Kapitel der jeweiligen Tageslesung sowie die Anfangs- und Schlussworte des Abschnitts in kalendarischer Ordnung angegeben. ▸ **vgl. Kat. 28**

Cauda – Lat.: Schwanz, Pl. Caudae oder Cauden; Bezeichnung des „Schwanzes" des Majuskel-Q. In der Paläographie meint Cauda auch den Rest des a in der ae-Ligatur, die sich zur e-caudata, also zum geschwänzten e entwickelte. ▸ **vgl. Kat. 24**

Caudata – s. Cauda

Chlamys – Kurzer Reit- und Reisemantel der Antike, der aus einem rechteckigen Stück Stoff bestand, über die linke Schulter geworfen und über der rechten durch eine Spange zusammengehalten wurde. ▸ **vgl. Abb. S. 230**

Chrysographie/Chrysograph – Die Chrysographie meint eine Metallschrift und leitet sich vom griech. Wort chrysós (Gold) und graphé (Schrift) ab. Dementsprechend ist ein Chrysograph ein in Goldtinte verfasstes Schriftstück. ▸ **vgl. Abb. S. 150**

Codex – Lat.: eigentlich Baumstamm, später für das Buch verwendeter Begriff; ursprünglich beschreibbare, mit Wachs überzogene Holztafeln (Diptychen), heute allgemeine Bezeichnung für das spätantike und mittelalterliche Buch.

Decretorum Libri XX – Kirchenrechtssammlung des Burchard von Worms in 20 Büchern ▸ **vgl. S. 170**

Dedikationsbild – Auch Widmungsbild; einem Buch vorangestellte Darstellung der Überreichung des Buches durch den Verfasser, Schreiber, Stifter an eine höhergestellte Persönlichkeit. ▸ **vgl. Abb. S. 172f.**

Deesis – In der byzantinischen Kunst entstandene und im Westen übernommene Darstellung des richtenden Christus zwischen Maria und Johannes dem Täufer, die im Gestus der Fürbitte für die Welt auftreten. ▸ **vgl. Abb. S. 179 (oben)**

Dekade – Zeitraum von zehn Tagen, Wochen, Monaten oder Jahren.

Devotionsbild – Darstellung einer Person in verehrender Haltung vor der Gestalt eines Heiligen oder Christus. ▸ **vgl. Abb. S. 180**

Dreiblätter – Blatt, das im Gegensatz zum Kleeblatt aus drei lappigeren, mehrteiligen Blättern zusammengesetzt ist; Initiale mit den typischen Reichenauer Dreiblättern, Knollenblättern und Pfeilblättern. ▸ **vgl. Abb. S. 226**

Episkopat – Bischofsamt; auch: Gesamtheit der Bischöfe.

Epistel – Brief

Epistolar – Das Epistolar enthält die während der Messe gelesenen Abschnitte (Perikopen) aus den Episteln (Briefe des Neuen Testamentes) in der Reihenfolge des liturgischen Jahres unter Angabe des jeweiligen Festtages und der Textquelle. ▸ **vgl. Abb. S. 224**

Epitaph – Bezeichnung für das Gedächtnismal für einen Verstorbenen, das meist unabhängig vom Bestattungsort aufgestellt ist. Früher: auf die Grabinschrift bezogen – „zum Begräbnis gehörend". ▸ **vgl. Abb. S. 30f.**

Epitome – Eine Epitome (von griech. epitomé ‚Abriss', ‚Auszug', ‚Ausschnitt'; latinisiert epitoma) ist ein Werk, das einen kurzen Auszug aus einem umfangreicheren Werk darstellt. ▸ **vgl. S. 100**

Etymologie – Lehre von der Herkunft und Geschichte der Wörter.

Evangeliar – Enthält den vollständigen Text der vier Evangelien. ▸ **vgl. Kat. 11, 18, 29**

Evangelistar – Auch Perikopenbuch; enthält nur die aus den Evangelienbüchern entnommenen Tageslesungen in der Reihenfolge des Kirchenjahres und dient damit ausschließlich liturgischen Zwecken. Im Gegensatz dazu enthält das Evangeliar die vollständigen Evangelientexte. ▸ **vgl. Kat. 27**

Explicit/Explizit – Lat.: explicare; eine Buchrolle aufrollen. Titel am Ende einer Handschrift, der häufig auch mit Ornament versehen worden ist. ▸ **vgl. Kat. 12**

Faksimile – Lat.: mache ähnlich; auf mechanischem Wege hergestellte originalgetreue Wiedergabe einer Vorlage, z. B. einer Handschrift, Urkunde, Zeichnung oder dergleichen. ▸ **vgl. Kat. 26**

Faldistorium – Falt- oder Klappstuhl hochrangiger Persönlichkeiten. Die Beinpaare des Klappstuhls sind gekreuzt miteinander verbunden. ▸ **vgl. Abb. S. 171**

Faszikel – Bündel von Akten, Manuskriptseiten, Druckfahnen o. Ä. ▸ **vgl. Kat. 14**

Flechtwerk – Ornamentmotiv aus geflochten wirkenden Bändern oder Linien. ▸ **vgl. Abb. S. 154**

Florilegium – Sammlung von ausgewählten Textauszügen oder Textstellen oder eine Auswahl aus den Werken von Schriftstellern der Antike. ▸ **vgl. Kat. 15**

Fragment – Lat.: frangere ‚brechen', fragmentum, (Bruch-)Stück, Überbleibsel; Überrest oder nicht mehr vollständig erhaltenes Werk.

Genesis – Biblischer Bericht über die Erschaffung der Welt. ▸ **vgl. Kat. 12**

Glosse/Glossierung – In den Text eingefügte Erklärungen zu einzelnen Wörtern oder Textstellen. ▸ **vgl. Kat. 19**

Goldtinte – Fein vermahlenes Blattgold, das mit einem Bindemittel (Gummi arabicum oder Eiklar) zu Tinte verarbeitet wird. ▸ **vgl. Kat. 27**

Haarstrich – Die durch die Stellung der spachtelförmigen Feder bedingten schmalen Striche kalligraphischer Buchstaben. ▸ **vgl. Abb. S. 155**

Hagiographie – Erforschung und Beschreibung von Heiligenviten.

Halbunziale/halbunzial – Frühmittelalterliche Buchschrift, die als frühe Minuskelschrift durch Kalligraphierung der jüngeren römischen Kursive (Minuskelkursive) im 5. Jahrhundert entstanden ist. Kennbuchstaben sind das Minuskel-m, das N in der Form der Capitalis sowie das g. ▸ **vgl. Kat. 16**

Ikonographie/ikonographisch – Wissenschaftliche Methode der Kunstgeschichte, die sich mit der Bestimmung und Deutung von Motiven in Werken der Bildenden Kunst beschäftigt.

Illumination/illuminiert – Lat.: illuminatio, Beleuchtung; im Deutschen selten gebrauchtes Synonym für Buchmalerei. Hier wird eher das Partizip (illuminiert) und die Berufsbezeichnung (Illuminator) verwendet.

Incipit – Lat.: es beginnt; Anfangstitel einer Handschrift, der durch „Incipit" eingeleitet wird und Titel, Autor und Inhaltsangabe eines Textes nennt. Das Incipit kann als Zierseite oder auch nur als Teil einer Seite ornamental ausgestaltet sein. ▸ **vgl. Abb. S. 96**

Indult – Unter einem Indult versteht das Kirchenrecht der römisch-katholischen Kirche einen Gnadenerweis der kirchlichen Autorität.

Initiale – Der durch Größe, Farbe und Schmuck ausgezeichnete Anfangsbuchstabe eines Textes in Handschriften und Drucken. ▸ **vgl. Abb. S. 74**

Insular –Meint in der Kunstgeschichte i. d. R. den von den britischen Inseln und Irland übernommenen Stil der frühen Buchmalerei. ▸ **vgl. Kat. 11**

Kalendar – Auch Kalendarien oder Kalender; die in vielen liturgischen Schriften enthaltenen Verzeichnisse der Heiligenfeste. Kalendare enthalten wegen ihrer meist regionalen Besonderheiten wichtige Datierungs- und Lokalisierungshinweise. ▸ **vgl. Abb. S. 264**

Kanonbogen – Bogenförmige architektonische Rahmung von Kanontafeln. ▸ **vgl. Abb. S. 92f.**

Kanontafeln – Kanontafeln sind häufig in farbiger Architekturkulisse präsentierte Konkordanztabellen zu den Evangelien. Sie bieten einen Überblick zu den Parallelstellen der vier Evangelien und stehen am Beginn eines Evangeliars. ▸ **vgl. Abb. S. 252**

Kasel/Glockenkasel – Liturgisches Obergewand eines Priesters, Bischofs oder Erzbischofs. ▸ **vgl. Kat. 9**

Kathedra – Bischofsstuhl; davon wird die Bezeichnung Kathedrale (Bischofskirche) abgeleitet. ▸ **vgl. Abb. S. 259**

Knollenblätter – Knollenblätter sind von einer Ranke ausgehende kleine runde Knospen. Hier eine Initiale mit den typischen Reichenauer Dreiblättern, Knollenblättern und Pfeilblättern. ▸ **vgl. Abb. S. 226**

Komputistik/komputistisch – Zyklische Berechnung des Jahreskalenders, in der Regel bezogen auf die beweglichen Kirchenfeste in Abhängigkeit von Ostern.

Konsekration/Konsekrationsurkunde – In der katholischen Kirche meint die Konsekration die Weihe einer Person oder Sache; auch die Bezeichnung für die Wandlung von Brot und Wein beim Abendmahl. Mit Konsekrationsurkunde ist eine Weiheurkunde gemeint.

Koperteinband – Flexibler Bucheinband aus Pergament, Leder oder Textil.

Krönungsordo – Beschreibt die Zeremonie der Königskrönung, also alle feierlichen Handlungen zur Krönung und deren genauen Ablauf. ▸ **vgl. Abb. S. 170f.**

Kursive – In der Paläographie eine ligaturenreiche Schrift, sonst eine schräg nach rechts geneigte Schrift. ▸ **vgl. Kat. 4**

Lage – Meint eine Anzahl ineinandergelegter Doppelblätter, die zusammengeheftet den Buchblock bilden.

Lektionar – Buch, bei dem die beim Gottesdienst vorkommenden Lesungen nach der Ordnung des Kirchenjahres aufgeführt sind.

Liber precum/Libelli precum (Pl.) – Gebetbücher, vorwiegend für den Gebrauch durch Laien. ▸ **vgl. S. 176**

Ligatur/Initialenligatur – Organische Verbindung zweier oder mehrerer benachbarter Buchstaben, bei der ihre Reihenfolge erkennbar bleibt. ▸ **vgl. Abb. S. 155**

Maiestas Domini – Lat.: Größe, Würde, Hoheit des Herrn; ikonographisches Thema des Früh- und Hochmittelalters, bei dem Christus entsprechend den apokalyptischen Visionen als Herrscher im Jenseits erscheint. ▸ **vgl. Abb. S. 181**

Majuskel/Majuskelschrift – Großbuchstaben, die in ein Zweiliniensystem eingeschrieben sind; im Gegensatz sind Minuskeln als Kleinbuchstaben in ein Vierliniensystem eingeschrieben. ▸ **vgl. Abb. S. 224**

Makulatur/Einbandmakulatur/makuliert – Lat.: macula „Fleck, Fehler"; wiederverwendetes Pergament oder Papier aus unbrauchbar gewordenen – meist als veraltet angesehenen – Büchern. Einbandmakulatur meint den entsprechenden Einbandbezug. ▸ **vgl. Kat. 16**

Mandorla – Ital.: Mandel; aus zwei sich überschneidenden Kreissegmenten gebildetes, mandelförmiges Feld, das vor allem als Auszeichnung von Christusdarstellungen dient, v. a. bei der Maiestas Domini. ▸ **vgl. Abb. S. 181**

Manipel – Streifenförmiger, am linken Unterarm getragener Teil der liturgischen Gewandung, der in der Farbe dem liturgischen Obergewand entspricht. ▸ **vgl. Abb. 5, S. 171**

Manuskript – Ein von Hand geschriebenes Buch (im Gegensatz zum gedruckten Buch).

Martinellus – Eine Sammlung von Schriften zum heiligen Martin ▸ **vgl. S. 140**

Mennige – Rotes Bleioxid, das durch Erhitzen von Bleigelb/Bleiweiß gewonnen wird. Typisches Pigment der Buchmalerei. Von Mennige leitet sich der Begriff Miniatura ab. ▸ **vgl. Abb. S. 224**

Messordo – Das Zeremonienbuch für die Heilige Messe. ▸ **vgl. S. 170f.**

Metropolit/Metropolitankirche – Das Amt des Metropoliten bezeichnet seit dem frühen Christentum einen Oberbischof, der einem Verbund von Bistümern vorsteht. Die Metropolitankirche ist die Kirche des Metropoliten. ▸ **vgl. S. 66**

Miniatur – Alle selbstständigen, das heißt nicht an Initialen gebundenen figürlichen Malereien innerhalb einer Handschrift. ▸ **vgl. Kat. 22**

Minium – vgl. Mennige ▸ **vgl. S. 108**

Minuskel / Minuskelschrift – Minuskeln sind Kleinbuchstaben, die in ein Vierliniensystem eingeschrieben sind, das heißt sie haben außer dem Mittelband Ober- und Unterlängen. ▸ **vgl. Abb. S. 225**

Missale/Missalien – Buch mit den Gesängen und biblischen Lesungen, die während der Liturgie vorgetragen werden.

Monarchianismus – Theologische Strömung des 2. nachchristlichen Jahrhunderts. ▸ **vgl. S. 130**

Neume – Musikalisches Zeichen ▸ **vgl. Abb. 6, S.228**

Orantengestus – Gebetshaltung ▸ **vgl. Abb. S. 179**

Oration – Gebet

Ordines – Vorschriftensammlung für die Heilige Messe. ▸ **vgl. S. 248**

Paläographie – Griech.: palaiós ,alt' und -graphè ,Schrift'; Lehre von den alten Schriften.

Palimpsest/palimpsestiert – Abgeriebene und neu beschriebene Pergamentblätter. ▸ **vgl. Kat. 14**

Pallium – Stoffstreifen, der als Insignie vom Erzbischof über dem Messgewand getragen wird. ▸ **vgl. Abb. S. 256**

Pandekt/Bibelpandekten – Vollständige Abschrift der Bibel in einem Band, von griech./lat. ,pandectae' „Allumfassendes". ▸ **vgl. Kat. 21**

Panegyrik/panegyrische Inschriften – Herrscherlob ▸ **vgl. S. 33**

Pendilien/Pendilienkrone – Als Pendilien (von lat.: pendulus „hängend") werden Schmuckkettchen oder -anhänger bezeichnet. Eine Pendilienkrone ist dementsprechend eine mit Schmuckkettchen ausgestattete Herrscherkrone. ▸ **vgl. Abb. S. 171**

Pergament – Tierhaut, die in Lauge gebeizt, abgeschabt und zum Trocknen aufgespannt als üblicher Beschreibstoff im Mittelalter benutzt wurde. Pergament existiert in unterschiedlichen Farben, Konsistenzen und Qualitäten.

Perikopen – Anfänge und Schlüsse bzw. Wortlaut der Evangelientexte in der Reihenfolge des Kirchenjahres

Perikopenbuch – Auch Evangelistar; enthält nur den Evangelienbüchern entnommene Tageslesungen in der Reihenfolge des Kirchenjahre und dient ausschließlich liturgischen Zwecken. Im Gegensatz dazu enthält das Evangeliar die vollständigen Evangelientexte. ▸ **vgl. Kat. 27**

Pfeilblatt – Endmotiv einer Ranke in Form eines spitzen Blattes, dessen untere Enden sich nach außen um den Ansatz einer Pfeilspitze herumlegen. ▸ **vgl. Abb. S. 226**

Pontifikale – Formulare für die dem Bischof zukommenden liturgischen Handlungen. ▸ **vgl. S. 169**

Präfation – Vorrede oder Eröffnung des Hochgebets mit den Worten „Vere dignum et justum est" (In Wahrheit ist es würdig und recht.). Veränderlicher Teil der Liturgie, der je nach Festen und Festzeiten variabel ist. ▸ **vgl. Abb. S. 155**

Prolog – Einleitung oder Vorwort ▸ **vgl. Abb. S. 130**

Proskynese – (Altgriech. proskynesis, „Kuss auf etwas zu") Geste der Anbetung, Ehrerbietung und Unterwerfung, meist Kniefall. ▸ **vgl. Abb. S. 180**

Prosodie – In der Verslehre der antiken Metrik: Die Lehre von der Messung der Silben nach Länge auch: Die Lehre von den für die Versstruktur bedeutsamen Erscheinungen der Sprache wie zum Beispiel Silbenlänge oder Betonung. ▸ **vgl. S. 24**

Psalter – Der Psalter enthält die 150 Psalmen. Die Psalmen sind seit frühchristlicher Zeit in liturgischem Gebrauch, ähnlich dem jüdischen Kultus, aus dem sie übernommen sind; der Psalter ist eines der verbreitetsten liturgischen Bücher des Mittelalters. ▸ **vgl. S. 176**

Quaternio – Aus vier Doppelblättern zusammengefasste Lage eines Buches. ▸ **vgl. S. 191**

recto/verso – Die recto-Seite in einer Handschrift bezeichnet die Vorderseite eines Blattes, also die beim aufgeschlagenen Buch rechts liegende Seite; entsprechend meint verso die links liegende Rückseite.

Reliquie – Überreste, die zum Körper oder zu den Gebrauchsgegenständen eines Heiligen gehört haben, und die in der Heiligenverehrung eine zentrale Rolle spielen.

Rotulus – Schriftrolle; beschriftete Papyrus- oder Pergamentbahn in Rollenform und die typische Buchform des Altertums. ▸ **vgl. Abb. S. 194f.**

Rubrik – Überschriften oder Quellenangaben im Text. Die Bezeichnung rührt von der üblichen Ausführung in roter Tinte her, auch wenn die Rubrik von der Rubrizierung zu unterscheiden ist. ▸ **vgl. Abb. S. 78**

Rubrizierung/rubriziert – In Mennigrot geschriebene Auszeichnungsschrift. ▸ **vgl. Abb. S. 80**

Runenzeichen – Runen sind ein Schriftsystem, dessen Formen mit Rücksicht auf den Beschreibstoff Holz ausgebildet worden sind. Daher bildet die Kerbung des Holzes nach den Zwängen von Format und Maserung ihr Formprinzip. ▸ **vgl. Kat. 1**

Sakramentar/Sacramentarium Gregorianum – Das römische liturgische Buch für die Messe, das gegen Ende des 8. Jahrhunderts von den karolingischen Herrschern eingeführt wurde, um eine einheitliche, auf römischem Vorbild basierende Liturgie im fränkischen Reich zu verbreiten. Es enthält die Texte, die der Priester am Altar zu sprechen hat. ▸ **vgl. Kat. 23**

Samit – Seidengewebe aus Ägypten ▸ **vgl. Kat. 9**

Schattenstrich – Die durch die Stellung der spachtelförmigen Feder bedingten breiten Striche kalligraphischer Buchstaben. ▸ **vgl. Abb. S. 155**

Serife – Als Serife werden die „Füßchen" an den Endstellen von Buchstaben bezeichnet. Bei großen Initialen können diese bisweilen recht schwungvoll ausfallen.

Skriptorium – Seit der Spätantike meist in Klöstern befindliche Schreibstuben, in denen Texte handschriftlich dupliziert werden.

Spaltleisteninitiale –Initialtyp mit partiell gespaltenem Leistenstamm. ▸ **vgl. Abb. S. 222**

Spiegelblatt – Blatt, das innen auf den Vorder- und den Rückendeckel geklebt wurde. ▸ **vgl. Kat. 20**

Suppedaneum –Stützendes Brett unter den Füßen des gekreuzigten Christus, auch allgemein als Stütze der Füße. ▸ **vgl. Abb. S. 280**

Tilde –Wellenförmiges Zeichen, das in manchen Sprachen über bestimmten Buchstaben steht. ▸ **vgl. S. 24**

Triens – Merowingische Münzeinheit. ▸ **vgl. Abb. S. 23**

Tropar – Sammlung von Tropen (Ergänzungen zum Choral), die in die liturgischen Gesänge eingeschoben werden. ▸ **vgl. S. 200**

Unziale/unziale/Unzialschrift – Ein aus der Majuskelkursive in antiker Zeit entwickelter zollgroßer Buchstabe. Zusammen mit der Capitalis die häufigste Form von Zierbuchstaben und Auszeichnungsschriften. Erkannt werden kann sie insbesondere an den gerundeten Buchstaben D, E, M. ▸**vgl. Kat. 27**

Vacat-Seite oder -Reihe – Buchseite oder -zeile ohne Inhalt; Trennungselement oder Platzhalter zur Aufnahme weiterer Schrift; ▸ **vgl. S. 145**

Vigil – Vigilien (von lat.: vigilia, ,Wache', ,Nachtwache') ist in der Liturgie ein Teil des monastischen Stundengebets, der in der Nacht bzw. den frühen Morgenstunden gebetet wird. ▸ **vgl. Kat. 23, 25**

Votivmessen – Messen aus besonderem Anlass bzw. ohne festgelegten Tag, häufig anlässlich von Notsituationen. ▸ **vgl. Kat. 18**

Zimelie – Griech.: Keimélion ,Schatz', ,Kleinod': Bezeichnung für wertvolle und seltene Einzelstücke einer Bibliothek oder eines Kirchenschatzes. ▸ **vgl. S. 124**